高等职业教育"十三五"规划教材

建设工程法律法规

主　编　赵建中　冯　清
副主编　张玉林　罗丹霞

北京理工大学出版社
BEIJING INSTITUTE OF TECHNOLOGY PRESS

内容提要

本书整合了最新法律、法规以及相关专业的培养方向和课程设置大纲，并参考了国家一级、二级注册建造师和注册监理工程师等执业资格考试的要求，编写力求学以致用，满足学生就业和通过执业资格考试的需要，突出特色。全书共9章，主要包括建设工程基本法律知识，施工企业人员从业资格制度，建设工程发承包法律制度，建设工程合同制度，劳动合同及劳动关系制度，建设工程安全生产法律制度，建设工程质量相关法律制度，建设工程施工环境保护、节约能源和文物保护法律制度，建设工程纠纷和法律解决途径等内容。

本书可作为高职高专院校建筑工程技术、建筑工程管理、工程造价等相关专业的教材，也可作为从事各类工程建设的相关人员以及参加国家一级、二级注册建造师执业资格考试人员的参考用书。

版权专有　侵权必究

图书在版编目(CIP)数据

建设工程法律法规 / 赵建中，冯清主编. —北京：北京理工大学出版社，2017.1
（2017.2重印）
　ISBN 978-7-5640-6429-7

　Ⅰ.①建⋯　Ⅱ.①赵⋯　②冯⋯　Ⅲ.①建筑法－中国－高等学校－教材　Ⅳ.①D922.297.9

中国版本图书馆CIP数据核字(2016)第317572号

出版发行 / 北京理工大学出版社有限责任公司
社　　址 / 北京市海淀区中关村南大街5号
邮　　编 / 100081
电　　话 / (010)68914775(总编室)
　　　　　(010)82562903(教材售后服务热线)
　　　　　(010)68948351(其他图书服务热线)
网　　址 / http://www.bitpress.com.cn
经　　销 / 全国各地新华书店
印　　刷 / 北京紫瑞利印刷有限公司
开　　本 / 787毫米×1092毫米　1/16
印　　张 / 18.5　　　　　　　　　　　　　　责任编辑 / 武丽娟
字　　数 / 446千字　　　　　　　　　　　　　文案编辑 / 武丽娟
版　　次 / 2017年1月第1版　2017年2月第2次印刷　责任校对 / 王素新
定　　价 / 48.00元　　　　　　　　　　　　　责任印制 / 边心超

图书出现印装质量问题，请拨打售后服务热线，本社负责调换

前　言

　　本书依据最新建设行业法律法规、高职高专院校建筑工程类相关专业的人才培养方案和建设工程类从业人员执业资格考试（国家一级、二级注册建造师考试，全国注册监理工程师、注册造价工程师考试、咨询工程师考试）的相关规定和考试大纲，并结合高职高专院校的教学特点，按工程建设的先后顺序进行编写。

　　本书整合了现行建设工程类执业资格考试工程法规课程的主要内容和最新的法律法规知识，力求做到教材内容采用最新的法律法规知识，语言表达通俗易懂，案例接近社会生活实际。学生通过本课程的学习，既可以熟悉建设工程的各种法律法规，同时也可为毕业后能顺利通过建设工程类执业资格考试打下基础。

　　本书内容新颖，案例颇多，习题多为历年建设工程类执业资格考试真题。书后所附综合练习题对全书的主要内容进行测试，以方便教师教学及帮助读者巩固所学知识。

　　本书在编写过程中参考了国家一级、二级注册建造师执业资格考试、注册监理工程师执业资格考试的法规教材和其他建设工程法规教材，在此向这些作者表示诚挚的感谢！

　　由于编辑者水平有限，书中难免错误之处，恳请广大读者和专家批评指正。

编　者

目 录

第一章　建设工程基本法律知识……… 1

第一节　法律基础……………………… 1
一、法律体系……………………………… 1
二、法律体系的基本框架………………… 1
三、法的形式和效力层级………………… 2

第二节　建设工程法律基础…………… 4
一、建设法的定义………………………… 4
二、建设法律、行政法规与行政法的关系… 5
三、建设法律、行政法规与民法商法的
　　关系…………………………………… 5
四、建设工程法人制度…………………… 5
五、企业法人与项目经理部的法律关系… 6

第三节　建设工程代理制度…………… 6
一、代理的法律特征……………………… 7
二、代理的主要种类……………………… 7
三、建设工程代理行为的设立和终止…… 7
四、代理人和被代理人的权利、义务及法律
　　责任…………………………………… 8

第四节　建设工程物权制度…………… 11
一、物权的法律特征……………………… 11
二、物权的种类…………………………… 11
三、物权的设立、变更、转让、消灭和
　　保护…………………………………… 12

第五节　建设工程债权制度…………… 14
一、债的概念……………………………… 14
二、债的内容……………………………… 14
三、建设工程债的发生根据……………… 14
四、建设工程债的常见种类……………… 15

第六节　建设工程知识产权制度……… 16
一、知识产权的基本类型及法律特征…… 16
二、专利权………………………………… 16

三、商标权………………………………… 19
四、著作权………………………………… 20
五、建设工程知识产权的保护…………… 21

第七节　建设工程担保制度…………… 22
一、保证的基本法律规定………………… 22
二、建设工程施工常用的担保种类……… 24

第八节　建设工程保险制度…………… 26
一、保险概述……………………………… 26
二、保险索赔……………………………… 27
三、建设工程保险的主要种类和投保权益… 27

第九节　建设工程法律责任制度……… 30
一、法律责任的基本种类和特征………… 30
二、建设工程民事责任的种类及承担方式… 30
三、建设工程行政责任的种类及承担方式… 31
四、建设工程刑事责任的种类及承担方式… 31

第十节　施工许可法律制度…………… 32
一、施工许可证的适用范围……………… 32
二、施工许可证的申请主体……………… 33
三、施工许可证的法定批准条件………… 33
四、实行开工报告制度的建设工程……… 36
五、延期开工，核验和重新办理批准的
　　规定…………………………………… 37
六、违法行为应承担的法律责任………… 38

本章练习题………………………………… 40

第二章　施工企业及人员从业资格
　　　　　制度……………………………… 45

第一节　施工企业从业资格制度……… 45
一、企业资质的法定条件和等级………… 45
二、施工企业的资质序列、类别和等级…… 48
三、施工企业的资质许可………………… 49

四、施工企业资质证书的申请、延续和
　　　　变更…………………………………… 50
　　五、禁止无资质或越级承揽工程的规定…… 51
　　六、禁止以他企业或他企业以本企业名义
　　　　承揽工程的规定………………………… 52
　　七、施工企业资质违法行为应承担的主要
　　　　法律责任………………………………… 52
　第二节　建造师执业资格制度……………… 54
　　一、建设工程专业人员执业资格的准入
　　　　管理……………………………………… 54
　　二、建造师考试和注册的规定………………… 55
　　三、建造师执业资格的考核认定……………… 58
　　四、建造师的受聘单位和执业岗位范围……… 58
　　五、建造师的基本权利和义务………………… 60
　　六、注册机关的监督管理……………………… 61
　　七、建造师及建造师工作中违法行为应承担
　　　　的主要法律责任………………………… 62
　本章练习题……………………………………… 63

第三章　建设工程发承包法律制度… 65

　第一节　建设工程招标投标制度…………… 65
　　一、建设工程必须招标的范围、规模和招标
　　　　方式……………………………………… 65
　　二、招标基本程序和禁止肢解发包的规定… 66
　　三、投标文件的法定要求和投标保证金…… 67
　　四、禁止投标人实施不正当竞争行为……… 68
　　五、联合体投标……………………………… 68
　　六、中标的法定条件………………………… 69
　　七、招投标中的违法行为应承担的法律
　　　　责任……………………………………… 70
　第二节　建设工程承包制度………………… 74
　　一、建设工程总承包的规定………………… 74
　　二、联合共同承包…………………………… 75
　　三、建设工程分包…………………………… 75
　　四、违法行为应承担的法律责任…………… 76
　本章练习题……………………………………… 79

第四章　建设工程合同制度………… 83

　第一节　合同法基本知识…………………… 83
　　一、合同的法律特征………………………… 83
　　二、合同的订立原则………………………… 83
　　三、合同的分类……………………………… 84

　　四、建设工程合同…………………………… 86
　　五、合同的要约与承诺……………………… 86
　　六、建设工程施工合同的法定形式和内容… 87
　第二节　建设工程施工合同………………… 89
　　一、建设工程施工合同的内容……………… 89
　　二、建设工程施工合同发承包双方的主要
　　　　义务……………………………………… 90
　　三、建设工程工期…………………………… 90
　　四、工程价款的支付………………………… 91
　　五、解决工程价款结算争议的规定………… 93
　　六、建设工程赔偿损失的规定……………… 94
　　七、无效合同和效力待定合同的规定……… 96
　　八、合同的履行、变更、转让、撤销和
　　　　终止……………………………………… 97
　　九、合同的解除……………………………… 100
　　十、违约责任………………………………… 101
　　十一、建设工程合同示范文本……………… 102
　本章练习题……………………………………… 104

第五章　劳动合同及劳动关系制度… 106

　第一节　劳动合同基本知识………………… 106
　　一、订立劳动合同应当遵守的原则………… 106
　　二、劳动合同的种类………………………… 106
　　三、劳动合同的基本条款…………………… 107
　　四、订立劳动合同应当注意的事项………… 108
　　五、集体合同………………………………… 109
　　六、劳动合同的履行、变更、解除和
　　　　终止……………………………………… 109
　第二节　用工模式的规定…………………… 112
　　一、"包工头"用工模式……………………… 112
　　二、劳务派遣………………………………… 113
　　三、劳务分包企业…………………………… 114
　第三节　劳动保护的规定…………………… 115
　　一、劳动者的工作时间和休息休假………… 115
　　二、劳动者的工资…………………………… 117
　　三、劳动安全卫生制度……………………… 117
　　四、女职工和未成年工的特殊保护………… 118
　　五、社会保险与福利………………………… 118
　第四节　劳动争议的解决…………………… 121
　　一、劳动争议的范围………………………… 121
　　二、劳动争议的解决方式…………………… 121
　　三、集体合同争议的解决…………………… 122
　第五节　工伤处理的规定…………………… 122

一、工伤认定……………………… 122
　　二、劳动能力鉴定………………… 124
　　三、工伤保险待遇………………… 124
第六节　违法行为应承担的法律责任…… 125
　　一、合同订立中违法行为应承担的法律
　　　　责任……………………………… 125
　　二、劳动合同履行、变更、解除和终止中
　　　　违法行为应承担的法律责任…… 126
　　三、劳动保护违法行为应承担的法律
　　　　责任……………………………… 126
　　四、工伤处理违法行为应承担的法律
　　　　责任……………………………… 127
第七节　建设工程相关合同………………… 127
　　一、承揽合同……………………… 127
　　二、买卖合同的法律规定………… 129
　　三、借款合同的法律规定………… 134
　　四、租赁合同的法律规定………… 135
　　五、融资租赁合同的法律规定…… 138
　　六、运输合同的法律规定………… 140
　　七、仓储合同的法律规定………… 143
　　八、委托合同的法律规定………… 144
本章练习题………………………………… 146

第六章　建设工程安全生产法律制度……………………………… 152

第一节　施工单位安全生产法律制度…… 152
　　一、施工安全生产许可证制度…… 152
　　二、申请领取安全生产许可证的条件…… 152
　　三、安全生产许可证的申请……… 153
　　四、安全生产许可证有效期及变更…… 153
　　五、政府监管……………………… 153
　　六、违法行为应当承担的法律责任…… 153
　　七、施工安全生产责任和安全生产教育
　　　　培训制度………………………… 154
　　八、施工现场安全防护制度……… 160
第二节　建设单位和相关单位建设工程安全
　　　　责任制度………………………… 170
　　一、建设单位的安全责任………… 170
　　二、勘察、设计单位相关的安全责任…… 173
　　三、工程监理、检验检测单位相关的安全
　　　　责任……………………………… 174
　　四、机械设备等单位相关的安全责任…… 175
　　五、政府部门安全监督管理的相关规定… 176

本章练习题………………………………… 177

第七章　建设工程质量相关法律制度……………………………… 182

第一节　施工单位的质量责任和义务…… 182
　　一、总分包单位的质量责任……… 182
　　二、按照工程设计图纸和施工技术标准
　　　　施工的规定……………………… 183
　　三、对建筑材料、设备等进行检验检测的
　　　　规定……………………………… 183
　　四、施工质量检验制度…………… 185
　　五、违法行为应承担的法律责任… 186
第二节　建设单位及勘察、设计单位的质量
　　　　责任和义务……………………… 187
　　一、建设单位相关的质量责任和义务…… 187
　　二、勘察、设计单位相关的质量责任和
　　　　义务……………………………… 189
第三节　工程监理单位的质量责任和义务… 190
　　一、依法承担工程监理业务……… 190
　　二、对有隶属关系或其他利害关系的
　　　　回避……………………………… 190
　　三、监理工作的依据和监理责任… 191
　　四、工程监理的职责和权限……… 191
　　五、工程监理的形式……………… 191
　　六、工程监理单位质量违法行为应承担的
　　　　法律责任………………………… 192
第四节　政府部门工程质量监督管理的相关
　　　　规定……………………………… 192
　　一、我国的建设工程质量监督管理体制… 192
　　二、政府监督检查的内容………… 192
　　三、禁止滥用权力的行为………… 193
　　四、建设工程质量事故报告制度… 193
　　五、有关质量违法行为应承担的法律
　　　　责任……………………………… 193
第五节　建设工程竣工验收制度………… 193
　　一、建设工程竣工验收的主体…… 194
　　二、工程竣工验收应当具备的法定条件… 194
　　三、施工单位应提交的档案资料… 194
　　四、规划、消防、节能、环保等验收的
　　　　规定……………………………… 195
　　五、竣工结算、质量争议的规定… 196
　　六、竣工工程质量争议的处理…… 198
　　七、竣工验收备案制度…………… 199

八、质量保修制度…………………… 199
　　九、质量责任的损失赔偿…………… 200
　本章练习题………………………………… 201

第八章　建设工程施工环境保护、节约能源和文物保护法律制度… 209

第一节　施工现场环境保护制度………… 209
　　一、环境噪声污染的防治…………… 209
　　二、大气污染的防治………………… 212
　　三、水污染的防治…………………… 213
　　四、施工现场固体废物污染防治的规定… 215
　　五、违法行为应承担的法律责任…… 216

第二节　施工节约能源制度……………… 219
　　一、施工中合理使用与节约能源的规定… 220
　　二、合理使用与节约能源的一般规定… 220
　　三、建筑节能的规定………………… 220
　　四、施工节能的规定………………… 221
　　五、违法行为应承担的法律责任…… 224

第三节　施工文物保护制度……………… 225
　　一、国家保护文物的范围…………… 225
　　二、水下文物的保护范围…………… 225
　　三、文物保护单位和文物的分级…… 225
　　四、属于国家所有的文物范围……… 226
　　五、属于集体所有和私人所有的文物保护范围……………………… 226
　　六、在文物保护单位保护范围和建设控制地带施工的规定……… 226
　　七、施工发现文物报告和保护的规定… 229
　　八、违法行为应承担的法律责任…… 229
　本章练习题………………………………… 232

第九章　建设工程纠纷和法律解决途径…………………………… 235

第一节　建设工程纠纷…………………… 235
　　一、建设工程民事纠纷……………… 235
　　二、民事纠纷的法律解决途径……… 236
　　三、建设工程行政纠纷……………… 237
　　四、行政纠纷的法律解决途径……… 238

第二节　民事诉讼制度…………………… 239
　　一、民事诉讼的法院管辖…………… 239
　　二、民事诉讼当事人和代理人的规定… 241
　　三、民事诉讼证据的种类、保全和应用… 242
　　四、民事诉讼时效…………………… 244
　　五、诉讼时效中止和中断…………… 246

第三节　民事诉讼的审判程序…………… 246
　　一、一审程序………………………… 246
　　二、二审程序………………………… 247
　　三、审判监督程序…………………… 248
　　四、民事诉讼的执行程序…………… 249

第四节　仲裁制度………………………… 252
　　一、仲裁协议的规定………………… 252
　　二、仲裁的申请和受理……………… 253
　　三、仲裁的开庭和裁决……………… 254
　　四、仲裁裁决的执行………………… 255

第五节　调解与和解制度………………… 256
　　一、调解的规定……………………… 256
　　二、和解的规定……………………… 257

第六节　行政复议和行政诉讼制度……… 258
　　一、行政复议范围…………………… 258
　　二、行政诉讼受案范围……………… 259
　　三、行政复议申请…………………… 259
　　四、行政复议受理…………………… 259
　　五、行政复议决定…………………… 260
　　六、行政诉讼的法院管辖、起诉和受理… 260
　　七、行政诉讼的审理、判决和执行… 261
　本章练习题………………………………… 262

综合训练题一……………………………… 267

综合训练题二……………………………… 277

参考文献…………………………………… 286

第一章 建设工程基本法律知识

本章学习要求

掌握我国法律体系的基本框架，法的形式和效力层级，代理的概念、种类及责任划分，债的分类方法，知识产权相关概念，建设工程常用的担保方式及适用场合，建设工程保险的种类，建设工程法律责任概念，建设工程施工许可的相关规定。结合本章习题，将知识融会贯通，灵活应用。

本章学习重点及难点

法的形式和效力层级，表见代理、表见代表、无权代理的判定及责任划分，债的分类，建设工程法律责任。

第一节 法律基础

一、法律体系

法律体系通常指由一个国家现行的各个部门法构成的有机联系的统一整体。在我国法律体系中，根据所调整的社会关系性质不同，可以划分为不同的部门法。部门法是根据一定标准、原则所制定的同类法律规范的总称。

建设工程法律体系，是指把已经制定的和需要制定的建设工程方面的法律、行政法规、部门规章和地方法规、地方规章有机结合起来，形成的一个相互联系、相互补充、相互协调的完整统一的体系。

二、法律体系的基本框架

1. 宪法

宪法是国家的根本大法，是特定社会政治经济和思想文化条件综合作用的产物，集中反映各种政治力量的实际对比关系，确认革命胜利成果和实现民主政治，规定国家的根本任务和根本制度，即社会制度、国家制度的原则和国家政权的组织以及公民的基本权利义务等内容。

2. 民法商法

民法是规定并调整平等主体的公民之间、法人之间及公民与法人之间的财产关系和人身关系的法律规范的总称。

商法是调整市场经济关系中商人及其商事活动的法律规范的总称。

我国采用的是民商合一的立法模式。商法被认为是民法的特别法和组成部分。《中华人民共和国民法通则》(以下简称《民法通则》)、《中华人民共和国合同法》(以下简称《合同法》)、《中华人民共和国物权法》(以下简称《物权法》)、《中华人民共和国侵权责任法》(以下简称《侵权责任法》)、《中华人民共和国公司法》(以下简称《公司法》)、《中华人民共和国招标投标法》(以下简称《招标投标法》)等属于民法商法。

3. 行政法

行政法是调整行政主体在行使行政职权和接受行政法制监督过程中而与行政相对人、行政法制监督主体之间发生的各种关系，以及行政主体内部发生的各种关系的法律规范的总称。

行政法的调整对象是行政关系，主要包括行政管理关系、行政法制监督关系、行政救济关系、内部行政关系。《中华人民共和国行政处罚法》(以下简称《行政处罚法》)、《中华人民共和国行政复议法》(以下简称《行政复议法》)、《中华人民共和国行政许可法》(以下简称《行政许可法》)、《中华人民共和国城乡规划法》(以下简称《城乡规划法》)、《中华人民共和国建筑法》(以下简称《建筑法》)等属于行政法。

4. 经济法

经济法是调整国家在协调本国经济运行过程中发生的经济关系的法律规范的总称。如：《中华人民共和国统计法》《中华人民共和国土地管理法》《中华人民共和国标准化法》《中华人民共和国税收征收管理法》《中华人民共和国预算法》《中华人民共和国审计法》《中华人民共和国节约能源法》《中华人民共和国政府采购法》《中华人民共和国反垄断法》等属于经济法。

5. 社会法

社会法是调整劳动关系、社会保障和社会福利关系的法律规范的总称。社会法是在国家干预社会生活过程中逐渐发展起来的一个法律门类，所调整的是政府与社会之间、社会不同部分之间的法律关系。《中华人民共和国残疾人保障法》《中华人民共和国矿山安全法》《中华人民共和国劳动法》《中华人民共和国职业病防治法》《中华人民共和国安全生产法》《中华人民共和国劳动合同法》等属于社会法。

6. 刑法

刑法是关于犯罪和刑罚的法律规范的总称。《中华人民共和国刑法》(以下简称《刑法》)是这一法律部门的主要内容。

7. 诉讼与非诉讼程序法

诉讼法指的是规范诉讼程序的法律的总称。我国有三大诉讼法，即《中华人民共和国民事诉讼法》《中华人民共和国刑事诉讼法》《中华人民共和国行政诉讼法》。非诉讼的程序法主要是《中华人民共和国仲裁法》。

三、法的形式和效力层级

1. 法的形式

法的形式是指法律创制方式和外部表现形式。它包括四层含义：①法律规范创制机关的性质及级别；②法律规范的外部表现形式；③法律规范的效力等级；④法律规范的地域效力。法的形式取决于法的本质。

我国法的形式可分为以下七类：

(1)宪法。宪法是由全国人民代表大会依照特别程序制定的具有最高效力的根本法。宪法是集中反映统治阶级的意志和利益，规定国家制度、社会制度的基本原则，具有最高法律效力的根本大法。在我国法律体系中具有最高的法律地位和法律效力，是我国最高的法律形式。

(2)法律。法律是指由全国人民代表大会和全国人民代表大会常务委员会制定颁布的规范性法律文件，即狭义的法律。法律分为基本法律和一般法律（又称专门法）两类。

基本法律是由全国人民代表大会制定的调整国家和社会生活中带有普遍性的社会关系的规范性法律文件的统称，如刑法、民法、诉讼法等法律。

一般法律是由全国人民代表大会常务委员会制定的调整国家和社会生活中某种具体社会关系或其中某一方面内容的规范性文件的统称。例如，《城乡规划法》《建筑法》《城市房地产管理法》《民法通则》《合同法》《行政许可法》等。

(3)行政法规。行政法规是国家最高行政机关国务院根据宪法和法律就有关执行法律和履行行政管理职权的问题，以及依据全国人民代表大会及其常务委员会特别授权所制定的规范性文件的总称。如《建设工程质量管理条例》《建设工程安全生产管理条例》《建设工程勘察设计管理条例》《城市房地产开发经营管理条例》等。

(4)地方性法规、自治条例和单行条例。省、自治区、直辖市的人民代表大会及其常务委员会根据本行政区域的具体情况和实际需要，在与宪法、法律、行政法规不相抵触的前提下，可以制定地方性法规。较大的市的人民代表大会及其常务委员会根据本市的具体情况和实际需要，在与宪法、法律、行政法规和本省、自治区的地方性法规不相抵触的前提下，可以制定地方性法规，报省、自治区的人民代表大会常务委员会批准后施行（较大的市是指省、自治区的人民政府所在地的市，经济特区所在地的市和经国务院批准的较大的市）。如《北京市建筑市场管理条例》《天津市建筑市场管理条例》《新疆维吾尔自治区建筑市场管理条例》等。

(5)部门规章。国务院各部、委员会、中国人民银行、审计署和具有行政管理职能的直属机构，以及省、自治区、直辖市人民政府和较大的市的人民政府所制定的规范性文件统称规章。部门规章之间、部门规章与地方政府规章之间具有同等效力，在各自的权限范围内施行。

(6)地方规章。省、自治区、直辖市和较大的市的人民政府，可以根据法律、行政法规和本省、自治区、直辖市的地方性法规，制定地方规章。如《重庆市建设工程造价管理规定》《安徽省建设工程造价管理办法》《宁夏回族自治区建设工程造价管理规定》《宁波市建设工程造价管理办法》等。

(7)国际条约。国际条约是指我国与外国缔结、参加、签订、加入、承认的双边、多边的条约、协定和其他具有条约性质的文件。国际条约的名称，除条约外，还有公约、协议、协定、议定书、宪章、盟约、换文和联合宣言等。除我国在缔结时宣布持保留意见不受其约束的以外，这些条约的内容都与国内法具有一样的约束力，所以也是我国法的形式。

2. 法的效力层级

由于制定的主体、程序、时间、适用范围等的不同，各种法具有不同的效力，形成法的效力等级体系。

(1)宪法至上。宪法是具有最高法律效力的根本大法。宪法作为根本法和母法，还是其他立法活动的最高法律依据。任何法律、法规都必须遵循宪法而产生，无论是维护社会稳定、保障社会秩序，还是规范经济秩序，都不能违背宪法的基本准则。

(2)上位法优于下位法。在我国的法律体系中，法律的效力是仅次于宪法而高于其他法的形式。行政法规的法律地位和法律效力仅次于宪法和法律，高于地方性法规和部门规章。地方性法规的效力高于本级和下级地方政府规章。省、自治区人民政府制定的规章的效力，高于本行政区域内的较大的市人民政府制定的规章。自治条例和单行条例依法对法律、行政法规、地方性法规作变通规定的，在本自治地方适用自治条例和单行条例的规定。经济特区法规根据授权对法律、行政法规、地方性法规作变通规定的，在本经济特区适用经济特区法规的规定。部门规章之间、部门规章与地方政府规章之间具有同等效力，在各自的权限范围内施行。

(3)特别法优于一般法。特别法优于一般法，是指公法权力主体在实施公权力行为中，当一般规定与特别规定不一致时，优先适用特别规定。《立法法》规定，同一机关制定的法律、行政法规、地方性法规、自治条例和单行条例、规章，特别规定与一般规定不一致的，适用特别规定。

(4)新法优于旧法。新法、旧法对同一事项有不同规定时，新法的效力优于旧法。《立法法》规定，同一机关制定的法律、行政法规、地方性法规、自治条例和单行条例、规章，新的规定与旧的规定不一致的，适用新的规定。

(5)需要由有关机关裁决适用的特殊情况。法律之间对同一事项的新的一般规定与旧的特别规定不一致，不能确定如何适用时，由全国人民代表大会常务委员会裁决。

行政法规之间对同一事项的新的一般规定与旧的特别规定不一致，不能确定如何适用时，由国务院裁决。

地方性法规、规章之间不一致时，由有关机关依照下列规定的权限作出裁决：①同一机关制定的新的一般规定与旧的特别规定不一致时，由制定机关裁决。②地方性法规与部门规章之间对同一事项的规定不一致，不能确定如何适用时，由国务院提出意见，国务院认为应当适用地方性法规的，应当决定在该地方适用地方性法规的规定；认为应当适用部门规章的，应当提请全国人民代表大会常务委员会裁决。部门规章之间、部门规章与地方政府规章之间对同一事项的规定不一致时，由国务院裁决。根据授权制定的法规与法律规定不一致，不能确定如何适用时，由全国人民代表大会常务委员会裁决。

第二节　建设工程法律基础

一、建设法的定义

建设法是调整国家行政管理机关、法人、法人以外的其他组织、公民在建设活动中产生的社会关系的法律规范的总称。建设法律和建设行政法规构成了建设法的主体。建设法是以市场经济中建设活动产生的社会关系为基础，规范国家行政管理机关对建设活动的监管、市场主体之间经济活动的法律法规。

二、建设法律、行政法规与行政法的关系

建设法律、行政法规在调整建设活动中产生的社会关系时,会形成行政监督管理关系。行政监督管理关系是指国家行政机关或者其正式授权的有关机构对建设活动的组织、监督、协调等形成的关系。

我国政府一直高度重视对建设活动的监督管理。在国务院和地方各级人民政府都设有专门的建设行政管理部门,对建设活动的各个阶段依法进行监督管理,包括立项、资金筹集、勘察、设计、施工、验收等。国务院和地方各级人民政府的其他有关行政管理部门,也承担了相应的建设活动监督管理的任务。行政机关在这些监督管理中形成的社会关系就是建设行政监督管理关系。建设行政监督管理关系是行政法律关系的重要组成部分。

三、建设法律、行政法规与民法商法的关系

建设法律、行政法规在调整建设活动中产生的社会关系时,会形成民事商事法律关系。建设民事商事法律关系,是建设活动中由民事商事法律规范所调整的社会关系。建设民事商事法律关系有以下特点:

(1)建设民事商事法律关系是主体之间的民事商事权利和民事商事义务关系。
(2)建设民事商事关系是平等主体之间的关系。

四、建设工程法人制度

《民法通则》规定,法人是具有民事权利能力和民事行为能力,依法独立享有民事权利和承担民事义务的组织。法人是与自然人相对应的概念,是法律赋予社会组织具有法律人格的一项制度。这一制度为确立社会组织的权利、义务,为社会组织独立承担责任提供了基础。

1. 法人应当具备的条件

(1)依法成立。法人的设立目的和方式必须符合法律的规定,必须经过法定的程序,设立法人必须经过政府主管机关的批准或者核准登记。

(2)有必要的财产或者经费。法人的财产或者经费必须与法人的经营范围或者设立目的相适应,否则将不能被批准设立或者核准登记。必要的财产或者经费是法人进行民事活动的物质基础。

(3)有自己的名称、组织机构和场所。

(4)能够独立承担民事责任。法人必须能够以自己的财产或者经费承担在民事活动中的债务,在民事活动中给其他主体造成损失时能够承担赔偿责任。

法人的法定代表人是自然人。他依照法律或者法人组织章程的规定,代表法人行使职权。法人以它的主要办事机构所在地为住所。

2. 法人的分类

法人可以分为企业法人和非企业法人两大类。非企业法人包括行政法人、事业法人、社团法人。企业法人依法经工商行政管理机关核准登记后取得法人资格。企业法人分立、合并或者有其他重要事项变更,应当向登记机关办理登记并公告。企业法人分立、合并,其权利和义务由变更后的法人享有和承担。

有独立经费的机关从成立之日起，具有法人资格。具有法人条件的事业单位、社会团体，依法不需要办理法人登记的，从成立之日起，具有法人资格。依法需要办理法人登记的，经核准登记，取得法人资格。

3. 法人在建设工程中的地位和作用

在建设工程中，大多数建设活动主体都是法人。施工单位、勘察设计单位、监理单位都是具有法人资格的组织。建设单位一般也应当具有法人资格。但有时候，建设单位也可能是没有法人资格的其他组织。

法人在建设工程中的地位，表现在其具有民事权利能力和民事行为能力。依法独立享有民事权利和承担民事义务，方能承担民事责任。

五、企业法人与项目经理部的法律关系

从项目管理的理论上说，各类企业都可以设立项目经理部，但施工企业设立的项目经理部具有典型意义。

1. 项目经理部

项目经理部是施工企业为了完成某项建设工程施工任务而设立的组织。项目经理部是由一个项目经理与技术、生产、材料、成本等管理人员组成的项目管理班子，是一次性的具有弹性的现场生产组织机构。对于大中型施工项目，施工企业应当在施工现场设立项目经理部；小型施工项目，可以由施工企业根据实际情况选择适当的管理方式。施工企业应当明确项目经理部的职责、任务和组织形式。项目经理部不具备法人资格，而是施工企业根据建设工程施工项目而组建的非常设的下属机构。项目经理根据企业法人的授权，组织和领导本项目经理部的全面工作。

2. 项目经理

施工企业法人的法定代表人，其职务行为可以代表企业法人。施工企业的项目经理，是受企业法人的委派，对建设工程施工项目全面负责的项目管理者，是一种施工企业内部的岗位职务。建设工程项目上的生产经营活动，必须在企业制度的制约下运行；其质量、安全、技术等活动，须接受企业相关职能部门的指导和监督。

3. 项目经理部行为的法律后果

由于项目经理部不具备独立的法人资格，无法独立承担民事责任。所以，项目经理部行为的法律后果将由企业法人承担。

第三节　建设工程代理制度

《民法通则》规定，公民、法人可以通过代理人实施民事法律行为。代理人在代理权限内，以被代理人的名义实施民事法律行为。被代理人对代理人的代理行为，承担民事责任。

代理是指代理人在被授予的代理权限范围内，以被代理人的名义与第三人实施法律行为，而行为后果由该被代理人承担的法律制度。代理涉及三方当事人，即被代理人、代理人和代理关系所涉及的第三人。

一、代理的法律特征

1. 代理人必须在代理权限范围内实施代理行为

代理人实施代理活动的直接依据是代理权。因此,代理人必须在代理权限范围内与第三人或相对人实施代理行为。代理人实施代理行为时有独立进行意思表示的权利。如果仅是代为传达当事人的意思表示或接受意思表示,而没有任何独立决定意思表示的权利,则不是代理。

2. 代理人应该以被代理人的名义实施代理行为

《民法通则》规定,代理人应以被代理人的名义对外实施代理行为。代理人如果以自己的名义实施代理行为,则该代理行为产生的法律后果只能由代理人自行承担。那么,这种行为是自己的行为而非代理行为。

3. 代理行为必须是具有法律意义的行为

代理人为被代理人实施的是能够产生法律上的权利义务关系,产生法律后果的行为。如果是代理人请朋友吃饭、聚会等,不能产生权利义务关系,就不是代理行为。

4. 代理行为的法律后果由被代理人承担

代理人在代理权限内,以被代理人的名义同第三人进行的具有法律意义的行为,由被代理人对代理人的代理行为承担民事责任。

二、代理的主要种类

代理包括委托代理、法定代理和指定代理。

1. 委托代理

委托代理指按照被代理人的委托行使代理权。因委托代理中,被代理人是以意思表示的方法将代理权授予代理人的,故又称"意定代理"或"任意代理"。

2. 法定代理

法定代理是指根据法律的规定而发生的代理。例如,《民法通则》规定,无民事行为能力人、限制民事行为能力人的监护人是他的法定代理人。法定代理人依照法律的规定行使代理权。

3. 指定代理

指定代理是根据人民法院或有关单位的指定而发生的代理,常发生在诉讼中。例如,在诉讼中,无民事行为能力人、限制民事行为能力人的监护人是他的法定代理人。事先没有确定监护人的,可以由有监护资格的人协商确定,协商不成的,由人民法院在他们之间指定诉讼中的法定代理人。

三、建设工程代理行为的设立和终止

建设工程活动中涉及的代理行为比较多,如工程招标代理、材料设备采购代理以及诉讼代理等。

1. 建设工程代理行为的设立

建设工程活动不同于一般的经济活动,其代理行为不仅要依法实施,有些还要受到法律的限制。

不得委托代理的建设工程活动：《民法通则》规定，依照法律规定或者按照双方当事人约定，应当由本人实施的民事法律行为，不得代理。《建筑法》规定，禁止承包单位将其承包的全部建筑工程转包给他人，禁止承包单位将其承包的全部建筑工程肢解以后以分包的名义分别转包给他人。施工总承包的，建筑工程主体结构的施工必须由总承包单位自行完成。

须取得法定资格方可从事的建设工程代理行为。某些建设工程代理行为必须由具有法定资格的组织实施。如《招标投标法》规定，招标代理机构是依法设立、从事招标代理业务并提供相关服务的社会中介组织。招标代理机构应当具备下列条件：①有从事招标代理业务的营业场所和相应资金；②有能够编制招标文件和组织评标的相应专业力量；③有符合本法规定条件、可以作为评标委员会成员的技术、经济等方面的专家库。《招标投标法》还规定，从事工程建设项目招标代理业务的招标代理机构，其资格由国务院或者省、自治区、直辖市人民政府的建设行政主管部门认定。

民事法律行为的委托代理。建设工程代理行为多为民事法律行为的委托代理。民事法律行为的委托代理，可以用书面形式，也可以用口头形式。但是，法律规定用书面形式的，应当用书面形式。书面委托代理的授权委托书应当载明代理人的姓名或者名称、代理事项、权限和期间，并由委托人签名或者盖章。委托书授权不明的，被代理人应当向第三人承担民事责任，代理人负连带责任。

2. 建设工程代理行为的终止

《民法通则》规定，有下列情形之一的，委托代理终止：①代理期间届满或者代理事务完成；②被代理人取消委托或者代理人辞去委托；③代理人死亡；④代理人丧失民事行为能力；⑤作为被代理人或者代理人的法人终止。

有下列情形之一的，法定代理或者指定代理终止：①被代理人取得或者恢复民事行为能力；②被代理人或者代理人死亡；③代理人丧失民事行为能力；④指定代理的人民法院或者指定单位取消指定；⑤由其他原因引起的被代理人和代理人之间的监护关系消灭。

四、代理人和被代理人的权利、义务及法律责任

1. 代理人在代理权限内以被代理人的名义实施代理行为

《民法通则》规定，代理人在代理权限内，以被代理人的名义实施民事法律行为。被代理人对代理人的代理行为承担民事责任。

2. 转托他人代理应当事先取得被代理人的同意

《民法通则》规定，委托代理人为被代理人的利益需要转托他人代理的，应当事先取得被代理人的同意。事先没有取得被代理人同意的，应当在事后及时告诉被代理人，如果被代理人不同意，由代理人对自己所转托的人的行为负民事责任，但在紧急情况下，为了保护被代理人的利益而转托他人代理的除外。

3. 无权代理与表见代理

《民法通则》规定，无权代理是没有代理权、超越代理权或者代理权终止后的行为，只有经过被代理人的追认，被代理人才承担民事责任。未经追认的行为，由行为人承担民事责任。本人知道他人以本人名义实施民事行为而不作否认表示的，视为同意。

(1)无权代理。无权代理是指行为人没有代理权,但以他人的名义与第三人进行法律行为。无权代理一般存在三种表现形式:①自始未经授权;②超越代理权;③代理权已终止。被代理人对无权代理人实施的行为如果予以追认,则无权代理可转化为有权代理,产生与有权代理相同的法律效力,并不会发生代理人的赔偿责任。如果被代理人不予追认的,对被代理人不发生效力,则无权代理人需承担因无权代理行为给被代理人和善意第三人造成的损失。

(2)表见代理。表见代理是指行为人虽无权代理,但由于行为人的某些行为,造成了足以使善意第三人相信其有代理权的表象,而与善意第三人进行的、由被代理人承担法律后果的代理行为。《合同法》规定,行为人没有代理权、超越代理权或者代理权终止后以被代理人名义订立合同,相对人有理由相信行为人有代理权的,该代理行为有效。

表见代理需具备以下特别构成要件:①必须存在足以使相对人相信行为人具有代理权的事实或理由。这是构成表见代理的客观要件。它要求行为人与本人之间应存在某些事实上或法律上的联系,如行为人持由本人发出的委任状、已加盖公章的空白合同书或者有显示本人向行为人授予代理权的通知函告等证明类文件。②本人存在过失。其过失表现为本人表达了足以使第三人相信有授权意思的表示,或者实施了足以使第三人相信有授权意义的行为,发生了外表授权的事实。③相对人为善意。这是构成表见代理的主观要件。如果相对人明知行为人无代理权而仍与之实施民事行为,则相对人为主观恶意,不构成表见代理。

(3)知道他人以本人名义实施民事行为不作否认表示的视为同意。本人知道他人以本人名义实施民事行为而不作否认表示的,视为同意。这是一种被称为默示方式的特殊授权。由此,他人以其名义实施法律行为的后果应由本人承担。

【案例1】

(1)背景:常鑫瓷质砖有限公司委托公司干部罗新在苏州市设立办事处,并租用一间仓库。价值20余万元的瓷质砖存放在苏州仓库内。罗新结识苏州市钢铜雕刻有限公司的负责人陈鸿玉,联营未获同意。罗新又结识苏州市保达贸易商行承包人贾金龙,进行过业务洽谈,生意未做成。2000年1月20日罗新准备回九江过春节,考虑到春节期间苏州会有已订合同的客户要求发货,委托陈鸿玉代为保管货物及帮助发货。后来陈鸿玉与贾金龙签订了一份代销常鑫公司瓷质砖协议,并于2000年2月3日至5日从罗新租用的仓库中运走价值人民币101 836.25元的多种规格的瓷质砖。苏州市保达贸易商行仅付给陈鸿玉货款28 500元,且该款已被陈鸿玉用于开办公司。常鑫瓷质砖有限公司向江西省九江市中级人民法院递交了起诉状。

原告常鑫瓷质砖有限公司以代理权纠纷起诉,要求被告罗新、陈鸿玉及第三人苏州市保达贸易商行赔偿损失。

(2)问题:人民法院能否支持原告的诉讼请求?为什么?

(3)分析:被告陈鸿玉与第三人所签订的代销瓷质砖协议,是在其超越代理权的情况下签订的,所以该协议依法无效。且双方均知道协议标的物——瓷质砖系原告所有,为被告罗新所保管,因此在返还标的物的同时,双方应连带承担赔偿责任。

被告罗新擅自将仓库钥匙交给陈鸿玉,违反了企业内部制度规定,系严重失职行为,不属超越代理权行为,应由企业内部处理。

江西省九江市中级人民法院作出判决:

(1)被告陈鸿玉与第三人苏州市保达贸易商行签订的代销瓷质砖协议无效。

(2)第三人苏州市保达贸易商行应返还原告价值 101 836.25 元瓷质砖并承担利息损失 9 783.9 元,被告陈鸿玉负连带清偿责任。于本判决生效之日起 10 日内执行。

(3)被告罗新作为原告企业职工,其失职行为可由原告按照企业内部有关规定给予处理。

(4)案件诉讼费 7 500 元,由被告陈鸿玉负担 4 000 元,第三人苏州市保达贸易商行负担 3 500 元。

【案例 2】

(1)背景:基本案情——追认欠条惹事端。2003 年年初,江苏某建筑公司(以下称建筑公司)承建了广州某广场工程。2004 年 7 月,包工头赵某出具一张欠条给材料商钱某。欠条载明:"今欠钱某工程材料款共计人民币 30 万元,以前所有欠条作废,以此条为准。"次日,建筑公司设立的不具备法人资格的广州分公司(以下简分公司)负责人王经理在该欠条上注明"同意从广场工程款中扣除",并加盖分公司的印章。据了解,分公司虽然是一个不具有法人资格的单位,但王经理在广场工程建设期间,是具有建筑公司授予的"委托权"的。这份由建筑公司出具的"法人授权委托书",主要内容为"授权王××为其代理人,负责分公司的经营管理,有效期限从 2003 年 1 月 31 日至 2004 年 6 月 31 日止"。之后,赵某偿还钱某 10 万元,其中有 3 万元是经分公司支付的。但余款钱某久追无果,最后只得诉至法院,要求赵某偿还欠款 20 万元,同时要求建筑公司承担连带责任。

(2)法院审判:一审法院认为:赵某向钱某出具欠条,双方已形成债权债务关系,赵某对其拖欠材料款的行为依法应承担民事责任。因分公司的负责人王经理在欠条上的签名及加盖分公司印章的行为是在委托书有效期期满之后,故王经理的行为只是个人行为,不能代表建筑公司,因此判决赵某给付钱某工程材料款 20 万元。

钱某不服一审判决,提起上诉称王经理当时是负责分公司经营管理的负责人,尽管该委托书上有明确的授权期限,但有效期限过后,王经理仍掌管着分公司的印章,这足以证明王经理依然是分公司的负责人、也当然是建筑公司的代理人。请求二审法院判令建筑公司对工程材料款承担连带责任。

二审法院认为:本案中,赵某向钱某出具欠条后,分公司的负责人王经理在赵某出具的欠条上签字"同意从广场工程款中扣除"并盖章,虽然王经理在该欠条上签字盖章不是在建筑公司的授权期限内,但他当时仍然掌管着分公司的印章,因此,钱某有理由相信王经理仍有权代理建筑公司对分公司进行经营管理。王经理在欠条上签字盖章确认债务的行为符合《中华人民共和国合同法》第 49 条"行为人没有代理权、超越代理权或代理权终止后以被代理人名义订立合同,相对人有理由相信行为人有代理权的,该代理行为有效"的规定,故王经理的行为属于表见代理行为,其当时所行使的行为是职务行为而非个人行为。因分公司是建筑公司设立的不具备法人资格的分支机构,故建筑公司应承担民事责任。遂判决建筑公司对债务承担连带清偿责任。

(3)分析:本案符合表见代理特征。本案争议的焦点是王经理的行为是否构成表见代理,如果构成,则建筑公司依法应承担支付材料款的法律责任。

所谓表见代理,本属于无权代理,但因本人(即本案中的建筑公司)与无权代理人(即本案中王经理)之间的关系,具有外表授权的特征,致使相对人(即本案中的钱某)有理由相信行为人有代理权而与其发生法律关系。在这种情况下,依照《中华人民共和国合同法》第 49 条的规定:"行为人没有代理权、超越代理权或代理权终止后以被代理人名义订立合同,相对人有理由相信行为人有代理权的,该代理行为有效。"

在审判实践中,构成表见代理应具备两个基本要件:①相对人(即钱某)在主观上须为善意且无过失。所谓善意是指相对人不知道也不应当知道行为人(本案中的王经理)所为的事项并无代理权,而且这种不知道并非相对人的疏忽或懈怠所致。所谓无过失是指相对人对自己不知行为人无代理权一事在主观上没有过失。如相对人非善意或有过失,则本人(本案中的建筑公司)不承担责任。②客观上有使相对人误信行为人有代理权的表见事实和现象。

本案中,二审法院之所以判决建筑公司承担偿还责任,就是因为王经理在该欠条上注明"同意从广场工程款中扣除"并加盖分公司的印章的行为,足以使钱某认为其代表了分公司和建筑公司,构成表见代理。

第四节 建设工程物权制度

《物权法》是规范财产关系的民事基本法律。其立法目的是维护国家基本经济制度,维护社会主义市场经济秩序,明确物的归属,发挥物的效用,保护权利人的物权。物权是一项基本民事权利,也是大多数经济活动的基础和目的。在建设工程活动中涉及的许多权利都源于物权。建设单位对建设工程项目的权利来自物权中最基本的权利——所有权,施工单位的施工活动是为了形成《物权法》意义上的物——建设工程。

一、物权的法律特征

《物权法》规定,本法所称物权,是指权利人依法对特定的物享有直接支配和排他的权利,包括所有权、用益物权和担保物权。

所有民事主体都能够成为物权权利人,包括法人、法人以外的其他组织、自然人。物权的客体一般是物,包括不动产和动产。不动产,是指土地以及房屋、林木等地上定着物。动产是指不动产以外的物。

物权具有以下特征:

(1)物权是支配权。物权是权利人直接支配的权利,即物权人可以依自己的意志就标的物直接行使权利,无须他人的意思或义务人的行为介入。

(2)物权是绝对权。物权的权利人可以对抗一切不特定的人。物权的权利人是特定的,义务人是不特定的,且义务内容是不作为,只要不侵犯物权人行使权利就履行义务。

(3)物权是财产权。物权是一种具有物质内容的、直接体现为财产利益的权利。财产利益包括对物的利用、物的归属和就物的价值设立的担保。

(4)物权具有排他性。物权人有权排除他人对于他行使物权的干涉。而且同一物上不许有内容不相容的物权并存,即"一物一权"。

二、物权的种类

物权包括所有权、用益物权和担保物权。

1. 所有权

所有权是所有人依法对自己的财产（包括不动产和动产）所享有的占有、使用、收益和处分的权利。它是一种财产权，又称财产所有权。所有权是物权中最重要也最完全的一种权利。当然，所有权在法律上也受到一定的限制。最主要的限制是为了公共利益的需要，依照法律规定的权限和程序可以征收集体所有的土地和单位、个人的房屋及其他不动产。财产所有权的权能，是指所有人对其所有的财产依法享有的权利，包括占有权、使用权、收益权、处分权。

（1）占有权。占有权是指对财产实际掌握、控制的权能。占有权是行使物的使用权的前提条件，是所有人行使财产所有权的一种方式。占有权可以根据所有人的意志和利益分离出去，由非所有人享有。例如，根据货物运输合同，承运人对托运人的财产享有占有权。

（2）使用权。使用权是指对财产的实际利用和运用的权能。通过对财产的实际利用和运用以满足所有人的需要，是实现财产使用价值的基本渠道。使用权是所有人所享有的一项独立权能。所有人可以在法律规定的范围内，以自己的意志使用其所有物。

（3）收益权。收益权是指收取由原物产生出来的新经济价值的权能。原物新增的经济价值，包括由原物直接派生出来的果实、由原物所产生出来的租金和利息、对原物直接利用而产生的利润等。收益往往是因为使用而产生的，因而收益权也往往与使用权联系在一起。但是，收益权本身是一项独立的权能，而使用权并不能包括收益权。有时所有人并不行使对物的使用权，仍可以享有对物的收益权。

（4）处分权。处分权是指依法对财产进行处置，决定财产在事实上或法律上命运的权能。处分权的行使决定着物的归属。处分权是所有人的最基本的权利，是所有权内容的核心。

2. 用益物权

用益物权是权利人对他人所有的不动产或者动产，依法享有占有、使用和收益的权利。用益物权包括土地承包经营权、建设用地使用权、宅基地使用权和地役权。

国家所有或者国家所有由集体使用以及法律规定属于集体所有的自然资源，单位、个人依法可以占有、使用和收益。此时，单位或者个人就成为用益物权人。因不动产或者动产被征收、征用，致使用益物权消灭或者影响用益物权行使的，用益物权人有权获得相应补偿。

3. 担保物权

担保物权是权利人在债务人不履行到期债务或者发生当事人约定的实现担保物权的情形，依法享有就担保财产优先受偿的权利。债权人在借贷、买卖等民事活动中，为保障实现其债权，需要担保的，可以依照《物权法》和其他法律的规定设立担保物权。

三、物权的设立、变更、转让、消灭和保护

1. 不动产物权的设立、变更、转让、消灭

不动产物权的设立、变更、转让和消灭，应当依照法律规定登记，自不动产登记时发生效力。经依法登记，发生效力；未经登记，不发生效力，但法律另有规定的除外。依法属于国家所有的自然资源，所有权可以不登记。不动产登记，由不动产所在地的登记机构办理。

物权变动的基础往往是合同关系，如买卖合同导致物权的转让。需要注意的是，当事人之间订立有关设立、变更、转让和消灭不动产物权的合同，除法律另有规定或者合同另有约定外，自合同成立时生效；未办理物权登记的，不影响合同效力。

注：不动产的物权变动——登记主义。我国是登记主义：即自登记时发生物权效力；注意：国有自然资源、法律另外规定的除外。不动产物权＝合同生效＋完成登记。

不动产登记对合同效力的影响：没影响。合同生效根据《合同法》的规定，物权的生效根据《物权法》的规定。不登记不影响合同的生效：房产开发商一房两卖则两个合同都有效，过户登记给谁，谁获得房屋产权。

为防止这种情况，物权法同时规定了"预告登记"制度。预告登记：签订不动产买卖合同后，当事人可向登记机构申请预告登记，登记后未经权利人同意，处分该不动产的，不发生物权效力。登记失效条件：债权消失（如不买了）或可以办理不动产登记之日起3个月内未申请登记（能登记不登记）。

【例】 甲与乙签订房屋买卖合同，将自有的一幢房屋卖给乙，并约定任何一方违约须向对方支付购房款25％的违约金。但在交房前，甲又与丙签订了合同，将该房屋卖给丙，并与丙办理了过户登记手续。则下列说法中错误的是（   ）。

A. 若乙要求甲支付约定的违约金，甲可以请求法院或仲裁机构予以适当减少
B. 甲必须收回房屋并向乙方交付
C. 丙取得该房屋的所有权
D. 乙不能要求甲实际交付该房屋，但可以要求甲承担违约责任

分析：典型的一房二卖案例，两个合同都有效，合同形成债权；谁办理了登记，房子物权归谁。

答案：B

2. 动产物权的设立和转让

动产物权以占有和交付为公示手段。动产物权的设立和转让，应当依照法律规定交付。动产物权的设立和转让，自交付时发生效力，但法律另有规定的除外。

动产的物权变动——交付主义。

动产物权变动我国采取的是交付主义。另外规定：船舶、航空器、机动车（运输工具）等未经登记，不得对抗善意第三人。即这些未经登记的动产物权非常脆弱。

【例1】 张三买走了李四的一只羊，约定第二天交付购羊款200元，当晚张三将羊以150元价格转卖给了不知情的王五，并携款潜逃。张三卖羊时，羊的所有权为谁所有？李四是否有权向王五返还该羊？李四的权利应向谁主张？

分析：张三与李四的交易是动产交易，当李四将羊交给张三时交易已经完成生效，羊的所有权已归张三所有，但张三由于没有付货款200元，因此张三与李四之间存在着200元的债务关系。张三卖羊时，羊的所有权人为张三。李四无权要求王五返羊，因为王五与张三之间关于羊的交易合法有效，李四和王五之间没有任何债权债务关系。李四只能向张三主张权利。结论：没收到钱的情况下，让对方取走货，货款两空的风险很大。

【例2】 张三将汽车卖给李四后未办理车辆过户手续（但是汽车物权已经因为交付而归属李四了），某日张三向李四借开该车，并趁机将该车卖给了不知情的王五，并办理了过户手续（车管所资料上的车主还是张三）。此时李四不能向王五主张对该车的动产所有权（即不能对抗善意第三人）。注意：王五一定要是善意的，即不知情的。

3. 物权的保护

物权的保护，是指通过法律规定的方法和程序保障物权人在法律许可的范围内对其财产行使占有、使用、收益、处分权利的制度。物权受到侵害的，权利人可以通过和解、调解、仲裁、诉讼等途径解决。

因物权的归属、内容发生争议的，利害关系人可以请求确认权利。无权占有不动产或者动产的，权利人可以请求返还原物。妨害物权或者可能妨害物权的，权利人可以请求排除妨害或者消除危险。造成不动产或者动产毁损的，权利人可以请求修理、重作、更换或者恢复原状。侵害物权，造成权利人损害的，权利人可以请求损害赔偿，也可以请求承担其他民事责任。对于物权保护方式，可以单独适用，也可以根据权利被侵害的情形合并适用。

侵害物权，除承担民事责任外，违反行政管理规定的，依法承担行政责任；构成犯罪的，依法追究刑事责任。

第五节　建设工程债权制度

在建设工程活动中，经常会遇到一些债权债务的问题。因此，学习有关债权的基本法律知识，有助于在实践中防范债务风险。

一、债的概念

《民法通则》规定，债是按照合同的约定或者按照法律规定，在当事人之间产生的特定的权利和义务关系，享有权利的人是债权人，负有义务的人是债务人。债权人有权要求债务人按照合同的约定或者依照法律的规定履行义务。

债是特定当事人之间的法律关系。债权人只能向特定的人主张自己的权利，债务人也只需向享有该项权利的特定人履行义务，即债的相对性。

二、债的内容

债的内容，是指债的主体双方之间的权利与义务，即债权人享有的权利和债务人负担的义务，即债权与债务。债权为请求特定人为特定行为作为或不作为的权利。

债权与物权不同，物权是绝对权，而债权是相对权。债权相对性理论的内涵，可以归纳为以下三个方面：①债权主体的相对性；②债权内容的相对性；③债权责任的相对性。债务是根据当事人的约定或者法律规定，债务人所负担的特定的行为义务。

三、建设工程债的发生根据

建设工程债的产生，是指特定当事人之间债权债务关系的产生。引起债产生的一定的法律事实，就是债产生的根据。建设工程债产生的根据有合同、侵权、无因管理和不当得利。

1. 合同之债

当事人之间因产生了合同法律关系，也就是产生了权利义务关系，便设立了债的关系。

任何合同关系的设立，都会在当事人之间发生债权债务的关系。合同引起债的关系，是债发生的最主要、最普遍的依据。因合同而产生的债被称为合同之债。

建设工程债的产生，最主要的也是合同。施工合同的订立，会在施工单位与建设单位之间产生债；材料设备买卖合同的订立，会在施工单位与材料设备供应商之间产生债的关系。

2. 侵权之债

侵权是指公民或法人没有法律依据而侵害他人的财产权利或人身权利的行为。侵权行为一经发生，即在侵权行为人和被侵权人之间形成债的关系。侵权行为产生的债被称为侵权之债。在建设工程活动中，也常会产生侵权之债。如施工现场的施工噪声，有可能产生侵权之债。

《侵权责任法》规定，建筑物、构筑物或者其他设施及其搁置物、悬挂物发生脱落、坠落造成他人损害，所有人、管理人或者使用人不能证明自己没有过错的，应当承担侵权责任。所有人、管理人或者使用人赔偿后，有其他责任人的，有权向其他责任人追偿。建筑物、构筑物或者其他设施倒塌造成他人损害的，由建设单位与施工单位承担连带责任。建设单位、施工单位赔偿后，有其他责任人的，有权向其他责任人追偿。因其他责任人的原因，建筑物、构筑物或者其他设施倒塌造成他人损害的，由其他责任人承担侵权责任。从建筑物中抛掷物品或者从建筑物上坠落的物品造成他人损害，难以确定具体侵权人的，除能够证明自己不是侵权人之外，由可能加害的建筑物使用人给予补偿。

3. 无因管理之债

无因管理，是指管理人员和服务人员没有法律上的特定义务，也没有受到他人委托，自觉为他人管理事务或提供服务。无因管理在管理人员或服务人员与受益人之间形成了债的关系。无因管理产生的债被称为无因管理之债。

4. 不当得利之债

不当得利，是指没有法律上或者合同上的依据，有损于他人利益而自身取得利益的行为。由于不当得利造成他人利益的损害，因此在得利者与受害者之间形成债的关系。得利者应当将所得的不当利益返还给受损失的人。不当得利产生的债被称为不当得利之债。

四、建设工程债的常见种类

1. 施工合同债

施工合同债是发生在建设单位和施工单位之间的债。施工合同的义务主要是完成施工任务和支付工程款。对于完成施工任务，建设单位是债权人，施工单位是债务人。

2. 买卖合同债

在建设工程活动中，会产生大量的买卖合同，主要是材料设备买卖合同。材料设备的买方有可能是建设单位，也可能是施工单位。他们会与材料设备供应商产生债。

3. 侵权之债

在侵权之债中，最常见的是施工单位的施工活动产生的侵权。如施工噪声或者废水废弃物排放等扰民，可能对工地附近的居民构成侵权。此时，居民是债权人，施工单位或者建设单位是债务人。

【例】甲建筑设备生产企业将乙施工单位订购的价值10万元的某设备错发给了丙施工单位,几天后,甲索回该设备交付给乙。乙因丙曾使用过该设备造成部分磨损而要求甲减少价款1万元。下列关于本案中债的性质的说法,正确的有( )。

A. 甲错发设备给丙属于无因管理之债
B. 丙向甲返还设备属于不当得利之债
C. 乙向甲支付设备款属于合同之债
D. 甲向乙少收1万元货款属于侵权之债
E. 丙擅自使用该设备对乙应承担侵权之债

答案:BC。

第六节 建设工程知识产权制度

一、知识产权的基本类型及法律特征

1. 知识产权的基本类型

按照《民法通则》的规定,我国的知识产权包括著作权(版权)、专利权、商标专用权、发现权、发明权以及其他科技成果权。其中,前三类权利构成了我国知识产权的主体,在建设工程活动中也主要是这三种知识产权。

2. 知识产权的法律特征

知识产权作为一种无形财产权,对其进行法律保护不同于有形财产,从而也就具有了不同于有形财产的法律特征。

(1)财产权和人身权的双重属性。在《民法通则》对民事权利的分类中,其他的民事权利都只有财产权或人身权的单一属性,只有知识产权具有财产权和人身权的双重属性。

(2)专有性。知识产权同其他财产所有权一样,具有绝对的排他性。权利人对智力成果享有专有权,其他人若要利用这一成果必须经过权利人同意,否则构成侵权。

(3)地域性。知识产权在空间上的效力并不是无限的,而要受到地域的限制,其效力只限于确认和保护知识产权的一国法律所能及的地域内。对于有形财产则不存在这一问题,无论财产转移到哪个国家,都不会发生财产所有人自动丧失所有权的情形。

(4)期限性。知识产权仅在法律规定的期限内受到法律的保护,一旦超过法定期限,这一权利就自行消灭。该智力成果就成为整个社会的共同财富,为全人类共同所有。有形财产权没有时间限制,只要财产存在,权利就必然存在。

3. 建设工程知识产权的常见种类

在建设工程中常见的知识产权主要是专利权、商标权、著作权以及发明权和其他科技成果权。

二、专利权

1. 专利权定义

专利权是指权利人在法律规定的期限内,对其发明创造所享有的制造、使用和销售的专有权。国家授予权利人对其发明创造享有专有权，能保护权利人的利益，使其公开其发明创造的技术内容，有利于发明创造的应用。在建设工程活动中，不断有新技术产生，有许多新技术是取得了专利权的。

2. 专利法保护的对象

专利法保护的对象就是专利权的客体，各国规定各不相同。我国《专利法》保护的是发明创造专利权，并规定发明创造是指发明、实用新型和外观设计。

(1)发明。《专利法》规定，发明是指对产品、方法或者其改进所提出的新的技术方案。这是专利权保护的最主要对象。发明应当具备以下条件：必须是一种能够解决特定技术问题作出的创造性构思；必须是具体的技术方案；必须是利用自然规律的结果。

(2)实用新型。实用新型是指对产品的形状、构造或者其结合所提出的适于实用的新的技术方案。它与发明相似，都是一种新的技术方案，但发明专利的创造性水平要高于实用新型。因此，实用新型被称为"小发明"。

我国实用新型保护的客体必须具有一定的形状或者结构，或者两者的结合。如果是方法，不能获得实用新型专利。即使是产品，如果没有固定的形状或者是材料本身，也不能成为实用新型的客体。

(3)外观设计。外观设计是指对产品的形状、图案或者其结合以及色彩与形状、图案的结合所作出的富有美感并适于工业应用的新设计。外观设计必须具备以下条件：①是形状、图案、色彩或者其结合的设计；②是对产品的外表所做的设计；③具有美感；④是适合于工业上应用的新设计。

3. 授予专利权的条件

授予专利权的发明和实用新型，应当具备新颖性、创造性和实用性。

(1)新颖性。新颖性是指该发明或者实用新型不属于现有技术，也没有任何单位或者个人就同样发明或者实用新型在申请日以前向国务院专利行政主管部门提出过申请，并记载在申请日以后公布的专利申请文件或者公告的专利文件中。但是，申请专利的发明创造在申请日前6个月内，有下列情形之一的，不丧失新颖性：①在中国政府主办或者承认的国际展览会上首次展出的；②在规定的学术会议或者技术会议上首次发表的；③他人未经申请人同意而泄露其内容的。

(2)创造性。创造性是指与现有技术相比，该发明或该实用新型具有突出的实质性特点和显著的进步。所谓现有技术，是指申请日以前在国内外为公众所知的技术。

(3)实用性。实用性是指该发明或者实用新型能够制造或者使用，并且能够产生积极效果。取得专利权的发明或者实用新型必须是能够应用于生产领域的，而不能只是纯理论的。需要注意的是，实用性并不要求发明或者实用新型已经产生积极效果，而只要求将来有产生积极效果的可能性。

授予专利权的外观设计，应当同申请日以前在国内外出版物上公开发表过或者国内公开使用过的外观设计不相同和不相近似，并不得与他人在先取得的合法权利相冲突。除了新颖性外，外观设计还应当具备富有美感和适于工业应用两个条件。

4. 专利权人的权利和专利权的期限、终止、无效

(1)专利权人的权利。发明和实用新型专利权被授予后，除《专利法》另有规定的以外，任何单位或者个人未经专利权人许可，都不得实施其专利，即不得为生产经营目的制造、使用、许诺销售、销售、进口其专利产品，或者使用其专利方法以及使用、许诺销售、销售、进口依照该专利方法直接获得的产品。

外观设计专利权被授予后，任何单位或者个人未经专利权人许可，都不得实施其专利，即不得为生产经营目的制造、销售、进口其外观设计专利产品。

（2）专利权的期限。发明专利权的期限为20年，实用新型专利权和外观设计专利权的期限为10年，均自申请日起计算。

（3）专利权终止。主要有下列三种情况：

1）期限届满终止。发明专利权自申请日起算维持满20年，实用新型或者外观设计专利权自申请日长起维持满10年，依法终止。

2）没有按照规定缴纳年费的终止。

3）专利权人主动放弃专利权。

（4）专利权的无效。

1）发明创造不具备新颖性、创造性及实用性或同已有外观设计相同或相近似或与他人在先取得的合法权利相冲突。

2）发明或者实用新型说明书中的技术方案所属技术领域的技术人员不能实现。

3）说明书修改超出原始说明书、权利要求书范围，或超出原始图片、照片表示的范围。

4）权利要求书没有以说明书为依据说明要求保护的范围；权利要求书中权利要求保护的范围不清楚。

5）独立权利要求缺少必要技术特征。

6）违反国家法律或者不属于专利保护范围等。

5. 专利的申请和审批

（1）申请专利应当提交的文件。申请发明或者实用新型专利的，应当提交请求书、说明书及其摘要和权利要求书等文件。

（2）专利申请日。国务院专利行政主管部门收到专利申请文件之日为申请日。如果申请文件是邮寄的，以寄出的邮戳日为申请日。

（3）专利审批制度。初步审查和公布申请。初步审查是指审查专利申请是否具备《专利法》规定的文件和其他必要的文件，以及这些文件是否符合规定的格式。国务院专利行政主管部门收到发明专利申请后，经初步审查认为符合专利法要求的，自申请日起满18个月，即行公布。国务院专利行政主管部门可以根据申请人的请求早日公布其申请。

实质审查。发明专利申请自申请日起3年内，国务院专利行政主管部门可以根据申请人随时提出的请求，对其申请进行实质审查；申请人无正当理由逾期不请求实质审查的，该申请即被视为撤回。国务院专利行政主管部门认为必要的时候，可以自行对发明专利申请进行实质审查。

专利权的授予。发明专利申请经实质审查没有发现驳回理由的，由国务院专利行政主管部门作出授予发明专利权的决定，发给发明专利证书，同时予以登记和公告。发明专利权自公告之日起生效。实用新型和外观设计专利申请经初步审查没有发现驳回理由的，由国务院专利行政主管部门作出授予实用新型专利权或者外观设计专利权的决定，发给相应的专利证书，同时予以登记和公告。实用新型专利权和外观设计专利权自公告之日起生效。

三、商标权

1. 商标与商标专用权

商标是指企业、事业单位和个体工商业者,为了使其生产经营的商品或者提供的服务项目有别于他人的商品或者服务项目,用具有显著特征的文字、图形、字母、数字、三维标志和颜色组合,以及上述要素的组合来表示的标志。商标可以分为商品商标和服务商标两大类。

商标专用权是指企业、事业单位和个体工商业者对其注册的商标依法享有的专用权。由于商标有表示质量和信誉的作用,他人使用商标所有人的商标,有可能对商标所有人的信誉造成损害,必须严格禁止。

《中华人民共和国商标法》(以下简称《商标法》)规定,自然人、法人或者其他组织对其生产、制造、加工、拣选或者经销的商品,需要取得商标专用权的,应当向商标局申请商品商标注册。自然人、法人或者其他组织对其提供的服务项目,需要取得商标专用权的,应当向商标局申请服务商标注册。

2. 商标专用权的内容以及保护对象

商标专用权的内容只包括财产权,商标设计者的人身权受著作权法保护。商标专用权包括使用权和禁止权两个方面。使用权是商标注册人对其注册商标充分支配和完全使用的权利,权利人也有权将商标使用权转让给他人或通过合同许可他人使用其注册商标。禁止权是商标注册人禁止他人未经其许可而使用注册商标的权利。

商标专用权的保护对象是经过国家商标管理机关核准注册的商标,未经核准注册的商标不受商标法保护。使用注册商标应当标明"注册商标"或者注册标记。商标必须使用文字、图形或者其组合作为表现形式,并应当具备显著特征,便于人们识别。

3. 商标注册的申请、审查和批准

商标注册是指企业、事业单位和个体工商业者将已经或准备使用的商标,按照法定的条件、原则和程序,向商标局提出申请,经商标局核准注册,授予商标专用权的法律事实。

商标注册的审查和批准:①初步审定和公告。申请注册的商标,凡是符合《商标法》有关规定的,由商标局初步审定,予以公告。②对初步审定的商标,自公告之日起3个月内,任何人均可以提出异议。商标局应当听取异议人和申请人陈述事实和理由,经过调查核实后作出裁定。当事人不服的,可以在收到通知15天内申请复审,由商标评审委员会做出终局裁定,并书面通知异议人和申请人。异议成立后,商标不予核准注册。③对初审公告的商标,在规定的异议期间内没有异议,或者经裁定异议不能成立的,予以核准注册,发给商标注册证,并予以公告。

4. 注册商标的续展、转让和使用许可

注册商标的有效期为10年,自核准注册之日起计算。但是,商标与其他知识产权的客体不同,往往使用时间越长越有价值。商标的知名度较高往往也是长期使用的结果。因此,注册商标可以无数次提出续展申请,其理论上的有效期是无限的。注册商标有效期满,需要继续使用的,应当在期满前6个月内申请续展注册;在此期间未能提出申请的,可以给予6个月的宽展期;宽展期满仍未提出申请的,注销其注册商标。每次续展注册的有效期为10年。

注册商标的转让是指商标专用人将其所有的注册商标依法转移给他人所有并由其专用的法律行为。转让注册商标的，转让人和受让人应当共同向商标局提出申请。受让人应当保证使用该注册商标的商品或服务的质量。商标专用权人可以将商标连同企业或者商誉同时转让，也可以将商标单独转让。

注册商标的使用许可是指商标注册人通过签订商标使用许可合同，许可他人使用其注册商标的法律行为。许可人应当监督被许可人使用其注册商标的商品或者服务的质量。被许可人应当保证使用注册商标的商品或服务的质量。经许可使用他人注册商标的，必须在使用该注册商标的商品上标明被许可人的名称和商品产地。

四、著作权

1. 著作权的概念

著作权，是指作者及其他著作权人依法对文学、艺术和科学作品所享有的专有权。在我国，著作权等同于版权。

2. 建设工程活动中常见的著作权作品

著作权保护的客体是作品，在建设工程活动中，会产生许多具有著作权的作品。

(1)文字作品。对于施工单位而言，施工单位编制的投标文件等文字作品、项目经理完成的工作报告等，都会享有著作权。建设单位编制的招标文件等文字作品也享有著作权。

(2)建筑作品。建筑作品是指以建筑物或者构筑物形式表现的有审美意义的作品。

(3)图形作品。图形作品是指为施工、生产绘制的工程设计图、产品设计图，以及反映地理现象、说明事物原理或者结构的地图、示意图等作品。

3. 著作权主体

著作权的主体是指从事文学、艺术、科学等领域的创作出作品的作者及其他享有著作权的公民、法人或者其他组织。在特定情况下，国家也可以成为著作权的主体。

在建设工程活动中，有许多作品属于单位作品。由法人或者其他组织主持，代表法人或者其他组织意志创作，并由法人或者其他组织承担责任的作品，法人或者其他组织视为作者。如招标文件、投标文件，往往就是单位作品。单位作品的著作权完全归单位所有。

在建设工程活动中，有些作品属于职务作品。公民为完成法人或者其他组织工作任务所创作的作品是职务作品。职务作品与单位作品在形式上的区别在于，单位作品的作者是单位，而职务作品的作者是公民个人。一般情况下，职务作品的著作权由作者享有，但法人或者其他组织有权在其业务范围内优先使用。作品完成两年内，未经单位同意，作者不得许可第三人以与单位使用的相同方式使用该作品。《中华人民共和国著作权法》(以下简称《著作权法》)规定，有下列情形之一的职务作品，作者享有署名权，著作权的其他权利由法人或者其他组织享有，法人或者其他组织可以给予作者奖励：①主要是利用法人或者其他组织的物质技术条件创作，并由法人或者其他组织承担责任的工程设计图、产品设计图、地图、计算机软件等职务作品；②法律、行政法规规定或者合同约定著作权由法人或者其他组织享有的职务作品。

在建设工程活动中，有些作品属于委托作品。一般情况下，勘察设计文件都是勘察设计单位接受建设单位委托创作的委托作品。受委托创作的作品，著作权的归属由委托人和受托人通过合同约定。合同未作明确约定或者没有订立合同的，著作权属于受托人。

4. 著作权的保护期

著作权的保护期由于权利内容以及主体的不同而有所不同：①作者的署名权、修改权、保护作品完整权的保护期不受限制。②公民的作品，其发表权、使用权和获得报酬权的保护期，为作者终生及其死后50年。如果是合作作品，截止于最后死亡的作者死亡后第50年的12月31日。③法人或者其他组织的作品、著作权（署名权除外）由法人或者其他组织享有的职务作品，其发表权、使用权和获得报酬权的保护期为50年，截止于作品首次发表后第50年的12月31日，但作品自创作完成后50年内未发表的，不再受著作权法保护。

五、建设工程知识产权的保护

建设工程知识产权权利人的权益受到损害的情况包括违约和侵权两种情况，当事人可以寻求的保护途径包括民法保护、行政法保护和刑法保护。

建设工程知识产权发生纠纷后，由当事人协商解决；不愿协商或者协商不成的，权利人或者利害关系人可以依照《民事诉讼法》向人民法院起诉，也可以请求知识产权行政主管部门处理。

1. 建设工程专利权的保护

《专利法》规定，建设工程发明或者实用新型专利权的保护范围以其权利要求的内容为准，说明书及附图可以用于解释权利要求的内容。外观设计专利权的保护范围以表示在图片或者照片中的该产品的外观设计为准，简要说明可以用于解释图片或者照片所表示的该产品的外观设计。专利权人或者利害关系人有证据证明他人正在实施或者即将实施侵犯专利权的行为，如不及时制止将会使其合法权益受到难以弥补的损害的，可以在起诉前向人民法院申请采取责令停止有关行为的措施。申请人提出申请时，应当提供担保；不提供担保的，驳回申请。人民法院应当自接受申请之时起48小时内作出裁定；有特殊情况需要延长的，可以延长48小时。裁定责令停止有关行为的，应当立即执行。当事人对裁定不服的，可以申请复议一次；复议期间不停止裁定的执行。

2. 建设工程商标权的保护

《商标法》规定，注册商标的专用权，以核准注册的商标和核定使用的商品为限。有下列行为之一的，均属侵犯注册商标专用权：①未经商标注册人的许可，在同一种商品或者类似商品上使用与其注册商标相同或者近似的商标的；②销售侵犯注册商标专用权的商品的；③伪造、擅自制造他人注册商标标识或者销售伪造、擅自制造的注册商标标识的；④未经商标注册人同意，更换其注册商标并将该更换商标的商品又投入市场的；⑤给他人的注册商标专用权造成其他损害的。

县级以上工商行政管理部门根据已经取得的违法嫌疑证据或者举报，对涉嫌侵犯他人注册商标专用权的行为进行查处，对有证据证明是侵犯他人注册商标专用权的物品，可以查封或者扣押。

3. 建设工程著作权的保护

对于著作权的保护，主要是民法保护。如果侵权行为同时损害公共利益的，可以由著作权行政管理部门责令停止侵权行为，没收违法所得，没收、销毁侵权复制品，并可处以罚款；情节严重的，著作权行政管理部门还可以没收主要用于制作侵权复制品的材料、工具、设备等；构成犯罪的，依法追究刑事责任。

4. 建设工程知识产权侵权的法律责任

建设工程知识产权侵权的民事责任，《侵权责任法》规定，承担侵权责任的方式主要有：①停止侵害；②排除妨碍；③消除危险；④返还财产；⑤恢复原状；⑥赔偿损失；⑦赔礼道歉；⑧消除影响、恢复名誉。以上承担侵权责任的方式，可以单独使用，也可以合并使用。

在建设工程知识产权侵权的民事责任中，最主要的还是赔偿损失。赔偿损失的数额确定方法：侵权的赔偿数额按照权利人因被侵权所受到的实际损失确定；实际损失难以确定的，可以按照侵权人因侵权所获得的利益确定；权利人的损失或者侵权人获得的利益难以确定的，参照该知识产权许可使用费的倍数合理确定；权利人的损失、侵权人获得的利益和专利许可使用费均难以确定的，人民法院可以根据专利权的类型、侵权行为的性质和情节等因素，确定给予一定数额的赔偿。如侵犯的是建设工程专利权，应当给予1万元以上100万元以下的赔偿；侵犯的是建设工程著作权和商标权，应当给予50万元以下的赔偿。赔偿数额还应当包括权利人为制止侵权行为所支付的合理开支。

第七节 建设工程担保制度

担保是指当事人根据法律规定或者双方约定，为促使债务人履行债务实现债权人的权利的法律制度。《中华人民共和国担保法》(以下简称《担保法》)规定，在借贷、买卖、货物运输、加工承揽等经济活动中，债权人需要以担保方式保障其债权实现的，可以依照本法规定设定担保。

第三人为债务人向债权人提供担保时，可以要求债务人提供反担保。反担保适用《担保法》担保的规定。担保合同是主合同的从合同，主合同无效，担保合同无效。担保合同另有约定的，按照约定。担保合同被确认无效后，债务人、担保人、债权人有过错的，应当根据其过错各自承担相应的民事责任。

建设工程保证担保的方式和责任。《担保法》规定，担保方式为保证、抵押、质押、留置和定金。在建设工程活动中，保证是最为常用的一种担保方式。所谓保证，是指保证人和债权人约定，当债务人不履行债务时，保证人按照约定履行债务或者承担责任的行为。具有代为清偿债务能力的法人、其他组织或者公民，可以作保证人。但在建设工程活动中，由于担保的标的额较大，保证人往往是银行，也有信用较高的其他担保人，如担保公司。银行出具的保证通常称为保函，其他保证人出具的书面保证一般称为保证书。

一、保证的基本法律规定

1. 保证合同

保证人与债权人应当以书面形式订立保证合同。保证人与债权人可以就单个主合同订立保证合同，也可以协议在最高债权额限度内就一定期间连续发生的借款合同或者某项商品交易合同订立一个保证合同。保证合同应当包括以下内容：①被保证的主债权种类、数额；②债务人履行债务的期限；③保证的方式；④保证担保的范围；⑤保证的期间；⑥双方认为需要约定的其他事项。

2. 保证方式

保证的方式有两种：①一般保证；②连带责任保证。

当事人在保证合同中约定，债务人不能履行债务时，由保证人承担保证责任的，为一般保证。当事人在保证合同中约定保证人与债务人对债务承担连带责任的，为连带责任保证。连带责任保证的债务人在主合同规定的债务履行期届满没有履行债务的，债权人可以要求债务人履行债务，也可以要求保证人在其保证范围内承担保证责任。当事人对保证方式没有约定或者约定不明确的，按照连带责任保证承担保证责任。

3. 保证人资格

具有代为清偿债务能力的法人、其他组织或者公民，可以作为保证人。但是，以下组织不能作为保证人：①国家机关。但经国务院批准为使用外国政府或者国际经济组织贷款进行转贷的除外。②学校、幼儿园、医院等以公益为目的的事业单位、社会团体。③企业法人的分支机构、职能部门。企业法人的分支机构有法人书面授权的，可以在授权范围内提供保证。任何单位和个人不得强令银行等金融机构或者企业为他人提供保证；银行等金融机构或者企业对强令其为他人提供保证的保证行为，有权拒绝。

4. 保证责任

保证合同生效后，保证人就应当在合同约定的保证范围和保证期间承担保证责任。保证担保的范围包括主债权及利息、违约金、损害赔偿金和实现债权的费用。保证合同另有约定的，按照约定。当事人对保证担保的范围没有约定或者约定不明确的，保证人应当对全部债务承担责任。保证期间，债权人依法将主债权转让给第三人的，保证人在原保证担保的范围内继续承担保证责任。保证合同另有约定的，按照约定。保证期间，债权人许可债务人转让债务的，应当取得保证人书面同意，保证人对未经其同意转让的债务，不再承担保证责任。债权人与债务人协议变更主合同的，应当取得保证人书面同意，未经保证人书面同意的，保证人不再承担保证责任。保证合同另有约定的，按照约定。

一般保证的保证人未约定保证期间的，保证期间为主债务履行期届满之日起 6 个月。连带责任保证的保证人与债权人未约定保证期间的，债权人有权自主债务履行期届满之日起 6 个月内要求保证人承担保证责任。

【例1】 甲发包人与乙承包人订立建设工程合同，并由丙公司为甲出具工程款支付担保，担保方式为一般保证。现甲到期未能支付工程款，则下列关于该工程款清偿的说法，正确的是(   )。

A. 丙公司应代甲清偿　　　　　　B. 乙可要求甲或丙清偿
C. 只能由甲先行清偿　　　　　　D. 不可能由甲或丙共同清偿

答案：C。

【例2】 甲乙双方签订买卖合同，丙为乙的债务提供保证，但保证合同中未约定保证方式及保证期间，下列说法正确的是(   )。

A. 丙的保证方式为一般保证
B. 保证期间与买卖合同的诉讼时效相同
C. 如果甲在保证期间内未要求丙承担保证责任，则丙免除保证责任

D. 如果甲在保证期间内未经丙书面同意将主债权转让给丁，则丙不再承担保证责任

答案：C。

二、建设工程施工常用的担保种类

1. 投标保证金

投标保证金是指投标人按照招标文件的要求向招标人出具的，以一定金额表示的投标责任担保。其实质是为了避免因投标人在投标有效期内随意撤回、撤销投标或中标后不能提交履约保证金和签署合同等行为而给招标人造成损失。投标保证金除现金外，可以是银行出具的银行保函、保兑支票、银行汇票或现金支票。

2. 施工合同履约保证金

《招标投标法》规定，招标文件要求中标人提交履约保证金的，中标人应当提供。施工合同履约保证金，是为了保证施工合同的顺利履行而要求承包人提供的担保。施工合同履约保证金多为提供第三人的信用担保（保证），一般是由银行或者担保公司向招标人出具履约保函或者保证书。

3. 工程款支付担保

《工程建设项目施工招标投标办法》规定，招标人要求中标人提供履约保证金或其他形式履约担保的，招标人应当同时向中标人提供工程款支付担保。工程款支付担保，是发包人向承包人提交的、保证按照合同约定支付工程款的担保，通常采用由银行出具保函的方式。

4. 抵押权、质权、留置权、定金的规定

（1）抵押权。

1）抵押的法律概念。按照《担保法》《物权法》的规定，抵押是指债务人或者第三人不转移对财产的占有，将该财产作为债权的担保。债务人不履行债务时，债权人有权依照法律规定以该财产折价或者以拍卖、变卖该财产的价款优先受偿。其中，债务人或者第三人称为抵押人，债权人称为抵押权人。

2）抵押物。债务人或者第三人提供担保的财产为抵押物。由于抵押物是不转移其占有的，所以能够成为抵押物的财产必须具备一定的条件。这类财产轻易不会灭失，其所有权的转移应当经过一定的程序。

下列财产可以作为抵押物：①抵押人所有的房屋和其他地上附着物；②抵押人所有的机器、交通运输工具和其他财产；③抵押人依法有权处置的国有土地使用权、房屋和其他地上附着物；④抵押人依法有权处置的国有机器、交通运输工具和其他财产；⑤抵押人依法承包并经发包方同意抵押的荒山、荒沟、荒丘、荒滩等荒地的土地使用权；⑥依法可以抵押的其他财产。

下列财产不得抵押：①土地所有权；②耕地、宅基地、自留地、自留山等集体所有的土地使用权；③学校、幼儿园、医院等以公益为目的的事业单位、社会团体的教育设施、医疗卫生设施和其他社会公益设施；④所有权、使用权不明或者有争议的财产；⑤依法被查封、扣押、监管的财产；⑥依法不得抵押的其他财产。

当事人以下列财产抵押的，应当办理抵押登记，抵押权自登记时设立：①建筑物和其他土地附着物；②建设用地使用权；③以招标、拍卖、公开协商等方式取得的荒地等土地

承包经营权；④正在建造的建筑物。当事人以下列财产抵押的，抵押权自抵押合同生效时设立，未经登记，不得对抗善意第三人：①生产设备、原材料、半成品、产品；②交通运输工具；③正在建造的船舶、航空器。办理抵押物登记，应当向登记部门提供主合同、抵押合同、抵押物的所有权或者使用权证书。

3）抵押的效力。抵押担保的范围包括主债权及利息、违约金损害赔偿金和实现抵押权的费用。当事人也可以在抵押合同中约定抵押担保的范围。抵押人有义务妥善保管抵押物并保证其价值。抵押期间，抵押人转让已办理登记的抵押物，应当通知抵押权人并告知受让人转让物已经抵押的情况；否则，该转让行为无效。抵押人转让抵押物的价款，应当向抵押权人提前清偿所担保的债权或者向与抵押权人约定的第三人提存。超过债权的部分归抵押人所有，不足部分由债务人清偿。转让抵押物的价款不得明显低于其价值。抵押人的行为足以使抵押物价值减少的，抵押权人有权要求抵押人停止其行为。抵押权与其担保的债权同时存在。抵押权不得与债权分离而单独转让或者作为其他债权的担保。

4）抵押权的实现。债务履行期届满抵押权人未受清偿的，可以与抵押人协议以抵押物折价或者以拍卖、变卖该抵押物所得的价款受偿；协议不成的，抵押权人可以向人民法院提起诉讼。抵押物折价或者拍卖、变卖后，其价款超过债权数额的部分归抵押人所有，不足部分由债务人清偿。同一财产向两个以上债权人抵押的，拍卖、变卖抵押物所得的价款按照以下规定清偿：①抵押合同以登记生效的，按抵押物登记的先后顺序清偿；顺序相同的，按照债权比例清偿。②抵押合同自签订之日起生效的，如果抵押物未登记的，按照合同生效的先后顺序清偿，顺序相同的，按照债权比例清偿。抵押物已登记的先于未登记的受偿。

例如：甲公司将其房产先后抵押给乙银行担保300万元债务、丙银行担保300万元债务、丁银行担保500万元债务，后经甲公司同意乙、丁银行交换了抵押顺序；到期后甲公司不能履行债务，房屋拍卖所得为600万元，则乙、丙、丁三个银行各应得多少金额？（0元/300万元/300万元）。

(2)质押。

1）质押的法律概念。按照《担保法》《物权法》的规定，质押是指债务人或者第三人将其动产或权利移交债权人占有，将该动产或权利作为债权的担保。债务人不履行债务时，债权人有权依照法律规定以该动产或权利折价或者以拍卖、变卖该动产或权利的价款优先受偿。质权是一种约定的担保物权，以转移占有为特征。债务人或者第三人为出质人，债权人为质权人，移交的动产或权利为质物。

2）质押的分类。质押分为动产质押和权利质押。动产质押是指债务人或者第三人将其动产移交债权人占有，将该动产作为债权的担保。能够用作质押的动产没有限制。权利质押一般是将权利凭证交付质押人的担保。可以质押的权利包括：①汇票、支票、本票、债券、存款单、仓单、提单；②依法可以转让的股份、股票；③依法可以转让的商标专用权、专利权、著作权中的财产权；④依法可以质押的其他权利。

(3)留置。按照《担保法》《物权法》的规定，留置是指债权人按照合同约定占有债务人的动产，债务人不按照合同约定的期限履行债务的，债权人有权依照法律规定留置该财产，以该财产折价或者以拍卖、变卖该财产的价款优先受偿。由于留置是一种比较强烈的担保方式，必须依法行使，不能通过合同约定产生留置权。《担保法》规定，因保管合同、运输合同、加工承揽合同发生的债权，债务人不履行债务的，债权人有留置权。法律规定可以留置的其他合同，适用以上规定。当事人可以在合同中约定不得留置的物。留置权人负有妥善保管留置物的义务。因保管不善致使留置物灭失或者毁损的，留置权人应当承担民事责任。

(4)定金。《担保法》规定，当事人可以约定一方向对方给付定金作为债权的担保。债务人履行债务后，定金应当抵作价款或者收回。给付定金的一方不履行约定的债务的，无权要求返还定金；收受定金的一方不履行约定的债务的，应当双倍返还定金。定金应当以书面形式约定。当事人在定金合同中应当约定交付定金的期限。定金合同从实际交付定金之日起生效。定金的数额由当事人约定，但不得超过主合同标的额的20%。

【例】 6月1日，甲乙双方签订建材买卖合同，总价款为100万元，约定由买方支付定金30万元。由于资金周转困难，买方于6月10日交付了25万元，卖方予以签收。下列说法正确的是(　　)。

A. 买卖合同是主合同，定金合同是从合同
B. 买卖合同自6月10日成立
C. 买卖合同自6月1日成立
D. 若卖方不能交付货物，应返还50万元
E. 若买方不履行购买义务，仍可以要求卖方返还5万元

答案：ACE。

注意：定金有证明主合同成立的作用，但是并非主合同成立的必要条件，定金的数额由当事人约定，但不得超过主合同标的额的20%。

第八节　建设工程保险制度

一、保险概述

1. 保险的法律概念

《中华人民共和国保险法》规定，保险是指投保人根据合同约定，向保险人支付保险费，保险人对于合同约定的可能发生的事故因其发生所造成的财产损失承担赔偿保险金责任，或者当被保险人死亡、伤残、疾病或者达到合同约定的年龄、期限时承担给付保险金责任的商业保险行为。

保险是一种受法律保护的分散危险、消化损失的法律制度。因此，危险的存在是保险产生的前提。但保险制度上的危险具有损失发生的不确定性，包括发生与否的不确定性、发生时间的不确定性和发生后果的不确定性。

2. 保险合同

保险合同是指投保人与保险人约定保险权利义务关系的协议。投保人是指与保险人订立保险合同，并按照保险合同负有支付保险费义务的人。保险人是指与投保人订立保险合同，并承担赔偿或者给付保险金责任的保险公司。保险合同在履行中还会涉及被保险人和受益人。被保险人是指其财产或者人身受保险合同保障，享有保险金请求权的人，投保人可以为被保险人。受益人是指人身保险合同中由被保险人或者投保人指定的享有保险金请求权的人，投保人、被保险人可以为受益人。保险合同一般是以保险单的形式订立的。保

险合同分为财产保险合同、人身保险合同。

(1)财产保险合同。财产保险合同是以财产及其有关利益为保险标的的保险合同。在财产保险合同中，保险合同的转让应当通知保险人，经保险人同意继续承保后，依法转让合同。在合同的有效期内，保险标的的危险程度显著增加的，被保险人应当按照合同约定及时通知保险人，保险人可以按照合同约定增加保险费或者解除合同。建筑工程一切险和安装工程一切险即为财产保险合同。

(2)人身保险合同。人身保险合同是以人的寿命和身体为保障标的的保障合同。投保人应向保险人如实申报被保险人的年龄、身体状况。投保人在合同成立后，可以向保障人一次支付全部保险费，也可以按照合同规定分期支付保险费。人身保险的受益人由被保险人或者投保人指定。保险人对人身保险的保险费，不得用诉讼方式要求投保人支付。

二、保险索赔

对于投保人而言，保险的根本目的是发生灾难事件时能够得到补偿，而这一目的必须通过索赔来实现。

1. 投保人进行保险索赔须提供必要的有效的证明

保险事故发生后，依照保险合同请求保障人赔偿或者给付保险金时，投保人、被保险人或者受益人应当向保险人提供其所能提供的与确认保险事故的性质、原因、损失程度等有关的证明和资料。这就要求投保人在日常管理中应当注意证据的收集和保存。当保险事件发生后，更应注意证据收集，有时还需要有关部门的证明。索赔的证据一般包括保单、建设工程合同、事故照片、鉴定报告以及保单中规定的证明文件。

2. 投保人等应当及时提出保险索赔

投保人、被保险人或者受益人知道保险事故发生后，应当及时通知保险人。这与索赔的成功与否密切相关。因为，资金有时间价值，如果保险事件发生后很长时间才能取得索赔，即使是全额赔偿也不足以补偿自己的全部损失。而且，时间过长还会给索赔人的取证或保险人的理赔增加很大的难度。

3. 计算损失大小

保险单上载明的保险财产全部损失，应当按照全损进行保险索赔。保险单上载明的保险财产没有全部损失，应当按照部分损失进行保险索赔。但是，财产虽然没有全部毁损或者灭失，但其损坏程度已达到无法修理，或者虽然能够修理但修理费将超过赔偿金额的，也应当按照全损进行索赔。如果一个建设工程项目同时由多家保险公司承保，则应当按照约定的比例分别向不同的保险公司提出索赔要求。

三、建设工程保险的主要种类和投保权益

建设工程活动涉及的法律关系较为复杂，风险较为多样。因此，建设工程活动涉及的险种也较多。主要包括：建筑工程一切险(及第三者责任险)、安装工程一切险(及第三者责任险)、机器损坏险、机动车辆险、建筑职工意外伤害险、勘察设计责任保险、工程监理责任保险等。

1. 建筑工程一切险(及第三者责任险)

建筑工程一切险是承保各类民用、工业和公用事业建筑工程项目，包括道路、桥梁、

水坝、港口等，在建造过程中因自然灾害或意外事故而引起的一切损失的险种。因在建工程抗灾能力差，危险程度高，一旦发生损失，不仅会对工程本身造成巨大的物质财富损失，甚至可能殃及邻近人员与财物。因此，随着各种新建、扩建、改建的建设工程项目日渐增多，许多保险公司已经开设这一险种。建筑工程一切险往往还加保第三者责任险。第三者责任险是指在保险有效期内因在施工工地上发生意外事故造成在施工工地及邻近地区的第三者人身伤亡或财产损失，依法应由被保险人承担的经济赔偿责任。

(1)投保人与被保险人。《建设工程施工合同(示范文本)》中规定，工程开工前，发包人应当为建设工程办理保险，支付保险费用。建筑工程一切险的被保险人范围较宽，所有在工程进行期间，对该项工程承担一定风险的有关各方(即具有可保利益的各方)，均可作为被保险人。如果被保险人不止一家，则各家接受赔偿的权利以不超过其对保险标的的可保利益为限。被保险人具体包括：①业主或工程所有人；②承包商或者分包商；③技术顾问，包括业主聘用的建筑师、工程师及其他专业顾问。

(2)保险责任范围。保险人对下列原因造成的损失和费用，负责赔偿：①自然事件，指地震、海啸、雷电、飓风、台风、龙卷风、风暴、暴雨、洪水、水灾、冻灾、冰雹、地崩、山崩、雪崩、火山爆发、地面下陷下沉及其他人力不可抗拒的破坏力强大的自然现象；②意外事故，指不可预料的以及被保险人无法控制并造成物质损失或人身伤亡的突发性事件，包括火灾和爆炸。

(3)除外责任。保险人对下列各项原因造成的损失不负责赔偿：①设计错误引起的损失和费用；②自然磨损、内在或潜在缺陷、物质本身变化、自燃、自热、氧化、锈蚀、渗漏、鼠咬、虫蛀、大气(气候或气温)变化、正常水位变化或其他渐变原因造成的保险财产自身的损失和费用；③因原材料缺陷或工艺不善引起的保险财产本身的损失以及为换置、修理或矫正这些缺点错误所支付的费用；④非外力引起的机械或电气装置的本身损失，或施工用机具、设备、机械装置失灵造成的本身损失；⑤维修保养或正常检修的费用；⑥档案、文件、账簿、票据、现金、各种有价证券、图表资料及包装物料的损失；⑦盘点时发现的短缺；⑧领有公共运输行驶执照的，或已由其他保险予以保障的车辆、船舶和飞机的损失；⑨除非另有约定，在保险工程开始以前已经存在或形成的位于工地范围内或其周围的属于被保险人的财产的损失；⑩除非另有约定，在本保险单保险期限终止以前，保险财产中已由工程所有人签发完工验收证书或验收合格或实际占有或使用或接收的部分。

(4)第三者责任险。建筑工程一切险如果加保第三者责任险，保险人对下列原因造成的损失和费用，负责赔偿：①在保险期限内，因发生与所保工程直接相关的意外事故引起工地内及邻近区域的第三者人身伤亡、疾病或财产损失；②被保险人因上述原因支付的诉讼费用以及事先经保险人书面同意而支付的其他费用。

(5)赔偿金额。保险人对每次事故引起的赔偿金额以法院或政府有关部门根据现行法律裁定的应由被保险人偿付的金额为准，但在任何情况下，均不得超过保险单明细表中对应列明的每次事故赔偿限额。在保险期限内，保险人经济赔偿的最高赔偿责任不得超过本保险单明细表中列明的累计赔偿限额。

(6)保险期限。建筑工程一切险的保险责任自保险工程在工地动工或用于保险工程的材料、设备运抵工地之时起始，至工程所有人对部分或全部工程签发完工验收证书或验收合格，或工程所有人实际占用或使用或接收该部分或全部工程之时终止，以先发生者为准。但在任何情况下，保险期限的起始或终止不得超出保险单明细表中列明的保险生效日或终止日。

2. 安装工程一切险(及第三者责任险)

安装工程一切险是承保安装机器、设备、储油罐、钢结构工程、起重机、吊车以及包含机械工程因素的各种安装工程的险种。由于科学技术日益进步，现代工业的机器设备已进入电子计算机操控的时代，工艺精密、构造复杂，技术高度密集，价格十分昂贵。在安装、调试机器设备的过程中遇到自然灾害和意外事故的发生都会造成巨大的经济损失。安装工程一切险可以保障机器设备在安装、调试过程中，被保险人可能遭受的损失能够得到经济补偿。安装工程一切险往往还加保第三者责任险。安装工程一切险的第三者责任险，负责被保险人在保险期限内，因发生意外事故，造成在工地及邻近地区的第三者人身伤亡、疾病或财产损失，依法应由被保险人赔偿的经济损失，以及因此而支付的诉讼费用和经保险人书面同意支付的其他费用。

(1)保险责任范围。保险人对因自然灾害、意外事故(具体内容与建筑工程一切险基本相同)造成的损失和费用，负责赔偿。

(2)除外责任。其除外责任与建筑工程一切险的第②、⑤、⑥、⑦、⑧、⑨、⑩相同，不同之处主要是：①因设计错误、铸造或原材料缺陷或工艺不善引起的保险财产本身的损失以及为换置、修理或矫正这些缺点错误所支付的费用；②由于超负荷、超电压、碰线、电弧、漏电、短路、大气放电及其他电气原因造成电气设备或电气用具本身的损失；③施工用机具、设备、机械装置失灵造成的本身损失。

(3)保险期限。安装工程一切险的保险责任从保障工程在工地动工或用于保障工程的材料、设备运抵工地之时起始，至工程所有人对部分或全部工程签发完工验收证书或验收合格，或工程所有人实际占有或使用接收该部分或全部工程之时终止，以先发生者为准。但在任何情况下，安装期保险期限的起始或终止不得超出保险单明细表中列明的安装期保险生效日或终止日。

【案例】

(1)背景：2006年3月7日，某养殖公司与某财产保险公司签订了《建筑工程一切险保险合同》，保险项目为该养殖公司的围垦工程，投保金额为3 485 000元，事故绝对免赔额为50 000元；保险期限自2006年3月16日中午12时起至2006年5月5日中午12时止。双方在合同第13条还特别约定：物质损失部分每次事故赔偿限额为500 000元。2006年3月11日，该养殖公司交付保险公司保险费12 455元。在保险期间，该围垦工程施工时，因2006年4月15日、4月30日海上出现大风天气，导致两次海损事故发生，造成一定经济损失。在理赔过程中，双方就损失赔偿问题未达成一致意见，该养殖公司起诉到人民法院。2007年6月15日，一审法院依法委托某工程咨询管理公司对两次海损工程量进行了司法鉴定，同年7月31日得出鉴定结论：两次海损损毁的工程量合计26 525.25立方米。若按照双方提供的工程承包合同单价每立方米41元计算，则海损部分的工程造价为1 087 535.25元。原告支付了鉴定费80 000元。

(2)问题：被告是否应当赔偿损失，赔偿额应当是多少？

(3)分析：一审法院认为，市气象预警中心的气象资料证实，2006年4月15日、4月30日的最大风速为8级。按照双方所签订的保险条款的规定，两次海损均属不可抗力所致，属于保险责任的范围，被告应按照保险合同的约定承担保险赔偿责任。同时，两次海损工程量司法鉴定报告书认定程序合法，对该鉴定报告予以采信。根据鉴定结论，2006年4月15日第一次海损给原告造成的损失为266 336元，减去绝对免赔额50 000元，被告应赔偿216 336元；2006年4月30日，第二次海损造成的损失为821 199.25元，因双方约定了物质损失部分每次事故赔偿限额为500 000元，故被告应赔偿损失500 000元。法院于2007年12月16日依法判决：被告赔偿原告2006年4月15日海损损失216 336元；被告赔偿原告2006年4月30日海损损失500 000元；案件受理费18 118元，其他费用4 670元，共计22 788元，由原告担负11 394元，被告担负11 394元；鉴定费80 000元，由被告担负。

(三)建筑职工意外伤害险

《建筑法》《建设工程安全生产管理条例》均对施工单位为施工现场从事危险作业的人员办理意外伤害保险作了规定。

第九节 建设工程法律责任制度

法律责任是指行为人由于违法行为、违约行为或者由于法律规定而应承受的某种不利的法律后果。法律责任不同于其他社会责任，法律责任的范围、性质、大小、期限等均在法律上有明确规定。

一、法律责任的基本种类和特征

按照违法行为的性质和危害程度，可以将法律责任分为：违反宪法的法律责任、刑事法律责任、民事法律责任、行政法律责任和国家赔偿责任。

法律责任的特征为：①法律责任是因违反法律上的义务（包括违约等）而形成的法律后果，以法律义务的存在为前提；②法律责任是承担不利的后果；③法律责任的认定和追究，由国家专门机关依照法定程序进行；④法律责任的实现由国家强制力作保障。

二、建设工程民事责任的种类及承担方式

民事责任是指民事主体在民事活动中，因实施了民事违法行为，根据民法所应承担的对其不利的民事法律后果或者基于法律特别规定而应承担的民事法律责任。民事责任的功能主要是一种民事救济手段，使受害人被侵犯的权益得以恢复。民事责任主要是财产责任，如《合同法》规定的损害赔偿、支付违约金等；但也不限于财产责任，还有恢复名誉、赔礼道歉等。

1. 民事责任的种类

民事责任可以分为违约责任和侵权责任两类。违约责任是指合同当事人违反法律规定或合同约定的义务而应承担的责任。侵权责任是指行为人因过错侵害他人财产、人身而依法应当承担的责任，以及虽没有过错，但在造成损害以后，依法应当承担的责任。

2. 民事责任的承担方式

承担民事责任的方式主要有：停止侵害；排除妨碍；消除危险；返还财产；恢复原状；修理、重作、更换；赔偿损失；支付违约金；消除影响、恢复名誉；赔礼道歉。以上承担民事责任的方式，可以单独适用，也可以合并适用。

三、建设工程行政责任的种类及承担方式

行政责任是指违反有关行政管理的法律法规规定,但尚未构成犯罪的行为,依法应承担的行政法律后果,包括行政处罚和行政处分。

1. 行政处罚

《行政处罚法》规定,行政处罚的种类:警告;罚款;没收违法所得,没收非法财物;责令停产停业;暂扣或者吊销许可证,暂扣或者吊销执照;行政拘留;法律、行政法规规定的其他行政处罚。

在建设工程领域,法律、行政法规所设定的行政处罚主要有:警告、罚款、没收违法所得、责令限期改正、责令停业整顿、取消一定期限内参加依法必须进行招标的项目的投标资格、责令停止施工、降低资质等级、吊销资质证书(同时吊销营业执照)、责令停止执业、吊销执业资格证书或其他许可证等。

2. 行政处分

行政处分是指国家机关、企事业单位对所属的国家工作人员违法失职行为尚不构成犯罪,依据法律、法规所规定的权限而给予的一种惩戒。行政处分种类有:警告、记过、记大过、降级、撤职、开除。《建设工程质量管理条例》规定,国家机关工作人员在建设工程质量监督管理工作中玩忽职守、滥用职权、徇私舞弊,构成犯罪的,依法追究刑事责任;尚不构成犯罪的,依法给予行政处分。

四、建设工程刑事责任的种类及承担方式

刑事责任,是指犯罪主体因违反刑法,实施了犯罪行为所应承担的法律责任。《中华人民共和国刑法》(以下简称《刑法》)规定,刑罚分为主刑和附加刑。主刑包括:管制;拘役;有期徒刑;无期徒刑;死刑。附加刑包括:罚金;剥夺政治权利;没收财产;驱逐出境。

在建设工程领域,常见的刑事法律责任如下:

1. 工程重大安全事故罪

《刑法》第137条规定,建设单位、设计单位、施工单位、工程监理单位违反国家规定,降低工程质量标准,造成重大安全事故的,对直接责任人员处5年以下有期徒刑或者拘役,并处罚金;后果特别严重的,处5年以上10年以下有期徒刑,并处罚金。

2. 重大责任事故罪

《刑法》规定,在生产、作业中违反有关安全管理的规定,因而发生重大伤亡事故或者造成其他严重后果的,处3年以下有期徒刑或者拘役;情节特别恶劣的,处3年以上7年以下有期徒刑。强令他人违章冒险作业,因而发生重大伤亡事故或者造成其他严重后果的,处5年以下有期徒刑或者拘役;情节特别恶劣的,处5年以上有期徒刑。

3. 重大劳动安全事故罪

安全生产设施或者安全生产条件不符合国家规定,因而发生重大伤亡事故或者造成其他严重后果的,对直接负责的主管人员和其他直接责任人员,处3年以下有期徒刑或者拘役;情节特别恶劣的,处3年以上7年以下有期徒刑。

《最高人民法院、最高人民检察院关于办理危害矿山生产安全刑事案件具体应用法律若干问题的解释》规定,具有下列情形之一的,属于重大伤亡事故或者其他严重后果:①造成

死亡1人以上，或者重伤3人以上的；②造成直接经济损失100万元以上的；③造成其他严重后果的情形。

4. 串通投标罪

《刑法》第223条规定，投标人相互串通投标报价，损害招标人或者其他投标人利益，情节严重的，处3年以下有期徒刑或者拘役，并处或者单处罚金。投标人与招标人串通投标，损害国家、集体、公民的合法利益的，依照以上规定处罚。

第十节　施工许可法律制度

我国目前对建设工程开工条件的审批，存在着颁发"施工许可证"和批准"开工报告"两种形式。多数工程是办理施工许可证，部分工程则为批准开工报告。

一、施工许可证的适用范围

1. 需要办理施工许可证的建设工程

《建筑法》规定，建筑工程开工前，建设单位应当按照国家有关规定向工程所在地县级以上人民政府建设行政主管部门申请领取施工许可证。

2014年，住房和城乡建设部经修改后发布的《建筑工程施工许可管理办法》进一步规定，在中华人民共和国境内从事各类房屋建筑及其附属设施的建造、装修装饰和与其配套的线路、管道、设备的安装，以及城镇市政基础设施工程的施工，建设单位在开工前应当依照本办法的规定，向工程所在地的县级以上人民政府住房城乡建设主管部门申请领取施工许可证。

2. 不需要办理施工许可证的建设工程

（1）限额以下的小型工程。按照《建筑法》的规定，国务院建设行政主管部门确定的限额以下的小型工程，可以不申请办理施工许可证。

《建筑工程施工许可管理办法》规定，工程投资额在30万元以下或者建筑面积在300平方米以下的建筑工程，可以不申请办理施工许可证。省、自治区、直辖市人民政府建设行政主管部门可以根据当地的实际情况，对限额进行调整，并报国务院建设行政主管部门备案。

（2）抢险救灾等工程。《建筑法》规定，抢险救灾及其他临时性房屋建筑和农民自建低层住宅的建筑活动，不适用本法。这是因为，这几类工程有其特殊性，应当从实际出发，不需要办理施工许可证。

3. 不重复办理施工许可证的建设工程

为避免同一建设工程的开工由不同行政主管部门重复审批的现象，《建筑法》规定，按照国务院规定的权限和程序批准开工报告的建筑工程，不再领取施工许可证。这有两层含义：一是实行开工报告批准制度的建设工程，必须符合国务院的规定，其他任何部门的规定无效；二是开工报告与施工许可证不要重复办理。

4. 另行规定的建设工程

《建筑法》规定，军用房屋建筑工程建筑活动的具体管理办法，由国务院、中央军事委员会依据本法制定。据此，军用房屋建筑工程是否实行施工许可，由国务院、中央军事委员会另行规定。

二、施工许可证的申请主体

《建筑法》规定，建设单位应当按照国家有关规定向工程所在地县级以上人民政府建设行政主管部门申请领取施工许可证。

这是因为，建设单位（又称业主或项目法人）是建设项目的投资者，如果建设项目是政府投资，则建设单位为该建设项目的管理单位或使用单位。为建设工程开工和施工单位进场做好各项前期准备工作，是建设单位应尽的义务。因此，施工许可证的申请领取，应该由建设单位负责，而不是施工单位或其他单位。

三、施工许可证的法定批准条件

《建筑法》规定，申请领取施工许可证，应当具备下列条件：①已经办理该建筑工程用地批准手续；②在城市规划区的建筑工程，已经取得规划许可证；③需要拆迁的，其拆迁进度符合施工要求；④已经确定建筑施工企业；⑤有满足施工需要的施工图纸及技术资料；⑥有保证工程质量和安全的具体措施；⑦建设资金已经落实；⑧法律、行政法规规定的其他条件。

1. 已经办理该建筑工程用地批准手续

《土地管理法》规定，任何单位和个人进行建设，需要使用土地的，必须依法申请使用国有土地。依法申请使用的国有土地包括国家所有的土地和国家征收的原属于农民集体所有的土地。经批准的建设项目需要使用国有建设用地的，建设单位应当持法律、行政法规规定的有关文件，向有批准权的县级以上人民政府土地行政主管部门提出建设用地申请，经土地行政主管部门审查，报本级人民政府批准。

办理用地批准手续是建设工程依法取得土地使用权的必经程序，也是建设工程取得施工许可的必要条件。如果没有依法取得土地使用权，就不能批准建设工程开工。

2. 在城市规划区的建筑工程，已经取得规划许可证

在城市规划区，规划许可证包括建设用地规划许可证和建设工程规划许可证。在乡、村庄规划区内进行乡镇企业、乡村公共设施和公益事业建设的，须核发乡村建设规划许可证。

《城乡规划法》规定，在城市、镇规划区内以划拨方式提供国有土地使用权的建设项目，经有关部门批准、核准、备案后，建设单位应当向城市、县人民政府城乡规划主管部门提出建设用地规划许可申请，由城市、县人民政府城乡规划主管部门依据控制性详细规划核定建设用地的位置、面积、允许建设的范围，核发建设用地规划许可证。建设单位在取得建设用地规划许可证后，方可向县级以上地方人民政府土地主管部门申请用地，经县级以上人民政府审批后，由土地主管部门划拨土地。

以出让方式取得国有土地使用权的建设项目，在签订国有土地使用权出让合同后，建设单位应当持建设项目的批准、核准、备案文件和国有土地使用权出让合同，向城市、县人民政府城乡规划主管部门领取建设用地规划许可证。

在城市、镇规划区内进行建筑物、构筑物、道路、管线和其他工程建设的，建设单位或者个人应当向城市、县人民政府城乡规划主管部门或者省、内治区、直辖市人民政府确定的镇人民政府申请办理建设工程规划许可证。

《建设用地规划许可证》的内容一般包括：用地单位、用地项目名称、用地位置、用地性质、用地面积、建设规模、附图及附件等。《建设工程规划许可证》的内容则一般包括：用地单位、用地项目名称、位置、宗地号以及子项目名称、建筑性质、栋数、层数、结构类型、容积率面积及各分类面积，附件包括总平面图、各层建筑平面图、各向立面图和剖面图。这两个规划许可证，分别是申请用地和确认有关建设工程符合城市规划要求的法律凭证。所以，只有取得规划许可证后，方可申请办理施工许可。

3. 施工场地已经基本具备施工条件，需要拆迁的，其拆迁进度符合施工要求

施工场地应该具备的基本施工条件，通常要根据建设工程项目的具体情况决定。例如：已进行场区的施工测量，设置永久性经纬坐标桩、水准基桩和工程测量控制网工搞好"三通一平"或"五通一平"或"七通一平"；施工使用的生产基地和生活基地，包括附属企业、工厂站、仓库堆场，以及办公、生活、福利用房等；强化安全管理和安全教育，在施工现场要设安全纪律牌、施工公告牌、安全标志牌等。实行监理的建设工程，一般要由监理单位查看后填写"施工场地已具备施工条件的证明"，并加盖单位公章确认。

拆迁一般是指房屋拆迁。房屋拆迁要根据城乡规划和国家专项工程的迁建计划以及当地政府的用地文件，拆除和迁移建设用地范围内的房屋及其附属物，并由拆迁人对原房屋及其附属物的所有人或使用人进行补偿和安置。拆迁是一项复杂的综合性工作，必须按照计划和施工进度进行，过早或过迟都会造成损失和浪费。需要先期进行拆迁的，拆迁进度必须能满足建设工程开始施工和连续施工的要求。这也是申办施工许可的基本条件之一。

4. 已经确定施工企业

建设工程的施工必须由具备相应资质的施工企业来承担。因此，在建设工程开工前，建设单位必须依法通过招标或直接发包的方式确定承包该建设工程的施工企业，并签订建设工程承包合同，明确双方的责任、权利和义务。否则，建设工程的施工将无法进行。《建筑工程施工许可管理办法》规定，按照规定应该招标的工程没有招标，应该公开招标的工程没有公开招标，或者肢解发包工程，以及将工程发包给不具备相应资质条件的，所确定的施工企业无效。

5. 有满足施工需要的施工图纸及技术资料，施工图设计文件已按规定进行了审查

施工图纸是实行建设工程的最根本的技术文件，也是在施工过程中保证建设工程质量的重要依据。这就要求设计单位要按工程的施工顺序和施工进度，安排好施工图纸的配套交付计划，保证满足施工的需要。特别是在开工前，必须有满足施工需要的施工图纸和技术资料。《建设工程勘察设计管理条例》规定，编制施工图设计文件，应当满足设备材料采购、非标准设备制作和施工的需要，并注明建设工程合理使用年限。

此外，我国已建立施工图设计文件的审查制度。施工图设计文件不仅要满足施工需要，还应当按照规定进行审查。《建设工程质量管理条例》规定，施工图设计文件未经审查批准的，不得使用。

技术资料一般包括地形、地质、水文、气象等自然条件资料和主要原材料、燃料来源，水电供应和运输条件等技术经济条件资料。掌握客观、准确、全面的技术资料，是实现建设工程质量和安全的重要保证。在建设工程开工前，必须有能够满足施工需要的技术资料。

6. 有保证工程质量和安全的具体措施

工程质量和安全是工程建设的永恒主题。《建设工程质量管理条例》规定,建设单位在领取施工许可证或者开工报告前,应当按照国家有关规定办理工程质量监督手续。《建设工程安全生产管理条例》规定,建设单位在申请领取施工许可证时,应当提供建设工程有关安全施工措施的资料。建设行政主管部门在审核发放施工许可证时,应当对建设工程是否有安全施工措施进行审查,对没有安全施工措施的,不得颁发施工许可证。

《建筑工程施工许可管理办法》中对"有保证工程质量和安全的具体措施"作了进一步的规定,施工企业编制的施工组织设计中有根据建筑工程特点制定的相应质量、安全技术措施,专业性较强的工程项目编制了专项质量、安全施工组织设计,并按照规定办理了工程质量、安全监督手续。

施工组织设计的编制是施工准备工作的中心环节,其编制的好坏直接影响建设工程质量和安全生产,影响组织施工能否顺利进行。因此,施工组织设计须在开工前编制完成。施工组织设计的重要内容就是要有保证建设工程质量和安全的具体措施。施工组织设计由施工企业负责编制,并按照其隶属关系及建设工程的性质、规模、技术简繁等进行审批。

7. 建设资金已经落实

建设资金的落实是建设工程开工后能否顺利实施的关键。一些年来,某些地方建设单位无视国家有关规定和自身经济实力,在建设资金不落实或资金不足的情况下,盲目建设项目,强行要求施工企业垫资承包或施工,转嫁投资缺口,造成拖欠工程款的问题难以杜绝,不仅加重了施工企业的生产经营困难,影响了工程建设的正常进行,也扰乱了建设市场的秩序。许多"烂尾楼"工程等都是建设资金不到位的结果。因此,在建设工程开工前,建设资金必须足额落实。

《建筑工程施工许可管理办法》明确规定,建设工期不足1年的,到位资金原则上不得少于工程合同价的50%,建设工期超过1年的,到位资金原则上不得少于工程合同价的30%。建设单位应当提供银行出具的到位资金证明,有条件的可以实行银行付款保函或者其他第三方担保。

8. 法律、行政法规规定的其他条件

由于施工活动本身很复杂,各类工程的施工方法、建设要求等也不同,申请领取施工许可证的条件很难在一部法律中采用列举的方式全部涵盖。而且,国家对建设活动的管理还在不断完善,施工许可证的申领条件也会发生变化。所以,《建筑法》为今后法律、行政法规可能规定的施工许可证申领条件作了特别规定。需要说明的是,只有全国人大及其常委会制定的法律和国务院制定的行政法规,才有权增加施工许可证新的申领条件,其他如部门规章、地方性法规、地方规章等都不得规定增加施工许可证新的申领条件。

目前,已增加的施工许可证申领条件主要是监理和消防设计审核。

(1)按照《建筑法》的规定,国务院可以规定实行强制监理的建筑工程的范围。为此,《建设工程质量管理条例》明确规定,下列建设工程必须实行监理:①国家重点建设工程;②大中型公用事业工程;③成片开发建设的住宅小区工程;④利用外国政府或者国际组织贷款、援助资金的工程;⑤国家规定必须实行监理的其他工程。

据此,《建筑工程施工许可管理办法》在申请领取施工许可证应当具备的条件中增加了一项规定:"按照规定应该委托监理的工程已委托监理。"

(2)《消防法》规定，依法应当经公安机关消防机构进行消防设计审核的建设工程未经依法审核或者审核不合格的，负责审批该工程施工许可的部门不得给予施工许可，建设单位、施工单位不得施工；其他建设工程取得施工许可后经依法抽查不合格的，应当停止施工。

需要注意的是，上述8个方面的法定条件必须同时具备，缺一不可。建设行政主管部门应当自收到申请之日起15日内，对符合条件的申请颁发施工许可证。此外，《建筑工程施工许可管理办法》还规定，必须申请领取施工许可证的建筑工程未取得施工许可证的，一律不得开工。任何单位和个人不得将应该申请领取施工许可证的工程项目分解为若干限额以下的工程项目，规避申请领取施工许可证。

四、实行开工报告制度的建设工程

开工报告制度是我国沿用已久的一种建设项目开工管理制度，1979年，原国家计划委员会、国家基本建设委员会在《关于做好基本建设前期工作的通知》中规定了这项制度。1984年原国家计委发布的《关于简化基本建设项目审批手续的通知》中将其简化。1988年以后，又恢复了开工报告制度。开工报告审查的内容主要包括：①资金到位情况；②投资项目市场预测；③设计图纸是否满足施工要求；④现场条件是否具备"三通一平"等的要求。1995年国务院《关于严格限制新开工项目，加强固定资产投资源头控制的通知》《关于严格控制高档房地产开发项目的通知》中，均提到了开工报告审批制度。近些年来，公路建设项目等已由开工报告制度改为施工许可制度。

需要说明的是，国务院规定的开工报告制度，不同于建设监理中的开工报告工作。根据《建设工程监理规范》的规定，承包商即施工单位在工程开工前应按合同约定向监理工程师提交开工报告，经总监理工程师审定通过后，即可开工。虽然在字面上都是"开工报告"，但二者之间有着诸多不同：①性质不同，前者是政府主管部门的一种行政许可制度，后者则是建设监理过程中的监理单位对施工单位开工准备工作的认可；②主体不同，前者是建设单位向政府主管部门申报，后者则是施工单位向监理单位提出；③内容不同，前者主要是建设单位应具备的开工条件，后者则是施工单位应具备的开工条件。

【案例】

(1)背景：2001年，某房地产公司与出租汽车公司（以下合并简称建设方）合作，在某市市区共同开发房地产项目。该项目包括两部分，一部分是6.3万平方米的住宅工程，另一部分是与住宅相配套的3.4万平方米的综合楼。该项目的住宅工程各项手续和证件齐备，自1998年开工建设到2001年4月已经竣工验收。综合楼工程由于合作双方对于该工程是作为基建计划还是开发计划申报问题没能统一意见，从而使综合楼建设工程的各项审批手续未能办理。由于住宅工程已竣工验收，配套工程急需跟上，在综合楼施工许可证未经审查批准的情况下开始施工。该行为被市监督执法大队发现后及时制止，并责令停工。

(2)问题：建设方在综合楼项目的建设中有何过错，应如何处理？

(3)分析：本案中，建设方在综合楼项目的建设中违反了《建筑法》第7条规定："建筑工程开工前，建设单位应当按照国家有关规定向工程所在地县级以上人民政府建设行政主管部门申请领取施工许可证。"建设方在未取得施工许可证的情况下擅自开工的行为属于严重的违法行为。

根据《建筑法》第64条规定："未取得施工许可证或者开工报告未经批准擅自施工的，责令改正，对不符合开工条件的责令停止施工，可以处以罚款。"《建设工程质量管理条例》

第57条规定:"建设单位未取得施工许可证或者开工报告未经批准,擅自施工的,责令停止施工,限期改正,处工程合同价款百分之一以上百分之二以下的罚款。"据此,该市监督执法大队责令其停工的做法是正确的,并应当处以罚款。

五、延期开工,核验和重新办理批准的规定

1. 申请延期的规定

《建筑法》规定,建设单位应当自领取施工许可证之日起3个月内开工。因故不能按期开工的,应当向发证机关申请延期;延期以两次为限,每次不超过3个月。既不开工又不申请延期或者超过延期时限的,施工许可证自行废止。

对于施工许可证的有效期限和申请延期作出法律规定是非常必要的。因为,政府主管部门依法颁发施工许可证,是国家对工程建设活动进行调控的一种重要手段。建设单位必须在施工许可证的有效期限内开工,不得无故拖延。但是,由于施工活动不同于一般的生产活动,其受气候、经济、环境等因素的制约较大,根据客观条件的变化,允许适当延期还是必要的。对于延期要有限制,建设单位因故不能按期开工的,应当向发证机关申请延期并说明理由,发证机关认定有合理理由可以批准其延期开工。但延期以两次为限,每次不超过3个月。如果建设单位既不开工又不申请延期或者超过延期时限的,施工许可证将自行废止。

2. 核验施工许可证的规定

《建筑法》规定,在建的建筑工程因故中止施工的,建设单位应当自中止施工之日起一个月内,向发证机关报告,并按照规定做好建筑工程的维护管理工作。建筑工程恢复施工时,应当向发证机关报告;中止施工满一年的工程恢复施工前,建设单位应该重新核验施工许可证。

所谓中止施工,是指建设工程开工后,在施工过程中因特殊情况的发生而中途停止施工的一种行为。中止施工的原因很复杂,如地震、洪水等不可抗力,以及宏观调控压缩基建规模、停建缓建建设工程等。

对于因故中止施工的,建设单位应当按照规定的时限向发证机关报告,并按照规定做好建设工程的维护管理工作,以防止建设工程在中止施工期间遭受不必要的损失,保证在恢复施工时可以尽快启动。例如,建设单位与施工单位应当确定合理的停工部位,并协商提出善后处理的具体方案,明确双方的职责、权利和义务;建设单位应当派专人负责,定期检查中止施工工程的质量状况,发现问题及时解决;建设单位要与施工单位共同做好中止施工的工地现场的安全、防火、防盗、维护等工作,防止因工地脚手架、施工铁架、外墙挡板等腐烂、断裂、坠落、倒塌等导致发生人身安全事故,并保管好工程技术档案资料。

在恢复施工时,建设单位应当向发证机关报告恢复施工的有关情况。中止施工满一年的,在建设工程恢复施工前,建设单位还应当报发证机关核验施工许可证,看是否仍具备组织施工的条件,经核验符合条件的,应允许恢复施工,施工许可证继续有效;经核验不符合条件的,应当收回其施工许可证,不允许恢复施工,待条件具备后,由建设单位重新申领施工许可证。

3. 重新办理批准手续的规定

对于实行开工报告制度的建设工程,《建筑法》规定,按照国务院有关规定批准开工报

告的建筑工程，因故不能按期开工或者中止施工的，应当及时向批准机关报告情况。因故不能按期开工超过6个月的，应当重新办理开工报告的批准手续。

按照国务院有关规定批准开工报告的建筑工程，一般都属于大中型建设项目。对于这类工程因故不能按期开工或者中止施工的，在审查和管理上应该更严格。

【案例】

(1)背景：黄河某灌区节水改造工程2008年度项目开工报告的批复是：你局2007年12月24日报来的《关于黄河灌区节水改造工程2008年度项目开工的请示》文件已收悉。根据水利部《关于加强水利工程建设项目开工管理工作的通知》(水建管[2006]144号)有关要求，对你局2008年度大型灌区续建配套与节水改造项目开工条件进行了审查，经研究，批复如下：①黄河灌区节水工程2008年度项目的项目法人、设计批复、筹资方案、质量监督、施工监理以及招标投标、工程合同、材料准备等工作符合水建管[2006]144号文件开工备件的有关要求，同意于2008年1月15日起开工建设该项目。②要按照水利部《大型灌区续建配套与节水改造项目建设管理办法》及基本建设项目有关规章制度的要求，依据工程建设有关批复内容，严格程序，科学组织，精心施工。要加强项目管理，抓好安全生产，保质保量完成工程建设任务，发挥工程效益。③项目竣工后，由省水利厅主持验收。对项目预备费，要严格按照有关规定要求，不经批准，严禁动用。④在项目建设过程中，项目部要特别注意加强项目资金管理，严禁挤占项目建设资金，保证资金安全；要认真履行合同，按时做好单元、分部等阶段验收工作，做好项目施工、监理、质量检测等资料归档、整理工作，保证工程质量和进度；要积极组建灌区农民用水户协会，提高工程效益和管理水平。

但是，该项目开工报告被批准后，因故未能按时开工。该水利管理局于2008年3月10日、5月10日两次向省水利厅报告工程项目开工准备的进展情况，一直到2008年7月1日方开工建设。

(2)问题：该项目是否需重新办理开工报告的批准手续？为什么？

(3)分析：该项目不需要重新办理开工报告的批准手续。根据《建筑法》第11条规定，"按照国务院有关规定批准开工报告的建筑工程，因故不能按期开工或者中止施工的，应当及时向批准机关报告情况。因故不能按期开工超过六个月的，应当重新办理开工报告的批准手续。"在本案中，该项目开工报告从被批准到开工建设，虽然一再拖延开工，但是该水利管理局于2008年3月10日、5月10日两次向省水利厅报告工程项目开工准备的进展情况，且延迟开工的期间并未超过6个月。因此，按照法律的规定不需要重新办理开工报告的批准手续。

六、违法行为应承担的法律责任

办理施工许可证或开工报告违法行为应承担的主要法律责任如下：

1. 未经许可擅自开工应承担的法律责任

《建筑法》规定，违反本法规定，未取得施工许可证或者开工报告未经批准擅自施工的，责令改正，对不符合开工条件的责令停止施工，可以处以罚款。

《建设工程质量管理条例》规定，建设单位未取得施工许可证或者开工报告未经批准，擅自施工的，责令停止施工，限期改正，处工程合同价款1%以上2%以下的罚款。

2. 规避办理施工许可证应承担的法律责任

《建筑工程施工许可管理办法》规定，对于未取得施工许可证或者为规避办理施工许可证将工程项目分解后擅自施工的，由有管辖权的发证机关责令改正，对于不符合开工条件的，责令停止施工，并对建设单位和施工单位分别处以罚款。

3. 骗取和伪造施工许可证应承担的法律责任

《建筑工程施工许可管理办法》规定，对于采用虚假证明文件骗取施工许可证的，由原发证机关收回施工许可证，责令停止施工，并对责任单位处以罚款；构成犯罪的，依法追究刑事责任。对于伪造施工许可证的，该施工许可证无效，由发证机关责令停止施工，并对责任单位处以罚款；构成犯罪的，依法追究刑事责任。对于涂改施工许可证的，由原发证机关责令改正，并对责任单位处以罚款；构成犯罪的，依法追究刑事责任。

4. 对违法行为的罚款额度

《建筑工程施工许可管理办法》规定，本办法中的罚款，法律、法规有幅度规定的从其规定。无幅度规定的，有违法所得的处 5 000 元以上 30 000 元以下的罚款，没有违法所得的处 5 000 元以上 10 000 元以下的罚款。

【案例】

(1)背景：2015 年，某公司需要建设一栋综合大楼，8 层框架结构，建筑面积 25 000 平方米。通过工程监理招标，某建设监理有限公司中标并与该公司于 2015 年 8 月 20 日签订了委托监理合同，合同价款 30 万元；通过施工招标，某建筑公司中标，并与该公司于 2015 年 9 月 10 日签订了建设工程施工合同，合同价款 4 500 万元。在施工过程中，该公司发现建筑公司工程进度拖延并出现质量问题，为此双方出现纠纷，并告到当地政府主管部门。当地政府主管部门在了解情况时发现该综合楼工程未办理规划许可、开工审批手续。

(2)问题：本案中建设单位的行为是否合法？应该如何处理？双方纠纷如何处理？

(3)分析：该综合楼工程未办理规划、施工许可手续，属违法建设项目。根据《建筑法》第 7 条规定，"建筑工程开工前，建设单位应当按照国家有关规定向工程所在地县级以上人民政府建设行政主管部门申请领取施工许可证"。

该综合楼工程不具备申请领取施工许可证的条件。根据《建筑法》第 8 条的规定，"在城市规划区的建筑工程，已经取得规划许可证"。该服装厂未办理项目工程的规划许可证就不具备申请领取施工许可证的条件。所以，该服装厂即使申请也不可能获得施工许可证。

该公司应该承担的法律责任。根据《建筑法》第 64 条规定："未取得施工许可证或者开工报告未经批准擅自施工的，责令改正，对不符合开工条件的责令停止施工，可以处以罚款。"《建设工程质量管理条例》第 57 条规定："建设单位未取得施工许可证或者开工报告未经批准，擅自施工的，责令停止施工，限期改正，处工程合同价款百分之一以上百分之二以下的罚款。"结合本案情况，对该工程应该责令停止施工，限期改正，对建设单位处以罚款，其额度为 42 万元~84 万元。

对该公司违反规划许可的问题，由城乡规划主管部门依据《城乡规划法》给予相应的处罚。至于原有的施工进度、质量等纠纷，则应当依据合同的约定，选择和解、调解、仲裁、诉讼等法律途径解决。

本章练习题

1. 根据法的效力等级,《建设工程质量管理条例》属于( )。
   A. 法律　　　　B. 部门规章　　　　C. 行政法规　　　　D. 单行条例

2. 《建筑业企业资质管理规定》属于( )。
   A. 行政法规　　B. 一般法律　　　　C. 司法解释　　　　D. 部门规章

3. 下列与工程建设有关的规范性文件中,由国务院制定的是( )。
   A. 安全生产法　　　　　　　　　　B. 建筑业企业资质管理规定
   C. 工程建设项目施工招标投标办法　D. 安全生产许可证条例

4. 有权制定地方性法规的主体是( )。
   A. 省人大常委会　　　　　　　　　B. 省人民政府
   C. 省建设行政主管部门　　　　　　D. 市人民政府

5. 《中华人民共和国建设工程质量管理条例》属于( )。
   A. 法律　　　　B. 行政法规　　　　C. 部门规章　　　　D. 司法解释

6. 某施工单位法定代表人授权市场合约部经理赵某参加某工程招标活动,这个行为属于( )。
   A. 法定代理　　B. 委托代理　　　　C. 指定代理　　　　D. 表见代理

7. 根据《民法通则》,施工单位的项目经理属于施工单位的( )。
   A. 委托代理人　　　　　　　　　　B. 法定代理人
   C. 指定代理人　　　　　　　　　　D. 职务代理人

8. 张某是某施工单位的材料采购员,一直代理本单位与甲建材公司的材料采购业务。后张某被单位开除,但甲公司并不知情。张某用盖有原单位公章的空白合同书与甲公司签订材料采购合同,则该合同为( )合同。
   A. 效力待定　　B. 无效　　　　　　C. 可撤销　　　　　D. 有效

9. 关于表见代理的说法错误的是( )。
   A. 表见代理的行为人没有代理权
   B. 表见代理是无效代理
   C. 表见代理在本质上属于无权代理
   D. 善意相对人有理由相信行为人有代理权

10. 被代理人因为向代理人授权不明确而给第三人造成的损失,应( )。
    A. 由被代理人向第三人承担责任,代理人承担连带责任
    B. 由被代理人独自向第三人承担责任
    C. 由第三人自己承担损失
    D. 由代理人独自向第三人承担责任

11. 在下列情形中,代理人应当向被代理人承担民事责任的有( )。
    A. 在第三人知道行为人没有代理权仍与其实施民事行为给被代理人造成损害
    B. 经追认的越权代理行为
    C. 委托书授权不明的代理行为

D. 代理人因事务繁忙未经被代理人同意将代理事务转托他人

E. 被代理人知道代理人的代理行为违法不表示反对的

12. 甲施工企业委托乙为其购买标号为 32.5 MPa 的水泥,乙没有买到该标号的水泥,但是根据自己的判断购买了标号为 42.5 MPa 的水泥。关于这一行为后果的说法正确的是( )。

   A. 甲应当买下水泥

   B. 甲有权拒绝收下水泥,并索回预付给乙的水泥款项

   C. 甲与乙共同拥有水泥的所有权

   D. 甲与乙共同分摊购买水泥的费用

13. 国有建设用地使用权的用益物权,可以采取( )方式设立。

   A. 出租   B. 出让   C. 划拨   D. 抵押

   E. 转让

14. 根据用地使用权转让的,使用期限由( ),但不得超过建设用地使用权剩余期限。

   A. 直接规定   B. 当事人约定   C. 出让人决定   D. 受让人决定

15. 根据《物权法》,住宅建设用地使用权期间届满的将( )。

   A. 依法办理手续后续期   B. 自动消灭

   C. 自动续期   D. 由主管部门注销

16. 甲与乙签订房屋买卖合同,将自有的一幢房屋卖给乙,并约定任何一方违约须向对方支付购房款25%的违约金。但在交房前,甲又与丙签订合同,将该房屋卖给丙,并与丙办理了过户登记手续。则下列说法中错误的是( )。

   A. 若乙要求甲支付约定的违约金,甲可以请求法院或仲裁机构予以适当减少

   B. 甲必须收回房屋并向乙方支付

   C. 丙取得该房屋的所有权

   D. 乙不能要求甲实际支付该房屋,但可以要求甲承担违约责任

17. 某贷款合同,借款方以一块林地的承包经营权向贷款方作了抵押担保,但未到县级林业主管部门办理抵押登记,贷款方即拨付了借贷的资金。按照相关法律规定,该抵押合同( )。

   A. 在贷款方将资金拨付至借款方账户时生效

   B. 由于事先未获得林业主管部门的批准,属于无效合同

   C. 自当事人双方签字盖章后即生效

   D. 借贷双方办理完抵押登记手续后生效

18. 当事人之间订立有关设立不动产物权的合同,除法律另有规定或者合同另有约定的外,该合同效力情形表现为( )。

   A. 合同自成立时生效   B. 合同自办理物权登记时生效

   C. 未办理物权登记合同无效   D. 未办理物权登记不影响合同效力

   E. 合同生效当然发生物权效力

19. 根据《物权法》规定,一般情况下动产物权的转让,自( )起发生效力。

   A. 买卖合同生效   B. 转移登记

   C. 交付   D. 买方占有

20. 以下关于债的发生根据的表述中,正确的有( )。
    A. 合同　　　　B. 志愿服务　　　C. 侵权行为　　　D. 不当得利
    E. 无因管理

21. 王某骑自行车路过一个广场,掉进一个没有设置明显标志且未采取安全措施的基坑中,造成腿部受伤,花去医疗费用2 000元。王某多次找该项目的建设单位、施工单位索赔,双方互相推诿。承担该责任的主体应是( )。
    A. 建设单位　　　　　　　　　　B. 施工单位
    C. 王某与建设单位　　　　　　　D. 王某与施工单位

22. 某项目在施工中,项目经理和监理工程师监督管理不到位,施工人员没有按规定操作,致使砖块坠落砸伤现场外的行人赵某。对赵某承担赔偿责任的应当是( )
    A. 施工人员　　B. 项目经理　　　C. 监理工程师　　D. 施工单位

23. 某项目在施工过程中发生火灾,邻近的甲单位主动组织人员灭火,这一行为减少施工单位的损失10万元,甲单位因此损失1万元。以下表述正确的是甲单位( )。
    A. 只能自行承担这一损失　　　　B. 可以要求施工单位支付4.5万元
    C. 有权要求施工单位支付1万元　　D. 应当要求施工单位支付5万元

24. 在建工程的建筑物、构筑物或者其他设施倒塌造成他人损害的,由建设单位与施工企业承担连带责任。该责任在债的产生根据中属于( )之债。
    A. 侵权　　　　B. 合同　　　　　C. 无因管理　　　D. 不当得利

25. 下列行为中,构成无因管理的有( )。
    A. 甲接受委托帮助他人保养施工机具
    B. 乙见他人仓库失火遂召集人员参加救火
    C. 材料供应商丙将施工现场因中暑昏倒的农民工送往医院救治
    D. 丁见门前马路污水井盖被盗,恐致路人跌伤,遂插树枝以警示
    E. 总承包单位结算时超付分包单位戊,戊明知该情况但未告知总承包单位

26. 按照合同约定或者法律规定,在当事人之间产生特定权利和义务关系的是( )。
    A. 债　　　　　B. 所有权　　　　C. 知识产权　　　D. 担保物权

27. 企业在施工中未采取相应防范措施,造成第三人人身伤害的。其应当承担( )责任。
    A. 合同　　　　B. 不当得利　　　C. 无因管理　　　D. 侵权

28. 下列情形能够引发合同之债的有( )。
    A. 建设单位拖欠工程进度款
    B. 施工中偷工减料造成的损失
    C. 监理单位与施工单位串通损害建设单位利益
    D. 噪声污染使周边居民无法正常休息
    E. 建材供应商供应的建筑材料不合格

29. 引起债权债务关系发生的最重要、最普通的根据是( )。
    A. 合同　　　　B. 侵权　　　　　C. 不当得利　　　D. 无因管理

30. 我国承认并以法律形式加以保护的主要知识产权有( )等。
    A. 著作权　　　B. 专利权　　　　C. 商标权　　　　D. 商业秘密
    E. 肖像权

31. 甲建设单位委托乙设计单位编制工程设计图纸，但未约定该设计著作权归属。乙设计单位注册建筑师王某被指派负责该工程设计，则该工程设计图纸许可使用权归（　　）享有。
   A. 甲建设单位　　　　　　　　　　B. 乙设计单位
   C. 注册建筑师王某　　　　　　　　D. 甲、乙两单位共同

32. 《专利法》对产品的形状、架构或者其结合所提出的适于实用的新的技术方案称为（　　）。
   A. 发明　　　B. 实用新型　　　C. 外观设计　　　D. 设计方案

33. 在《担保法》规定的五种担保方式中，既允许债务人用自己的财产也可以用第三人财产向债权人提供担保的有（　　）。
   A. 保证　　　B. 抵押　　　C. 动产质押　　　D. 权利质押
   E. 定金

34. 甲发包人与乙承包人订立建设工程合同，并由丙公司为甲出具工程款支付担保，担保方式为一般保证。现甲到期未能支付工程款，则下列关于该工程款清偿的说法正确的是（　　）。
   A. 丙公司应代甲清偿　　　　　　　B. 乙可要求甲或丙清偿
   C. 只能由甲先行清偿　　　　　　　D. 不可能由甲或丙共同清偿

35. 根据《担保法》规定，债权人依法将主债权转让给第三人，在通知债务人和保证人后，保证人（　　）。
   A. 可以在减少保证范围的前提下再承担保证责任
   B. 必须在原担保范围内继续承担保证责任
   C. 可以拒绝再承担保证责任
   D. 同意后，才继续承担保证责任

36. 甲乙双方签订买卖合同，丙为乙的债务提供担保，但担保合同未约定担保方式及保证期间。关于该保证合同的说法，正确的有（　　）。
   A. 保证期间与买卖合同的诉讼时效相同
   B. 丙的保证方式为连带责任保证
   C. 保证期间为主债务履行期届满之日起12个月内
   D. 甲在保证期内未经丙书面同意将主债权转让给丁，丙不再承担保证责任
   E. 甲在保证期间内未要求丙承担保证责任，则丙免除保证责任

37. 甲施工企业在银行办理投标保函，银行要求甲提供反担保。则甲提供的以下单证，能够质押的是（　　）。
   A. 存款单　　　B. 仓单　　　C. 房屋所有权证　　　D. 提单
   E. 汇票

38. 甲仓库为乙单位保管500吨水泥，双方约定保管费用为1 000元。后乙未能按约支付保管费用，则甲可以（　　）。
   A. 行使质押权变卖全部水泥　　　　B. 行使质押权变卖部分水泥
   C. 行使留置权变卖全部水泥　　　　D. 行使留置权变卖部分水泥

39. 行政处分的方式是（　　）。
   A. 没收非法财产　　　　　　　　　B. 吊销营业执照

C. 行政拘留 D. 记过、撤职、开除等

40. 下列各项，属于刑事责任的承担方式是( )。
    A. 有期徒刑　　B. 警告　　　C. 没收违法所得　　D. 拘留

41. 某建设工程施工合同履行中，施工单位违约，则可能承担违约责任的形式有( )。
    A. 支付违约金与解除合同
    B. 赔偿损失与修理、重作、更换
    C. 定金与支付违约金
    D. 继续实际履行与解除合同
    E. 赔偿损失与实际履行

42. 某施工单位违反国家规定降低工程质量标准，造成6 000万元直接经济损失，应当认定为( )。
    A. 串通投标罪
    B. 工程重大安全事故罪
    C. 重大责任事故罪
    D. 重大劳动安全事故罪

43. 甲施工单位将脚手架安装作业分包给乙单位，后因脚手架质量问题导致甲方丙跌落受伤，则下列关于本案中责任承担的说法中，正确的是( )。
    A. 甲可要求乙承担违约责任
    B. 甲可要求乙承担侵权责任
    C. 丙可要求乙承担违约责任
    D. 丙可要求脚手架生产厂家承担违约责任
    E. 丙可要求甲承担赔偿责任

44.《建设工程质量管理条例》设定的行政处罚包括( )。
    A. 罚款　　B. 拘役　　C. 行政拘留　　D. 责令停业整顿
    E. 吊销企业营业执照

第二章 施工企业及人员从业资格制度

本章学习要求

掌握我国施工企业从业资格制度,企业资质的法定条件和等级划分,施工企业的资质许可,建造师执业资格制度等相关规定。独立完成本章习题(全为国家考试真题),领会国家执业资格考试对法规课程的考核方式及深度,把握出题思路,将理论与实际案例相结合,达到学以致用的目的。

本章学习重点及难点

企业资质的法定条件和等级划分,施工企业的资质许可,施工企业超越资质等级违法承接工程应承担的法律责任,建造师的执业资格取得方式、执业范围及责任。

第一节 施工企业从业资格制度

《建筑法》规定,从事建筑活动的建筑施工企业、勘察单位、设计单位和工程监理单位,应当具备下列条件:

(1)有符合国家规定的注册资本。
(2)有与其从事的建筑活动相适应的具有法定执业资格的专业技术人员。
(3)有从事相关建筑活动所应有的技术装备。
(4)法律、行政法规规定的其他条件。

该法还规定,本法关于施工许可、建筑施工企业资质审查和建筑工程发包、承包、禁止转包,以及建筑工程监理、建筑工程安全和质量管理的规定,适用于其他专业建筑工程的建筑活动,具体办法由国务院规定。

《建设工程质量管理条例》规定,施工单位应当依法取得相应等级的资质证书,并在其资质等级许可的范围内承揽工程。本条例所称建设工程,是指土木工程、建筑工程、线路管道和设备安装工程及装修工程。

一、企业资质的法定条件和等级

工程建设活动不同于一般的经济活动,其从业单位所具备条件的高低直接影响建设工程质量和安全生产。因此,从事工程建设活动的单位必须符合相应的资质条件。

1. 施工企业资质的法定条件

根据《建筑法》《行政许可法》《建设工程质量管理条例》《建设工程安全生产管理条例》等法律、行政法规,2007年建设部颁布的《建筑业企业资质管理规定》中规定,建筑业企业应当按照其拥有的注册资本、专业技术人员、技术装备和已完成的建筑工程业绩等条件申请资质,经审查合格,取得建筑业企业资质证书后,方可在资质许可的范围内从事建筑施工活动。

(1)有符合规定的注册资本。注册资本反映的是企业法人的财产权,也是判断企业经济实力的依据之一。所有从事工程建设施工活动的企业组织,都必须具备基本的责任承担能力,能够担负与其承包施工工程相适应的财产义务。这既是法律上权利与义务相一致、利益与风险相一致原则的体现,也是维护债权人利益的需要。因此,施工企业的注册资本必须能够适应从事施工活动的需要,不得低于最低限额。

以房屋建筑工程施工总承包企业为例,按照《建筑业企业资质等级标准》《施工总承包企业特级资质标准》的规定:特级企业的注册资本金3亿元以上,企业净资产3.6亿元以上;一级企业注册资本金5 000万元以上,企业净资产1亿元以上;二级企业注册资本金2 000万元以上,企业净资产4 000万元以上;三级企业注册资本金600万元以上,企业净资产800万元以上。

(2)有符合规定的专业技术人员。工程建设施工活动是一种专业性、技术性很强的活动。因此,从事工程建设施工活动的企业必须拥有足够的专业技术人员,其中一些专业技术人员还须有通过考试和注册取得的法定执业资格。

以房屋建筑工程施工总承包企业为例,按照《建筑业企业资质等级标准》《施工总承包企业特级资质标准》的规定:

1)一级施工总承包企业主要人员要求:

①建筑工程、机电工程专业一级注册建造师合计不少于12人,其中建筑工程专业一级注册建造师不少于9人。

②技术负责人具有10年以上从事工程施工技术管理工作经历,且具有结构专业高级职称;建筑工程相关专业中级以上职称人员不少于30人,且结构、给水排水、暖通、电气等专业齐全。

③持有岗位证书的施工现场管理人员不少于50人,且施工员、质量员、安全员、机械员、造价员、劳务员等人员齐全。

④经考核或培训合格的中级工以上技术工人不少于150人。

2)二级施工总承包企业主要人员要求:

①建筑工程、机电工程专业注册建造师合计不少于12人,其中建筑工程专业注册建造师不少于9人。

②技术负责人具有8年以上从事工程施工技术管理工作经历,且具有结构专业高级职称或建筑工程专业一级注册建造师执业资格;建筑工程相关专业中级以上职称人员不少于15人,且结构、给水排水、暖通、电气等专业齐全。

③持有岗位证书的施工现场管理人员不少于30人,且施工员、质量员、安全员、机械员、造价员、劳务员等人员齐全。

④经考核或培训合格的中级工以上技术工人不少于75人。

3)三级施工总承包企业主要人员要求:

①建筑工程、机电工程专业注册建造师合计不少于5人,其中建筑工程专业注册建造师不少于4人。

②技术负责人具有5年以上从事工程施工技术管理工作经历,且具有结构专业中级以

上职称或建筑工程专业注册建造师执业资格；建筑工程相关专业中级以上职称人员不少于6人，且结构、给水排水、电气等专业齐全。

③持有岗位证书的施工现场管理人员不少于15人，且施工员、质量员、安全员、机械员、造价员、劳务员等人员齐全。

④经考核或培训合格的中级工以上技术工人不少于30人。

⑤技术负责人（或注册建造师）主持完成过本类别资质二级以上标准要求的工程业绩不少于2项。

(3)有符合规定的技术装备。随着工程建设机械化程度的不断提高，大跨度、超高层、结构复杂的建设工程越来越多，如果没有相应的技术装备将无法从事建设工程的施工活动。因此，施工单位必须拥有与其从事施工活动相适应的技术装备。当然，随着我国机械租赁市场的发展，许多大中型机械设备都可以采用租赁的方式取得，这有利于提高机械设备的使用率，降低施工成本。

目前的企业资质标准对技术装备的要求并不多，特别是特级企业更多的是衡量其科技进步水平。以房屋建筑工程施工总承包企业为例，按照《建筑业企业资质等级标准》《施工总承包企业特级资质标准》的规定，对一、二、三级企业的要求均为企业应具有与承包工程范围相适应的施工机械和质量检测设备。但是，对于特级企业则要求其科技进步水平应当达到：①企业具有省部级（或相当于省部级水平）及以上的企业技术中心。②企业近3年科技活动经费支出平均达到营业额的0.5%以上。③企业具有国家级工法3项以上；近5年具有与工程建设相关的，能够推动企业技术进步的专利3项以上，累计有效专利8项以上，其中至少有1项发明专利。④企业近10年获得过国家级科技进步奖项或主编过工程建设国家或行业标准。⑤企业已建立内部局域网或管理信息平台，实现了内部办公、信息发布、数据交换的网络化；已建立并开通了企业外部网站；使用了综合项目管理信息系统和人事管理系统、工程设计相关软件，实现了档案管理和设计文档管理。

(4)有符合规定的已完成工程业绩。工程建设施工活动是一项重要的实践活动。有无承担过相应工程的经验及其业绩好坏，是衡量其实际能力和水平的一项重要标准。仍以房屋建筑工程施工总承包企业为例，按照《建筑业企业资质等级标准》《施工总承包企业特级资质标准》的规定：

1)特级企业工程业绩：

特级企业近五年应承担过下列5项工程总承包或施工总承包项目中的3项，工程质量合格。

①高度100米以上的建筑物。

②28层以上的房屋建筑工程。

③单体建筑面积5万平方米以上房屋建筑工程。

④钢筋混凝土结构单跨30米以上的建筑工程或钢结构单跨36米以上房屋建筑工程。

⑤单项建安合同额2亿元以上的房屋建筑工程。

2)一级企业工程业绩：

近五年承担过下列4类中的2类工程的施工总承包或主体工程承包，工程质量合格。

①地上25层以上的民用建筑工程1项或地上18～24层的民用建筑工程2项。

②高度100米以上的构筑物工程1项或高度80～100米（不含）的构筑物工程2项。

③建筑面积3万平方米以上的单体工业、民用建筑工程1项或建筑面积2万～3万平方

米(不含)的单体工业、民用建筑工程2项。

④钢筋混凝土结构单跨30米以上(或钢结构单跨36米以上)的建筑工程1项或钢筋混凝土结构单跨27~30米(不含)[或钢结构单跨30~36米(不含)]的建筑工程2项。

3)二级企业工程业绩：

近五年承担过下列4类中的2类工程的施工总承包或主体工程承包，工程质量合格。

①地上12层以上的民用建筑工程1项或地上8~11层的民用建筑工程2项。

②高度50米以上的构筑物工程1项或高度35~50米(不含)的构筑物工程2项。

③建筑面积1万平方米以上的单体工业、民用建筑工程1项或建筑面积0.6万~1万平方米(不含)的单体工业、民用建筑工程2项。

④钢筋混凝土结构单跨21米以上(或钢结构单跨24米以上)的建筑工程1项或钢筋混凝土结构单跨18~21米(不含)[或钢结构单跨21~24米(不含)]的建筑工程2项。

在2015建筑业企业资质标准中，三级没有业绩要求。

二、施工企业的资质序列、类别和等级

1. 施工企业的资质序列

《建筑业企业资质管理规定》中规定，建筑业企业资质分为施工总承包、专业承包和劳务分包三个序列。

取得施工总承包资质的企业(简称施工总承包企业)，可以承接施工总承包工程。施工总承包企业可以对所承接的施工总承包工程内各专业工程全部自行施工，也可以将专业工程或劳务作业依法分包给具有相应资质的专业承包企业或劳务分包企业。

取得专业承包资质的企业(简称专业承包企业)，可以承接施工总承包企业分包的专业工程和建设单位依法发包的专业工程。专业承包企业可以对所承接的专业工程全部自行施工，也可以将劳务作业依法分包给具有相应资质的劳务分包企业。

取得劳务分包资质的企业(简称劳务分包企业)，可以承接施工总承包企业或专业承包企业分包的劳务作业。

2. 施工企业的资质类别和等级

建筑业企业资质分为施工总承包、专业承包和施工劳务三个序列。其中施工总承包序列设有12个类别，一般分为4个等级(特级、一级、二级、三级)；专业承包序列设有36个类别，一般分为3个等级(一级、二级、三级)；施工劳务序列不分类别和等级。

根据《建筑业企业资质等级标准》规定：

(1)施工总承包企业资质序列，施工总承包序列设有12个类别，分别是：建筑工程施工总承包、公路工程施工总承包、铁路工程施工总承包、港口与航道工程施工总承包、水利水电工程施工总承包、电力工程施工总承包、矿山工程施工总承包、冶金工程施工总承包、石油化工工程施工总承包、市政公用工程施工总承包、通信工程施工总承包、机电工程施工总承包。

(2)专业承包企业资质序列，专业承包序列设有36个类别，分别是：地基基础工程专业承包、起重设备安装工程专业承包、预拌混凝土专业承包、电子与智能化工程专业承包、消防设施工程专业承包、防水防腐保温工程专业承包、桥梁工程专业承包资质、隧道工程专业承包、钢结构工程专业承包、模板脚手架专业承包、建筑装修装饰工程专业承包、建

筑机电安装工程专业承包、建筑幕墙工程专业承包、古建筑工程专业承包、城市及道路照明工程专业承包、公路路面工程专业承包、公路路基工程专业承包、公路交通工程专业承包、铁路电务工程专业承包、铁路铺轨架梁工程专业承包、铁路电气化工程专业承包、机场场道工程专业承包、民航空管工程及机场弱电系统工程专业承包、机场目视助航工程专业承包、港口与海岸工程专业承包、航道工程专业承包、通航建筑物工程专业承包、港航设备安装及水上交管工程专业承包、水工金属结构制作与安装工程专业承包、水利水电机电安装工程专业承包、河湖整治工程专业承包、输变电工程专业承包、核工程专业承包、海洋石油工程专业承包、环保工程专业承包、特种工程专业承包。

(3)施工劳务序列不分类别和等级。

三、施工企业的资质许可

建筑业企业,应当按照其拥有的资产、主要人员、已完成的工程业绩和技术装备等条件申请建筑业企业资质,经审查合格,取得建筑业企业资质证书后,方可在资质许可的范围内从事建筑施工活动。

国务院住房城乡建设主管部门负责全国建筑业企业资质的统一监督管理。国务院交通运输、水利、工业信息化等有关部门配合国务院住房城乡建设主管部门实施相关资质类别建筑业企业资质的管理工作。

省、自治区、直辖市人民政府住房城乡建设主管部门负责本行政区域内建筑业企业资质的统一监督管理。省、自治区、直辖市人民政府交通运输、水利、通信等有关部门配合同级住房城乡建设主管部门实施本行政区域内相关资质类别建筑业企业资质的管理工作。

建筑业企业资质分为施工总承包资质、专业承包资质、施工劳务资质三个序列。施工总承包资质、专业承包资质按照工程性质和技术特点分别划分为若干资质类别,各资质类别按照规定的条件划分为若干资质等级。施工劳务资质不分类别与等级。企业可以申请一项或多项建筑业企业资质。企业首次申请或增项申请资质,应当申请最低等级资质。建筑业企业资质标准和取得相应资质的企业可以承担工程的具体范围,由国务院住房城乡建设主管部门会同国务院有关部门制定。

(1)下列建筑业企业资质,由国务院住房城乡建设主管部门许可:

1)施工总承包资质序列特级资质、一级资质及铁路工程施工总承包二级资质。

2)专业承包资质序列公路、水运、水利、铁路、民航方面的专业承包一级资质及铁路、民航方面的专业承包二级资质;涉及多个专业的专业承包一级资质。

申请由国务院住房城乡建设主管部门许可资质的,应当向企业工商注册所在地省、自治区、直辖市人民政府住房城乡建设主管部门提出申请。其中,国务院国有资产管理部门直接监管的建筑企业及其下属一层级的企业,可以由国务院国有资产管理部门直接监管的建筑企业向国务院住房城乡建设主管部门提出申请。

省、自治区、直辖市人民政府住房城乡建设主管部门应当自受理申请之日起20个工作日内初审完毕,并将初审意见和申请材料报国务院住房城乡建设主管部门。

国务院住房城乡建设主管部门应当自省、自治区、直辖市人民政府住房城乡建设主管部门受理申请材料之日起60个工作日内完成审查,公示审查意见,公示时间为10个工作日。其中,涉及公路、水运、水利、通信、铁路、民航等方面资质的,由国务院住房城乡建设主管部门会同国务院有关部门审查。

(2)下列建筑业企业资质，由企业工商注册所在地省、自治区、直辖市人民政府住房城乡建设主管部门许可，并向社会公布。

1)施工总承包资质序列二级资质及铁路、通信工程施工总承包三级资质。

2)专业承包资质序列一级资质(不含公路、水运、水利、铁路、民航方面的专业承包一级资质及涉及多个专业的专业承包一级资质)。

3)专业承包资质序列二级资质(不含铁路、民航方面的专业承包二级资质)；铁路方面专业承包三级资质；特种工程专业承包资质。

(3)下列建筑业企业资质，由企业工商注册所在地设区的市人民政府住房城乡建设主管部门许可，并向社会公布。

1)施工总承包资质序列三级资质(不含铁路、通信工程施工总承包三级资质)。

2)专业承包资质序列三级资质(不含铁路方面专业承包资质)及预拌混凝土、模板脚手架专业承包资质。

3)施工劳务资质。

4)燃气燃烧器具安装、维修企业资质。

四、施工企业资质证书的申请、延续和变更

(1)企业申请建筑业企业资质，应当提交以下材料：

1)建筑业企业资质申请表及相应的电子文档。

2)企业营业执照正副本复印件。

3)企业章程复印件。

4)企业资产证明文件复印件。

5)企业主要人员证明文件复印件。

6)企业资质标准要求的技术装备的相应证明文件复印件。

7)企业安全生产条件有关材料复印件。

8)按照国家有关规定应提交的其他材料。

企业申请建筑业企业资质，应当如实提交有关申请材料。资质许可机关收到申请材料后，应当按照《中华人民共和国行政许可法》的规定办理受理手续。资质许可机关应当及时将资质许可决定向社会公开，并为公众查询提供便利。

建筑业企业资质证书分为正本和副本，由国务院住房城乡建设主管部门统一印制，正、副本具备同等法律效力。资质证书有效期为5年。

(2)资质证书的延续：建筑业企业资质证书有效期届满，企业继续从事建筑施工活动的，应当于资质证书有效期届满3个月前，向原资质许可机关提出延续申请。资质许可机关应当在建筑业企业资质证书有效期届满前做出是否准予延续的决定；逾期未做出决定的，视为准予延续。

(3)资质证书的变更：企业在建筑业企业资质证书有效期内名称、地址、注册资本、法定代表人等发生变更的，应当在工商部门办理变更手续后1个月内办理资质证书变更手续。

由国务院住房城乡建设主管部门颁发的建筑业企业资质证书的变更，企业应当向企业工商注册所在地省、自治区、直辖市人民政府住房城乡建设主管部门提出变更申请，省、自治区、直辖市人民政府住房城乡建设主管部门应当自受理申请之日起2日内将有关变更证明材料报国务院住房城乡建设主管部门，由国务院住房城乡建设主管部门在2日内办理

变更手续。

前款规定以外的资质证书的变更,由企业工商注册所在地的省、自治区、直辖市人民政府住房城乡建设主管部门或者设区的市人民政府住房城乡建设主管部门依法另行规定。变更结果应当在资质证书变更后15日内,报国务院住房城乡建设主管部门备案。

涉及公路、水运、水利、通信、铁路、民航等方面的建筑业企业资质证书的变更,办理变更手续的住房城乡建设主管部门应当将建筑业企业资质证书变更情况告知同级有关部门。

企业发生合并、分立、重组以及改制等事项,需承继原建筑业企业资质的,应当申请重新核定建筑业企业资质等级。

五、禁止无资质或越级承揽工程的规定

施工单位的资质等级,是施工单位人员素质、资金数量、技术装备、管理水平、工程业绩等综合能力的体现,反映了该施工单位从事某项施工活动的资格和能力,是国家对建设市场准入管理的重要手段。为此,我国的法律规定施工单位除应具备企业法人营业执照外,还应取得相应的资质证书,并严格在其资质等级许可的经营范围内从事施工活动。

1. 禁止无资质承揽工程

《建筑法》规定,承包建筑工程的单位应当持有依法取得的资质证书,并在其资质等级许可的业务范围内承揽工程。《建设工程质量管理条例》也规定,施工单位应当依法取得相应等级的资质证书,并在其资质等级许可的范围内承揽工程。《建设工程安全生产管理条例》进一步规定,施工单位从事建设工程的新建、扩建、改建和拆除等活动,应当具备国家规定的注册资本、专业技术人员、技术装备和安全生产等条件,依法取得相应等级的资质证书,并在其资质等级许可的范围内承揽工程。

2. 禁止越级承揽工程

《建筑法》和《建设工程质量管理条例》均规定,禁止施工单位超越本单位资质等级许可的业务范围承揽工程。

(1)联合共同承包的有关法律规定。《建筑法》规定,两个以上不同资质等级的单位实行联合共同承包的,应当按照资质等级低的单位的业务许可范围承揽工程。

联合共同承包是国际工程承包的一种通行做法,一般适用于大型或技术复杂的建设工程项目。采用联合承包的方式,可以优势互补,增加中标机会,并可降低承包风险。但是,施工单位应当在资质等级范围内承包工程,这同样适用于联合共同承包。就是说,联合承包各方都必须具有与其承包工程相符合的资质条件,不能超越资质等级去联合承包。如果几个联合承包方的资质等级不一样,则须以低资质等级的承包方为联合承包方的业务许可范围。这样的规定,可以有效地避免在实践中以联合承包为借口进行"资质挂靠"的不规范行为。

(2)分包工程的有关法律规定。《建筑法》规定,禁止总承包单位将工程分包给不具备相应资质条件的单位。《房屋建筑和市政基础设施工程施工分包管理办法》进一步规定,分包工程承包人必须具有相应的资质,并在其资质等级许可的范围内承揽业务。将工程分包给无资质或超越资质等级的单位的,应当定性为违法分包。

六、禁止以他企业或他企业以本企业名义承揽工程的规定

《建筑法》规定，禁止建筑施工企业超越本企业资质等级许可的业务范围或者以任何形式用其他建筑施工企业的名义承揽工程。禁止建筑施工企业以任何形式允许其他单位或者个人使用本企业的资质证书、营业执照，以本企业的名义承揽工程。《建设工程质量管理条例》也规定，禁止施工单位超越本单位资质等级许可的业务范围或者以其他施工单位的名义承揽工程。禁止施工单位允许其他单位或者个人以本单位的名义承揽工程。

在实践中，为在发承包竞争中争取到建设工程项目，一些施工单位因自身资质条件不符合发包工程所要求的资质条件，往往会采取一些手段骗取发包方的信任，包括借用其他施工单位的资质证书，以其他施工单位的名义承揽建设工程项目。这种做法，一方面是扰乱了建设市场的秩序，另一方面也给建设工程留下了质量隐患。因为，借用他人名义的往往是自身资质等级不高、人员素质较差、管理水平落后的小企业或"包工头"，在拿到工程后还要向出借方交纳一大笔管理费，为了赚钱就只有依靠偷工减料、以次充好等非法手段。这就势必给工程带来隐患。因此，法律明令禁止这种违法行为，不论是借用方还是出借方，都将受到法律的惩处。此外，在分包工程中还要防止出现以他企业或他企业以本企业名义承揽工程的违法行为。《房屋建筑和市政基础设施工程施工分包管理办法》规定，分包工程发包人没有将其承包的工程进行分包，在施工现场所设项目管理机构的项目负责人、技术负责人、项目核算负责人、质量管理人员、安全管理人员不是工程承包人本单位人员的视同允许他人以本企业名义承揽工程。

【案例】

（1）背景：某工程项目由甲施工企业总承包，该企业将工程的土石方工程分包给乙分包公司，乙分包公司又与社会上的刘某签订任务书，约定由刘某组织人员负责土方开挖、装卸和运输，负责施工的项目管理、技术指导和现场安全，单独核算，自负盈亏。

（2）问题：该分包公司与刘某签订的土石方工程任务书的行为应当如何定性，该作何处理？

（3）分析：本案中，分包企业允许刘某以工程任务书形式承揽土石方工程，并将现场全权交由刘某负责，该项目施工中的技术、质量、安全管理及核算人员均由刘某自行组织而非该分包公司的人员，按照《房屋建筑和市政基础设施工程施工分包管理办法》第15条的规定，这种情况应视同允许他人以本企业名义承揽工程。

《建设工程质量管理条例》第61条规定："……勘察、设计施工、工程监理单位允许其他单位或者个人以本单位名义承揽工程的，责令改正，没收违法所得，……对施工单位处工程合同价款百分之二以上百分之四以下的罚款；可以责令停业整顿，降低资质等级；情节严重的，吊销资质证书。"据此，应当对该分包公司作出相应的处罚。

七、施工企业资质违法行为应承担的主要法律责任

1. 企业申请办理资质违法行为应承担的法律责任

《建筑法》规定，以欺骗手段取得资质证书的，吊销资质证书，处以罚款；构成犯罪的，依法追究刑事责任。《建筑业企业资质管理规定》中规定，申请人隐瞒有关情况或者提供虚假材料申请建筑业企业资质的，不予受理或者不予行政许可，并给予警告，申请人在1年

内不得再次申请建筑业企业资质。以欺骗、贿赂等不正当手段取得建筑业企业资质证书的，由县级以上地方人民政府建设主管部门或者有关部门给予警告，并依法处以罚款，申请人3年内不得再次申请建筑业企业资质。

建筑业企业未按照规定及时办理资质证书变更手续的，由县级以上地方人民政府建设主管部门责令限期办理；逾期不办理的，可处以1 000元以上1万元以下的罚款。

2. 无资质承揽工程应承担的法律责任

《建筑法》规定，发包单位将工程发包给不具有相应资质条件的承包单位的，或者违反本规定将建筑工程肢解发包的，责令改正，处以罚款。未取得资质证书承揽工程的，予以取缔，并处罚款；有违法所得的，予以没收。

《建设工程质量管理条例》规定，建设单位将建设工程发包给不具有相应资质等级的勘察、设计、施工单位或者委托给不具有相应资质等级的工程监理单位的，责令改正，处50万元以上100万元以下的罚款。未取得资质证书承揽工程的，予以取缔，对施工单位处工程合同价款2%以上4%以下的罚款；有违法所得的，予以没收。

建设部《住宅室内装饰装修管理办法》规定，装修人违反本办法规定，将住宅室内装饰装修工程委托给不具有相应资质等级企业的，由城市房地产行政主管部门责令改正，处500元以上1 000元以下的罚款。

3. 超越资质等级承揽工程应承担的法律责任

《建筑法》规定，超越本单位资质等级承揽工程的，责令停止违法行为，处以罚款，可以责令停业整顿，降低资质等级；情节严重的，吊销资质证书；有违法所得的，予以没收。

《建设工程质量管理条例》进一步规定，勘察、设计、施工、工程监理单位超越本单位资质等级承揽工程的，责令停止违法行为……，对施工单位处工程合同价款2%以上4%以下的罚款，可以责令停业整顿，降低资质等级；情节严重的，吊销资质证书；有违法所得的，予以没收。

4. 允许其他单位或者个人以本单位名义承揽工程应承担的法律责任

《建筑法》规定，建筑施工企业转让、出借资质证书或者以其他方式允许他人以本企业名义承揽工程的，责令改正，没收违法所得，并处罚款，可以责令停业整顿，降低资质等级；情节严重的，吊销资质证书。对因该项承揽工程不符合规定的质量标准造成的损失，建筑施工企业与使用本企业名义的单位或者个人承担连带赔偿责任。

《建设工程质量管理条例》规定，勘察、设计、施工、工程监理单位允许其他单位或者个人以本单位名义承揽工程的，责令改正，没收违法所得……，对施工单位处工程合同价款2%以上4%以下的罚款；可以责令停业整顿，降低资质等级；情节严重的，吊销资质证书。

5. 将建设工程分包给不具备相应资质条件的单位（即违法分包）应承担的法律责任

《建筑法》规定，承包单位将承包的工程转包的，或者违反本法规定进行分包的，责令改正，没收违法所得，并处罚款，可以责令停业整顿，降低资质等级；情节严重的，吊销资质证书。承包单位有以上规定的违法行为的，对因转包工程或者违法分包的工程不符合规定的质量标准造成的损失，与接受转包或者分包的单位承担连带赔偿责任。

《建设工程质量管理条例》规定，承包单位将承包的工程转包或者违法分包的，责令改正,没收违法所得……;对施工单位处工程合同价款0.5%以上1%以下的罚款;可以责令停业整顿,降低资质等级;情节严重的,吊销资质证书。

《房屋建筑和市政基础设施工程施工分包管理办法》规定,转包、违法分包或者允许他人以本企业名义承揽工程的,按照《中华人民共和国建筑法》《中华人民共和国招标投标法》和《建设工程质量管理条例》的规定予以处罚;对于接受转包、违法分包和用他人名义承揽工程的,处1万元以上3万元以下的罚款。

6. 以欺骗手段取得资质证书承揽工程应承担的法律责任

《建设工程质量管理条例》规定,以欺骗手段取得资质证书承揽工程的,吊销资质证书,处工程合同价款2%以上4%以下的罚款;有违法所得的,予以没收。

第二节 建造师执业资格制度

执业资格制度是指对具有一定专业学历和资历并从事特定专业技术活动的专业技术人员,通过考试和注册确定其执业的技术资格,获得相应文件签字权的一种制度。

一、建设工程专业人员执业资格的准入管理

《建筑法》规定,从事建筑活动的专业技术人员,应当依法取得相应的执业资格证书,并在执业资格证书许可的范围内从事建筑活动。这是因为,建设工程的技术要求比较复杂,建设工程的质量和安全生产直接关系到人身安全及公共财产安全,责任极为重大。因此,对从事建设工程活动的专业技术人员,应当建立起必要的个人执业资格制度,只有依法取得相应执业资格证书的专业技术人员,方可在其执业资格证书许可的范围内从事建设工程活动。没有取得个人执业资格的人员,不能执行相应的建设工程业务。

我国对从事建设工程活动的单位实行资质管理制度比较早,较好地从整体上把住了单位的建设市场准入关,但对建设工程专业技术人员(即在勘察、设计、施工、监理等专业技术岗位上工作的人员)的个人执业资格的准入制度起步较晚,导致出现了一些高资质的单位承接建设工程,却由低水平人员甚至非专业技术人员来完成的现象,不仅影响了建设工程的质量和安全,还影响到投资效益的发挥。因此,实行专业技术人员的执业资格制度,严格执行建设工程相关活动的准入与清出,有利于避免上述种种问题,并明确专业技术人员的责、权、利,保证建设工程确实由具有相应资格的专业技术人员主持完成设计、施工、监理等任务。

世界上发达国家大多对从事涉及公众生命和财产安全的建设工程活动的专业技术人员,实行了严格的执业资格制度,如美国、英国、日本、加拿大等。建造师执业资格制度起源于英国,迄今已有近160年的历史。许多发达国家不仅早已建立这项制度,1997年还成立了建造师的国际组织——国际建造师协会。我国在工程建设领域实行专业技术人员的执业资格制度,有利于促进与国际接轨,适应对外开放的需要,并可以同有关国家谈判执业资格对等互认,使我国的专业技术人员更好地进入国际建设市场。

我国工程建设领域最早建立的执业资格制度是注册建筑师制度,1995年9月国务院颁布了《中华人民共和国注册建筑师条例》;之后又相继建立了注册监理工程师、结构工程师、造价工程师等制度。2002年12月9日人事部、建设部(即现在的人力资源和社会保障部、

住房和城乡建设部，下同)联合颁发了《建造师执业资格制度暂行规定》，标志着我国建造师制度的建立和建造师工作的正式启动。到2009年，我国通过考试或考核取得一级、二级建造师资格的已有近百万人。

二、建造师考试和注册的规定

注册建造师是指通过考核认定或考试合格取得中华人民共和国建造师资格证书，并按照规定注册，取得中华人民共和国建造师注册证书和执业印章，担任施工单位项目负责人及从事相关活动的专业技术人员。未取得注册证书和执业印章的，不得担任大中型建设工程项目的施工单位项目负责人，不得以注册建造师的名义从事相关活动。《建造师执业资格制度暂行规定》中规定，经国务院有关部门同意，获准在中华人民共和国境内从事建设工程项目施工管理的外籍及港、澳、台地区的专业人员，符合本规定要求的，也可报名参加建造师执业资格考试以及申请注册。

1. 建造师的考试

《建造师执业资格制度暂行规定》中规定，一级建造师执业资格实行统一大纲、统一命题、统一组织的考试制度，由人事部、建设部共同组织实施，原则上每年举行一次考试。

建设部负责编制一级建造师执业资格考试大纲和组织命题工作，统一规划建造师执业资格的培训等有关工作。培训工作按照培训与考试分开、自愿参加的原则进行。人事部负责审定一级建造师执业资格考试科目、考试大纲和考试试题，组织实施考务工作；会同建设部对考试考务工作进行检查、监督、指导和确定合格标准。

建设部负责拟定二级建造师执业资格考试大纲，人事部负责审定考试大纲。二级建造师执业资格实行全国统一大纲，各省、自治区、直辖市命题并组织考试的制度。各省、自治区、直辖市人事厅(局)，建设厅(委)按照国家确定的考试大纲和有关规定，在本地区组织实施二级建造师执业资格考试。

(1)考试内容和时间。《建造师执业资格制度暂行规定》中规定，一级建造师执业资格考试，分综合知识与能力和专业知识与能力两个部分。建设部《建造师执业资格考试实施办法》进一步规定，一级建造师执业资格考试设《建设工程经济》《建设工程法规及相关知识》《建设工程项目管理》和《专业工程管理与实务》4个科目。目前，《专业工程管理与实务》科目分为：建筑工程、公路工程、铁路工程、民航机场工程、港口与航道工程、水利水电工程、市政公用工程、通信与广电工程、矿业工程、机电工程10个专业类别。考生在报名时可根据实际工作需要选择专业类别。

一级建造师执业资格考试时间定于每年的第三季度。一级建造师执业资格考试分4个半天，以纸笔作答方式进行。《建设工程经济》科目的考试时间为2小时，《建设工程法规及相关知识》和《建设工程项目管理》科目的考试时间均为3小时，《专业工程管理与实务》科目的考试时间为4小时。

二级建造师执业资格考试设《建设工程施工管理》《建设工程法规及相关知识》《专业工程管理与实务》3个科目。

(2)报考条件和考试申请。《建造师执业资格制度暂行规定》中规定，凡遵守国家法律、法规，具备下列条件之一者，可以申请参加一级建造师执业资格考试：①取得工程类或工程经济类大学专科学历，工作满6年，其中从事建设工程项目施工管理工作满4年。②取得工程类或工程经济类大学本科学历，工作满4年，其中从事建设工程项目施工管理工作满3年。③取得工程类或工程经济类双学士学位或研究生班毕业，工作满3年，其中从事建设工程项目施工管理工作满2年。④取得工程类或工程经济类硕士学位，工作满2年，其中从事建设工程项目施工管理工作满1年。⑤取得工程类或工程经济类博士学位，从事建设工程项目施工管理工作满1年。

凡遵纪守法并具备工程类或工程经济类中等专科以上学历并从事建设工程项目施工管理工作满2年，可报名参加二级建造师执业资格考试。

已取得一级建造师执业资格证书的人员，还可根据实际工作需要，选择《专业工程管理与实务》科目的相应专业，报名参加考试。考试合格后核发国家统一印制的相应专业合格证明。该证明作为注册时增加执业专业类别的依据。

参加考试由本人提出申请，携带所在单位出具的有关证明及相关材料到当地考试管理机构报名。考试管理机构按规定程序和报名条件审查合格后，发给准考证。考生凭准考证在指定的时间、地点参加考试。中央管理的企业和国务院各部门及其所属单位的人员按属地原则报名参加考试。

考试成绩实行2年为一个周期的滚动管理办法，参加全部4个科目考试的人员须在连续的两个考试年度内通过全部科目；免试部分科目的人员须在一个考试年度内通过应试科目。

(3)建造师执业资格证书的使用范围。参加一级建造师执业资格考试合格，由各省、自治区、直辖市人事部门颁发人事部统一印制，人事部、建设部用印的《中华人民共和国一级建造师执业资格证书》。该证书在全国范围内有效。二级建造师执业资格考试合格者，由省、自治区、直辖市人事部门颁发由人事部、建设部统一格式的《中华人民共和国二级建造师执业资格证书》。该证书在所在行政区域内有效。

2. 建造师的注册

建设部《注册建造师管理规定》中规定，注册建造师实行注册执业管理制度，注册建造师分为一级注册建造师和二级注册建造师。取得资格证书的人员，经过注册方能以注册建造师的名义执业。

(1)注册管理机构。建设部或其授权的机构为一级建造师执业资格的注册管理机构。省、自治区、直辖市建设行政主管部门或其授权的机构为二级建造师执业资格的注册管理机构。人事部和各级地方人事部门对建造师执业资格注册和使用情况有检查、监督的责任。

(2)注册申请。《注册建造师管理规定》规定，取得一级建造师资格证书并受聘于一个建设工程勘察、设计、施工、监理、招标代理、造价咨询等单位的人员，应当通过聘用单位向单位工商注册所在地的省、自治区、直辖市人民政府建设主管部门提出注册申请。申请初始注册时应当具备以下条件：①经考核认定或考试合格取得资格证书；②受聘于一个相关单位；③达到继续教育要求；④没有《注册建造师管理规定》中规定不予注册的情形。

初始注册者，可自资格证书签发之日起3年内提出申请。逾期未申请者，须符合本专业继续教育的要求后方可申请初始注册。申请初始注册需要提交下列材料：①注册建造师初始注册申请表；②资格证书、学历证书和身份证明复印件；③申请人与聘用单位签订的聘用劳动合同复印件或其他有效证明文件；(逾期申请初始注册的，应当提供达到继续教育要求的证明材料)。

(3)延续注册与增项注册。建造师执业资格注册有效期一般为3年。《注册建造师管理规定》中规定，注册有效期满需继续执业的，应当在注册有效期届满30日前，按照规定申请延续注册。延续注册的有效期为3年。申请延续注册的，应当提交下列材料：①注册建造师延续注册申请表；②原注册证书；③申请人与聘用单位签订的聘用劳动合同复印件或其他有效证明文件；④申请人注册有效期内达到继续教育要求的证明材料。注册建造师需要增加执业专业的，应当按照规定申请专业增项注册，并提供相应的资格证明。

(4)注册的受理与审批。省、自治区、直辖市人民政府建设主管部门受理一级建造师注册申请后提出初审意见，并将初审意见和全部申报材料报国务院建设主管部门审批；涉及铁路、公路、港口与航道、水利水电、通信与广电、民航专业的，国务院建设主管部门应当将全部申报材料送同级有关部门审核。符合条件的，由国务院建设主管部门核发《中华人民共和国一级建造师注册证书》，并核定执业印章编号。

对申请初始注册的，省、自治区、直辖市人民政府建设主管部门应当自受理申请之日起，20日内审查完毕，并将申请材料和初审意见报国务院建设主管部门。国务院建设主管部门应当自收到省、自治区、直辖市人民政府建设主管部门上报材料之日起，20日内审批完毕并作出书面决定。有关部门应当在收到国务院建设主管部门移送的申请材料之日起，10日内审核完毕，并将审核意见送国务院建设主管部门。

对申请变更注册、延续注册的，省、自治区、直辖市人民政府建设主管部门应当自受理申请之日起5日内审查完毕。国务院建设主管部门应当自收到省、自治区、直辖市人民政府建设主管部门上报材料之日起10日内审批完毕并作出书面决定。有关部门在收到国务院建设主管部门移送的申请材料后，应当在5日内审核完毕，并将审核意见送国务院建设主管部门。

取得二级建造师资格证书的人员申请注册，由省、自治区、直辖市人民政府建设主管部门负责受理和审批，具体审批程序由省、自治区、直辖市人民政府建设主管部门依法确定。对批准注册的，核发由国务院建设主管部门统一样式的《中华人民共和国二级建造师注册证书》和执业印章，并在核发证书后30日内送国务院建设主管部门备案。

住房和城乡建设部《注册建造师执业管理办法(试行)》规定，注册建造师注册证书和执业印章由本人保管，任何单位(发证机关除外)和个人不得扣押注册建造师注册证书或执业印章。

(5)不予注册和注册证书的失效、注销。《注册建造师管理规定》中规定，申请人有下列情形之一的，不予注册：①不具有完全民事行为能力的；②申请在两个或者两个以上单位注册的；③未达到注册建造师继续教育要求的；④受到刑事处罚，刑事处罚尚未执行完毕的；⑤因执业活动受到刑事处罚，自刑事处罚执行完毕之日起至申请注册之日止不满5年的；⑥因前项规定以外的原因受到刑事处罚，自处罚决定之日起至申请注册之日止不满3年的；⑦被吊销注册证书，自处罚决定之日起至申请注册之日止不满2年的；⑧在申请注册之日前3年内担任项目经理期间，所负责项目发生过重大质量和安全事故的；⑨申请人的聘用单位不符合注册单位要求的；⑩年龄超过65周岁的；⑪法律、法规规定不予注册的其他情形。

注册建造师有下列情形之一的，其注册证书和执业印章失效：①聘用单位破产的；②聘用单位被吊销营业执照的；③聘用单位被吊销或者撤回资质证书的；④已与聘用单位解除聘用合同关系的；⑤注册有效期满且未延续注册的；⑥年龄超过65周岁的；⑦死亡或不具有完全民事行为能力的；⑧其他导致注册失效的情形。

注册建造师有下列情形之一的，由注册机关办理注销手续，收回注册证书和执业印章或者公告其注册证书和执业印章作废：①有以上规定的注册证书和执业印章失效情形发生的；②依法被撤销注册的；③依法被吊销注册证书的；④受到刑事处罚的；⑤法律、法规规定应当注销注册的其他情形。

(6)变更、续期、注销注册的申请办理。在注册有效期内，注册建造师变更执业单位，应当与原聘用单位解除劳动关系，并按照规定办理变更注册手续，变更注册后仍延续原注册有效期。申请变更注册的，应当提交下列材料：①注册建造师变更注册申请表；②注册证书和执业印章；③申请人与新聘用单位签订的聘用合同复印件或有效证明文件；④工作调动证明（与原聘用单位解除聘用合同或聘用合同到期的证明文件、退休人员的退休证明）。

《注册建造师执业管理办法（试行）》规定，注册建造师应当通过企业按规定及时申请办理变更注册、续期注册等相关手续。多专业注册的注册建造师，其中一个专业注册期满仍需以该专业继续执业和以其他专业执业的，应当及时办理续期注册。注册建造师变更聘用企业的，应当在与新聘用企业签订聘用合同后的1个月内，通过新聘用企业申请办理变更手续。因变更注册申报不及时影响注册建造师执业、导致工程项目出现损失的，由注册建造师所在聘用企业承担责任，并作为不良行为计入企业信用档案。聘用企业与注册建造师解除劳动关系的，应当及时申请办理注销注册或变更注册。聘用企业与注册建造师解除劳动合同关系后无故不办理注销注册或变更注册的，注册建造师可向省级建设主管部门申请注销注册证书和执业印章。注册建造师要求注销注册或变更注册的，应当提供与原聘用企业解除劳动关系的有效证明材料。建设主管部门经向原聘用企业核实，聘用企业在7日内没有提供书面反对意见和相关证明材料的，应予办理注销注册或变更注册。

三、建造师执业资格的考核认定

《建造师执业资格制度暂行规定》中规定，国家在实施一级建造师执业资格考试之前，对长期在建设工程项目总承包及施工管理岗位上工作，具有较高理论水平与丰富实践经验，并受聘高级专业技术职务的人员，可通过考核认定办法取得建造师执业资格证书。据此，对长期从事建设工程总承包及施工管理工作，业绩突出，无工程质量责任事故，职业道德行为良好，身体健康，并符合规定条件的在职在编人员，经人事部、建设部以及省、自治区、直辖市人事和建设行政部门批准，考核认定了一批建造师。目前，国家已实施建造师执业资格考试，考核认定工作已经结束。

四、建造师的受聘单位和执业岗位范围

1. 建造师的受聘单位

《建造师执业资格制度暂行规定》中规定，建造师的执业范围包括：①担任建设工程项目施工的项目经理。②从事其他施工活动的管理工作。③法律、行政法规或国务院建设行政主管部门规定的其他业务。

一级建造师可以担任特级、一级建筑业企业资质的建设工程项目施工的项目经理；二级建造师可以担任二级及以下建筑业企业资质的建设工程项目施工的项目经理。建设部《注册建造师管理规定》进一步规定，取得资格证书的人员应当受聘于一个具有建设工程勘察、设计、施工、监理、招标代理、造价咨询等一项或者多项资质的单位，经注册后方可从事相应的执业活动。担任施工单位项目负责人的，应当受聘并注册于一个具有施工资质的企

业。据此，建造师不仅可以在施工单位担任建设工程施工项目的项目经理，也可以在勘察、设计、监理、招标代理、造价咨询等单位或具有多项上述资质的单位执业。但是，如果要担任施工单位的项目负责人即项目经理，其所受聘的单位必须具有相应的施工企业资质，而不能是仅具有勘察、设计、监理等资质的其他企业。

2. 建造师执业范围

(1)执业区域范围。《注册建造师执业管理办法(试行)》规定，一级注册建造师可在全国范围内以一级注册建造师名义执业。通过二级建造师资格考核认定，或参加全国统考取得二级建造师资格证书并经注册人员，可在全国范围内以二级注册建造师名义执业。工程所在地各级建设主管部门和有关部门不得增设或者变相设置跨地区承揽工程项目执业准入条件。

(2)执业岗位范围。建造师经注册后，有权以建造师名义担任建设工程项目施工的项目经理及从事其他施工活动的管理，但不得同时担任两个及以上建设工程施工项目负责人。发生下列情形之一的除外：①同一工程相邻分段发包或分期施工的；②合同约定的工程验收合格的；③因非承包方原因致使工程项目停工超过120天(含)，经建设单位同意的。注册建造师担任施工项目负责人期间原则上不得更换。如发生下列情形之一的，应当办理书面交接手续后更换施工项目负责人：①发包方与注册建造师受聘企业已解除承包合同的；②发包方同意更换项目负责人的；③因不可抗力等特殊情况必须更换项目负责人的。

注册建造师担任施工项目负责人，在其承建的建设工程项目竣工验收或移交项目手续办结前，除以上规定的情形外，不得变更注册至另一企业。

建设工程合同履行期间变更项目负责人的，企业应当于项目负责人变更5个工作日内报建设行政主管部门和有关部门及时进行网上变更。此外，注册建造师还可以从事建设工程项目总承包管理或施工管理、建设工程项目管理服务、建设工程技术经济咨询，以及法律、行政法规和国务院建设主管部门规定的其他业务。

(3)执业工程范围。注册建造师应当在其注册证书所注明的专业范围内从事建设工程施工管理活动。注册建造师分10个专业，各专业的执业工程范围如下：

1)建筑工程专业，执业工程范围为：房屋建筑、装饰装修、地基与基础、土石方、建筑装修装饰、建筑幕墙、预拌商品混凝土、混凝土预制构件、园林古建筑、钢结构、高耸建筑物、电梯安装、消防设施、建筑防水、防腐保温、附着升降脚手架、金属门窗、预应力、爆破与拆除、建筑智能化、特种专业。

2)公路工程专业，执业工程范围为：公路，地基与基础、土石方、预拌商品混凝土、混凝土预制构件、钢结构、消防设施、建筑防水、防腐保温、预应力、爆破与拆除、公路路面、公路路基、公路交通、桥梁、隧道、附着升降脚手架、起重设备安装、特种专业。

3)铁路工程专业，执业工程范围为：铁路，土石方、地基与基础、预拌商品混凝土、混凝土预制构件、钢结构、附着升降脚手架、预应力、爆破与拆除、铁路铺轨架梁、铁路电气化、铁路桥梁、铁路隧道、城市轨道交通、铁路电务、特种专业。

4)民航机场工程专业，执业工程范围为：民航机场，土石方、预拌商品混凝土、混凝土预制构件、钢结构、高耸构筑物、电梯安装、消防设施、建筑防水、防腐保温、附着升降脚手架、金属门窗、预应力、爆破与拆除、建筑智能化、桥梁、机场场道、机场空管、航站楼弱电系统、机场目视助航、航油储运、暖通、空调、给水排水、特种专业。

5)港口与航道工程专业，执业工程范围为：港口与航道，土石方、地基与基础、预拌商品混凝土、混凝土预制构件、消防设施、建筑防水、防腐保温、附着升降脚手架、爆破与拆除、港口及海岸、港口装卸设备安装、航道、航运梯级、通航设备安装、水上交通管制、水工建筑物基础处理、水工金属结构制性与安装、船台、船坞、滑道、航标、灯塔、栈桥、人工岛、筒仓、堆场道路及陆域构筑物、围堤、护岸、特种专业。

6)水利水电工程专业，执业工程范围为：水利水电，土石方、地基与基础、预拌商品混凝土、混凝土预制构件、钢结构、建筑防水、消防设施、起重设备安装、爆破与拆除、水土建筑物基础处理、水利水电金属结构制作与安装、水利水电机电设备安装、河湖整治、堤防、水工大坝、水工隧洞、送变电、管道、无损检测、特种专业。

7)矿业工程专业，执业工程范围为：矿山，地基与基础、土石方、高耸构筑物、消防设施、防腐保温、环保、起重设备安装、管道、预拌商品混凝土、混凝土预制构件、钢结构、建筑防水、爆破与拆除、隧道、窑炉、特种专业。

8)市政公用工程专业，执业工程范围为：市政公用，土石方、地基与基础、预拌商品混凝土、混凝土预制构件、预应力、爆破与拆除、环保、桥梁、隧道、道路路面、道路路基、道路交通、城市轨道交通、城市及道路照明、体育场地设施、给水排水、燃气、供热、垃圾处理、园林绿化、管道、特种专业。

9)通信与广电工程专业，执业工程范围为：通信与广电，通信线路、微波通信、传输设备、交换、卫星地球站、移动通信基站、数据通信及计算机网络、本地网、接入网、通信管道、通信电源、综合布线、信息化工程、铁路信号、特种专业。

10)机电工程专业，执业工程范围为：机电、石油化工、电力、冶炼，钢结构、电梯安装、消防设施、防腐保温、起重设备安装、机电设备安装、建筑智能化、环保、电子、仪表安装、火电设备安装、送变电、核工业、炉窑、冶炼机电设备安装、化工石油设备、管道安装、管道、无损检测、海洋石油、体育场地设施、净化、旅游设施、特种专业。

五、建造师的基本权利和义务

1. 建造师的基本权利

《建造师执业资格制度暂行规定》中规定，建造师经注册后，有权以建造师名义担任建设工程项目施工的项目经理及从事其他施工活动的管理。《注册建造师管理规定》进一步规定，注册建造师享有下列权利：①使用注册建造师名称；②在规定范围内从事执业活动；③在本人执业活动中形成的文件上签字并加盖执业印章；④保管和使用本人注册证书、执业印章；⑤对本人执业活动进行解释和辩护；⑥接受继续教育；⑦获得相应的劳动报酬；⑧对侵犯本人权利的行为进行申述。

建设工程施工活动中形成的有关工程施工管理文件，应当由注册建造师签字并加盖执业印章。施工单位签署质量合格的文件上，必须有注册建造师的签字盖章。担任建设工程施工项目负责人的注册建造师，应当按建设部《关于印发〈注册建造师施工管理签章文件目录〉(试行)的通知》要求，在建设工程施工管理相关文件上签字并加盖执业印章，签章文件作为工程竣工备案的依据。只有注册建造师签章完整的工程施工管理文件方为有效。注册建造师有权拒绝在不合格或者有弄虚作假内容的建设工程施工管理文件上签字并加盖执业印章。建设工程合同包含多个专业工程的，担任施工项目负责人的注册建造师，负责该工程施工管理文件签章。专业工程独立发包时，注册建造师执业范围涵盖该专业工程的，可担任该专业工程施工项目负责人。分包工程施工管理文件应当由分包企业注册建造师签章。分包企业签署质量合格的文件上，必须由担任总包项目负责人的注册建造师签章。

修改注册建造师签字并加盖执业印章的工程施工管理文件，应当征得所在企业同意后由注册建造师本人进行修改；注册建造师本人不能进行修改的，应当由企业指定同等资格条件的注册建造师修改，并由其签字并加盖执业印章。

2. 建造师的基本义务

《建造师执业资格制度暂行规定》规定，建造师在工作中，必须严格遵守法律、法规和行业管理的各项规定，恪守职业道德。建造师必须接受继续教育，更新知识，不断提高业务水平。

《注册建造师管理规定》规定，注册建造师应当履行下列义务：①遵守法律、法规和有关管理规定，恪守职业道德；②执行技术标准、规范和规程；③保证执业的质量，并承担相应责任；④继续接受教育，努力提高执业水准；⑤保守在执业中知悉的国家秘密和他人的商业、技术等秘密；⑥与当事人有利害关系的，应当主动回避；⑦协助注册管理机关完成相关工作。注册建造师不得有下列行为：①不履行注册建造师义务；②在执业过程中，索贿、受贿或者谋取合同约定费用外的其他利益；③在执业过程中实施商业贿赂；④签署有虚假记载等不合格的文件；⑤允许他人以自己的名义从事执业活动；⑥同时在两个或者两个以上单位受聘或者执业；⑦涂改、倒卖、出租、出借、复制或以其他形式非法转让资格证书、注册证书和执业印章；⑧超出执业范围和聘用单位业务范围内从事执业活动；⑨法律、法规、规章禁止的其他行为。

《注册建造师执业管理办法（试行）》还规定，注册建造师不得有下列行为：①不按设计图纸施工；②使用不合格建筑材料；③使用不合格设备、建筑构配件；④违反工程质量、安全、环保和用工方面的规定；⑤在执业过程中，索贿、行贿、受贿或者谋取合同约定费用外的其他不法利益；⑥签署有虚假记载等不合格的文件；⑦以他人名义或允许他人以自己的名义从事执业活动；⑧同时在两个或者两个以上企业受聘并执业；⑨超出执业范围和聘用企业业务范围从事执业活动；⑩未变更注册单位，而在另一家企业从事执业活动；⑪所负责工程未办理竣工验收或移交手续前，变更注册到另一企业；⑫伪造、涂改、倒卖、出租、出借或以其他形式非法转让资格证书、注册证书和执业印章；⑬不履行注册建造师义务和法律、法规、规章禁止的其他行为。

担任建设工程施工项目负责人的注册建造师在执业过程中，应当及时、独立完成建设工程施工管理文件签章，无正当理由不得拒绝在文件上签字并加盖执业印章。担任施工项目负责人的注册建造师应当按照国家法律法规、工程建设强制性标准组织施工，保证工程施工符合国家有关质量、安全、环保、节能等有关规定。担任施工项目负责人的注册建造师，应当按照国家劳动用工有关规定，规范项目劳动用工管理，切实保障劳务人员合法权益。担任建设工程施工项目负责人的注册建造师对其签署的工程管理文件承担相应责任。建设工程发生质量、安全、环境事故时，担任该施工项目负责人的注册建造师应当按照有关法律法规规定的事故处理程序及时向企业报告，保护事故现场，不得隐瞒。

六、注册机关的监督管理

《注册建造师管理规定》中规定，县级以上人民政府建设主管部门和有关部门履行监督检查职责时，有权采取下列措施：①要求被检查人员出示注册证书；②要求被检查人员所在聘用单位提供有关人员签署的文件及相关业务文档；③就有关问题询问签署文件的人员；④纠正违反有关法律、法规、本规定及工程标准规范的行为。

有下列情形之一的，注册机关依据职权或者根据利害关系人的请求，可以撤销注册建造师的注册：①注册机关工作人员滥用职权、玩忽职守作出准予注册许可的；②超越法定职权作出准予注册许可的；③违反法定程序作出准予注册许可的；④对不符合法定条件的申请人颁发注册证书和执业印章的；⑤依法可以撤销注册的其他情形。申请人以欺骗、贿赂等不正当手段获准注册的，应当予以撤销。

《注册建造师执业管理办法（试行）》规定，注册建造师违法从事相关活动的，违法行为发生地县级以上地方人民政府建设主管部门或有关部门应当依法查处，并将违法事实、处理结果告知注册机关；依法应当撤销注册的，应当将违法事实、处理建议及有关材料报注册机关，注册机关或有关部门应当在7个工作日内作出处理，并告知行为发生地人民政府建设行政主管部门或有关部门。注册建造师异地执业的，工程所在地省级人民政府建设主管部门应当将处理建议转交注册建造师注册所在地省级人民政府建设主管部门，注册所在地省级人民政府建设主管部门应当在14个工作日内作出处理，并告知工程所在地省级人民政府建设行政主管部门。

七、建造师及建造师工作中违法行为应承担的主要法律责任

《注册建造师管理规定》规定，隐瞒有关情况或者提供虚假材料申请注册的，建设主管部门不予受理或者不予注册，并给予警告，申请人1年内不得再次申请注册。以欺骗、贿赂等不正当手段取得注册证书的，由注册机关撤销其注册，3年内不得再次申请注册，并由县级以上地方人民政府建设主管部门处以罚款。其中没有违法所得的，处以1万元以下的罚款；有违法所得的，处以违法所得3倍以下且不超过3万元的罚款。聘用单位为申请人提供虚假注册材料的，由县级以上地方人民政府建设主管部门或者其他有关部门给予警告，责令限期改正；逾期未改正的，可处以1万元以上3万元以下的罚款。

《注册建造师管理规定》中规定，未取得注册证书和执业印章，担任大中型建设工程项目施工单位项目负责人，或者以注册建造师的名义从事相关活动的，其所签署的工程文件无效，由县级以上地方人民政府建设主管部门或者其他有关部门给予警告，责令停止违法活动，并可处以1万元以上3万元以下的罚款。未办理变更注册而继续执业的，由县级以上地方人民政府建设主管部门或者其他有关部门责令限期改正；逾期不改正的，可处以5 000元以下的罚款。

《注册建造师管理规定》中规定，注册建造师在执业活动中有下列行为之一的，由县级以上地方人民政府建设主管部门或者其他有关部门给予警告，责令改正，没有违法所得的，处以1万元以下的罚款；有违法所得的，处以违法所得3倍以下且不超过3万元的罚款：①不履行注册建造师义务；②在执业过程中，索贿、受贿或者谋取合同约定费用外的其他利益；③在执业过程中实施商业贿赂；④签署有虚假记载等不合格的文件；⑤允许他人以自己的名义从事执业活动；⑥同时在两个或者两个以上单位受聘或者执业；⑦涂改、倒卖、出租、出借或以其他形式非法转让资格证书、注册证书和执业印章；⑧超出执业范围和聘用单位业务范围内从事执业活动；⑨法律、法规、规章禁止的其他行为。

《注册建造师管理规定》中规定，注册建造师或者其聘用单位未按照要求提供注册建造师信用档案信息的，由县级以上地方人民政府建设主管部门或者其他有关部门责令限期改正；逾期未改正的，可处以1 000元以上1万元以下的罚款。

《注册建造师管理规定》中规定，县级以上人民政府建设主管部门及其工作人员，在注册建造师管理工作中，有下列情形之一的，由其上级行政机关或者监察机关责令改正，对直接负责的主管人员和其他直接责任人员依法给予处分；构成犯罪的，依法追究刑事责任：①对不符合法定条件的申请人准予注册的；②对符合法定条件的申请人不予注册或者不在法定期限内作出准予注册决定的；③对符合法定条件的申请不予受理或者未在法定期限内初审完毕的；④利用职务上的便利，收受他人财物或者其他好处的；⑤不依法履行监督管理职责或者监督不力，造成严重后果的。

《建设工程质量管理条例》规定，违反本条例规定，注册建筑师、注册结构工程师、监理工程师等注册执业人员因过错造成质量事故的，责令停止执业1年；造成重大质量事故的，吊销执业资格证书，5年以内不予注册；情节特别恶劣的，终身不予注册。

本章练习题

1. 新建施工企业，在向建设行政主管部门申请资质时，（　　）不是必备的条件。
   A. 有符合规定的注册资本　　　　B. 有符合规定的专业技术人员
   C. 有符合规定的工程质量保证体系　　D. 有符合规定的技术装备
2. 因企业分立而新设立的建筑业企业，其资质等级应按（　　）。
   A. 原企业的资质等级确定　　　　B. 降低一级原企业的资质等级确定
   C. 最低资质等级　　　　　　　　D. 实际达到的资质条件核定
3. 根据《建筑业企业资质管理规定》，属于建筑业企业资质序列的是（　　）。
   A. 工程总承包　　B. 专业分包　　C. 专业承包　　D. 劳务承包
4. 借用其他施工企业的（　　）投标的行为，属于以其他企业名义承揽工程。
   A. 营业执照　　B. 技术方案　　C. 施工设备　　D. 施工业绩
5. 建设单位将工程发包给不具有相应资质条件的施工企业，或者违反规定将建筑工程肢解发包的，责令改正，处以（　　）行政处罚。
   A. 吊销资质证书　　B. 罚款　　C. 停业整顿　　D. 降低资质等级
6. 借用其他施工单位（　　）的行为，属于以其他企业名义承担工程。
   A. 营业执照　　B. 技术人员　　C. 资金　　D. 高层管理人员
7. 下列选项中，不属于我国建造师注册类型的是（　　）。
   A. 初始注册　　B. 年检注册　　C. 变更注册　　D. 增项注册
8. 关于注册建造师执业管理的说法，下列选项正确的是（　　）。
   A. 施工中形成的施工管理文件，应当由注册建造师签字或加盖执业印章
   B. 施工单位签署质量合格的文件上，必须有注册建造师的签字盖章
   C. 所有工程施工项目负责人必须由本专业注册建造师担任
   D. 大型工程项目施工负责人可以由一级或者二级注册建造师担任
9. 施工企业新聘用的项目经理因变更注册申报不及时影响注册建造师执业，导致项目出现损失，对建设单位的民事赔偿责任由（　　）承担。
   A. 建造师原注册单位　　　　　　B. 建设主管部门
   C. 项目经理本人　　　　　　　　D. 施工企业

10. 建筑业企业申请资质升级、资质增项。在申请之日起的前一年内出现下列情形，资质许可机关对其申请不予批准的有（　　）。

    A. 与建设单位或者企业之间相互串通投标的

    B. 未取得施工许可证擅自施工的

    C. 将承包的工程转包或者违反分包的

    D. 发生过安全事故的

    E. 恶意拖欠分包企业工程款或者农民工工资的

11. 注册建造师享有的权利有（　　）。

    A. 使用注册建造师名称

    B. 遵守法律、法规和有关规定

    C. 在本人执业活动中形成的文件上签字并加盖执业印章

    D. 保管和使用本人注册证书、执业印章

    E. 接受继续教育

第三章　建设工程发承包法律制度

本章学习要求

　　掌握建设工程必须招标的范围、规模，招标方式，建设工程招投标的程序及要求；建设工程承发包的种类，总分包责任的划分，违法行为应承担的法律责任。独立完成本章习题，将理论与实际案例相结合，灵活应用。

本章学习重点及难点

　　工程必须招标的范围、规模标准、招投标的法定程序、评标委员会的组成和评标方法，总分包各自应承担的责任。

第一节　建设工程招标投标制度

一、建设工程必须招标的范围、规模和招标方式

1. 建设工程必须招标的范围

《招标投标法》规定，必须招标投标的项目包括：大型基础设施、公共事业等关系社会公共利益、公共安全的项目；全部或者部分使用国有资金投资或者国家融资的项目；使用国际组织或者外国政府贷款援助资金的项目。

2. 建设工程必须招标的规模标准

按照《招标投标实施条例》，必须招标范围内的各类工程建设项目，达到下列标准之一的，必须进行招标：

(1)施工单项合同估算价在人民币200万元以上的。
(2)重要设备、材料等货物的采购，单项合同估算价在人民币100万元以上的。
(3)勘察、设计、监理等服务的采购，单项合同估算价在人民币50万元以上的。
(4)单项合同估算价低于第(1)、(2)、(3)项规定的标准，但项目总投资额在人民币3 000万元以上的。

3. 可以不进行招标的建设工程项目

《招标投标实施条例》中规定，有下列情形之一的，经该办法规定的审批部门批准，可以不进行施工招标：

(1)涉及国家安全、国家秘密或者抢险救灾而不适宜招标的。
(2)属于利用扶贫资金以工代赈需要使用农民工的。
(3)施工主要技术采用特定的专利或者专有技术的。

(4)施工企业自建自用的工程,且该施工企业资质等级符合工程要求的。
(5)在建工程追加的附属小型工程或者主体夹层工程,原中标人仍具备承包能力的。
(6)法律、行政法规规定的其他情形。

4. 建设工程招标方式

(1)《招标投标法》规定:招标分为公开招标和邀请招标。

(2)《工程建设项目施工招标投标办法》规定,依法应当公开招标的建设工程项目有:①国务院发展计划部门确定的国家重点建设项目;②省、自治区、直辖市人民政府确定的地方重点建设项目;③全部使用国有资金投资占控股或者主导地位的工程建设项目。

(3)邀请招标:对于应当公开招标的项目,有下列情形之一的,经批准可以进行邀请招标:①项目技术复杂或有特殊要求,只有少量几家潜在投标人可供选择的;②受自然地域环境限制的;③涉及国家安全、国家秘密或者抢险救灾,适宜招标但不宜公开招标的;④拟公开招标的费用与项目的价值相比不值得;⑤法律、法规、规章规定不宜公开招标的。

二、招标基本程序和禁止肢解发包的规定

1. 招标基本程序

(1)落实招标条件:《招标投标实施条例》规定,依法必须招标的工程建设项目,应当具备下列条件才能进行施工招标:①招标人已经依法成立;②初步设计及概算应当履行审批手续的,已经批准;③招标范围、招标方式和招标组织形式等应当履行核准手续的,已经核准;④有相应资金或资金来源已经落实;⑤有招标所需的设计图纸及技术资料。

(2)委托招标代理机构:招标代理机构可以在其资格等级范围内承担下列招标事宜:①拟定招标方案,编制和出售招标文件、资格预审文件;②审查投标资格;③编制标的;④组织投标人踏勘现场;⑤组织开标、评标,协助招标人定标;⑥草拟合同;⑦招标人委托的其他事项。

(3)编制招标文件:招标人应当在招标文件中规定实质性要求和条件,并用醒目的方式标明。招标人对已发出招标文件进行必要的澄清或者修改的,应当在招标文件要求提交投标文件截止时间至少15日前,以书面形式通知所有招标文件收受人。依法必须进行招标的项目,自招标文件开始发出之日起至投标人提交投标文件截止之日止,最短不得少于20日。

(4)发布招标公告或投标邀请书:招标人采用公开招标方式的,应当发布招标公告。招标人采用邀请招标方式的,应当向三个以上具备承担招标项目的能力、资信良好的特定的法人或者其他组织发出招标邀请书。招标人应当按照招标公告或者投标邀请书规定的时间、地点出售招标文件。自招标文件出售之日起至停止出售之日止,最短不得少于5个工作日。

(5)资格审查:资格审查应主要审查潜在投标人或投标人是否符合下列条件:①具有独立订立合同的权利;②具有履行合同的能力;③没有处于被责令停业,投标资格取消,财产被接管、冻结、破产状态;④在最近三年内没有骗取中标和严重违约及重大工程质量问题;⑤法律行政法规的其他资格条件。

(6)开标:招标人在招标文件要求提交投标文件的截止时间前收到的所有投标文件,开标时都应当众予以拆封、宣读。开标过程应当记录,并存档备查。《招标投标实施条例》规

定,招标文件有下列情形之一的,招标文件不予受理:①逾期送达的或者未送达指定地点的;②未按照招标文件要求密封的。

(7)评标:其评标委员会由招标人的代表和有关技术、经济等方面的专家组成,成员人数为5人以上单数,其中技术、经济等方面的专家不得少于成员总数的2/3。

《招标投标实施条例》规定,投标文件有下列情形之一的,由评标委员会初审后按废标处理:①无单位盖章并无法定代表人或者法定代表人授权的代理人签字或盖章的;②未按照规定的格式填写,内容不全或关键字迹模糊、无法辨认的;③投标人递交两份或多份内容不同投标文件,或在一份投标文件中对同一招标项目报有两个或多个报价,且未声明哪一个有效,招标文件规定提交备选投标文件的除外;④投标人名称或组织结构与资格预审时不一致的;⑤未按招标文件要求提交投标保证金的;⑥联合体投标未附联合体各方共同投标协议的。

(8)中标:招标人根据评标委员会提出的书面评标报告和推荐的中标候选人确定中标人。招标人也可以授权评标委员会直接确定中标人。

(9)签订合同:招标人和中标人应当自中标通知书发出之日起30日内,按照招标文件和中标人的投标文件订立书面合同。招标人和中标人不得再行订立背离合同实质性内容的其他协议。

2. 禁止肢解发包

《建筑法》规定,提倡对建筑工程实行总承包,禁止将建筑工程肢解发包。建筑工程的发包单位可以将建筑工程的勘察、设计、施工、设备采购一并发包给一个工程总承包单位;但是,不得将应当由一个承包单位完成的建筑工程肢解成若干部分发包给几个承包单位。

《建筑工程质量管理条例》规定,建设单位不得将建设工程肢解发包。建设单位将建设工程肢解发包的,责令改正,处工程合同价款0.5%以上1%以下的罚款;对全部或者部分使用国有资金的项目,并可以暂停项目执行或者暂停资金拨付。

三、投标文件的法定要求和投标保证金

1. 投标文件的要求

《工程建设项目施工招标投标办法》规定,投标文件一般包括下列内容:①投标函;②投标报价;③施工组织设计;④商务和技术偏差表。响应招标文件的实质性要求是投标的基本前提。实质性要求和条件主要是指招标文件中有关招标项目的价格、期限、技术规范、合同的主要条款等内容。

2. 投标文件的修改与撤回

《招标投标法》规定,投标人在招标文件要求提交投标文件的截止时间前,可以补充、修改或者撤回已提交的投标文件,并书面通知招标人。补充、修改的内容为投标文件的组成部分。

《工程建设项目施工招标投标办法》进一步规定,在提交投标文件截止时间后到招标文件规定的投标有效期终止之前,投标人不得补充、修改、替代或者撤回其投标文件。投标人补充、修改、替代投标文件的,招标人撤回投标文件的,其投标保证金被没收。

3. 投标保证金

(1)投标保证金的形式与金额:投标保证金除现金外,可以是银行出具的银行保函、保

兑支票、银行汇票或现金支票。《招标投标实施条例》规定，投标保证金一般不得超过招标估算价的2%，投标保证金有效期应当与投标有效期一致。投保人应当按照投标文件要求的方式和金额，将投标保证金随投标文件提交给招标人。

(2)投标保证金的退还：《招标投标实施条例》规定，招标人与中标人签订合同后5个工作日内，应当向未中标的投标人退还投标保证金。

4. 投标文件的无效

《招标投标实施条例》中规定，投标文件出现下列情形之一的，应当作为无效的投标文件，不得进入评标：

(1)投标文件未按照招标文件的要求予以密封的。
(2)投标文件中的投标保函未加盖投标人的企业法定代表人印章的。
(3)投标文件的关键内容字迹模糊、无法辨认的。
(4)投标人未按照招标文件的要求提供投标保函投标保证金的。
(5)组成联合体投标的，投标文件未附联合体各方共同投标协议的。

5. 投标有效期

投标有效期是从投标人提交投标文件截止之日起计算，一般至中标通知书签发日期止。在此期限内，所有招标文件均保持有效。

四、禁止投标人实施不正当竞争行为

(1)投标人相互串通投标。《招标投标实施条例》规定，下列行为均属于投标人串通投标报价：
1)投标人之间相互约定抬高或降低投标报价。
2)投标人之间相互约定，在招标项目中分别以高、中、低价位报价。
3)投标人之间先进行内部竞价，内定中标人，然后再参加投标。
4)投标人之间其他串通投标报价行为。

(2)投标人与招标人串通投标。《招标投标实施条例》规定，下列行为均属招标人与投标人串通投标：
1)招标人在开标前开启投标文件，并将投标情况告知其他投标人，或者协助投标人撤换投标文件，更改报价。
2)招标人向投标人泄露标底。
3)招标人与招标人商定，投标时压低或抬高标价，中标后再给投标人额外补偿。
4)招标人预先内定中标人。
5)其他串通投标行为。

(3)投标人以行贿手段谋取中标。
(4)投标人以低于成本的报价竞标。
(5)投标人以他人名义投标或以其他方式弄虚作假骗取中标。

五、联合体投标

1. 联合体投标的特点

联合投标有如下特点：
(1)联合体由两个或者两个以上的投标人组成，参与投标是各方的自愿行为。

(2)联合体是一个临时性的组织，不具有法人资格。

(3)联合体各方以一个投标人的身份共同投标，中标后，招标人与联合体各方共同签订一个承包合同，联合体各方就中标项目向招标人承担连带责任。

(4)联合体各方签订共同投标协议后，不得再以自己名义单独投标，也不得组成新的联合体或参与其他联合体在同一项目中投标。

2. 联合体的资格条件

联合体各方均应当具备承担招标项目的相应能力；国家有关规定或者招标文件对投标人资格条件有规定的，联合体各方均应当具备规定的相应资格条件。由同一专业的单位组成的联合体，按照资质等级较低的单位确定资质等级。

3. 联合体投标应当签订协议

联合体各方应当签订共同投标协议，明确约定各方拟承担的过程和责任，并将共同投标协议连同投标文件一并提交招标人。联合体中标的，联合体各方应当共同与招标人签订合同，就中标项目向招标人承担连带责任。

4. 联合体投标保证金

联合体投标的，应当以联合体各方或者联合体中牵头人的名义提交投标保证金。以联合体中牵头人名义提交的投标保证金，对联合体各成员具有约束力。招标不得强制投标人组成联合体共同投标，不得限制投标人之间的竞争。

六、中标的法定条件

1. 确定中标人

招标人根据评委委员会提出的书面评标报告和推荐的中标候选人确定中标人。招标人也可以授权评标委员会直接确定中标人。中标人的投标应当符合的条件包括：

(1)能够最大限度地满足招标文件中规定的各项综合评价标准。

(2)能够满足招标文件的性质要求，并且经评审的投标价格最低，但是投标价格低于成本的除外。

2. 中标人的确定期限和中标候选人公示

招标人一般应当在15日内确定招标人，最迟应当在投标有效期结束日30个工作日前确定要将预中标人的情况在该工程项目招标公告发布的同一信息网络和建设工程交易中心予以公示，公示的时间最短不少于2个工作日。

3. 报告招标投标情况

《招标投标法》规定，依法必须进行招标的项目，招标人应当自确定中标之日起15日内，向有关行政监督部门提交招标投标情况的书面报告。《工程建设项目施工招标投标办法》进一步规定，依法必须进行施工招标的项目，招标人应当自发出中标通知书之日起15日内，向有关行政监督部门提交招标投标情况的书面报告。书面报告至少应包括下列内容：

(1)招标范围。

(2)招标方式和发布招标公告的媒介。

(3)招标文件中投标人须知、技术条款、评标标准和方法、合同主要条款等内容。

(4)评标委员会的组成和评标报告。

(5)中标结果。

4. 履约保证金的提交

《招标投标法》规定，招标文件要求中标人提交履约保证金的，中标人应当提交。《工程建设项目施工招标投标办法》进一步规定，招标文件要求中标人提交履约保证金或者其他形式履约担保的，中标人应当提交；拒绝提交的，视为放弃中标项目。

招标人要求中标人提供履约保证金或者其他形式履约担保的，招标人应当同时向中标人提供工程款支付担保。招标人不得擅自提高履约保证金，不得强制要求中标人垫付中标项目建设资金。

七、招投标中的违法行为应承担的法律责任

1. 招标人违法行为应承担的法律责任

《招标投标法》规定，必须进行招标的项目而不招标的，将必须进行招标的项目化整为零或者以其他任何方式规避招标的，责令限期改正，可以处项目合同金额千分之五以上千分之十以下的罚款；对全部或者部分使用国有资金的项目，可以暂停项目执行或者暂停资金拨付；对单位直接负责的主管人员和其他直接责任人员依法给予处分。

2. 招标代理机构违法行为应承担的法律责任

《招标投标法》规定，招标代理机构违反规定，泄露应当保密的与招标投标活动有关的情况和资料的，或者与招标人、投标人串通损害国家利益、社会公共利益或者其他人合法利益的，处5万元以上25万元以下的罚款。

对单位直接负责的主管人员和其他直接责任人员处单位罚款数额5%以上10%以下的罚款；有违法所得的，并处没收违法所得；情节严重的，暂停直至取消招标代理资格；构成犯罪的，依法追究刑事责任。给他人造成损失的，依法承担赔偿责任。影响中标结果的，中标无效。

《构成建设项目招标代理机构资格认定办法》规定，未取得资格认定承担构成招标代理业务的，该工程招标代理无效，由招标工程所在地的建设行政主管部门处以1万元以上3万元以下的罚款；情节严重的，收回其工程招标代理资格证书，并在3年内不受理其资格申请。

3. 评标委员会违法行为应承担的法律责任

《招标投标法》规定，评标委员会成员收受投标人的财务或者其他好处的，评标委员会成员或者参加评标有关工作人员向他人透露对投标文件的评审和比较，中标候选人的推荐以及与评标有关的其他情况的，给予警告，没收收受的财物，可以并处3 000元以上5万元以下的罚款，对有违法行为的评标委员会成员取消担任委员会成员的资格，不得再参加任何依法必须进行招标的项目的评标；构成犯罪的，依法追究刑事责任。

4. 投标人违法行为应承担的法律责任

《招标投标法》规定，招标代理机关违反规定，泄露应当保密的与招标投标有关的情况和资料，或者与招标人、投标人串通损害国家利益、社会公共利益或者他人合法权益，处5万元以上25万元以下的罚款；有违法所得的，并处没收违法所得；情节严重的，暂停直至取消招标代理资格；构成犯罪的，依法追究刑事责任。给他人造成损失的，依法承担赔偿责任。影响中标结果的，中标无效。

5. 中标人违法行为应承担的法律责任

《招标投标法》规定，中标人将中标项目转让给他人，将中标项目肢解后分别转让给他人，违反本法规定将中标项目的部分主体、关键性工作分包给他人，或者分包人再次分包，转让、分包无效，处转让、分包项目金额千分之五以上千分之十以下的罚款；有违法所得的，并处没收违法所得，可以责令停业整顿；情节严重的，由工商行政机关吊销营业执照。

6. 国家机关工作人员违法行为应承担的法律责任

《招标投标法》规定，对招标投标活动依法负有行政监督职责的国家机构工作人员徇私舞弊、滥用职权或者玩忽职守，构成犯罪的，依法追究刑事责任；不构成犯罪的，依法给予行政处分。

7. 其他法律责任

《招标投标法》规定，任何单位违反本法规定，限制或者排斥本地区、本系统外的法人或者其他组织参加投标的，为投标人指定招标代理机构的强制招标人委托招标代理机构办理招标事宜的，或者以其他方式干涉招标投标活动的，责令改正；对单位直接负责的主管人员和其他直接责任人员依法给予警告、记过、记大过的处分，情节较重的，依法给予降级、撤职、开除的处分。个人利用职权进行以上违反本法行为的，依照以上规定追究责任。依法必须进行招标的项目违反本法规定，中标无效的，应当依照本法规定的中标条件从其他投标人中重新确定中标人或者依照本法重新进行招标。

【案例1】

(1)背景：某建设单位准备建一座图书馆，建筑面积5 000平方米，预算投资400万元，工期为10个月。工程采用公开招标的方式确定承包商。按照《招标投标法》和《建筑法》的规定，建设单位编制了招标文件，并向当地的建设行政主管部门提出了招标申请，得到批准。建设单位依照有关招标投标程序进行公开招标。

由于该工程设计上比较复杂，根据当地建设局的建议，对参加投标单位的要求应不低于二级资质。

拟参加此次投标的五家单位中A、B、D单位为二级资质，C单位为三级资质，E单位为一级资质，而C单位的法定代表人是建设单位某主要领导的亲戚。

建设单位招标工作小组在资格预审时出现了分歧，正在犹豫不决时，C单位准备组成联合体投标，经C单位的法定代表人的私下活动，建设单位同意让C与A联合承包工程，并明确向A暗示，如果不接受这个投标方案，则该工程的中标将授予B单位。A单位为了中标，同意了与C组成联合体承包该工程。于是A和C联合投标获得成功，与建设单位签了合同，A与C也签订了联合承包工程的协议。

(2)问题：

1)简述公开招标的基本程序。

2)在上述招标过程中，作为该项目的建设单位其行为是否合法？为什么？

3)A和C组成投标联合体是否有效？为什么？

(3)分析：

1)公开招标的基本程序为：提出招标申请—由建设单位组成符合招标要求的招标班子—编制招标文件和标底—发布招标公告—投标单位报名申请投标—对投标单位进行资格预审—向合格的投标单位发招标文件及设计图纸—组织标前会议—踏勘现场，并对招标文件答疑—接受投标文件—召开开标会议—组织评标，决定中标单位—发出中标通知书—签订合同。

2)作为该项目的建设单位的行为不合法。因为作为建设单位，为了照顾某些个人关系，指使 A 和 C 强行联合，并最终排斥了 BDE 可能中标的机会，构成了不正当竞争，违反了《招标投标法》中关于不得强制投标人组成联合体共同投标，不得限制投标人之间竞争的强制性规定。

3)A 和 C 组成的投标联合体无效。根据联合体各方应符合相应资格条件，按照资质等级较低的单位资质作为联合体资质等级的规定，A 和 C 组成的联合体的资质等级应为三级，不符合招标对投标人资质等级的要求，所以是无效的。

【案例 2】
(1)背景：在某建筑工程施工公开招标中，有 ABCDEFGH 等施工单位报名投标，经招标代理机构资格预审合格，但建设单位以 A 单位是外地单位为由不同意其参加投标。评标委员会由 5 人组成，其中当地建设行政主管部门的招投标管理办公室主任 1 人，建设单位代表 1 人，随机抽取的技术经济专家 3 人。评标时发现，B 单位的投标报价明显低于其他单位报价且未能说明理由；D 单位投标报价大写金额小于小写金额；F 单位投标文件提供的施工方法为其自创，且未按原方案给出报价；H 单位投标文件中某分项工程的报价有个别漏项；其他单位投标文件均符合招标文件要求。

(2)问题：
1)A 单位是否有资格参加投标？为什么？
2)评标委员会的组成是否不妥？
3)BDFH 四家单位的标书是否为有效标？

(3)分析：
1)A 单位有资格参与投标。公开招标时不得以投标单位为外地企业为由拒绝，否则违反了"公开、公平和公正"原则。

2)招标办的主任不得参与到评标委员会中，且技术经济专家在评标委员会成员中只有 3/5，<2/3 的最低要求，不合法。

3)D、H 单位为有效标。B 单位涉嫌恶意竞标，而 F 单位没有对招标文件中的原方案进行报价，视为未响应招标文件要求，也应为废标。

【案例 3】
(1)背景：某承包商编制投标文件，将技术标和商务标分别封装，在封口处加盖本单位公章和项目经理签字后，在投标截止日期前 1 天上午将投标文件报送业主。次日(投标截至当天)下午，在规定开标时间前 1 小时，该承包商又递交了一份补充材料报送业主，声明将原报价降低 4%。但是，业主单位有关人员认为，根据国际上"一标一投"的惯例，一个承包商不得递交两份投标文件，因而拒收承包商的补充材料。

开标会在招标办的工作人员组织下召开，市公证处公证员到会，各投标单位代表到场。开标前，公证处人员对投标单位资质进行审查，并对所有投标文件进行审查，确认所有投标文件均有效后开标。

(2)问题：该项目投标过程中存在哪些问题？
(3)分析：
1)应由法定代表人签字盖章而不是项目经理签字。

2)投标截止之前的投标均应为有效投标文件,业主不应拒绝。
3)资格预审应在投标之前,而不是在开标会上。
4)不应由公证处人员审查资质。
5)开标会应由招标人组织而不是招标办组织。

【案例4】

(1)背景:原告:某省B建筑公司;被告:某省A房地产公司。2008年11月22日某省A房地产公司就一住宅建设项目进行公开招标,该省B建筑公司与其他三家建筑公司共同参加了投标。结果由B建筑公司中标。2008年12月14日,A房地产公司就该项工程建设向B建筑公司发出中标通知书,其中载明:工程建筑面积74 781平方米,中标价格8 000万元人民币,要求于12月25日签订工程承包合同,12月28日开工。中标通知书发出后,B建筑公司按A房地产公司的要求提出,为抓紧工期,应该先做好施工准备,后签工程合同。A房地产公司也就同意了这个意见。之后,B建筑公司进入了施工现场,平整了场地,将打桩桩架运入现场,并配合A房地产公司在12月28日打了两根桩,完成了项目的开工仪式。

但是,工程开工后,还没有等到正式签订承包合同,双方就因为对合同内容的意见不一发生了争议。A房产公司要求B建筑公司将工程中的一个专项工程分包给自己信赖的C公司,而B建筑公司以招标文件没有要求必须分包而拒绝。2009年3月1日,A房产公司明确函告B建筑公司:将"另行落实施工队伍"。

无可奈何的B建筑公司只得诉至工程所在地中级人民法院。在法庭上B建筑公司指出,A房地产公司既已发出中标通知书,就表明招投标过程中的要约已经承诺,按招投标文件和《建设工程施工合同(示范文本)》的有关规定,签订工程承包合同是A房地产公司的法定义务。因此,B建筑公司要求A房产公司继续履行合同,并赔偿损失560万元。但A房地产公司辩称:虽然已发了中标通知书,但这个文件并无合同效力,且双方的合同尚未签订,因此双方还不存在合同上的权利义务关系,A房地产公司有权另行确定合同相对人。

(2)问题:
1)投标行为的法律性质是什么?为什么?
2)发出中标通知书这一行为的法律性质是什么?为什么?
3)由于没有订立合同,双方都有一定损失,双方损失应当如何承担?为什么?

(3)分析:
1)投标行为的法律性质是要约。原因在于,招标行为符合要约的概念和条件。投标的内容具体明确,因为投标意味着对招标文件的接受,再加上投标文件的内容,可以确定合同的全部内容,因此,投标行为将使合同内容具体确定。同时,投标人表明一旦中标,将受投标文件约束,表现为中标后将按照投标文件订立合同,且往往以投标保证金作为保证,因此,也符合"表明经受要约人承诺,要约人即受该意思表示约束"这一条件。

2)发出中标通知书这一行为的法律性质是承诺。由于投标人投标的过程为要约,那么招标人在对各投标人的投标文件进行严格评审,确定某一投标人为中标人之后,向其发出的中标通知书即为对投标人要约的承诺。因为中标通知书的发出意味着招标人接受了投标人的投标文件,即中标通知书是受要约人(招标人)同意要约(投标文件)的意思表示。而投标文件又意味着对招标文件的接受,两者的内容构成了明确具体的合同内容。

3)由于没有订立合同,双方都有一定损失。《招标投标法》第45条规定:"中标通知书对招标人和中标人具有法律效力。中标通知书发出后，招标人改变中标结果的，或者中标人放弃中标项目的，应当依法承担法律责任。"第46条规定："招标人和中标人应当自中标通知书发出之日起30日内，按照招标文件和中标人的投标文件订立书面合同。"因此，如果双方最终没有签订合同，则应当有一方对此承担法律责任。

在正常的情况下，合同的内容都应当在招标文件和投标文件中体现出来。但是，在这一过程中，招标人处于主动地位，投标人只是按照招标文件的要求编制投标文件。如果投标文件不符合招标文件的要求，则应当是废标。因此，一旦出现招标文件和投标文件都没有约定合同内容的情况，应当属于招标文件的缺陷。此时的处理原则可以适用《合同法》第61条和62条的规定：第一，双方协议补充；第二，按照合同有关条款或者交易习惯确定；第三，适用《合同法》第62条的规定。

就本案而言，一般情况下，承包人(B建筑公司)应当自己完成发包的全部工作内容，承包的内容进行分包则为特殊情况；况且，我国立法并不鼓励发包人指定分包，因此，不进行分包是一般的理解。从另一角度看，一般情况下不进行分包是交易习惯，因此，如果A房地产公司拒绝签订合同则应当承担法律责任。

第二节 建设工程承包制度

一、建设工程总承包的规定

1. 建设工程承包制度

(1)设计采购施工。设计采购施工总承包是指工程总承包企业按照合同约定，承担工程项目的设计、采购、施工、试运行服务等工作，并对承包工程的质量、安全、工期、造价全面负责。交钥匙总承包是设计采购施工总承包业务和责任的延伸，最终是向建设单位提交一个满足使用功能、具备使用条件的工程项目。

(2)设计施工总承包。设计施工总承包是指工程总承包企业按照合同约定，承担工程项目设计和施工，并对承包工程的设计和施工的质量、安全、工期、造价负责。

(3)设计采购总承包。设计采购总承包是指工程总承包企业按照合同约定，承担工程项目设计和采购工作，并对工程项目设计和采购的质量、进度等负责。

(4)采购施工总承包。采购施工总承包是指工程总承包企业按照合同约定，承担工程项目的采购和施工，并对承包工程的采购和施工的质量、安全、工期、造价负责。

2. 总承包企业的资质管理

《建设工程勘察设计资质管理规定》规定，取得工程勘察、工程设计资质证书的企业，可以从事资质证书许可范围内相应的建设工程总承包业务。《建筑业企业资质管理规定》也规定，取得建筑业企业资质证书的企业，可以从事资质许可范围相应等级的建设工程总承包业务。

3. 工程总承包单位与工程项目管理

工程项目管理是指从事工程项目管理的企业受工程建设单位委托，按照合同约定，代表建设单位对工程项目的实施进行全过程或若干阶段的管理和服务。工程项目管理企业不直接从事该工程项目的勘察、设计、施工等，但可以按合同约定，协助业主与工程项目的总承包企业或勘察、设计、供货、施工等企业签订合同，并受业主委托监督合同的履行。

工程总承包单位可以接受建设单位委托，按照合同约定承担工程项目管理业务，但不应在同一个工程项目上同时承担工程总承包和工程项目管理业务，也不应与承担工程总承包或者工程项目管理业务的另一方企业有隶属关系或者其他利害关系。

4. 总承包单位的责任

《建筑法》规定，建筑工程总承包单位按照总承包合同的约定对建设单位负责；分包单位按照分包合同的约定对总承包单位负责。总承包单位和分包单位就分包工程对建设单位承担连带责任。

二、联合共同承包

共同承包是指由两个以上具备承包资格的单位共同组成非法人的联合体，以共同的名义对工程进行承包的行为。

在国际工程发承包活动中，由几个承包方组成联合体进行工程承包是一种通行的做法。

采用这种方式进行承包，至少有如下优越性：①利用各自优势进行联合投标可以减弱相互间的竞争，增加中标的机会；②减少承包风险，争取更大的利润；③有助于企业之间相互学习先进技术与管理经验，促进企业发展。

1. 联合共同承包的适用范围

《建筑法》规定，大型建筑工程或者结构复杂的工程，可以由两个以上的承包单位联合共同承包。

2. 联合共同承包的资质要求

《建筑法》规定，两个以上不同资质等级的单位实行联合共同承包的，应当按照资质等级低的单位的业务许可范围承揽工程。

3. 联合共同承包的责任

《招标投标法》规定，联合体中标的，联合体各方应当共同与招标人签订合同，就中标项目向招标人承包连带责任。《建筑法》也规定，共同承包的各方对承包合同的履行承担连带责任。

三、建设工程分包

1. 工程分包

工程分包是指工程承包单位将所承包工程中的部分工程或劳务分包分给其他工程承包单位完成的活动。工程施工分包可以分为专业工程分包与劳务作业分包：

（1）专业工程分包，是指施工总承包企业将其所承包工程中的专业工程发包给具有相应资质的其他建筑业企业完成的活动。

（2）劳务作业分包，是指施工总承包企业或者专业承包企业将其承包工程中的劳务作业发包给劳务分包企业完成的活动。

2. 分包工程的范围

《建筑法》规定，建筑工程总承包单位可以将承包工程的部分工程发包给具有相应资质条件的分包单位。禁止承包单位将其承包的全部建筑工程转包给他人，禁止承包单位将其承包的全部建筑工程肢解以后以分包的名义转包给他人。施工总承包的，建筑工程主体结构的施工必须由总承包单位自行完成。

《招标投标法》规定，中标人按照合同约定或者经招标人同意，可以将中标项目的部分非主体、非关键性工作分包给他人完成。中标人不得向他人转让中标项目，也不得将中标项目肢解后分别向他人转让。

分包工程发包人可以就分包合同的履行，要求分包工程承包人提供分包工程履约担保；分包工程承包人在提供担保后，要求分包工程发包人同时提供分包工程付款担保的，分包工程发包人应当提供。

3. 分包单位应具备的条件

《建筑法》规定，建筑工程总承包单位可以将承包工程的部分工程发包给具有相应资质条件的发包单位；但是除总承包合同中约定的分包外，必须经建设单位认可。禁止总承包单位将工程分包给不具备相应资质条件的单位。

总承包单位如果要将所承包的工程再分包给他人，应当告知建设单位并取得认可。这种认可应通过两种方式：

(1)在总承包合同中规定分包的内容。

(2)在总承包合同中没有规定分包内容的，应当事先征得建设单位的同意。但是，劳务作业分包由劳务作业承包人通过劳务合同约定，可不经建设单位认可。

4. 分包单位不得再分包

《建筑法》规定，禁止分包单位将其承包的工程再分包。

5. 不得转包和违法分包

违法分包是指以下行为：

(1)总承包单位将建设工程分包给不具备相应资质条件的单位。

(2)建设工程总承包合同中未有约定，又未经建设单位认可，承包单位将其承包的部分建设工程交由其他单位完成。

(3)施工总承包单位将建设工程主体结构的施工分包给其他单位。

(4)分包单位将其承包的建设工程再分包的。

转包是指承包单位承包建设工程后，不履行合同约定的责任和义务，将其承包的全部建设工程转给他人或者将其承包的全部建筑工程肢解以后以分包的名义分包给其他单位承包的行为。

6. 分包单位应承担的责任

《建筑法》规定，建筑工程总承包单位按照总承包合同的约定对建设单位负责；分包单位按照分包合同的约定对总承包单位负责。总承包单位和分包单位就分包工程对建设单位承担连带责任。

四、违法行为应承担的法律责任

1. 发包单位违法行为应承担的法律责任

《建筑法》规定，发包单位将工程发包给不具有相应资质的成包单位，或者违反本法规定将建筑工程肢解发包，责令改正，处以罚款。

2. 承包单位违法行为应承担的法律责任

《建筑法》规定,超过本单位资质等级承揽工程,责令停止违法行为,处以罚款,可以责令停止整顿,降低资质等级;情节严重,吊销资质证书;有违法所得的予以没收。未取得资质证书承揽工程,予以取缔,并处罚款;有违法所得,予以没收。

3. 其他相关法律责任

《建筑法》规定,在工程发包与承包中索贿、受贿、行贿,构成犯罪,依法追究刑事责任;不构成犯罪,分别处以罚款,没收贿赂的财物,对直接负责的主管人员和其他直接责任人员给予处罚。对在工程承包中行贿的承包单位,除依照以上规定处罚外,可以责令停业整顿,降低资质等级或者吊销资质证书。

【案例1】

(1)背景:兰太公司与鑫蓝公司建设工程施工合同纠纷案。2014年5月6日,兰太实业有限责任公司(以下简称兰太公司)与鑫蓝建筑公司(以下简称鑫蓝公司)签订了建设工程施工合同。由鑫蓝公司承建兰太公司名下的多功能酒店式公寓。为确保工程质量优良,兰太公司与天意监理公司(以下简称天意公司)签订了建设工程监理合同。合同签订后,鑫蓝公司如期开工。但开工仅几天,天意公司监理工程师就发现施工现场管理混乱,遂当即要求鑫蓝公司改正。一个多月后,天意公司监理工程师和兰太公司派驻工地代表又发现工程质量存在严重问题。天意公司监理工程师当即要求鑫蓝公司停工。令兰太公司不解的是,鑫蓝公司明明是当地最具实力的建筑企业,所承建的工程多数质量优良,却为何在这项施工中出现上述问题?经过认真、细致的调查,兰太公司和天意公司终于弄清了事实真相。原来,兰太公司虽然是与鑫蓝公司签订的建设工程合同,但实际施工人是当地的一支没有资质的农民施工队(以下简称施工队)。施工队为了承揽建筑工程,挂靠于有资质的鑫蓝公司。为了规避相关法律、法规关于禁止挂靠的规定,该施工队与鑫蓝公司签订了所谓的联营协议。协议约定,施工队可以借用鑫蓝公司的营业执照和公章,以鑫蓝公司的名义对外签订建设工程合同;合同签订后,由施工队负责施工,鑫蓝公司对工程不进行任何管理,不承担任何责任,只提取工程价款5%的管理费。兰太公司签施工合同时,见对方(实际是施工队的负责人)持有鑫蓝公司的营业执照和公章,便深信不疑,因而导致了上述结果。兰太公司认为鑫蓝公司的行为严重违反了诚实信用原则和相关法律规定,双方所签订的建设工程合同应为无效,要求终止履行合同。但鑫蓝公司则认为虽然是施工队实际施工,但合同是兰太公司与鑫蓝公司签订的,是双方真实意思的表示,合法有效,双方均应继续履行合同;而且,继续由施工队施工,本公司加强对施工队的管理。对此,兰太公司坚持认为鑫蓝公司的行为已导致合同无效,而且本公司已失去了对其的信任,所以坚决要求终止合同的履行。双方未能达成一致意见,兰太公司遂诉至法院。

(2)法院判决:法院经审理查明后认为,被告鑫蓝公司与没有资质的某农民施工队假联营真挂靠,并出借营业执照、公章给施工队与原告签订合同的行为违反了我国《建筑法》《合同法》等相关法律规定,原告兰太公司与被告鑫蓝公司签订的建设工程合同应当认定无效。

(3)案例分析:案例认定建设工程施工合同无效的基本依据是《合同法》第52条第5项的规定,即"违反法律、行政法规的强制性规定的合同无效"。"行为人具有相应的民事行为能力;意思表示真实;不违反法律和社会公共利益"是合同生效的一般要件,同样也是衡量建设工程施工合同是否生效的基本标准。基于建设工程施工合同的复杂性以及对社会的重要性，依照法律、行政法规，建设工程施工合同的生效对合同主体要求有具体规定，其中建设工程施工合同的承包人应具有承包工程的施工资质。《建筑法》第26条第2款规定："禁止建筑施工企业超越本企业资质等级许可的业务范围或者以任何形式用其他建筑施工企业的名义承揽工程。禁止建筑施工企业以任何形式允许其他单位或者个人使用本企业的资质证书、营业执照，以本企业的名义承揽工程。"《最高人民法院关于审理建设工程施工合同纠纷案件适用法律问题的解释》第1条第(一)、(二)项规定"承包人未取得建筑施工企业资质或者超越资质等级的；没有资质的实际施工人借用有资质的建筑施工企业名义的，建设工程施工合同无效。"最高人民法院《关于适用〈中华人民共和国合同法〉若干问题的解释(一)》第4条规定，合同法实施以后，人民法院应当以全国人大及其常委会制定的法律和国务院制定的行政法规为依据确认合同效力。根据《建筑法》，建筑企业应当按其资质能力从事承建的经营活动，超越本企业资质或没有资质借用有资质建筑企业名义的合同无效。很明显，上述案件中的建筑施工合同当然无效。

【案例2】

（1）背景：2015年4月，被告某建筑公司从某新农村投资建设有限公司处承包一集中居住区建筑工程后，将该工程承包给无施工资质的被告杨某，杨某又将该工程混凝土浇筑、砌筑、内外粉刷等项目分包给无施工资质的原告夏某。夏某按约进行了施工。2016年4月，原告夏某因追要工程欠款以及工人工伤赔偿等事宜与被告发生矛盾告上法庭。

（2）法院判决：本案中没有证据证明杨某系被告建筑公司的工作人员，故表明被告杨某相对于建筑公司系实际施工人。杨某又将部分工程分包给原告夏某，原告相对于杨某系实际施工人。因原告及被告杨某均无施工资质，且分包行为违反法律法规强制性规定，故原、被告之间的合同系无效合同，但原告已按合同约定完成了施工任务，并已确定了工程价款。实际施工人要求参照合同约定支付工程款的，法院应予支持。据此，法院判决被告杨某给付原告工程欠款332 961元，被告建筑公司承担连带责任。

（3）案例分析：第一，我国对从事建筑活动的建设工程企业实行资质等级许可制度。《建筑法》第13条规定："从事建筑活动的建筑施工企业、勘察单位、设计单位和工程监理单位，按照其拥有的注册资本、专业技术人员、技术装备和已完成的建筑工程业绩等资质条件，划分为不同的资质等级，经资质审查合格，取得相应等级的资质证书后，方可在其资质等级许可的范围内从事建筑活动。"因此，承包建筑工程的单位首先应当持有依法取得的资质证书、并在其资质等级许可的业务范围内承揽工程。其次，违法分包建设工程应承担连带责任。我国《合同法》第272条规定："……承包人不得将其承包的全部建设工程转包给第三人或者将其承包的全部建设工程肢解以后以分包的名义分别转包给第三人。禁止承包人将工程分包给不具备相应资质条件的单位。禁止分包单位将其承包的工程再分包。建设工程主体结构的施工必须由承包人自行完成。"总承包人明知建筑施工承包人没有相应的资质，具有过错，应当承担连带责任。再次，当前建筑业领域资质挂靠、非法转包等现象问题突出。一些资质较低甚至没有资质的建筑企业、工程队乃至个人，挂靠具有较高建筑资质的企业，参与竞标并成功竞标现象比较常见。尽管法律法规对建设工程分包有严格的限制，但在实际运作中，具有相应资质的建筑公司在中标后，往往将工程分包或转包给资质较低或没有资质的建筑企业、工程队甚至个人。此类现象，轻则影响工程质量，重则关系民生安全，比如工程款纠纷往往涉及拖欠农民工工资等问题，处理不当易影响民生及社会稳定，需引起重视和加强综合治理。

本章练习题

1. 依据《工程建设项目招标范围和规模标准规定》，施工单项合同估算价（　　）万元人民币以上的工程建设项目，必须进行招标。
   A. 50　　　　　　B. 100　　　　　　C. 200　　　　　　D. 500

2. 《招标投标法》规定的招标方式是（　　）。
   A. 公开招标、邀请招标和议标
   B. 公开招标和议标
   C. 邀请招标和议标
   D. 公开招标和邀请招标

3. 公用事业建设项目勘察、设计、监理等服务的采购，当单项合同估算价最低达到（　　）万元人民币以上时，根据相关规定，该项目就必须招标。
   A. 50　　　　　　B. 100　　　　　　C. 200　　　　　　D. 300

4. 甲设计单位自行研发的异型特征结构设计技术获得国家专利，乙建设单位投资700万元建设某一必须使用该专利技术的旅游项目。则对该项目设计任务的发包方式表述正确的是（　　）。
   A. 因施工合同估算价超过200万元，故必须公开招标
   B. 采用特定的专利技术，经有关主管部门批准后可以直接发包
   C. 关系社会公共利益的项目，即使采用特定的专利技术也不能直接发包
   D. 若其设计费超过50万元必须公开招标

5. 根据《招标投标法》的规定，下列施工项目不属于必须招标范围的是（　　）。
   A. 企业投资的体育场
   B. 企业投资的廉租住房
   C. 企业投资的商品住房
   D. 在资质等级许可范围内施工企业建设的自用办公楼

6. 开标应当在招标文件确定的提交投标文件截止时间的（　　）进行。
   A. 当天公开
   B. 当天不公开
   C. 同一时间公开
   D. 同一时间不公开

7. 《招标投标法》规定，投标文件有（　　）情形，招标人不予受理。
   A. 逾期送达的
   B. 未送达指定地点的
   C. 未按规定格式填写的
   D. 无单位盖章并无法定代表人或法定代表人授权的代理人签字或盖章的
   E. 未按招标文件要求密封的

8. 某政府工程项目进行施工招标，在招标过程中对所有的投标人进行资格预审。资格预审主要侧重于对投标人的（　　）能力进行预审查。
   A. 订立合同　　　B. 履行合同　　　C. 民主管理　　　D. 带资施工

9. 某招标人2005年4月1日向中标人发出了中标通知书，根据相关法律规定，招标人和投标人应在（　　）前按照招标文件和中标人的投标文件订立书面合同。
   A. 2005年4月15日
   B. 2005年5月1日

C. 2005年5月15日　　　　　　　　D. 2005年6月1日

10. 某一般项目的评标委员会组成如下：招标人代表2名，建设行政监督部门代表2名，技术、经济方面专家4人，招标人直接指定的技术专家1人。下列关于评标委员会人员组成的说法正确的是（　　）。
    A. 不应该包括建设行政监督部门代表　　B. 不应包括招标人代表
    C. 技术、经济方面的专家所占比例偏低　　D. 招标人代表比例偏低
    E. 招标人可以直接指定专家

11. 同一专业的单位组成联合体投标，按照（　　）单位确定资质等级。
    A. 资质等级较高的　　　　　　　　B. 资质等级较低的
    C. 联合体主办者的　　　　　　　　D. 承担主要任务的

12. 同专业的甲、乙、丙三家施工单位通过合同约定实行联合承包。三个施工单位的资格等级依次为施工总承包二级、一级和特级。根据相关法律规定，该联合体应当按照（　　）的资质等级许可范围承揽工程。
    A. 甲施工单位　　　　　　　　　　B. 乙施工单位
    C. 丙施工单位　　　　　　　　　　D. 三家内部约定

13. 下列情形中，投标人已提交的投标保证金不予返还的是（　　）。
    A. 在提交投标文件截止日后撤回投标文件的
    B. 提交投标文件后，在投标截止到日前表示放弃投标的
    C. 开标后被要求对其投标文件进行澄清的
    D. 评标期间招标人通知延长投标有效期，投标人拒绝延长的

14. 下列属于投标人之间串通投标的行为有（　　）。
    A. 投标者之间相互约定，一致抬高或者压低投标价
    B. 投标者之间相互约定，在招标项目中轮流以低价位中标
    C. 两个以上的投标者签订共同投标协议，以一个投标人的身份共同投标
    D. 投标者借用其他企业的资质证书参加投标
    E. 投标者之间进行内部竞价，内定中标人，然后参加投标

15. 下列关于招投标程序的说法，正确的有（　　）。
    A. 开标在投标截止日后进行
    B. 招标人在投标截止到日前收到的所有投标文件，开标时都应当当众予以拆封、宣读
    C. 评标应当在严格保密的情况下进行
    D. 评标委员会经评审，认为所有投标都不符合招标文件要求的，可以否决所有投标
    E. 招标人仅向中标人发出中标通知书，不必通知未中标的投标人

16. 下列关于总承包单位和分包单位承担责任的表述，正确的是（　　）。
    A. 分包单位按照分包合同的约定仅对总承包单位负责
    B. 分包单位按照分包合同的约定仅对建设单位负责
    C. 总承包单位和分包单位就分包工程对建设单位承担连带责任
    D. 总承包单位按照总承包合同的约定对建设单位负责
    E. 总承包单位和分包单位对建设单位各自承担责任

17. 关于分包工程发生质量、安全、进度等问题给建设单位造成损失的责任承担说法，下列选项正确的是(　　)。
   A. 分包单位只对总承包单位负责
   B. 建设单位与分包单位无合同关系，无权向分包单位主张权利
   C. 建设单位只能向给其造成损失的分包单位主张权利
   D. 总承包单位承担的责任超过其应承担份额的，有权向分包单位追偿

18. 当分包工程发生安全事故给建设单位造成损失时，关于责任承担的说法，正确的是(　　)。
   A. 建设单位可以要求分包单位和总承包单位承担无限连带责任
   B. 建设单位与分包单位无合同关系，无权向分包单位主张权利
   C. 总承包单位承担责任超过其应承担份额的，有权向有责任的分包单位追偿
   D. 分包单位只对总承包单位承担责任

19. 某施工合同中约定设备由施工企业自行采购。施工期间，建设单位要求施工企业购买某品牌设备，理由是该品牌设备的生产商与建设单位有长期合作关系，关于本案中施工企业的行为，正确的是(　　)。
   A. 施工企业应同意建设单位自行采购
   B. 设计单位提出此要求，施工企业就必须接受
   C. 建设单位以书面形式提出要求，施工企业就必须接受
   D. 施工企业可拒绝建设单位的要求

20. 建设工程发承包，《建筑法》作出禁止规定的有(　　)。
   A. 将建筑工程肢解发包
   B. 承包人将其承包的建筑工程分包他人
   C. 承包人超越本企业资质等级许可的业务范围承揽工程
   D. 分包人将其承包的工程再分包
   E. 两个不同资质等级的单位联合共同承包

21. 甲施工单位(总承包单位)将部分非主体工程分包给具有相应资质条件的乙施工单位且已征得建设单位同意。下面关于该分包行为的说法正确的是(　　)。
   A. 甲公司必须报上级主管部门批准备案
   B. 甲公司就分包工程质量和安全对建设单位承担连带责任
   C. 乙公司应按照分包合同的约定对甲公司负责
   D. 建设单位必须与乙公司重新订分包合同
   E. 建设单位必须重新为分包工程办理施工许可证

22. 根据《全国建筑市场各主体不良行为记录认定标准》，属于工程质量不良行为的有(　　)。
   A. 允许其他单位或个人以本单位名义承揽工程
   B. 将承揽的工程转包或违法分包
   C. 施工前未对有关安全施工的技术要求做出详细说明的
   D. 未按照节能设计进行施工
   E. 履行保修义务或拖延履行保修义务的

23. 施工企业承揽业务不良行为的认定标准有( )。
    A. 以他人名义投标或以其他方式弄虚作假,骗取中标的
    B. 以欺骗手段取得资质证书的
    C. 将承包的工程转包或违法分包的
    D. 以向评标委员会成员行贿的手段谋取中标的
    E. 工程竣工验收后,不向建设单位出具质量保修书

第四章 建设工程合同制度

本章学习要求

掌握合同订立的基本原则,合同的分类,合同的主要内容,无效合同和效力待定合同的规定,建设工程合同的种类、内容、违约责任及处理。了解建设工程示范文本的作用。认真体会本章案例,将理论与实践相结合。

本章学习重点及难点

合同成立的条件、合同生效的条件,要约邀请、要约、承诺的概念,要约邀请、要约、承诺的撤回及撤销,无效合同和效力待定合同的判定及法律后果。建设工程施工合同的主要内容、违约责任及处理方式。

第一节 合同法基本知识

一、合同的法律特征

《合同法》规定,合同是平等主体的自然人、法人、其他组织之间设立、变更、终止民事权利义务关系的协议。

合同具有以下法律特征:

(1)合同是一种法律行为。

(2)合同的当事人法律地位一律平等,双方自愿协商,任何一方不得将自己的观点、主张强加给另一方。

(3)合同的目的性在于设立、变更、终止民事权利义务关系。

(4)合同的成立必须有两个以上当事人;两个以上当事人不仅作出意思表示,而且意思表示是一致的。

二、合同的订立原则

合同的订立,应当遵循平等原则、自愿原则、公平原则、诚实信用原则、合法原则等。

1. 平等原则

《合同法》规定,合同当事人的法律地位平等,一方不得将自己的意志强加给另一方。这一原则包括三方面的内容:

(1)合同当事人的法律地位一律平等。不论所有制性质、单位大小和经济实力强弱,其法律地位都是平等的。

(2)合同中的权利义务对等。就是说,享有权利的同时就应当承担义务,而且彼此的权利、义务是对等的。

(3)合同当事人必须就合同条款充分协商,在互利互惠基础上取得一致,合同方能成立。任何一方都不得将自己的意志强加给另一方,更不得以强迫命令、胁迫等手段签订合同。

2. 自愿原则

《合同法》规定,当事人依法享有自愿订立合同的权利,任何单位和个人不得非法干预。自愿原则体现了民事活动的基本特征,是民事法律关系区别于行政法律关系、刑事法律关系的特有原则。自愿原则贯穿于合同活动的全过程,包括订不订立合同自愿,与谁订立合同自愿,合同内容由当事人在不违法的情况下自愿约定,在合同履行过程中当事人可以协议补充、协议变更有关内容,双方也可以协议解除合同,可以约定违约责任,以及自愿选择解决争议的方式。总之,只要不违背法律、行政法规强制性的规定,合同当事人有权自愿决定,任何单位和个人不得非法干预。

3. 公平原则

《合同法》规定,当事人应当遵循公平原则确定各方的权利和义务。公平原则主要包括:

(1)订立合同时,要根据公平原则确定双方的权利和义务,不得欺诈,不得假借订立合同恶意进行磋商。

(2)根据公平原则确定风险的合理分配。

(3)根据公平原则确定违约责任。公平原则作为合同当事人的行为准则,可以防止当事人滥用权利,保护当事人的合法权益,维护和平衡当事人之间的利益。

4. 诚实信用原则

《合同法》规定,当事人行使权利、履行义务应当遵循诚实信用原则。诚实信用原则主要包括:

(1)订立合同时,不得有欺诈或其他违背诚实信用的行为。

(2)履行合同义务时,当事人应当根据合同的性质、目的和交易习惯,履行及时通知、协助、提供必要条件、防止损失扩大、保密等义务。

(3)合同终止后,当事人应当根据交易习惯,履行通知、协助、保密等义务,也称为后契约义务。

5. 合法原则

《合同法》规定,当事人订立、履行合同,应当遵守法律和行政法规,尊重社会公德,不得扰乱社会经济秩序,损害社会公共利益。

合同的订立和履行,属于合同当事人之间的民事权利义务关系,只要当事人的意思不与法律规范、社会公共利益和社会公德相抵触,即承认合同的法律效力。但是,合同绝不仅仅是当事人之间的问题,有时可能会涉及社会公共利益、社会公德和经济秩序。为此,对于损害社会公共利益、扰乱社会经济秩序的行为,国家应当予以干预。但是,这种干预要依法进行,由法律、行政法规作出规定。

三、合同的分类

合同的分类是指按照一定的标准,将合同划分成不同的类型。

1. 有名合同与无名合同

根据法律是否明文规定了一定合同的名称，可以将合同分为有名合同与无名合同。有名合同（又称典型合同），是指法律上已经确定了一定的名称及具体规则的合同。

《合同法》中所规定的15类合同，都属于有名合同，如建设工程合同等。无名合同（又称非典型合同），是指法律上尚未确定一定的名称与规则的合同。合同当事人可以自由决定合同的内容，即使当事人订立的合同不属于有名合同的范围，只要不违背法律的禁止性规定和社会公共利益，仍然是有效的。

有名合同与无名合同的区分意义，主要在于两者适用的法律规则不同。对于有名合同，应当直接适用《合同法》的相关规定，如建设工程合同直接适用《合同法》第16章的规定；对于无名合同，《合同法》规定："本法分则或其他法律没有明确规定的合同，适用本法总则的规定，并可以参照本法分则或其他法律最相类似的规定。"因此，无名合同首先应当适用《合同法》的一般规则，然后可比照最相类似的有名合同的规则确定合同效力、当事人权利义务等。

2. 双务合同与单务合同

根据合同当事人是否互相负有给付义务，可以将合同分为双务合同和单务合同。双务合同，是指当事人双方互负对待给付义务的合同，即双方当事人互享债权、互负债务，一方的合同权利正好是对方的合同义务，彼此形成对价关系。例如，建设工程施工合同中，承包人有获得工程价款的权利，而发包人则有按约支付工程价款的义务。大部分合同都是双务合同。

单务合同，是指合同当事人中仅有一方负担义务，而另一方只享有合同权利的合同。例如，在赠予合同中，受赠人享有接受赠予物的权利，但不负担任何义务。无偿委托合同、无偿保管合同均属于单务合同。

3. 诺成合同与实践合同

根据合同的成立是否需要交付标的物，可以将合同分为诺成合同和实践合同。诺成合同（又称不要物合同），是指当事人双方意思表示一致就可以成立的合同。大多数的合同都属于诺成合同，如建设工程合同、买卖合同、租赁合同等。实践合同（又称要物合同），是指除当事人双方意思表示一致以外，尚须交付标的物才能成立的合同，如保管合同。

4. 要式合同与不要式合同

根据法律对合同的形式是否有特定要求，可以将合同分为要式合同与不要式合同。要式合同，是指根据法律规定必须采取特定形式的合同。如《合同法》规定，建设工程合同应当采用书面形式。不要式合同，是指当事人订立的合同依法并不需要采取特定的形式，当事人可以采取口头方式，也可以采取书面形式或其他形式。

要式合同与不要式合同的区别，实际上是一个关于合同成立与生效的条件问题。如果法律规定某种合同必须经过批准或登记才能生效，则合同未经批准或登记便不生效；如果法律规定某种合同必须采用书面形式才成立，则当事人未采用书面形式时合同便不成立。

5. 有偿合同与无偿合同

根据合同当事人之间的权利义务是否存在对价关系，可以将合同分为有偿合同与无偿合同。有偿合同，是指一方通过履行合同义务而给对方某种利益，对方要得到该利益必须支付相应代价的合同，如建设工程合同等。无偿合同，是指一方给付对方某种利益，对方取得该利益时并不支付任何代价的合同，如赠予合同等。

6. 主合同与从合同

根据合同相互间的主从关系，可以将合同分为主合同与从合同。主合同是指能够独立存在的合同；依附于主合同方能存在的合同为从合同。例如，发包人与承包人签订的建设工程施工合同为主合同，为确保该主合同的履行，发包人与承包人签订的履约保证合同为从合同。

四、建设工程合同

《合同法》规定，建设工程合同是承包人进行工程建设，发包人支付价款的合同。建设工程合同实质上是一种特殊的承揽合同。《合同法》第16章"建设工程合同"中规定："本章没有规定的，适用承揽合同的有关规定。"建设工程合同可分为建设工程勘察合同、建设工程设计合同、建设工程施工合同。建设工程施工合同是建设工程合同中的重要部分，是指施工人（承包人）根据发包人的委托，完成建设工程项目的施工工作，发包人接受工作成果并支付报酬的合同。施工合同的内容包括工程范围、建设工期、中间交工工程的开工和竣工时间、工程质量、工程造价、技术资料交付时间、材料和设备供应责任、拨款和结算、竣工验收、质量保修范围和质量保证期、双方相互协作等条款。

五、合同的要约与承诺

1. 要约

《合同法》规定，要约是希望和他人订立合同的意思表示。发出要约的人称为要约人，接受要约的人称为受要约人。要约是订立合同的必经阶段，不经过要约，合同是不可能成立的。

要约是希望和他人订立合同的意思表示，该意思表示应当符合下列规定：

(1)内容具体确定。所谓具体，是指要约的内容须具有足以使合同成立的主要条款。如果没有包含合同的主要条款，受要约人难以作出承诺，即使作出了承诺，也会因为双方的这种合意不具备合同的主要条款而使合同不能成立。所谓确定，是指要约的内容须明确，不能含混不清，否则无法承诺。

(2)表明经受要约人承诺，要约人即受该意思表示约束。要约须具有订立合同的意图，表明一经受要约人承诺，要约人即受该意思表示的约束。要约为表达希望与他人订立合同的一种意思表达，其内容已经包含了可以得到履行的合同成立所需要具备的基本条件。

2. 要约邀请

《合同法》规定，要约邀请是希望他人向自己发出要约的意思表示。寄送的价目表、拍卖公告、招标公告、招股说明书、商业广告等为要约邀请。要约邀请可以是向特定人发出，也可以是向不特定的人发出。要约邀请只是邀请他人向自己发出要约，如果自己承诺才成立合同。因此，要约邀请处于合同的准备阶段，没有法律约束力。在建设工程招标投标活动中，招标文件是要约邀请，对招标人不具有法律约束力；投标文件是要约，应受自己作出的与他人订立合同的意思表示的约束。

3. 要约的法律效力

《合同法》规定，要约到达受要约人时生效。如投标人向招标人发出的投标文件，自到达招标人时起生效。要约的有效期间由要约人在要约中规定。要约人如果在要约中定有存续期间，受要约人必须在此期间内承诺。要约可以撤回，但撤回要约的通知应当在要约到达受要约人之前或者与要约同时到达受要约人。要约可以撤销，但撤销要约的通知应当在受要约人发出承诺通知之前到达受要约人。有下列情形之一的，要约不得撤销：

(1)要约人确定承诺期限或者以其他形式明示要约不可撤销。

(2)受要约人有理由认为要约是不可撤销的，并已经为履行合同作了准备工作。

4. 承诺

《合同法》规定，承诺是受要约人同意要约的意思表示。如招标人向投标人发出的中标通知书，是承诺。

(1)承诺的方式。承诺应当以通知的方式作出，但根据交易习惯或者要约表明可以通过行为作出承诺的除外。这里的行为通常是履行行为，如预付价款、工地上开始工作等。

(2)承诺的生效。承诺通知到达要约人时生效。承诺不需要通知的，根据交易习惯或者要约的要求作出承诺的行为时生效。

(3)承诺的内容。承诺的内容应当与要约的内容一致。受要约人对要约的内容作出实质性变更的，为新要约。有关合同标的、数量、质量、价款或者报酬、履行期限、履行地点和方式、违约责任和解决争议方法等的变更，是对要约内容的实质性变更。

【案例】

(1)背景：甲建筑公司(以下简称甲公司)拟向乙建材公司(以下简称乙公司)购买一批钢材。双方经过口头协商，约定购买钢材100吨，单价每吨3 500元人民币，并拟订了准备签字盖章的买卖合同文本。乙公司签字盖章后，交给了甲公司准备签字盖章。由于施工进度紧张，在甲公司催促下，乙公司在未收到甲公司签字盖章的合同文本情形下，将100吨钢材送到甲公司工地现场。甲公司接收了并投入工程使用。后因拖欠货款，双方产生纠纷。

(2)问题：甲、乙公司的买卖合同是否成立？

(3)分析：《合同法》第32条规定："当事人采用合同书形式订立合同的，自双方当事人签字或者盖章时合同成立。"第37条还规定："采用合同书形式订立合同，在签字或者盖章之前，当事人一方已经履行主要义务，对方接受的，该合同成立。"双方当事人在合同中签字盖章十分重要。如果没有双方当事人的签字盖章，就不能最终确认当事人对合同的内容协商一致，也难以证明合同的成立有效。但是，双方当事人的签字盖章仅是形式问题。如果一个以书面形式订立的合同已经履行，仅仅是没有签字盖章，就认定合同不成立，则违背了当事人的真实意思。当事人既然已经履行，合同当然依法成立。

六、建设工程施工合同的法定形式和内容

1. 建设工程施工合同的法定形式

《合同法》规定，当事人订立合同，有书面形式、口头形式和其他形式。法律、行政法规规定采用书面形式的，应当采用书面形式。当事人约定采用书面形式的，应当采用书面

形式。书面形式合同的内容明确，有据可查，对于防止和解决争议有积极意义。口头形式合同具有直接、简便、快速的特点，但缺乏凭证，一旦发生争议，难以取证，且不易分清责任。其他形式合同，可以根据当事人的行为或者特定情形推定合同的成立，也可以称之为默示合同，《合同法》明确规定，建设工程合同应当采用书面形式。

2. 合同的内容

合同当事人的权利、义务，除法律规定的以外，主要由合同的条款确定。合同的内容由当事人约定，一般包括以下条款：

(1)当事人的名称或者姓名和住所。这是合同必备的条款，要把各方当事人的名称或者姓名和住所都规定准确、清楚。

(2)标的。合同的种类很多，合同的标的也多种多样：

1)有形财产，指具有价值和使用价值并且法律允许流通的有形物。

2)无形财产，指具有价值和使用价值并且法律允许流通的不以实物形态存在的智力成果，如商标、专利、著作权、技术秘密等。

3)劳务，指不以有形财产体现其成果的劳动与服务，如运输合同中承运人的运输行为。

4)工作成果，指在合同履行过程中产生的、体现履约行为的有形物或者无形物，如承包人完成的建设工程项目。

(3)数量。数量是合同的重要条款。一般而言，合同的数量要准确，选择使用共同接受的计量单位、计量方法和计量工具。

(4)质量。合同中应当对质量问题尽可能规定细致、准确和清楚。国家有强制性标准的，必须按照强制性标准执行。当事人可以约定质量检验方法、质量责任期限和条件、对质量提出异议的条件与期限等。

(5)价款或者报酬。价款或者报酬，是指一方当事人向对方当事人所付代价的货币支付。在合同中，应当规定清楚计算价款或者报酬的方法。

(6)履行期限、地点和方式。履行期限，是指合同中约定的当事人履行自己的义务，如交付标的物、价款或者报酬，履行劳务、完成工作的时间界限等。履行地点，是指当事人履行合同义务和对方当事人接受履行的地点。履行地点是在发生纠纷后确定由哪一地法院管辖的依据。履行方式，是指当事人履行合同义务的具体做法。不同的合同决定了履行方式的差异。

(7)违约责任。违约责任，是指当事人一方或者双方不履行合同或者不适当履行合同，依照法律规定或者合同约定应当承担的法律责任。为了保证合同义务的严格履行，及时解决合同纠纷，可以在合同中约定定金、违约金、赔偿金额以及赔偿金的计算方法等。

(8)解决争议的方法。解决争议的方法，是指合同争议的解决途径，对合同条款发生争议时的解释以及法律适用等。解决争议的途径主要有：①双方协商和解；②第三人调解；③仲裁；④诉讼。当事人可以约定解决争议的方法，如若通过诉讼解决争议则不用约定。当事人在合同中特别约定的条款，也作为合同的主要条款。

第二节　建设工程施工合同

一、建设工程施工合同的内容

《合同法》规定，施工合同的内容包括工程范围、建设工期、中间交工工程的开工和竣工时间、工程质量、工程造价、技术资料交付时间、材料和设备供应责任、拨款和结算、竣工验收、质量保修范围和质量保证期、双方相互协作等条款。

(1)工程范围。工程范围是指施工的界区，是施工人进行施工的工作范围。

(2)建设工期。建设工期是指施工人完成施工任务的期限。在实践中，有的发包人常常要求缩短工期，施工人为了赶进度，往往导致严重的工程质量问题。因此，为了保证工程质量，双方当事人应当在施工合同中确定合理的建设工期。

(3)中间交工工程的开工和竣工时间。中间交工工程是指施工过程中的阶段性工程。为了保证工程各阶段的交接，顺利完成工程建设，当事人应当明确中间交工工程的开工和竣工时间。

(4)工程质量。工程质量条款是明确施工人施工要求，确定施工人责任的依据。施工人必须按照工程设计图纸和施工技术标准施工，不得擅自修改工程设计，不得偷工减料。发包人也不得明示或者暗示施工人违反工程建设强制性标准，降低建设工程质量。

(5)工程造价。工程造价是指进行工程建设所需的全部费用，包括人工费、材料费、施工机械使用费、措施费等。在实践中，有的发包人为了获得更多的利益，往往压低工程造价，而施工人为了盈利或不亏本，不得不偷工减料、以次充好，结果导致工程质量不合格，甚至造成严重的工程质量事故。因此，为了保证工程质量，双方当事人应当合理确定工程造价。

(6)技术资料交付时间。技术资料主要是指勘察、设计文件以及其他施工人据以施工所必需的基础资料。当事人应当在施工合同中明确技术资料的交付时间。

(7)材料和设备供应责任。材料和设备供应责任，是指由哪一方当事人提供工程所需材料设备及其应承担的责任。材料和设备可以由发包人负责提供，也可以由施工人负责采购。如果按照合同约定由发包人负责采购建筑材料、构配件和设备的，发包人应当保证建筑材料、构配件和设备符合设计文件和合同要求。施工人则须按照工程设计要求、施工技术标准和合同约定，对建筑材料、构配件和设备进行检验。

(8)拨款和结算。拨款是指工程款的拨付。结算是指施工人按照合同约定和已完工程量向发包人办理工程款的清算。拨款和结算条款是施工人请求发包人支付工程款和报酬的依据。

(9)竣工验收。竣工验收条款一般应当包括验收范围与内容、验收标准与依据、验收人员组成、验收方式和日期等内容。

(10)质量保修范围和质量保证期。建设工程质量保修范围和质量保证期，应当按照《建设工程质量管理条例》的规定执行。

(11)双方相互协作条款。双方相互协作条款一般包括双方当事人在施工前的准备工作，施工人及时向发包人提出开工通知书、施工进度报告书、对发包人的监督检查提供必要协助等。

二、建设工程施工合同发承包双方的主要义务

1. 发包人的主要义务

(1)不得违法发包。《合同法》规定，发包人不得将应当由一个承包人完成的建设工程肢解成若干部分发包给几个承包人。

(2)提供必要施工条件。发包人未按照约定的时间和要求提供原材料、设备、场地、资金、技术资料的，承包人可以顺延工程日期，并有权要求赔偿停工、窝工等损失。

(3)及时检查隐蔽工程。隐蔽工程在隐蔽以前，承包人应当通知发包人检查。发包人没有及时检查的，承包人可以顺延工程日期，并有权要求赔偿停工、窝工等损失。

(4)及时验收工程。建设工程竣工后，发包人应当根据施工图纸及说明书、国家颁发的施工验收规范和质量检验标准及时进行验收。

(5)支付工程价款。发包人应当按照合同约定的时间、地点和方式等，向承包人支付工程价款。

2. 承包人的主要义务

(1)不得转包和违法分包工程。承包人不得将其承包的全部建设工程转包给第三人，不得将其承包的全部建设工程肢解以后以分包的名义分别转包给第三人。禁止承包人将工程分包给不具备相应资质条件的单位。禁止分包单位将其承包的工程再分包。

(2)自行完成建设工程主体结构施工。建设工程主体结构的施工必须由承包人自行完成。承包人将建设工程主体结构的施工分包给第三人的，分包合同无效。

(3)接受发包人检查。发包人在不妨碍承包人正常作业的情况下，可以随时对作业进度、质量进行检查。隐蔽工程在隐蔽以前，承包人应当通知发包人检查。

(4)交付竣工验收合格的建设工程。建设工程竣工经验收合格后，方可交付使用；未经验收或者验收不合格的，不得交付使用。

(5)工程质量不符合约定的无偿修理。因施工人的原因致使建设工程质量不符合约定的，发包人有权要求施工人在合理期限内无偿修理或者返工、改建。经过修理或者返工、改建后，造成逾期交付的，施工人应当承担违约责任。

三、建设工程工期

建设部、国家工商行政管理局《建设工程施工合同(示范文本)》规定，工期指发包人承包人在协议书中约定，按总日历天数(包括法定节假日)计算的承包天数。开工及开工日期、工程暂停施工、工期顺延、竣工日期等，直接决定了工期天数。

1. 开工及开工日期

开工日期是指发包人承包人在协议书中约定，承包人开始施工的绝对或相对的日期。承包人应当按照协议书约定的开工日期开工。承包人不能按时开工，应当不迟于协议书约定的开工日期前7天，以书面形式向工程师提出延期开工的理由和要求。工程师应当在接到延期开工申请后的48小时内以书面形式答复承包人。工程师在接到延期开工申请后48小时内不答复，视为同意承包人要求，工期相应顺延。工程师不同意延期要求或承包人未在规定时间内提出延期开工要求，工期不予顺延。

因发包人原因不能按照协议书约定的开工日期开工，工程师应以书面形式通知承包人，

推迟开工日期。发包人赔偿承包人因延期开工造成的损失，并相应顺延工期。

2. 暂停施工

工程师认为确有必要暂停施工时，应当以书面形式要求承包人暂停施工，并在提出要求后48小时内提出书面处理意见。承包人应当按工程师要求停止施工，并妥善保护已完工程。承包人实施工程师作出的处理意见后，可以书面形式提出复工要求，工程师应当在48小时内给予答复。工程师未能在规定时间内提出处理意见，或收到承包人复工要求后48小时内未予答复，承包人可自行复工。

因发包人原因造成停工的，由发包人承担所发生的追加合同价款，赔偿承包人由此造成的损失，相应顺延工期。因承包人原因造成停工的，由承包人承担发生的费用，工期不予顺延。

3. 工期顺延

因以下原因造成工期延误，经工程师确认，工期相应顺延：①发包人未能按专用条款的约定提供图纸及开工条件；②发包人未能按约定日期支付工程预付款、进度款，致使施工不能正常进行；③工程师未按合同约定提供所需指令、批准等，致使施工不能正常地进行；④设计变更和工程量增加；⑤一周内非承包人原因停水、停电、停气造成停工累计超过8小时；⑥不可抗力；⑦专用条款中约定或工程师同意工期顺延的其他情况。

承包人在工期可以顺延的情况发生后14天内，就延误的工期以书面形式向工程师提出报告。工程师在收到报告后14天内予以确认，逾期不予确认也不提出修改意见，视为同意顺延工期。

4. 竣工日期

竣工日期是指发包人、承包人在协议书中约定，承包人完成承包范围内工程的绝对或相对的日期。承包人必须按照协议书约定的竣工日期或工程师同意顺延的工期竣工。因承包人原因不能按照协议书约定的竣工日期或工程师同意顺延的工期竣工的，承包人承担违约责任。施工中发包人如需提前竣工，双方协商一致后应签订提前竣工协议，作为合同文件组成部分。提前竣工协议应包括承包人为保证工程质量和安全采取的措施、发包人为提前竣工提供的条件以及提前竣工所需的追加合同价款等内容。

《最高人民法院关于审理建设工程施工合同纠纷案件适用法律问题的解释》规定，当事人对建设工程实际竣工日期有争议的，按照以下情形分别处理：①建设工程经竣工验收合格的，以竣工验收合格之日为竣工日期；②承包人已经提交竣工验收报告，发包人拖延验收的，以承包人提交验收报告之日为竣工日期；③建设工程未经竣工验收，发包人擅自使用的，以转移占有建设工程之日为竣工日期。

四、工程价款的支付

按照合同约定的时间、金额和支付条件支付工程价款，是发包人的主要合同义务，也是承包人的主要合同权利。

《合同法》规定，合同生效后，当事人就质量、价款或者报酬、履行地点等内容没有约定或者约定不明确的，可以协议补充；不能达成补充协议的，按照合同有关条款或者交易习惯确定。如果按照合同有关条款或者交易习惯仍不能确定的，《合同法》规定，价款或者报酬不明确的，按照订立合同时履行地的市场价格履行；依法应当执行政府定价或者政府指导价的,按照规定履行;履行期限不明确的,债务人可以随时履行,债权人也可以随时要求履行,但应当给对方必要的准备时间。

《合同法》规定,验收合格的,发包人应当按照约定支付价款,并接收该建设工程。据此,工程经竣工验收合格是承包人取得工程价款的前提条件。

工程预付款、进度款的支付程序按照合同约定进行。工程竣工结算价款的支付程序一般为:①承包人向发包人递交竣工结算报告及完整的结算资料;②发包人对承包人的竣工结算报告及结算资料进行审核;③发包人确认竣工结算报告后通知经办银行向承包人支付工程竣工结算价款;④发包人、承包人对工程竣工结算价款发生争议时,按照合同约定的争议解决条款处理。

招标工程的合同价款由发包人、承包人依据中标通知书中的中标价格在协议书内约定。

非招标工程的合同价款由发包人、承包人依据工程预算书在协议书内约定。合同价款在协议书内约定后,任何一方不得擅自改变。

合同价款的确定方式有固定价格合同、可调价格合同、成本加酬金合同,双方可在专用条款内约定采用其中一种。此外,对于"黑白合同"的纠纷,《最高人民法院关于审理建设工程施工合同纠纷案件适用法律问题的解释》第21条规定:当事人就同一建设工程另行订立的建设工程施工合同与经过备案的中标合同实质性内容不一致的,应当以备案的中标合同作为结算工程价款的根据。

【案例1】

(1)背景:甲房地产开发公司将其开发的商品房工程发包给乙建设工程有限公司承包施工,双方签订了施工合同。该工程于2010年1月1日经竣工验收合格。乙公司于2010年1月20日向甲公司递交了单方结算书和结算资料,但甲公司一直未予审价,并于2010年5月1日向人民法院提起诉讼,要求乙公司立即交付已完工的工程。

(2)问题:

1)乙公司竣工结算程序是否正确?

2)本案应是甲公司先支付价款,还是乙公司先交付工程?

3)如果乙公司未及时启动结算程序,甲公司可否主张先交付工程?

(3)分析:

1)《建设工程施工合同(示范文本)》(GF—2013—0201)第二部分第14条中规定:承包人应在工程竣工验收合格后28天内向发包人和监理人提交竣工结算申请单,并提交完整的结算资料,监理人应在收到竣工结算申请单后14天内完成核查并报送发包人。发包人应在收到监理人提交的经审核的竣工结算申请单后14天内完成审批,并由监理人向承包人签发经发包人签认的竣工付款证书。因此,乙公司竣工结算程序正确。

2)《合同法》第279条规定:"工程验收合格的,发包人应当按照约定支付价款,并接收该建设工程。"据此,本案应当是先由发包人支付价款,再由承包人交付工程。发包人在未支付价款的情形下,向法院主张先交付工程,不能得到法律支持。

3)《建设工程施工合同(示范文本)》(GF—2013—0201)第二部分第13、14条中规定:竣工验收合格的,发包人应在验收合格后14天内向承包人签发工程接收证书,合同当事人应当在颁发工程接收证书后7天内完成工程的移交。承包人应在工程竣工验收合格后28天内向发包人和监理人提交竣工结算申请单,并提交完整的结算资料,发包人应在收到监理人提交的经审核的竣工结算申请单后14天内完成审批,并由监理人向承包人签发经发包人签认的竣工付款证书,发包人应在签发竣工付款证书后的14天内,完成对承包人的竣工付款。据此,如果乙公司未及时启动结算程序,甲公司可以主张先交付工程。

【案例2】

(1)背景:某建筑公司通过招投标承包了某开发商的商品房工程施工,签订的备案合同约定工程价款5 000多万元。其后,开发商称其是中外合资企业,要与国际惯例接轨,采用FIDIC条款,与承包人又签订了一份承包合同,约定工程价款是4 000多万元。工程竣工后,双方产生了结算纠纷。

(2)问题:应当确定哪一份合同作为工程款结算的依据?

(3)分析:《招标投标法》第46条规定:"招标人和中标人应当自中标通知书发出之日起30日内,按照招标文件和中标人的投标文件订立书面合同。招标人和中标人不得再行订立背离合同实质性内容的其他协议。"《最高人民法院关于审理建设工程施工合同纠纷案件适用法律问题的解释》第21条规定:"当事人就同一建设工程另行订立的建设工程施工合同与经过备案的中标合同实质性内容不一致的,应当以备案的中标合同作为结算工程价款的根据。"所以,以备案合同作为结算的依据。

五、解决工程价款结算争议的规定

(1)视为发包人认可承包人的单方结算价。《最高人民法院关于审理建设工程施工合同纠纷案件适用法律问题的解释》规定,当事人约定,发包人收到竣工结算文件后,在约定期限内不予答复,视为认可竣工结算文件的,按照约定处理。承包人请求按照竣工结算文件结算工程价款的,应予支持。

(2)对工程量有争议的工程款结算。《最高人民法院关于审理建设工程施工合同纠纷案件适用法律问题的解释》规定,当事人对工程量有争议的,按照施工过程中形成的签证等书面文件确认。承包人能够证明发包人同意其施工,但未能提供签证文件证明工程量发生的,可以按照当事人提供的其他证据确认实际发生的工程量。

(3)欠付工程款的利息支付。发包人拖欠承包人工程款,不仅应当支付工程款本金,还应当支付工程款利息。《最高人民法院关于审理建设工程施工合同纠纷案件适用法律问题的解释》规定,当事人对欠付工程价款利息计付标准有约定的,按照约定处理;没有约定的,按照中国人民银行发布的同期同类贷款利率计息。

利息从应付工程价款之日计付。当事人对付款日时间没有约定或者约定不明的,下列时间视为应付款时间:①建设工程已实际交付的,为交付之日;②建设工程没有交付的,为提交竣工结算文件之日;③建设工程未交付,工程价款也未结算的,为当事人起诉之日。

(4)工程垫资的处理。《最高人民法院关于审理建设工程施工合同纠纷案件适用法律问题的解释》规定,当事人对垫资和垫资利息有约定,承包人请求按照约定返还垫资及其利息的,应予支持,但是约定的利息计算标准高于中国人民银行发布的同期同类贷款利率的部分除外。当事人对垫资没有约定的,按照工程欠款处理。当事人对垫资利息没有约定,承包人请求支付利息的,不予支持。

(5)承包人工程价款的优先受偿权。《合同法》第286条规定,发包人未按照约定支付价款的,承包人可以催告发包人在合理期限内支付价款。发包人逾期不支付的,除按照建设工程的性质不宜折价、拍卖的以外,承包人可以与发包人协议将该工程折价,也可以申请人民法院将该工程依法拍卖。建设工程的价款就该工程折价或者拍卖的价款优先受偿。

《最高人民法院关于建设工程价款优先受偿权问题的批复》中规定：①人民法院在审理房地产纠纷案件和办理执行案件中，应当依照《合同法》第286条的规定，认定建筑工程的承包人的优先受偿权优于抵押权和其他债权。②消费者交付购买商品房的全部或者大部分款项后，承包人就该商品房享有的工程价款优先受偿权不得对抗买受人。③建筑工程价款包括承包人为建设工程应当支付的工作人员报酬、材料款等实际支出的费用，不包括承包人因发包人违约所造成的损失。④建设工程承包人行使优先权的期限为6个月自建设工程竣工之日或者建设工程合同约定的竣工之日起计算。

六、建设工程赔偿损失的规定

1. 赔偿损失及特征

赔偿损失，是指合同违约方因不履行或不完全履行合同义务而给对方造成的损失，依法或依据合同约定赔偿对方所蒙受损失的一种违约责任形式。

《合同法》规定，当事人一方不履行合同义务或者履行合同义务不符合约定，应当承担继续履行、采取补救措施或者赔偿损失等违约责任。

赔偿损失具有以下特征：

(1)赔偿损失是合同违约方违反合同义务所产生的责任形式。

(2)赔偿损失具有补偿性，是强制违约方给非违约方所受损失的一种补偿。违约的赔偿损失一般是以违约所造成的损失为标准。

(3)赔偿损失具有一定的任意性。当事人订立合同时，可以预先约定对违约的赔偿损失的计算方法，或者直接约定违约方付给非违约方一定数额的金钱。同时，当事人也可以事先约定免责的条款。

(4)赔偿损失以赔偿非违约方实际遭受的全部损害为原则。

2. 赔偿损失责任的构成要件

构成要件是：

(1)具有违约行为。

(2)造成损失后果。

(3)违约行为与财产等损失之间有因果关系。

(4)违约人有过错，或者虽无过错，但法律规定应当赔偿。

3. 赔偿损失的范围

《合同法》规定，当事人一方不履行合同义务或者履行合同义务不符合约定，给对方造成损失的，损失赔偿额应当相当于因违约所造成的损失，包括合同履行后可以获得的利益，但不得超过违反合同一方订立合同时预见到或者应当预见到的因违反合同可能造成的损失。

赔偿损失范围包括直接损失和间接损失。直接损失是指财产上的直接减少。间接损失（又称所失利益），是指失去的可以预期取得的利益。可以预期取得的利益（也称可得利益），是指利润而不是营业额。例如，某建筑公司承建一商厦迟延10日交付，商厦10日的营业利润额即为可得利益。

4. 约定赔偿损失与法定赔偿损失

约定赔偿损失，《合同法》规定，当事人可以约定一方违约时应当根据违约情况向对方支付一定数额的违约金,也可以约定因违约产生的损失赔偿额的计算方法。约定的违约金低于造成的损失的,当事人可以请求人民法院或者仲裁机构予以增加;约定的违约金过分高于造成的损失的,当事人可以请求人民法院或者仲裁机构予以适当减少。法定赔偿损失,是指根据法律规定的赔偿范围、损失计算原则与标准,确定赔偿损失的金额。

一般来说,赔偿损失的主要形式是法定赔偿损失,而约定赔偿损失是为了弥补法定赔偿损失的不足。在确定了适用约定赔偿损失还是法定赔偿损失的情况下,原则上约定赔偿损失优先于法定赔偿损失。作为约定赔偿损失,一旦发生违约并造成受害人的损害以后,受害人不必证明其具体损害范围即可依据约定赔偿损失条款而获得赔偿。例如,双方事先约定,一方违约后应支付另一方10万元赔偿金,当一方违约时,另一方只需证明该方已构成违约并使其遭受损害,而不必证明自己遭受多少损失,就可以要求对方支付10万元的赔偿金。当然,如果当事人只是约定了损失赔偿额的计算方法,则受害人还应当证明其实际遭受的损害。

5. 赔偿损失的限制

(1)可预见性原则。《合同法》规定,赔偿损失不得超过违反合同一方订立合同时预见到或者应当预见到的违反合同可能造成的损失。据此,只有当违约所造成的损害是违约方在订约时可以预见的情况下,才能认为损害结果与违约行为之间具有因果关系,违约方才应当对这些损害承担赔偿责任。如果损害是不可预见的,则违约方不应赔偿。

(2)采取措施防止损失的扩大原则。《合同法》规定,当事人一方违约后,对方应当采取适当措施防止损失的扩大;没有采取适当措施致使损失扩大的,不得就扩大的损失要求赔偿。当事人因防止损失扩大而支出的合理费用,由违约方承担。

对于当事人一方违反合同的,另一方不能任凭损失的扩大,在接到对方的通知后,应当及时采取措施防止损失扩大,即使没有接到对方通知,也应当采取适当措施;如果没有及时采取措施致使损失扩大的,无权就扩大的损失部分请求赔偿。

6. 建设工程施工合同中的赔偿损失

(1)发包人应当承担的赔偿损失。

1)未及时检查隐蔽工程造成的损失。《合同法》规定,隐蔽工程在隐蔽以前,承包人应当通知发包人检查。发包人没有及时检查的,承包人可以顺延工程日期,并有权要求赔偿停工、窝工等损失。

2)未按照约定提供原材料、设备等造成的损失。发包人未按照约定的时间和要求提供原材料、设备、场地、资金、技术资料的,承包人可以顺延工程日期,并有权要求赔偿停工、窝工等损失。

3)因发包人原因致使工程中途停建、缓建造成的损失。因发包人的原因致使工程中途停建、缓建的,发包人应当采取措施弥补或者减少损失,赔偿承包人因此造成的停工、窝工、倒运、机械设备调迁、材料和构件积压等损失和实际费用。

4)提供图纸或者技术要求不合理且怠于答复等造成的损失。承包人发现发包人提供的图纸或者技术要求不合理的,应当及时通知发包人。因发包人怠于答复等原因造成承包人损失的,应当赔偿损失。

5)中途变更承揽工作要求造成的损失。发包人中途变更承揽工作的要求,造成承包人损失的,应当赔偿损失。

6)要求压缩合同约定工期造成的损失《建设工程安全生产管理条例》规定,建设单位有下列行为之一的,……造成损失的,依法承担赔偿责任:……要求施工单位压缩合同约定的工期的；……

7)验收违法行为造成的损失《建设工程质量管理条例》规定，建设单位有下列行为之一的，……造成损失的，依法承担赔偿责任：①未组织竣工验收，擅自交付使用的；②验收不合格，擅自交付使用的；③对不合格的建设工程按照合格工程验收的。

(2)承包人应当承担的赔偿损失。

1)转让、出借资质证书等造成的损失。《建筑法》规定，建筑施工企业转让、出借资质证书或者以其他方式允许他人以本企业的名义承揽工程的……。对因该项承揽工程不符合规定的质量标准造成的损失，建筑施工企业与使用本企业名义的单位或者个人承担连带赔偿责任。

2)转包、违法分包造成的损失。承包单位将承包的工程转包的，或者违反规定进行分包的……，对因转包工程或者违法分包的工程不符合规定的质量标准造成的损失，与接受转包或者分包的单位承担连带赔偿责任。

3)偷工减料等造成的损失。建筑施工企业在施工中偷工减料的，使用不合格的建筑材料、建筑构配件和设备的，或者有其他不按照工程设计图纸或者施工技术标准施工的行为的；造成建筑工程质量不符合规定的质量标准的，负责返工、修理，并赔偿因此造成的损失。

4)与监理单位串通造成的损失。工程监理单位与承包单位串通，为承包单位谋取非法利益，给建设单位造成损失的，应当与承包单位承担连带赔偿责任。

5)不履行保修义务造成的损失。建筑施工企业违反规定，不履行保修义务或者拖延履行保修义务的，……并对在保修期内因屋顶、墙面渗漏、开裂等质量缺陷造成的损失，承担赔偿责任。

6)保管不善造成的损失。《合同法》规定，承包人应当妥善保管发包人提供的材料以及完成的工作成果，因保管不善造成毁损、灭失的，应当承担损害赔偿责任。

7)合理使用期限内造成的损失。因承包人的原因致使建设工程在合理使用期限内造成人身和财产损害的，承包人应当承担损害赔偿责任。

七、无效合同和效力待定合同的规定

1. 无效合同

无效合同是指合同内容或者形式违反了法律、行政法规的强制性规定和社会公共利益，因而不能产生法律约束力，不受到法律保护的合同。

无效合同的特征：①具有违法性；②具有不可履行性；③自订立之时就不具有法律效力。

(1)无效合同的主要类型。

1)一方以欺诈、胁迫的手段订立合同，损害国家利益。

2)恶意串通，损害国家、集体或者第三人利益。

3)以合法形式掩盖非法目的。

4)损害社会公共利益。

5)违反法律、行政法规的强制性规定。

(2)无效的免责条款。免责条款，是指当事人在合同中约定免除或者限制其未来责任的合同条款；免责条款无效，是指没有法律约束力的免责条款。

《合同法》规定合同中的下列免责条款无效：①造成对方人身伤害的；②因故意或者重

大过失造成对方财产损失的。造成对方人身伤害就侵犯了对方的人身权,造成对方财产损失就侵犯了对方的财产权。

(3)无效建设工程施工合同的主要情形。根据《合同法》,建设工程施工合同具有下列情形之一的认定无效:①承包人未取得建筑施工企业资质或者超越资质等级的;②没有资质的实际施工人借用有资质的建筑施工企业名义的;③建设工程必须进行招标而未招标或者中标无效的。④承包人非法转包、违法分包建设工程的;⑤借用有资质的建筑施工企业名义与他人签订建设工程施工合同。

(4)无效合同的法律后果。《合同法》规定,无效的合同或者被撤销的合同自始没有法律约束力。合同部分无效,不影响其他部分效力的,其他部分仍然有效。

合同无效、被撤销或者终止的,不影响合同中独立存在的有关解决争议方法的条款的效力。

合同无效或者被撤销后,因该合同取得的财产,应当予以返还;不能返还或者没有必要返还的,应当折价补偿。有过错的一方应当赔偿对方因此所受到的损失,双方都有过错的,应当各自承担相应的责任。

(5)无效施工合同的工程款结算方式。根据《最高人民法院关于审理建设工程施工合同纠纷案件适用法律问题的解释》的规定,建设工程施工合同无效,但建设工程经竣工验收合格,承包人请求参照合同约定支付工程价款的,应予支持。建设工程施工合同无效,且建设工程经竣工验收不合格的,按照以下情形分别处理:

1)修复后的建设工程经竣工验收合格,发包人请求承包人承担修复费用的,应予支持。
2)修复后的建设工程经竣工验收不合格,承包人请求支付工程价款的,不予支持。

2. 效力待定合同

效力待定合同是指合同虽然已经成立,但因其不完全符合有关生效要件的规定,其合同效力能否发生尚未确定,一般须经有权人表示承认才能生效。

《合同法》规定的效力待定合同有三种形式:限制行为能力人订立的合同,无权代理人订立的合同,无处分权人处分他人的财产订立的合同。

(1)限制行为能力人订立的合同。《合同法》规定,限制民事行为能力人订立的合同,经法定代理人追认后,该合同有效,相对人可以催告法定代理人在1个月内予以追认。法定代理人未作表示的,视为拒绝追认。合同被追认之前,善意相对人有撤销的权利。撤销应当以通知的方式作出。但纯获利益的合同或者与其年龄、智力、精神健康状况相适应而订立的合同,不必经法定代理人追认。

(2)无权代理人订立的合同。行为人没有代理权、超越代理权或者代理权终止后以被代理人名义订立的合同,未经被代理人追认,对被代理人不发生效力,由行为人承担责任。

相对人可以催告被代理人在1个月内予以追认。被代理人未作表示的,视为拒绝追认。合同被追认之前,善意相对人有撤销的权利。撤销应当以通知的方式作出。

(3)无权处分行为。无处分权的人处分他人财产,经权利人追认或者无处分权的人订立合同后取得处分权的,该合同有效。

八、合同的履行、变更、转让、撤销和终止

1. 合同的履行

《合同法》规定,当事人应当按照约定全面履行自己的义务。当事人应当遵循诚实信用

原则，根据合同的性质、目的和交易习惯履行通知、协助、保密等义务。

2. 合同的变更

当事人协商一致，可以变更合同。法律、行政法规规定变更合同应当办理批准、登记等手续的，依照其规定。当事人对合同变更的内容约定不明确的，推定为未变更。

(1)合同的变更须经当事人双方协商一致。如果双方当事人就变更事项达成一致意见，当事人应当按照变更后的内容履行合同。如果一方当事人未经对方同意就改变合同的内容，不仅变更的内容对另一方没有约束力，其做法还是一种违约行为，应当承担违约责任。

(2)合同变更须遵循法定的程序。法律、行政法规规定变更合同事项应当办理批准、登记手续的，应当依法办理相应手续。如果没有履行法定程序，即使当事人已协议变更了合同，其变更内容也不发生法律效力。

(3)对合同变更内容约定不明确的推定为未变更。合同变更的内容必须明确约定。如果当事人对于合同变更的内容约定不明确，则将被推定为未变更，任何一方不得要求对方履行约定不明确的变更内容。

3. 合同权利义务的转让

(1)合同权利的转让。

1)合同权利的转让范围。《合同法》规定，债权人可以将合同的权利全部或者部分转让给第三人，但有下列情形之一的除外：根据合同性质不得转让；按照当事人约定不得转让；依照法律规定不得转让。

根据合同性质不得转让的权利，主要是指合同是基于特定当事人的身份关系订立的，如果合同权利转让给第三人，会使合同的内容发生变化，违反当事人订立合同的目的，使当事人的合法利益得不到应有的保护。例如，委托代理合同等，便属于合同权利不得转让的合同。

按照当事人约定不得转让的权利。如果当事人订立合同时对权利的转让做出了特别约定，禁止债权人将权利转让给第三人。债权人如果将权利转让给他人，其行为将构成违约。

依照法律规定不得转让的权利。法律中对某些权利的转让作出了禁止性规定。当事人应当严格遵守，不得擅自转让法律禁止转让的权利。

2)合同权利的转让应当通知债务人。《合同法》规定，债权人转让权利的，应当通知债务人。未经通知，该转让对债务人不发生效力。债权人转让权利的通知不得撤销，但经受让人同意的除外。

债权人转让权利应当通知债务人，未经通知的转让行为对债务人不发生效力，但债权人的转让无须得到债务人的同意。当债务人接到权利转让的通知后，权利转让即行生效，原债权人被新的债权人替代。

3)债务人对让与人的抗辩。《合同法》规定，债务人接到债权转让通知后，债务人对让与人的抗辩，可以向受让人主张。

抗辩权是指债权人行使债权时，债务人根据法定事由对抗债权人行使请求权的权利。债务人的抗辩权是其固有的一项权利，并不随权利的转让而消灭。所以，在权利转让的情况下，债务人可以向新债权人行使该权利。受让人不得以任何理由拒绝债务人权利的行使。

4)从权利随同主权利转让。《合同法》规定，债权人转让权利的，受让人取得与债权有关的从权利，但该从权利专属于债权人自身的除外。

(2)合同义务的转让。《合同法》规定，债务人将合同的义务全部或者部分转移给第三人的，应当经债权人同意。

合同义务转移分为两种情况：一是合同义务的全部转移，在这种情况下，新的债务人完全取代了旧的债务人，新的债务人负责全面履行合同义务；另一种情况是合同义务的部分转移，即新的债务人加入到原债务中，与原债务人一起向债权人履行义务。债务人不论转移的是全部义务还是部分义务，都需要征得债权人同意。未经债权人同意，债务人转移合同义务的行为对债权人不发生效力。

(3)合同中权利和义务的一并转让。《合同法》规定，当事人一方经对方同意，可以将自己在合同中的权利和义务一并转让给第三人。权利和义务一并转让又称为概括转让，是指合同一方当事人将其权利和义务一并转移给第三人，由第三人全部地承受这些权利和义务。如果未经对方同意，一方当事人擅自一并转让权利和义务的，其转让行为无效。

4. 合同的撤销

可撤销合同，是指因意思表示不真实，通过有撤销权的机构行使撤销权，使已经生效的意思表示归于无效的合同。

(1)可撤销合同的分类。《合同法》规定，下列合同，当事人一方有权请求人民法院或者仲裁机构变更或者撤销：

1)因重大误解订立的。

2)在订立合同时显失公平的。

3)一方以欺诈、胁迫的手段或者乘人之危，使对方在违背真实意思的情况下订立的合同。受损害方有权请求人民法院或者仲裁机构变更或者撤销。当事人请求变更的，人民法院或者仲裁机构不得撤销。

①因重大误解订立的合同。误解者作出意思表示时，对涉及合同法律效果的重要事项存在着认识上的显著缺陷，其后果是使误解者的利益受到较大的损失，或者达不到误解者订立合同的目的。这种情况的出现，并不是由于行为人受到对方的欺诈、胁迫或者对方乘人之危而被迫订立的合同，而是由于行为人自己的大意、缺乏经验或者信息不通而造成的。

②在订立合同时显失公平的合同。所谓显失公平的合同，就是一方当事人在紧迫或者缺乏经验的情况下订立的使当事人之间享有的权利和承担的义务严重不对等的合同。如标的物的价值与价款过于悬殊，承担责任或风险显然不合理的合同，都可称为显失公平的合同。

③以欺诈、胁迫的手段或者乘人之危订立的合同。一方以欺诈、胁迫的手段订立合同，如果损害国家利益的，按照《合同法》的规定属无效合同。如果未损害国家利益，则受欺诈、胁迫的一方可以自主决定该合同有效或者请求撤销。

(2)合同撤销权的行使。《合同法》规定，有下列情形之一的，撤销权消灭：①具有撤销权的当事人自知道或者应当知道撤销事由之日起一年内没有行使撤销权；②具有撤销权的当事人知道撤销事由后明确表示或者以自己的行为放弃撤销权。行使撤销权应当在知道或者应当知道撤销事由之日起一年内行使，并应当向人民法院或者仲裁机构申请。

(3)被撤销合同的法律后果。《合同法》规定，无效的合同或者被撤销的合同自始没有法律约束力。合同无效、被撤销或者终止的，不影响合同中独立存在的有关解决争议方法的条款的效力。

5. 合同的终止

指依法生效的合同，因具备法定的或当事人约定的情形，合同的债权、债务归于消灭，债权人不再享有合同的权利，债务人也不必再履行合同的义务。

《合同法》规定，有下列情形之一的，合同的权利义务终止：①债务已经按照约定履行；②合同解除；③债务相互抵消；④债务人依法将标的物提存；⑤债权人免除债务；⑥债权债务同归于一人；⑦法律规定或者当事人约定终止的其他情形。

九、合同的解除

合同的解除，是指合同有效成立后，当具备法律规定的合同解除条件时，因当事人一方或双方的意思表示而使合同关系归于消灭的行为。

1. 合同解除的种类

(1)约定解除合同。《合同法》第93条规定，当事人协商一致，可以解除合同。当事人可以约定一方解除合同的条件。解除合同的条件成就时，解除权人可以解除合同。

(2)法定解除合同。《合同法》第94条规定，有下列情形之一的，当事人可以解除合同：①因不可抗力致使不能实现合同目的的；②在履行期限届满之前，当事人一方明确表示或者以自己的行为表明不履行主要债务的；③当事人一方迟延履行主要债务，经催告后在合理期限内仍未履行；④当事人一方迟延履行债务或者有其他违约行为致使不能实现合同目的的；⑤法律规定的其他情形。

法定解除与约定解除的区别：法定解除是法律直接规定解除合同的条件，当条件具备时，解除权人可直接行使解除权；约定解除则是双方的法律行为，单方行为不能导致合同的解除。

2. 解除合同的程序

《合同法》规定，当事人一方依照本法第93条第2款、第94条的规定主张解除合同的，应当通知对方。合同自通知到达对方时解除。对方有异议的，可以请求人民法院或者仲裁机构确认解除合同的效力。法律、行政法规规定解除合同应当办理批准、登记等手续的，依照其规定。

3. 施工合同的解除

(1)发包人解除施工合同。《最高人民法院关于审理建设工程施工合同纠纷案件适用法律问题的解释》规定，承包人具有下列情形之一，发包人请求解除建设工程施工合同的，应予支持：①明确表示或者以行为表明不履行合同主要义务的；②合同约定的期限内没有完工，且在发包人催告的合理期限内仍未完工的；③已经完成的建设工程质量不合格，并拒绝修复的；④将承包的建设工程非法转包、违法分包的。

(2)承包人解除施工合同。《最高人民法院关于审理建设工程施工合同纠纷案件适用法律问题的解释》规定，发包人具有下列情形之一，致使承包人无法施工，且在催告的合理期限内仍未履行相应义务，承包人请求解除建设工程施工合同的，应予支持：①未按约定支付工程价款的；②提供的主要建筑材料、建筑构配件和设备不符合强制性标准的；③不履行合同约定的协助义务的。

(3)施工合同解除的法律后果。《最高人民法院关于审理建设工程施工合同纠纷案件适用法律问题的解释》规定，建设工程施工合同解除后，已经完成的建设工程质量合格的，发包人应当按照约定支付相应的工程价款；已经完成的建设工程质量不合格的，参照本解释第3条规定处理。因一方违约导致合同解除的，违约方应当赔偿因此而给对方造成的损失。

建设工程施工合同无效，且建设工程经竣工验收不合格的，按照以下情形分别处理：①修复后的建设工程经竣工验收合格，发包人请求承包人承担修复费用的，应予支持；②修复后的建设工程经竣工验收不合格，承包人请求支付工程价款的，不予支持。

十、违约责任

1. 违约责任的概念

违约责任（又称违反合同的民事责任），是指合同当事人因违反合同义务所承担的责任。《合同法》规定，当事人一方不履行合同义务或者履行合同义务不符合约定的，应当承担继续履行、采取补救措施或者赔偿损失等违约责任。

违约责任特征：①违约责任的产生是以合同当事人不履行合同义务为条件的。②违约责任具有相对性。③违约责任主要具有补偿性，即旨在弥补或补偿因违约行为造成的损害后果。④违约责任可以由合同当事人约定，但约定不符合法律要求的，将会被宣告无效或被撤销。⑤违约责任是民事责任的。

2. 违约责任应具备的条件

首先是合同当事人发生了违约行为，即有违反合同义务的行为；其次，非违约方只需证明违约方的行为不符合合同约定，便可以要求其承担违约责任，而不需要证明其主观上是否具有过错；再次，违约方若想不承担违约责任，必须举证证明其存在法定的或约定的免责事由，而法定免责事由主要限于不可抗力，约定的免责事由主要是合同中的免责条款。

3. 违约责任的种类

承担违约责任的种类主要有：继续履行、采取补救措施、停止违约行为、赔偿损失、支付违约金或定金等。

（1）继续履行。《合同法》规定，当事人一方不履行合同义务或者履行合同义务不符合约定的，应当承担继续履行、采取补救措施或者赔偿损失等违约责任。继续履行是一种违约后的补救方式，是否要求违约方继续履行是非违约方的一项权利。继续履行可以与违约金、定金、赔偿损失并用，但不能与解除合同的方式并用。

（2）违约金和定金。违约金有法定违约金和约定违约金两种：由法律规定的违约金为法定违约金；由当事人约定的违约金为约定违约金。

《合同法》规定，当事人可以约定一方违约时应当根据违约情况向对方支付一定数额的违约金，也可以约定因违约产生的损失赔偿额的计算方法。约定的违约金低于造成的损失的，当事人可以请求人民法院或者仲裁机构予以增加；约定的违约金过分高于造成的损失的，当事人可以请求人民法院或者仲裁机构予以适当减少。

当事人可以依照《担保法》约定一方向对方给付定金作为债权的担保。债务人履行债务后，定金应当抵作价款或者收回。给付定金的一方不履行约定的债务的，无权要求返还定金；收受定金的一方不履行约定的债务的，应当双倍返还定金。当事人既约定违约金又约定定金的，一方违约时，对方可以选择适用违约金或者定金条款。

4. 违约责任的免除

在合同履行过程中，如果出现法定的免责条件或合同约定的免责事由，违约人将免于承担违约责任。我国的《合同法》仅承认不可抗力为法定的免责事由。

《合同法》规定，因不可抗力不能履行合同的，根据不可抗力的影响，部分或者全部免除责任，但法律另有规定的除外。当事人迟延履行后发生不可抗力的，不能免除责任。本法所称不可抗力，是指不能预见、不能避免并不能克服的客观情况。当事人一方因不可抗力不能履行合同的，应当及时通知对方，以减轻可能给对方造成的损失，并应当在合理期限内提供证明。

十一、建设工程合同示范文本

《合同法》规定，当事人可以参照各类合同的示范文本订立合同。

1. 合同示范文本的作用

合同示范文本，是指由规定的国家机关事先拟定的对当事人订立合同起示范作用的合同文本。多年的实践表明，如果缺乏合同示范文本，一些当事人签订的合同不规范，条款不完备，漏洞较多，将给合同履行带来很大困难，不仅影响合同履约率，还导致合同纠纷增多，解决纠纷的难度增大。

《国务院办公厅转发国家工商行政管理局关于在全国逐步推行经济合同示范文本制度请示的通知》中指出，在全国逐步推行经济合同示范文本制度，即：对各类经济合同的主要条款、式样等制定出规范的、指导性的文本，在全国范围内积极提倡、宣传，逐步引导当事人在签订经济合同时采用，以实现经济合同签订的规范化。

2. 建设工程合同示范文本

建设工程合同示范文本主要有：《建设工程勘察合同（示范文本）》《建设工程设计合同（示范文本）》《建设工程监理合同（示范文本）》《建设工程施工合同（示范文本）》《建设工程施工专业分包合同（示范文本）》《建设工程施工劳务分包合同（示范文本）》。《建设工程施工合同（示范文本）》由协议书、通用条款、专用条款三部分组成。

3. 合同示范文本的法律地位

合同示范文本对当事人订立合同起参考作用，不要求当事人必须采用合同示范文本，即合同的成立与生效同当事人是否采用合同示范文本无直接关系。合同示范文本具有引导性、参考性，并无法律强制性。

【案例3】

(1)背景：某地基强夯处理工程，在土方开挖过程中，有两项原因使工期发生较大的拖延。

一是土方开挖时遇到了一些在工程地质勘探中没有探明的孤石，排除孤石拖延了一定的时间；二是施工过程中遇到15天正常季节小雨，由于雨后土壤含水量过大不能立即进行强夯施工，从而耽误了部分工期。

(2)问题：请问针对以上两项原因承包商可以提出索赔吗？

(3)分析：对处理孤石引起的工期延长和费用增加，这是无法预先估计到的情况，承包商可以提出索赔。由于阴雨天气造成的延期和窝工费用，这是有经验的承包商预先应该估计到的因素，承包商不能提索赔。

【案例4】

(1)背景：某工程外部通道中有一段1公里左右的土路，业主旱季组织投标人去现场勘察时道路畅通。某承包商中标后，按监理工程师开工令进场，时逢雨季，不断的阴雨使该段土路很难通行，承包商不得不修路后再进场。承包商提出索赔。

(2)问题:请问索赔成立吗?

(3)分析:进场发生困难,道路条件并无变化,是由于雨季阴雨引起的,这种一般天气条件,承包商应能预见得到,不属于业主风险,故承包商的索赔不成立。

【案例5】

(1)背景:某工程下部为钢筋混凝土基础,上面安装设备。业主分别与土建、安装单位签订了基础和设备安装工程施工合同。两个承包商都编制了相互协调的进度计划,进度计划已得到监理工程师的批准。基础施工完毕,设备安装单位按计划将材料及设备运进现场进行准备施工。经检测发现有近1/6的设备预埋螺栓位置偏移过大,无法安装设备,须返工处理。安装工作因基础返工而受到影响,安装单位提出索赔要求。

(2)问题:

1)安装单位的损失应由谁负责?为什么?

2)安装单位提出索赔要求,监理工程师应如何处理?

(3)分析:

1)应由业主赔偿,因为安装单位与业主签订了合同,业主未按合同规定,提供合格的施工现场给安装单位。

2)指令土建单位按图纸要求返工;审核安装单位的索赔要求,包括索赔依据和证据;审核安装单位的索赔值(包括工期和费用),在自己授权范围内与安装单位进行索赔谈判;确认和证明索赔值;向土建单位进行索赔。

【案例6】

(1)背景:某工程基坑开挖后发现有古墓,须将古墓按文物管理部门的要求采取妥善保护措施,报请有关单位协同处置。为此,发包人以书面形式通知承包人停工15天,并同意合同工期顺延15天。为确保继续施工,要求工人、施工机械等不要撤离施工现场,但在通知中未涉及由此造成承包人停工损失如何处理。承包人认为对其损失过大,意欲索赔。

(2)问题:

1)施工索赔成立的条件有哪些?

2)承包人的索赔能否成立,索赔证据是什么?

3)由此引起的损失费用项目有哪些?

(3)分析:

1)施工索赔成立的条件如下:①与合同对照,事件已造成了承包人工程项目成本的额外支出,或直接工期损失;②造成费用增加或工期损失的原因,按合同约定不属于承包人的行为责任或风险责任;③承包人按合同规定的程序提交索赔意向通知和索赔报告。

2)索赔成立。这是因为发包人的原因(古墓的处置)造成的施工临时中断,从而导致承包人工期的拖延和费用支出的增加,因而承包人可提出索赔。索赔证据为发包人以书面形式提出的要求停工通知书。

3)此事项造成的后果是承包人的工人、施工机械等在施工现场窝工15天,给承包人造成的损失主要是现场窝工的损失,因此承包人的损失费用项目主要有:15天的人工窝工费;15天的机械台班窝工费;由于15天的停工而增加的现场管理费。

【案例7】

(1)背景:某钢筋混凝土结构住宅,业主与施工单位,监理单位分别签订了施工合同,监理合同。施工单位将土方开挖,外墙涂料与防水工程分别分包给专业性公司,并分别签订了分包合同。合同规定2007年3月1号开工,2008年4月1号竣工,工程造价3 000万元。

(2)问题:

1)总包单位于2月25号进场,进行开工前准备工作,电力部门通知施工用变压器要到3月8号才能安装完毕,施工单位因此要求工期顺延七天。此项要求是否成立?根据是什么?

2)土方公司在基础开挖中遇到地下文物,采取了必要的保护措施。为此,总包单位请他们向业主索赔,是否恰当?为什么?

3)在结构施工过程中,总包单位按监理工程师批准的施工组织设计进行施工,由于施工组织设计本身的缺陷导致现场一度失控,导致封顶时间延误了七天。总包单位以工程师的同意为由,要求给予七天的工期补偿。是否恰当?为什么?

(3)分析:

1)成立,因为此责任属于业主责任,将施工所需的电接至专用条款约定地点是业主应该做的工作,并非承包商的责任。

2)不恰当,因为土方公司是分包单位,与业主没有合同关系,只能向总包商索赔。

3)不恰当,因为工程师对施工组织设计的确认或提出修改意见,并不能免除承包商对施工组织设计本身的缺陷所应承担的责任。

本章练习题

1. 《建筑法》规定,两个以上不同资质等级的单位实行联合共同承包的应当按照资质(　　)的单位的业务许可范围承揽工程。
   A. 高   B. 低
   C. 不同,区别各个承包   D. 无相关规定

2. 监理实施过程中,如果因监理单位过失而造成了经济损失,监理单位赔偿损失的累计金额应(　　)。
   A. 是直接经济损失额   B. 最多为直接经济损失额
   C. 不超过监理酬金总额   D. 不超过监理酬金总额(除去税金)

3. 采用FIDIC合同条件的施工合同,计入合同总价内的暂定金额使用权由(　　)控制。
   A. 业主   B. 监理工程师   C. 承包商   D. 分包商

4. 监理合同中"附加工作"是指(　　)。
   A. 由于非监理方的原因使监理工作受到阻碍或延误而增加的监理工作
   B. 监理合同范围以外的工作
   C. 由于建设单位原因终止监理合同后的善后工作
   D. 建设单位暂停监理业务后又恢复监理业务时监理方进行的工作

5. 一方当事人要求变更经济合同,经双方协商达成协议由于合同变更导致对方的经济损失应(　　)。
   A. 提出由变更方承担   B. 由对方承担
   C. 由双方平均分担   D. 提出由变更方按较大比例承担

6. 工程建设监理的（　　）是监理单位。
   A. 行为主体　　　B. 行为客体　　　C. 对象　　　D. 责任主体
7. 《建设工程监理合同（示范文本）》规定业主（　　）要求监理单位更换不称职的监理人员。
   A. 无权　　　　　　　　　　　　　B. 有权
   C. 经与监理单位协商后方可　　　　D. 经主管部门批准后
8. 工程项目建设监理实行（　　）负责制。
   A. 项目法人　　　B. 项目经理　　　C. 监理单位　　　D. 总监理工程师
9. 工程建设监理单位具有（　　）的性质。
   A. 机关　　　B. 事业单位　　　C. 企业　　　D. 独立法人
10. 工程监理企业应当由足够数量的有丰富管理经验和应变能力的监理工程师组成骨干队伍，这是建设工程监理（　　）的具体表现。
    A. 服务性　　　B. 科学性　　　C. 独立性　　　D. 公正性
11. 委托工程监理是业主在工程（　　）阶段的工作。
    A. 设计　　　B. 施工安装　　　C. 建设准备　　　D. 生产准备
12. 根据《建筑法》，实施建筑工程监理前，建设单位应当将委托的工程监理单位、监理的内容及监理（　　），书面通知被监理的建筑施工企业。
    A. 范围　　　B. 任务　　　C. 职责　　　D. 权限
13. 根据《建设工程质量管理条例》，建筑材料、建筑构配件和设备等，未经（　　）签字认可，不得在工程上使用或安装。
    A. 建设单位代表　　B. 总监理工程师代表　　C. 监理工程师　　D. 监理员
14. 根据《建设工程质量管理条例》，施工单位须做好隐蔽工程的质量检查和记录。隐蔽工程在隐蔽前，施工单位应通知建设单位和（　　）。
    A. 建设工程质量监督机构　　　　　B. 设计单位
    C. 勘察单位　　　　　　　　　　　D. 监理单位
15. 根据《建设工程质量管理条例》，监理工程师应当按照工程监理规范的要求，采取旁站、巡视和（　　）检验等形式，对建设工程实施监理。
    A. 等距　　　B. 随机　　　C. 平行　　　D. 抽样
16. 根据《汶川地震灾后恢复重建条例》，工程监理单位应当依照施工图设计文件和工程建设强制性标准实施监理，并对（　　）承担监理责任。
    A. 建设投资　　　B. 施工质量　　　C. 施工工期　　　D. 重建工程

第五章　劳动合同及劳动关系制度

> **本章学习要求**
>
> 通过本章学习，掌握劳动合同的概念，劳动合同订立的原则，劳动合同的种类，订立劳动合同应当注意的事项，劳动合同纠纷的解决方式，工伤的概念，工伤的认定条件及处理方式，女职工和未成年工的特殊保护的有关规定，了解建设工程相关合同的种类。

> **本章学习重点及难点**
>
> 劳动合同的种类，劳动合同的基本条款，劳动合同的履行、变更、解除和终止，女职工和未成年工的特殊保护，工伤的认定和处理，劳动合同纠纷的解决方式。

第一节　劳动合同基本知识

劳动合同是在市场经济体制下，用人单位与劳动者进行双向选择、确定劳动关系、明确双方权利与义务的协议，是保护劳动者合法权益的基本依据。所谓劳动关系，是指劳动者与用人单位在实现劳动过程中建立的社会经济关系。

一、订立劳动合同应当遵守的原则

《劳动合同法》规定，订立劳动合同，应当遵循合法、公平、平等自愿、协商一致、诚实信用的原则。

用人单位招用劳动者，不得要求劳动者提供担保或者以其他名义向劳动者收取财物；不得扣押劳动者的居民身份证或者其他证件。

二、劳动合同的种类

根据《劳动合同法》，劳动合同分为固定期限劳动合同、无固定期限劳动合同和以完成一定工作任务为期限的劳动合同。

1. 劳动合同期限

劳动合同的期限是指劳动合同的有效时间，是劳动关系当事人双方享有权利和履行义务的时间。它一般始于劳动合同的生效之日，终于劳动合同的终止之时。

劳动合同期限由用人单位和劳动者协商确定，是劳动合同的一项重要内容。劳动合同期限是劳动合同存在的前提条件。

2. 固定期限劳动合同

固定期限劳动合同，是指用人单位与劳动者约定合同终止时间的劳动合同，劳动合同双方当事人在劳动合同中明确规定了合同效力的起始和终止的时间。劳动合同期限届满，劳动关系即告终止。固定期限可以是1年、2年、5年、10年，甚至更长时间。但是，超过两次签订固定期限的劳动合同，在劳动者没有《劳动合同法》第39条和第40条第1项第2项规定的情形，且劳动者本人又没有提出订立固定期限劳动合同的，用人单位就应当与劳动者签订无固定期限劳动合同。

3. 无固定期限劳动合同

无固定期限劳动合同，是指用人单位与劳动者约定无确定终止时间的劳动合同。无确定终止时间的劳动合同并不是没有终止时间，一旦出现了法定的解除情形(如到了法定退休年龄)或者双方协商一致解除的，无固定期限劳动合同同样可以解除。

应当订立无固定期限劳动合同的几种情况：①劳动者在该用人单位连续工作满10年的；②用人单位初次实行劳动合同制度或者国有企业改制重新订立劳动合同时，劳动者在该用人单位连续工作满10年且距法定退休年龄不足10年的；③连续订立2次固定期限劳动合同，且劳动者没有《劳动合同法》第39条和第40条第1项、第2项规定的情形，续订劳动合同的。需要注意的是，用人单位自用工之日起满1年不与劳动者订立书面劳动合同的，则视为用人单位与劳动者已订立无固定期限劳动合同。

【案例1】

(1)背景：2015年3月，某公司有两位员工已在该企业工作满10年，需要续签新的劳动合同。但该公司不打算再与其续签劳动合同。该公司人力资源部的经理依据原先的各地关于无固定期限劳动合同的做法与规定，向两位员工下发了到期不再续签劳动合同的书面通知，但两位员工不服，坚决要求签订劳动合同，并且要求签订无固定期限劳动合同。

(2)问题：该两位员工的要求是否合理？如何解决？

(3)分析：依据《劳动合同法》第14条第2款的规定，劳动者在该用人单位连续工作满10年的，劳动者提出或者同意续订劳动合同的，应当订立无固定期限劳动合同。本案中，两位员工已经在该公司工作10年，依据《劳动合同法》的规定，该公司必须与两位员工续签无固定期限劳动合同。

4. 以完成一定工作任务为期限的劳动合同

以完成一定工作任务为期限的劳动合同，是指用人单位与劳动者约定以某项工作的完成为合同期限的劳动合同。

三、劳动合同的基本条款

劳动合同的基本条款：

(1)用人单位的名称、住所和法定代表人或者主要负责人。

(2)劳动者的姓名、住址和居民身份证或者其他有效身份证件号码。

(3)劳动合同期限。

(4)工作内容和地点。

(5)工作时间和休息休假。

(6)劳动报酬。

(7)社会保险。

(8)劳动保护、劳动条件和职业危害防护。

(9)法律、法规规定应当纳入劳动合同的其他事项。劳动合同除上述规定的必备条款外，用人单位与劳动者可以约定试用期、培训、保守秘密、补充保险和福利待遇等。

四、订立劳动合同应当注意的事项

1. 建立劳动关系即应订立劳动合同

用人单位自用工之日起即与劳动者建立劳动关系。《劳动合同法》规定，建立劳动关系，应当订立书面劳动合同。已建立劳动关系，未同时订立书面劳动合同的，应当自用工之日起1个月内订立书面劳动合同。用人单位未在用工的同时订立书面劳动合同，与劳动者约定的劳动报酬不明确的，新招用的劳动者的劳动报酬应当按照企业的或者同行业的集体合同规定的标准执行；没有集体合同的，用人单位应当对劳动者实行同工同酬。用人单位与劳动者在用工前订立劳动合同的，劳动关系自用工之日起建立。

合同形式：书面形式、口头形式和其他形式。按照《劳动合同法》的规定，除了非全日制用工（即以小时计酬为主，劳动者在同一用人单位一般平均每日工作时间不超过4小时，每周工作时间累计不超过24小时的用工形式）可以订立口头协议外，建立劳动关系应当订立书面劳动合同。如果没有订立书面合同，不订立书面合同的一方将要承担相应的法律后果。劳动合同文本由用人单位和劳动者各执一份。

2. 劳动报酬和试用期

劳动合同对劳动报酬和劳动条件等标准约定不明确，引发争议的，用人单位与劳动者可以重新协商；协商不成的，适用集体合同规定；没有集体合同或者集体合同未规定劳动报酬的，实行同工同酬；没有集体合同或者集体合同未规定劳动条件等标准的，适用国家有关规定。

劳动合同期限3个月以上不满1年的，试用期不得超过1个月；劳动合同期限1年以上不满3年的，试用期不得超过2个月；3年以上固定期限和无固定期限的劳动合同，试用期不得超过6个月。同一用人单位与同一劳动者只能约定1次试用期。以完成一定工作任务为期限的劳动合同或者劳动合同期限不满3个月的，不得约定试用期。试用期包含在劳动合同期限内。劳动合同仅约定试用期的，试用期不成立，该期限为劳动合同期限。劳动者在试用期的工资不得低于本单位相同岗位最低档工资或者劳动合同约定工资的80%，并不得低于用人单位所在地的最低工资标准。在试用期中，除劳动者有《劳动合同法》第39条和第40条第1项、第2项规定的情形外，用人单位不得解除劳动合同。用人单位在试用期解除劳动合同的，应当向劳动者说明理由。

3. 劳动合同的生效与无效

劳动合同由用人单位与劳动者协商一致，并经用人单位与劳动者在劳动合同文本上签字或者盖章生效。双方当事人签字或者盖章时间不一致的，以最后一方签字或者盖章的时间为准；如果一方没有写签字时间，则另一方写明的签字时间就是合同生效时间。

劳动合同无效或者部分无效：

(1)以欺诈、胁迫的手段或者乘人之危，使对方在违背真实意思的情况下订立或者变更劳动合同的。

(2)用人单位免除自己的法定责任、排除劳动者权利的。

(3)违反法律、行政法规强制性规定的。对于部分无效的劳动合同，只要不影响其他部分效力的，其他部分仍然有效。劳动合同被确认无效，劳动者已付出劳动的，用人单位应当向劳动者支付劳动报酬。劳动报酬的数额，参照本单位相同或者相近岗位劳动者的劳动报酬确定。对劳动合同的无效或者部分无效有争议的，由劳动争议仲裁机构或者人民法院确认。

五、集体合同

企业职工一方与用人单位通过平等协商，可以就劳动报酬、工作时间、休息休假、劳动安全卫生、保险福利等事项订立集体合同。集体合同草案应当提交职工代表大会或者全体职工讨论通过。集体合同由工会代表企业职工一方与用人单位订立；尚未建立工会的用人单位，由上级工会指导劳动者推举的代表与用人单位订立。企业职工一方与用人单位还可订立劳动安全卫生、女职工权益保护、工资调整机制等专项集体合同。集体合同中劳动报酬和劳动条件等标准不得低于当地人民政府规定的最低标准；用人单位与劳动者订立的劳动合同中劳动报酬和劳动条件等标准不得低于集体合同规定的标准。

集体合同订立后，应当报送劳动行政部门；劳动行政部门自收到集体合同文本之日起15日内未提出异议的，集体合同即行生效。依法订立的集体合同对用人单位和劳动者具有约束力。因履行集体合同发生争议，经协商解决不成的，工会可以依法申请仲裁、提起诉讼。

六、劳动合同的履行、变更、解除和终止

1. 劳动合同的履行和变更

劳动合同一经依法订立便具有法律效力。用人单位与劳动者应当按照劳动合同的约定，全面履行各自的义务。当事人双方既不能只履行部分义务，也不能擅自变更合同，更不能任意不履行合同或者解除合同，否则将承担相应的法律责任。

（1）用人单位应当履行向劳动者支付劳动报酬的义务。用人单位应当按照劳动合同约定和国家规定，向劳动者及时足额支付劳动报酬。劳动报酬是指劳动者为用人单位提供劳动而获得的各种报酬，通常包括三个部分：①货币工资，包括各种工资、奖金、津贴、补贴等；②实物报酬，即用人单位以免费或低于成本价提供给劳动者的各种物品和服务等；③社会保险，即用人单位为劳动者支付的医疗、失业、养老、工伤等保险金。

用人单位和劳动者可以在法律允许的范围内对劳动报酬的金额、支付时间、支付方式等进行平等协商。劳动报酬的支付要遵守国家的有关规定：①用人单位支付劳动者的工资不得低于当地的最低工资标准；②工资应当以货币形式按月支付劳动者本人，即不得以实物或有价证券等形式代替货币支付；③用人单位应当依法向劳动者支付加班费；④劳动者在法定休假日、婚丧假期间、探亲假期间、产假期间和依法参加社会活动期间以及非因劳动者原因停工期间，用人单位应当依法支付工资。

用人单位拖欠或者未足额支付劳动报酬的，劳动者可以依法向当地人民法院申请支付令，人民法院应当依法发出支付令。

（2）依法限制用人单位安排劳动者的加班。用人单位应当严格执行劳动定额标准，不得强迫或者变相强迫劳动者加班。用人单位安排加班的，应当按照国家有关规定向劳动者支付加班费。

(3)劳动者有权拒绝违章指挥、冒险作业。《劳动合同法》规定，劳动者对危害生命安全和身体健康的劳动条件，有权对用人单位提出批评、检举和控告。劳动者拒绝用人单位管理人员违章指挥、强令冒险作业的，不视为违反劳动合同。

(4)用人单位发生变动不影响劳动合同的履行。用人单位如果变更名称、法定代表人、主要负责人或者投资人等事项，不影响劳动合同的履行。用人单位发生合并或者分立等情况，原劳动合同继续有效，劳动合同由承继其权利和义务的用人单位继续履行。

【案例2】

(1)背景：某公司与张某签订为期3年的劳动合同。合同约定，在合同的履行期间，如果本合同订立时所依据的客观情况发生变化，致使合同无法履行，经双方协商不能就本合同达成协议的，公司可以提前30天以书面形式通知张某解除劳动合同。一年后，该公司由一家中外合资企业变更为外商独资企业，公司的法定代表人也作了变更。该公司由于重组进行大规模的裁员，张某也在被裁人员名单中。随后，公司以企业名称、性质和法定代表人变更，属于合同订立时所依据的客观情况发生重大变化为由，书面通知张某解除劳动合同。张某不同意，认为自己的劳动合同没有到期，不能以企业法定代表人变更等为由随意解除劳动合同。

(2)问题：请问该公司以上述理由作为解除与张某劳动合同的依据是否正确？该公司与张某的合同是否继续有效？

(3)分析：《劳动合同法》第33条规定："用人单位变更名称、法定代表人、主要负责人或者投资人等事项，不影响劳动合同的履行。"本案中，该公司虽然企业的名称、性质和法定代表人发生了变更，但并非属于法律上认定的"客观情况发生重大变化"，企业的正常经营并未因此而受到影响。因此，该公司以上述理由解除与张某的劳动合同是没有法律依据的。张某与该公司的劳动合同还没有到期，该合同依然有效。

(5)劳动合同的变更。用人单位与劳动者协商一致，可以变更劳动合同约定的内容。变更劳动合同，应当采用书面形式。变更后的劳动合同文本由用人单位和劳动者各执一份。

变更劳动合同时应满足以下条件：①必须在劳动合同依法订立之后，在合同没有履行或者尚未履行完毕之前；②必须坚持平等自愿、协商一致的原则；③不得违反法律法规的强制性规定；④采用书面形式。

2. 劳动合同的解除和终止

劳动合同的解除，是指当事人双方提前终止劳动合同、解除双方权利义务关系的法律行为。劳动合同的解除可分为：协商解除、法定解除和约定解除三种情况。

劳动合同的终止，是指劳动合同期满或者出现法定情形以及当事人约定的情形而导致劳动合同的效力消灭，劳动合同即行终止。

(1)劳动者单方解除劳动合同的规定。劳动者提前30日以书面形式通知用人单位，可以解除劳动合同。劳动者在试用期内提前3日通知用人单位，可以解除劳动合同。

根据《劳动合同法》第38条规定，用人单位有下列情形之一的，劳动者可以单方解除劳动合同：

1)未按照劳动合同约定提供劳动保护或者劳动条件的。

2)未及时足额支付劳动报酬的。

3)未依法为劳动者缴纳社会保险费的。

4)用人单位的规章制度违反法律、法规的规定，损害劳动者权益的。

5)因《劳动合同法》第26条第1款规定的情形致使劳动合同无效的。

6)法律、行政法规规定劳动者可以解除劳动合同的其他情形。

注意：用人单位以暴力、威胁或者非法限制人身自由的手段强迫劳动者劳动的，或者用人单位违章指挥、强令冒险作业危及劳动者人身安全的，劳动者可以立即解除劳动合同，不需事先告知用人单位。

(2)用人单位可以单方解除劳动合同的规定。根据《劳动合同法》第39条规定，劳动者有下列情形之一的，用人单位可以解除劳动合同：

1)在试用期间被证明不符合录用条件的。

2)严重违反用人单位的规章制度的。

3)严重失职，营私舞弊，给用人单位造成重大损害的。

4)劳动者同时与其他用人单位建立劳动关系，对完成本单位的工作任务造成严重影响，或者经用人单位提出，拒不改正的。

5)因《劳动合同法》第26条第1款第1项规定的情形致使劳动合同无效的。

6)被依法追究刑事责任的。

《劳动合同法》第40条规定，有下列情形之一的，用人单位提前30日以书面形式通知劳动者本人或者额外支付劳动者1个月工资后，可以解除劳动合同：

1)劳动者患病或者非因工负伤，在规定的医疗期满后不能从事原工作，也不能从事由用人单位另行安排的工作的。

2)劳动者不能胜任工作，经过培训或者调整工作岗位，仍不能胜任工作的。

3)劳动合同订立时所依据的客观情况发生重大变化，致使劳动合同无法履行，经用人单位与劳动者协商，未能就变更劳动合同内容达成协议的。

(3)用人单位经济性裁员的规定。经济性裁员是指用人单位由于经营不善等经济原因，一次性辞退部分劳动者的情形。经济性裁员仍属用人单位单方解除劳动合同。

有下列情形之一，需要裁减人员20人以上或者裁减不足20人但占企业职工总数10%以上的，用人单位提前30日向工会或者全体职工说明情况，听取工会或者职工的意见后，裁减人员方案经向劳动行政部门报告，可以裁减人员：

1)依照企业破产法规定进行重整的。

2)生产经营发生严重困难的。

3)企业转产、重大技术革新或者经营方式调整，经变更劳动合同后，仍需裁减人员的。

4)因劳动合同订立时所依据的客观经济情况发生重大变化，致使劳动合同无法履行的。

裁减人员时，应当优先留用下列三种人员：

1)与本单位订立较长期限的固定期限劳动合同的。

2)与本单位订立无固定期限劳动合同的。

3)家庭无其他就业人员，有需要扶养的老人或者未成年人的。

用人单位在6个月内重新招用人员的，应当通知被裁减的人员，并在同等条件下优先招用被裁减人员。

(4)用人单位不得解除劳动合同的规定。《劳动合同法》第42条规定，劳动者有下列情形之一的，用人单位不得解除劳动合同：

1)从事接触职业病危害作业的劳动者未进行离岗前职业健康检查，或者疑似职业病病人在诊断或者医学观察期间的。

2)在本单位患职业病或者因工负伤并被确认丧失或者部分丧失劳动能力的。

3)患病或者非因工负伤,在规定的医疗期内的。

4)女职工在孕期、产期、哺乳期的。

5)在本单位连续工作满15年,且距法定退休年龄不足5年的。

6)法律、行政法规规定的其他情形。

用人单位违反《劳动合同法》规定解除或者终止劳动合同,劳动者要求继续履行劳动合同的,用人单位应当继续履行;劳动者不要求继续履行劳动合同或者劳动合同已经不能继续履行的,用人单位应当依法向劳动者支付赔偿金。赔偿金标准为经济补偿标准的2倍。

(5)劳动合同的终止。《劳动合同法》第44条规定,有下列情形之一的,劳动合同终止:

1)劳动合同期满的。

2)劳动者开始依法享受基本养老保险待遇的。

3)劳动者死亡,或者被人民法院宣告死亡或者宣告失踪的。

4)用人单位被依法宣告破产的。

5)用人单位被吊销营业执照、责令关闭、撤销或者用人单位决定提前解散的。

6)法律、行政法规规定的其他情形。

(6)终止劳动合同的经济补偿。有下列情形之一的,用人单位应当向劳动者支付经济补偿:

1)劳动者依照《劳动合同法》第38条规定解除劳动合同的。

2)用人单位向劳动者提出解除劳动合同并与劳动者协商一致解除劳动合同的。

3)用人单位依照《劳动合同法》第40条规定解除劳动合同的。

4)用人单位依照《劳动合同法》第41条第1款规定解除劳动合同的。

5)除用人单位维持或者提高劳动合同约定条件续订劳动合同,劳动者不同意续订的情形外,依照《劳动合同法》第44条第1项规定终止固定期限劳动合同的。

6)依照《劳动合同法》第44条第4项、第5项规定终止劳动合同的。

7)法律、行政法规规定的其他情形。

经济补偿的标准,按劳动者在本单位工作的年限,每满1年支付1个月工资的标准向劳动者支付。6个月以上不满1年的,按1年计算;不满6个月的,向劳动者支付半个月工资的经济补偿。劳动者月工资高于用人单位所在直辖市、设区的市级人民政府公布的本地区上年度职工月平均工资3倍的,向其支付经济补偿的标准按职工月平均工资3倍的数额支付,向其支付经济补偿的年限最高不超过12年。月工资是指劳动者在劳动合同解除或者终止前12个月的平均工资。

第二节 用工模式的规定

在我国建筑业用工中的农民工约占建筑业从业总人数的80%以上,约占农民工总人数的25%。因此,实施合法用工对保障农民工的合法权益和保证建设工程质量安全,至关重要。

一、"包工头"用工模式

我国建筑业仍属于劳动密集型行业。我国建筑行业一度大量出现"包工头"是有其历史原因的。可以说,"包工头"用工模式是在特殊历史条件下的特殊产物。"包工头"非法人的用工模式,容易导致大量农民工未经安全和职业技能培训就进入建筑工地,给工程质量和安全带来隐患;非法用工现象较为严重,损害农民工合法权益事件时有发生,特别是违法合同无效的规定,极易造成清欠农民工工资债务链的法律关系"断层",严重扰乱了建筑市场的正常秩序。

《建筑法》明确规定,禁止建筑施工企业以任何形式允许其他单位或者个人使用本企业的资质证书、营业执照以本企业的名义承揽工程。禁止总承包单位将工程分包给不具备相应资质条件的单位。禁止分包单位将其承包的工程再分包。2005年8月建设部颁发了《关于建立和完善劳务分包制度发展建筑劳务企业的意见》,要求逐步在全国建立基本规范的建筑劳务分包制度,农民工基本被劳务企业或其他用工企业直接吸纳,"包工头"承揽分包业务基本被禁止。

二、劳务派遣

劳务派遣是指依法设立的劳务派遣单位与劳动者订立劳动合同,依据与接受劳务派遣单位(即实际用工单位)订立的劳务派遣协议,将劳动者派遣到实际用工单位工作,由派遣单位向劳动者支付工资、福利及社会保险费用,实际用工单位提供劳动条件并按照劳务派遣协议支付用工费用的新型用工方式。其显著特征是劳动者的聘用与使用分离。

1. 劳务派遣单位

《劳动合同法》规定,劳务派遣单位应当依照公司法的有关规定设立,注册资本不得少于50万元。劳务派遣一般在临时性、辅助性或者替代性的工作岗位上实施。劳务派遣单位是《劳动合同法》中所称的用人单位,应当依法履行用人单位对劳动者的义务。

2. 劳动合同与劳务派遣协议

劳务派遣单位与被派遣劳动者应当订立劳动合同。该劳动合同除应当载明《劳动合同法》第17条规定的事项外,还应当载明被派遣劳动者的用工单位以及派遣期限、工作岗位等情况。劳务派遣单位应当与被派遣劳动者订立两年以上的固定期限劳动合同,按月支付劳动报酬;被派遣劳动者在无工作期间,劳务派遣单位应当按照所在地人民政府规定的最低工资标准,向其按月支付报酬。

劳务派遣单位派遣劳动者应当与接受以劳务派遣形式用工的单位(以下称用工单位)订立劳务派遣协议。劳务派遣协议应当约定派遣岗位和人员数量、派遣期限、劳动报酬和社会保险费的数额与支付方式以及违反协议的责任。用工单位应当根据工作岗位的实际需要与劳务派遣单位确定派遣期限,不得将连续用工期限分配订立数个短期劳务派遣协议。劳务派遣单位应当将劳务派遣协议的内容告知被派遣劳动者。劳务派遣单位不得克扣用工单位按照劳务派遣协议支付给被派遣劳动者的劳动报酬。劳务派遣单位和用工单位不得向被派遣劳动者收取费用。

3. 被派遣劳动者

《劳动合同法》规定,被派遣劳动者享有与用工单位的劳动者同工同酬的权利。用工单位无同类岗位劳动者的,参照用工单位所在地相同或者相近岗位劳动者的劳动报酬确定。

劳务派遣单位跨地区派遣劳动者的,被派遣劳动者享有的劳动报酬和劳动条件,按照用工单位所在地的标准执行。

被派遣劳动者有权在劳务派遣单位或者用工单位依法参加或者组织工会,维护自身的合法权益。被派遣劳动者可以依照《劳动合同法》第36条、第38条的规定与劳务派遣单位解除劳动合同。

4. 用工单位

《劳动合同法》规定,用工单位应当履行下列义务:①执行国家劳动标准,提供相应的劳动条件和劳动保护;②告知被派遣劳动者的工作要求和劳动报酬;③支付加班费、绩效奖金,提供与工作岗位相关的福利待遇;④对被派遣劳动者进行工作岗位所必需的培训;⑤连续用工的,实行正常的工资调整机制;⑥用工单位不得将被派遣劳动者再派遣到其他用人单位。

被派遣劳动者有该法第39条和第40条第1项、第2项规定情形的,用工单位可以将劳动者退回劳务派遣单位,劳务派遣单位依照该法有关规定,可以与劳动者解除劳动合同。

三、劳务分包企业

建设部《关于建立和完善劳务分包制度发展建筑劳务企业的意见》提出,以发展劳务企业为突破口,建立预防建设领域拖欠农民工工资的长效机制,规范建筑市场秩序,建立和完善劳务分包制度,调整全行业建筑队伍组织结构,提高劳务队伍的职业素质,保障工程质量和安全。

1. 政策措施

《关于建立和完善劳务分包制度发展建筑劳务企业的意见》中提出以下政策措施:

(1)明确建筑劳务分包制度的法律地位,建立预防和惩戒拖欠工资的长效机制。按照《建筑法》的要求,建立和完善建筑劳务分包制度,承包企业进行劳务作业分包必须使用有相关资质的企业,并应当按照合同约定或劳务分包企业完成的工作量及时支付劳务费用。承包企业应对劳务分包企业的用工情况和工资支付进行监督,并对本工程发生的劳务纠纷承担连带责任。劳务企业要依法与农民工签订劳动合同。

严格执行《房屋建筑和市政工程施工分包管理办法》,严厉打击挂靠和违法分包,禁止"包工头"承揽分包工程业务。

(2)简化建筑劳务分包企业资质审批程序,多渠道建立和发展劳务分包企业。省、自治区、直辖市人民政府建设行政主管部门可根据需要,将审批权下放至地(州、区、市)及以下人民政府建设行政主管部门,可由县级人民政府建设行政主管部门负责受理和初审。随时申请、随时审批,缩短审批时间至20天以内,方便申请人。

加强对劳务带头人、召集人、包工头等的政策培训和分类指导,对具备条件的队伍,引导他们合资入股成立建筑劳务分包企业;引导现有成建制的建筑劳务队伍进行工商注册,按照《建筑劳务分包企业资质等级标准》获取资质证书;引导建筑业企业进行内部机制创新。通过参股、入股等方式,对信誉良好但不具备建立企业条件的劳务队伍进行收编,促使"包工头"转为合法的企业职工或股东;引导大型施工总承包企业分离富余职工,成立建筑劳务分包企业;引导低资质等级的施工总承包企业向建筑劳务分包企业转化,为其生存发展创造良好的外部环境。

(3)允许砌筑等相关专业劳务企业承担农房施工。拥有砌筑、抹灰、钢筋工、木工等相关专业资质的劳务企业,在核定其承包工程范围时,可根据本地实际情况,允许其承担一定规模以下的乡、镇、村民用住宅、农房的建筑施工。

(4)施工总承包、专业承包企业用工必须办理社会保险。施工总承包、专业承包企业直接雇用农民工,必须签订劳动合同并办理工伤、医疗或综合保险等社会保险。

(5)建立农村富余劳动力向建筑劳务有序、有效的转化途径,继续发挥建筑劳务基地的示范、带动作用,对农民工进行进城务工常识、安全知识、法律法规等内容的引导性培训和职业技能培训。

(6)加强对承包企业"职工教育经费"的使用监管,加大农民工职业培训资金投入数额。禁止承包企业在投标中压减"职工教育经费"获取中标。承包企业进行劳务作业分包的工程项目,必须将"职工教育经费"单独计列,专项支出,确保农民工技能培训经费足额提取和使用。

(7)各地可根据实际情况,研究对农民工的多种管理方式。如探讨建立"建筑劳务市场"或"建筑劳务派遣中心",作为规范建筑市场的补充措施,将因种种原因(如:季节性农民工、临时性零散用工)暂时没有纳入劳务企业的零散农民工进行统一集中管理,对他们进行统一培训、服务和管理,保证其有序流动。

2. 监督管理措施

(1)对施工总承包、专业承包企业直接雇用农民工,不签订劳动合同,或只签订劳动合同不办理社会保险,或只与"包工头"签订劳务合同等行为,均视为违法分包进行处理。对用工企业拖欠农民工工资的,责令限期改正,可依法对其市场准入、招投标资格等进行限制,并给予相应处罚。

(2)无论承包企业在工程建设投标时是否包括"职工教育经费",均视为已经计提"职工教育经费"。

(3)要加强日常监管,严格执法检查。各地要建立施工现场日常巡查制度,发现问题及时处理,促进劳务分包和劳务用工规范发展。

第三节 劳动保护的规定

《劳动法》对劳动者的工作时间、休息休假、工资、劳动安全卫生、女职工和未成年工特殊保护、社会保险和福利等作了法律规定。

一、劳动者的工作时间和休息休假

工作时间(又称劳动时间),是指法律规定的劳动者在一昼夜和一周内从事生产、劳动或工作的时间。休息休假(又称休息时间),是指劳动者在国家规定的法定工作时间外,不从事生产、劳动或工作而由自己自行支配的时间,包括劳动者每天休息的时数、每周休息的天数、节假日、年休假、探亲假等。

1. 工作时间

《劳动法》规定,国家实行劳动者每日工作时间不超过 8 小时、平均每周工作时间不超过 44 小时的工时制度。用人单位应当保证劳动者每周至少休息 1 日。《国务院关于职工工作时间的规定》中规定,自 1995 年 5 月 1 日起,职工每日工作 8 小时,每周工作 40 小时。

《劳动法》还规定，企业因生产特点不能实行本法第36条、第38条规定的，经劳动行政部门批准，可以实行其他工作和休息办法。

（1）缩短工作日。《国务院关于职工工作时间的规定》中规定："在特殊条件下从事劳动和有特殊情况，需要适当缩短工作时间的，按照国家有关规定执行。"目前，我国实行缩短工作时间的主要是：从事矿山、高山、有毒、有害、特别繁重和过度紧张的体力劳动的职工，以及纺织、化工、建筑冶炼、地质勘探、森林采伐、装卸搬运等行业或岗位的职工；从事夜班工作的劳动者；在哺乳期工作的女职工；16至18岁的未成年劳动者等。

（2）不定时工作日。在《关于企业实行不定时工作制和综合计算工时工作制的审批办法》中规定，企业对符合下列条件之一的职工，可以实行不定时工作日制：

1）企业中的高级管理人员、外勤人员、推销人员、部分值班人员和其他因工作无法按标准工作时间衡量的职工。

2）企业中的长途运输人员、出租汽车司机和铁路、港口、仓库的部分装卸人员以及因工作性质特殊，需机动作业的职工。

3）其他因生产特点、工作特殊需要或职责范围的关系，适合实行不定时工时制的职工。

（3）综合计算工作日。即分别以周、月、季、年等为周期综合计算工作时间，但其平均日工作时间和平均周工作时间应与法定标准工作时间基本相同。如交通、铁路等行业中因工作性质特殊需连续作业的职工，地质及资源勘探、建筑等受季节和自然条件限制的行业的部分职工等，可实行综合计算工作日。

（4）计件工资时间。对实行计件工作的劳动者，用人单位应当根据《劳动法》第36条规定的工时制度合理确定其劳动定额和计件报酬标准。

2. 休息休假

《劳动法》规定，用人单位在下列节日期间应当依法安排劳动者休假：元旦；春节；国际劳动节；国庆节；法律、法规规定的其他休假节日。

目前，法律、法规规定的其他休假节日有：全体公民放假的节日是清明节、端午节和中秋节；部分公民放假的节日及纪念日是妇女节、青年节、儿童节、中国人民解放军建军纪念日。

劳动者连续工作1年以上的，享受带薪年休假。此外，劳动者按有关规定还可以享受探亲假、婚丧假、生育（产）假、节育手术假等。

用人单位由于生产经营需要，经与工会和劳动者协商可以延长工作时间，一般每日不得超过1小时；因特殊原因需要延长工作时间的，在保障劳动者身体健康的条件下延长工作时间每日不得超过3小时，但是每月不得超过36小时。在发生自然灾害、事故等需要紧急处理，或者生产设备、交通运输线路、公共设施发生故障必须及时抢修等法律、行政法规规定的特殊情况的，延长工作时间不受上述限制。

用人单位应当按照下列标准支付高于劳动者正常工作时间工资的工资报酬：安排劳动者延长工作时间的，支付不低于工资的150％的工资报酬；休息日安排劳动者工作又不能安排补休的，支付不低于工资的200％的工资报酬；法定休假日安排劳动者工作的，支付不低于300％的工资报酬。

【案例1】

（1）背景：小张和小王二人是某运输公司搬运工。该公司因业务量增大，要求员工加班。小张和小王上班时间从早上8点到晚上12点，除去1小时吃饭时间，每天工作时间平均为14个小时,其中加班时间为6个小时。此外,公司还要求张、王等员工在元旦和周六、周日加班,但公司拒向加班员工支付加班费。于是,小张和小王等向当地劳动监察部门做了举报,保护其合法权益。

(2)问题:

1)该公司的行为是否违反了《劳动合同法》的相关规定?

2)若该公司不向小张和小王支付加班费应受到何种处罚?

(3)分析:

1)违反了《劳动合同法》第31条的规定:"用人单位应当严格执行劳动定额标准,不得强迫或者变相强迫劳动者加班。用人单位安排加班的,应当按照国家有关规定向劳动者支付加班费。"

2)依据《劳动合同法》第85条的规定,应由所在地劳动行政部门责令该公司限期支付加班费;该公司逾期不支付的,责令该公司按照应支付金额的50%以上100%以下的标准向他们加付赔偿金。

二、劳动者的工资

工资,是指用人单位依据国家有关规定和劳动关系双方的约定,以货币形式支付给劳动者的劳动报酬,如计时工资、计件工资、奖金、津贴和补贴等。

1. 工资基本规定

《劳动法》规定,工资分配应当遵循按劳分配原则,实行同工同酬,工资水平在经济发展的基础上逐步提高。国家对工资总量实行宏观调控。用人单位根据本单位的生产经营特点和经济效益,依法自主确定本单位的工资分配方式和工资水平。

工资应当以货币形式按月支付给劳动者本人。不得克扣或者无故拖欠劳动者的工资。劳动者在法定休假日和婚丧假期间以及依法参加社会活动期间,用人单位应当依法支付工资。

在我国,企业、机关(包括社会团体)、事业单位实行不同的基本工资制度。企业基本工资制度主要有等级工资制、岗位技能工资制、岗位工资制、结构工资制等。

2. 最低工资保障制度

最低工资标准,是指劳动者在法定工作时间或依法签订的劳动合同约定的工作时间内提供了正常劳动的前提下,用人单位依法应支付的最低劳动报酬。所谓正常劳动,是指劳动者按依法签订的劳动合同约定,在法定工作时间或劳动合同约定的工作时间内从事的劳动。劳动者依法享受带薪年休假、探亲假、婚丧假、生育(产)假、节育手术假等国家规定的假期间,以及法定工作时间内依法参加社会活动期间,视为提供了正常劳动。

国家实行最低工资保障制度。最低工资的具体标准由省、自治区、直辖市人民政府规定,报国务院备案。用人单位支付劳动者的工资不得低于当地最低工资标准。

三、劳动安全卫生制度

《劳动法》规定,用人单位必须建立、健全劳动安全卫生制度,严格执行国家劳动安全卫生规程和标准,对劳动者进行劳动安全卫生教育,防止劳动过程中的事故,减少职业危害。

劳动安全卫生设施必须符合国家规定的标准。新建、改建、扩建工程的劳动安全卫生设施必须与主体工程同时设计、同时施工、同时投入生产和使用。用人单位必须为劳动者提供符合国家规定的劳动安全卫生条件和必要的劳动防护用品，对从事有职业危害作业的劳动者应当定期进行健康检查。

从事特种作业的劳动者必须经过专门培训并取得特种作业资格。劳动者在劳动过程中必须严格遵守安全操作规程，对用人单位管理人员违章指挥、强令冒险作业，有权拒绝执行；对危害生命安全和身体健康的行为，有权提出批评、检举和控告。

四、女职工和未成年工的特殊保护

1. 女职工的特殊保护

《劳动法》规定，禁止安排女职工从事矿山井下、国家规定的第4级体力劳动强度的劳动和其他禁忌从事的劳动。不得安排女职工在经期从事高处、低温、冷水作业和国家规定的第3级体力劳动强度的劳动。不得安排女职工在怀孕期间从事国家规定的第3级体力劳动强度的劳动和孕期禁忌从事的活动。对怀孕7个月以上的女职工，不得安排其延长工作时间和夜班劳动。女职工生育享受不少于90天的产假。不得安排女职工在哺乳未满1周岁的婴儿期间从事国家规定的第3级体力劳动强度的劳动和哺乳期禁忌从事的其他劳动，不得安排其延长工作时间和夜班劳动。

《女职工劳动保护规定》还规定，凡适合妇女从事劳动的单位，不得拒绝招收女职工。不得在女职工怀孕期、产期、哺乳期降低其基本工资，或者解除劳动合同。女职工劳动保护的权益受到侵害时，有权向所在单位的主管部门或者当地劳动部门提出申诉。受理申诉的部门应当自收到申诉书之日起30日内作出处理决定。女职工对处理决定不服的，可以在收到处理决定书之日起15日内向人民法院起诉。

2. 未成年工人保护

未成年工的特殊保护是针对未成年工处于生长发育期的特点，以及接受义务教育的需要，采取的特殊劳动保护措施。未成年工是指满16周岁未满18周岁的劳动者。《劳动法》规定，禁止用人单位招用未满16周岁的未成年人。不得安排未成年工从事矿山井下、有毒有害、国家规定的第4级体力劳动强度的劳动和其他禁忌、从事的劳动，用人单位应对未成年工定期进行健康检查。

《未成年工特殊保护规定》中规定，用人单位应根据未成年工的健康检查结果安排其从事适合的劳动，对不能胜任原劳动岗位的，应根据医务部门的证明，予以减轻劳动量或安排其他劳动。对未成年工的使用和特殊保护实行登记制度。用人单位招收未成年工除符合一般用工要求外，还须向所在地的县级以上劳动行政部门办理登记。未成年工上岗前用人单位应对其进行有关的职业安全卫生教育、培训。

五、社会保险与福利

《社会保险法》规定，国家建立基本养老保险、基本医疗保险、工伤保险、失业保险、生育保险等社会保险制度，保障公民在年老、疾病、工伤、失业、生育等情况下依法从国家和社会获得物质帮助的权利。

1. 基本养老保险

职工应当参加基本养老保险，由用人单位和职工共同缴纳基本养老保障费。用人单位应当按照国家规定的本单位职工工资总额的比例缴纳基本养老保险费，纳入基本养老保险统筹基金。职工应当按照国家规定的本人工资的比例缴纳基本养老保险费，纳入个人账户。

(1)基本养老金的组成。基本养老金由统筹养老金和个人账户养老金组成。基本养老金根据个人累计缴费年限、缴费工资、当地职工平均工资、个人账户金额、城镇人口平均预期寿命等因素确定。

(2)基本养老金的领取。参加基本养老保障的个人，达到法定退休年龄时累计缴费满15年的，按月领取基本养老金。参加基本养老保险的个人，达到法定退休年龄时累计缴费不足15年的，可以缴费至满15年，按月领取基本养老金；也可以转入新型农村社会养老保险或者城镇居民社会养老保险，按照国务院规定享受相应的养老保险待遇。

参加基本养老保险的个人，因病或者非因工死亡的，其遗属可以领取丧葬补助金和抚恤金；在未达到法定退休年龄时因病或者非因工致残完全丧失劳动能力的，可以领取病残津贴。所需资金从基本养老保险基金中支付。

个人跨统筹地区就业的，其基本养老保险关系随本人转移，缴费年限累计计算。个人达到法定退休年龄时，基本养老金分段计算、统一支付。

2. 基本医疗保险

职工应当参加职工基本医疗保险，由用人单位和职工按照国家规定共同缴纳基本医疗保险费。医疗机构应当为参保人员提供合理、必要的医疗服务。

参加职工基本医疗保险的个人，达到法定退休年龄时累计缴费达到国家规定年限的，退休后不再缴纳基本医疗保障费，按照国家规定享受基本医疗保障待遇；未达到国家规定年限的，可以缴费至国家规定年限。

符合基本医疗保险药品目录、诊疗项目、医疗服务设施标准以及急诊、抢救的医疗费用，按照国家规定从基本医疗保险基金中支付。下列医疗费用不纳入基本医疗保险基金支付范围：

(1)应当从工伤保险基金中支付的。

(2)应当由第三人负担的。

(3)应当由公共卫生负担的。

(4)在境外就医的。医疗费用依法应当由第三人负担，第三人不支付或者无法确定第三人的，由基本医疗保险基金先行支付。基本医疗保险基金先行支付后，有权向第三人追偿。

个人跨统筹地区就业的，其基本医疗保险关系随本人转移，缴费年限累计计算。

3. 工伤保险

职工应当参加工伤保险，由用人单位缴纳工伤保险费，职工不缴纳工伤保险费。此外，《建筑法》还规定，鼓励企业为从事危险作业的职工办理意外伤害保险，支付保险费。

(1)工伤保险费率。国家根据不同行业的工伤风险程度确定行业的差别费率，并根据工伤保险费使用、工伤发生率等情况在每个行业内确定若干费率档次。统筹地区经办机构根据用人单位工伤保险费使用、工伤发生率等情况，适用所属行业内相应的费率档次确定单位缴费费率。用人单位缴纳工伤保险费的数额为本单位职工工资总额乘以单位缴费费率之积。

(2)工伤认定。对于工伤的认定，详见工伤处理的相关规定。但是，职工因下列情形之一导致本人在工作中伤亡的，不认定为工伤：①故意犯罪；②醉酒或者吸毒；③自残或者自杀。

(3)工伤保险基金支付的费用。因工伤发生的下列费用，按照国家规定从工伤保险基金中支付：①治疗工伤的医疗费用和康复费用；②住院伙食补助费；③到统筹地区以外就医的交通食宿费；④安装配置伤残辅助器具所需费用；⑤生活不能自理的，经劳动能力鉴定委员会确认的生活护理费；⑥一次性伤残补助金和1至4级伤残职工按月领取的伤残津贴；⑦终止或者解除劳动、聘用合同时，应当享受的一次性工伤医疗补助金；⑧因工死亡，其近亲属领取的丧葬补助金、供养亲属抚恤金和一次性工伤死亡补助金；⑨劳动能力鉴定费。

(4)用人单位支付的费用。因工伤发生的下列费用，按照国家规定由用人单位支付：

1)治疗工伤期间的工资福利。

2)5级、6级伤残职工按月领取的伤残津贴。

3)终止或者解除劳动合同时，应当享受的一次性伤残就业补助金。

(5)先行支付的规定。职工所在用人单位未依法缴纳工伤保险费，发生工伤事故的，由用人单位支付工伤保险待遇。用人单位不支付的，从工伤保险基金中先行支付。从工伤保险基金中先行支付的工伤保险待遇应当由用人单位偿还。用人单位不偿还的，社会保险经办机构可以依照《社会保险法》第63条的规定追偿。

由于第三人的原因造成工伤，第三人不支付工伤医疗费用或者无法确定第三人的，由工伤保险基金先行支付。工伤保险基金先行支付后，有权向第三人追偿。

(6)停止享受工伤保险待遇的规定。工伤职工有下列情形之一的，停止享受工伤保险待遇：①丧失享受待遇条件的；②拒不接受劳动能力鉴定的；③拒绝治疗的。

4. 失业保险

《社会保险法》规定，职工应当参加失业保险，由用人单位和职工按照国家规定共同缴纳失业保险费。职工跨统筹地区就业的，其失业保险关系随本人转移，缴费期限累计计算。

(1)失业保险金的领取。失业人员符合下列条件的，从失业保险基金中领取失业保险金：①失业前用人单位和本人已经缴纳失业保险费满1年的；②非因本人意愿中断就业的；③已经进行失业登记，并有求职要求的。

失业人员失业前用人单位和本人累计缴费满1年不足5年的，领取失业保险金的期限最长为12个月；累计缴费满5年不足10年的，领取失业保险金的期限最长为18个月；累计缴费10年以上的，领取失业保险金的期限最长为24个月。重新就业后，再次失业的，缴费时间重新计算，领取失业保险金的期限与前次失业应当领取而尚未领取的失业保险金的期限合并计算，最多不超过24个月。

失业保险金的标准，由省、自治区、直辖市人民政府确定，但不得低于城市居民的最低生活保障标准。

(2)领取失业保险金期间的有关规定。失业人员在领取失业保险金期间，参加职工基本医疗保险，享受基本医疗保险待遇。失业人员应当缴纳的基本医疗保险费从失业保险基金中支付，个人不缴纳基本医疗保险费。失业人员在领取失业保险金期间死亡的，参照当地对在职职工死亡的规定，向其遗属发给一次性丧葬补助金和抚恤金。所需资金从失业保险基金中支付。个人死亡同时符合领取基本养老保险丧葬补助金、工伤保险丧葬补助金和失业保险丧葬补助金条件的，其遗属只能选择领取其中的1项。

(3)办理领取失业保险金的程序。用人单位应当及时为失业人员出具终止或者解除劳动关系的证明，并将失业人员的名单自终止或者解除劳动关系之日起15日内告知社会保险经办机构。

失业人员应当持本单位为其出具的终止或者解除劳动关系的证明，及时到指定的公共就业服务机构办理失业登记。失业人员凭失业登记证明和个人身份证明，到社会保险经办机构办理领取失业保险金的手续。失业保险金领取期限自办理失业登记之日起计算。

(4)停止享受失业保险待遇的规定。失业人员在领取失业保险金期间有下列情形之一的，停止领取失业保险金，并同时停止享受其他失业保险待遇：①重新就业的；②应征服兵役的；③移居境外的；④享受基本养老保险待遇的；⑤无正当理由，拒不接受当地人民政府指定部门或者机构介绍的适当工作或者提供的培训的。

5. 生育保险

《社会保险法》规定，职工应当参加生育保险，由用人单位按照国家规定缴纳生育保险费，职工不缴纳生育保险费。用人单位已经缴纳生育保险费的，其职工享受生育保险待遇；职工未就业配偶按照国家规定享受生育医疗费用待遇。所需资金从生育保险基金中支付。

生育保险待遇包括生育医疗费用和生育津贴。生育医疗费用包括下列各项：①生育的医疗费用；②计划生育的医疗费用；③法律、法规规定的其他项目费用。

生育津贴：①女职工生育享受产假；②享受计划生育手术休假；③法律、法规规定的其他情形。生育津贴按照职工所在用人单位上年度职工月平均工资计发。

第四节　劳动争议的解决

劳动争议（又称劳动纠纷），是指劳动关系当事人之间因劳动的权利与义务发生分歧而引起的争议。

一、劳动争议的范围

劳动争议的范围主要是：
(1)因确认劳动关系发生的争议。
(2)因订立、履行、变更、解除和终止劳动合同发生的争议。
(3)因除名、辞退职工和职工辞职、自动离职发生的争议。
(4)因工作时间、休息休假、工资、社会保险、福利、培训以及劳动保护发生的争议。
(5)因劳动报酬、工伤医疗费、经济补偿或者赔偿金等发生的争议。
(6)劳动者退休后，与尚未参加社会保险统筹的原用人单位因追索养老金、医疗费、工伤保险待遇和其他社会保险而发生的争议。
(7)法律、法规规定的其他劳动争议。

二、劳动争议的解决方式

用人单位与劳动者发生劳动争议，当事人可以依法申请调解、仲裁、诉讼，也可以协商解决。调解原则适用于仲裁和诉讼程序。

1. 调解

劳动争议发生后，当事人可以向本单位劳动争议调解委员会申请调解。在用人单位内，可以设立劳动争议调解委员会。劳动争议调解委员会由职工代表、用人单位代表和工会代表组成。劳动争议调解委员会主任由工会代表担任。劳动争议经调解达成协议的,当事人应当履行。

2. 仲裁

对于调解不成,当事人一方要求仲裁的,可以向劳动争议仲裁委员会申请仲裁。当事人一方也可以直接向劳动争议仲裁委员会申请仲裁。

劳动争议仲裁委员会由劳动行政部门代表、同级工会代表、用人单位方面的代表组成。劳动争议仲裁委员会主任由劳动行政部门代表担任。

按照《劳动争议调解仲裁法》的规定,劳动争议申请仲裁的时效期间为一年。仲裁时效期间从当事人知道或者应当知道其权利被侵害之日起计算。前款规定的仲裁时效,因当事人一方向对方当事人主张权利,或者向有关部门请求权利救济,或者对方当事人同意履行义务而中断。从中断时起,仲裁时效期间重新计算。因不可抗力或者有其他正当理由,当事人不能在本条第一款规定的仲裁时效期间申请仲裁的,仲裁时效中止。从中止时效的原因消除之日起,仲裁时效期间继续计算。劳动关系存续期间因拖欠劳动报酬发生争议的,劳动者申请仲裁不受本条第一款规定的仲裁时效期间的限制;但是,劳动关系终止的,应当自劳动关系终止之日起一年内提出。

3. 诉讼

《劳动法》规定,劳动争议当事人对仲裁裁决不服的,可以自收到仲裁裁决书之日起15日内向人民法院提起诉讼。一方当事人在法定期限内不起诉又不履行仲裁裁决的,另一方当事人可以申请人民法院强制执行。

三、集体合同争议的解决

因签订集体合同发生争议,当事人协商解决不成的,当地人民政府劳动行政部门可以组织有关各方协调处理。因履行集体合同发生争议,当事人协商解决不成的,可以向劳动争议仲裁委员会申请仲裁;对仲裁裁决不服的,可以自收到仲裁裁决书之日起15日内向人民法院提起诉讼。

第五节 工伤处理的规定

一、工伤认定

根据《工伤保险条例》规定,职工有下列情形之一的,应当认定为工伤:
(1)在工作时间和工作场所内,因工作原因受到事故伤害的。
(2)工作时间前后在工作场所内,从事与工作有关的预备性或者收尾性工作受到事故伤害的。
(3)在工作时间和工作场所内,因履行工作职责受到暴力等意外伤害的。
(4)患职业病的。
(5)因工外出期间,由于工作原因受到伤害或者发生事故下落不明的。
(6)在上下班途中,受到非本人主要责任的交通事故或者城市轨道交通、客运轮渡、火车事故伤害的。

(7)法律、行政法规规定应当认定为工伤的其他情形。

【案例1】

(1)背景：王某是一家企业的员工。2015年8月2日王某与该公司签订了自2015年8月2日至2018年8月2日的劳动合同。2016年3月5日，王某在去上海因公出差时所乘坐的大巴车发生了交通事故，王某不幸身亡。

(2)问题：王某的死亡是否属于工伤范畴？王某的工伤应当由谁认定？如果是工伤，补偿标准与内容是什么？

(3)分析：根据《工伤保险条例》第14条规定，"职工有下列情形之一的，应当认定为工伤：……因工外出期间，由于工作原因受到伤害或者发生事故下落不明的"，王某的死亡属于工伤范畴。王某的工伤认定应当由该公司所在地的社会保险行政部门给予认定。依据《工伤保险条例》第39条规定，职工因工死亡，其近亲属按照下列规定从工伤保险基金领取丧葬补助金、供养亲属抚恤金和一次性死亡补助金：

1)丧葬补助金为6个月的统筹地区上年度职工月平均工资。

2)供养亲属抚恤金按照职工本人工资的一定比例发给。由因公死亡职工生前提供主要生活来源、无劳动能力的亲属。标准为配偶每月40%，其他亲属每人每月30%，孤寡老人或者孤儿每人每月在上述标准的基础上增加10%。核定的各供养亲属的抚恤金之和不应高于因公死亡职工生前的工资。供养亲属的具体范围由国务院社会保险行政部门规定。

3)一次性工伤死亡补助金标准为上一年度全国城镇居民人均可支配收入的20倍。

职工有下列情形之一的，视同工伤：

1)在工作时间和工作岗位，突发疾病死亡或者在48小时之内经抢救无效死亡的。

2)在抢险救灾等维护国家利益、公共利益活动中受到伤害的(职工原在军队服役，因战、因公负伤致残，已取得革命伤残军人证，到用人单位后旧伤复发的)。

1. 工伤认定申请

职工发生事故伤害或者按照职业病防治法规定被诊断、鉴定为职业病，所在单位应当自事故伤害发生之日或者被诊断、鉴定为职业病之日起30日内，向统筹地区社会保险行政部门提出工伤认定申请。遇有特殊情况，经报社会保险行政部门同意，申请时限可以适当延长。

用人单位未按规定提出工伤认定申请的，工伤职工或者其近亲属、工会组织在事故伤害发生之日或者被诊断、鉴定为职业病之日起1年内，可以直接向用人单位所在地统筹地区社会保险行政部门提出工伤认定申请。用人单位未在规定的时限内提交工伤认定申请，在此期间发生符合《工伤保险条例》规定的工伤待遇等有关费用由该用人单位负担。

工伤认定申请应当提交下列材料：

(1)工伤认定申请表。

(2)与用人单位存在劳动关系的证明材料。

(3)医疗诊断证明或者职业病诊断证明书(或者职业病诊断鉴定书)。工伤认定申请表应当包括事故发生的时间、地点、原因以及职工伤害程度等基本情况。

2. 工伤认定申请的受理和决定

社会保险行政部门受理工伤认定申请后，根据审核需要可以对事故伤害进行调查核实，用人单位、职工、工会组织、医疗机构以及有关部门应当予以协助。职工或者其近亲属认为是工伤，用人单位不认为是工伤的，由用人单位承担举证责任。

社会保险行政部门应当自受理工伤认定申请之日起60日内作出工伤认定的决定，并书面通知申请工伤认定的职工或者其近亲属和该职工所在单位。

二、劳动能力鉴定

《工伤保险条例》规定，职工发生工伤，经治疗伤情相对稳定后存在残疾、影响劳动能力的，应当进行劳动能力鉴定。劳动能力鉴定是指劳动功能障碍程度和生活自理障碍程度的等级鉴定。劳动功能障碍分为10个伤残等级，最重的为1级，最轻的为10级。生活自理障碍分为3个等级：生活完全不能自理、生活大部分不能自理和生活部分不能自理。

劳动能力鉴定由用人单位、工伤职工或者其近亲属向设区的市级劳动能力鉴定委员会提出申请，并提供工伤认定决定和职工工伤医疗的有关资料。设区的市级劳动能力鉴定委员会应当自收到劳动能力鉴定申请之日起60日内作出劳动能力鉴定结论，必要时作出劳动能力鉴定结论的期限可以延长30日。劳动能力鉴定结论应当及时送达申请鉴定的单位和个人。

申请鉴定的单位或者个人对设区的市级劳动能力鉴定委员会作出的鉴定结论不服的，可以在收到该鉴定结论之日起15日内向省、自治区、直辖市劳动能力鉴定委员会提出再次鉴定申请。省、自治区、直辖市劳动能力鉴定委员会作出的劳动能力鉴定结论为最终结论。自劳动能力鉴定结论作出之日起1年后，工伤职工或者其近亲属、所在单位或者经办机构认为伤残情况发生变化的，可以申请劳动能力复查鉴定。

三、工伤保险待遇

职工因工作遭受事故伤害或者患职业病进行治疗，享受工伤医疗待遇。

1. 工伤的治疗

职工治疗工伤应当在签订服务协议的医疗机构就医，情况紧急时可以先到就近的医疗机构急救。治疗工伤所需费用符合工伤保险诊疗项目目录、工伤保险药品目录、工伤保险住院服务标准的，从工伤保险基金支付。

职工住院治疗工伤的伙食补助费，以及经医疗机构出具证明，报经办机构同意，工伤职工到统筹地区以外就医所需的交通、食宿费用从工伤保险基金支付。工伤职工到签订服务协议的医疗机构进行工伤康复的费用，符合规定的从工伤保险基金支付。工伤职工治疗非工伤引发的疾病，不享受工伤医疗待遇，按照基本医疗保险办法处理。

2. 工伤医疗的停工留薪期

职工因工作遭受事故伤害或者患职业病需要暂停工作接受工伤医疗的，在停工留薪期内，原工资福利待遇不变，由所在单位按月支付。停工留薪期一般不超过12个月。伤情严重或者情况特殊，经设区的市级劳动能力鉴定委员会确认，可以适当延长，但延长不得超过12个月。

工伤职工评定伤残等级后，停发原待遇，按照有关规定享受伤残待遇。工伤职工在停工留薪期满后仍需治疗的，继续享受工伤医疗待遇。

3. 工伤职工的护理

生活不能自理的工伤职工在停工留薪期需要护理的，由所在单位负责。工伤职工已经评定伤残等级并经劳动能力鉴定委员会确认需要生活护理的,从工伤保险基金按月支付生活护理费。生活护理费按照生活完全不能自理、生活大部分不能自理或者生活部分不能自理3个不同等级支付,其标准分别为统筹地区上年度职工月平均工资的50%、40%或者30%。

4. 职工因工致残的待遇

职工因工致残被鉴定为1级至4级伤残的,保留劳动关系,退出工作岗位,从工伤保险基金按伤残等级支付一次性伤残补助金;从工伤保险基金按月支付伤残津贴,伤残津贴实际金额低于当地最低工资标准的,由工伤保险基金补足差额。工伤职工达到退休年龄并办理退休手续后,停发伤残津贴,按照国家有关规定享受基本养老保险待遇。基本养老保险待遇低于伤残津贴的,由工伤保险基金补足差额。

职工因工致残被鉴定为5级、6级伤残的,从工伤保险基金按伤残等级支付一次性伤残补助金;保留与用人单位的劳动关系,由用人单位安排适当工作,难以安排工作的由用人单位按月发给伤残津贴,并由用人单位按照规定为其缴纳应缴纳的各项社会保险费。经工伤职工本人提出,该职工可以与用人单位解除或者终止劳动关系,由工伤保险基金支付一次性工伤医疗补助金,由用人单位支付一次性伤残就业补助金。

职工因工致残被鉴定为7级至10级伤残的,从工伤保险基金按伤残等级支付一次性伤残补助金,劳动、聘用合同期满终止,或者职工本人提出解除劳动、聘用合同的,由工伤保险基金支付一次性工伤医疗补助金,由用人单位支付一次性伤残就业补助金。

5. 其他规定

职工因工外出期间发生事故或者在抢险救灾中下落不明的,从事故发生当月起3个月内照发工资,从第4个月起停发工资,由工伤保险基金向其供养亲属按月支付供养亲属抚恤金。生活有困难的,可以预支一次性工亡补助金的50%。职工被派遣出境工作,依据前往国家或者地区的法律应当参阅当地工伤保险的,参加当地工伤保险,其国内工伤保险关系中止;不能参加当地工伤保险的,其国内工伤保险关系不中止。

职工再次发生工伤,根据规定应当享受伤残津贴的,按照新认定的伤残等级享受伤残津贴待遇。

职工因工死亡,其近亲属按照规定从工伤保险基金领取丧葬补助金、供养亲属抚恤金和一次性工亡补助金。

第六节 违法行为应承担的法律责任

一、合同订立中违法行为应承担的法律责任

《劳动合同法》规定,用人单位提供的劳动合同文本未载明本法规定的劳动合同必备条款或者用人单位未将劳动合同文本交付劳动者的,由劳动行政部门责令改正;给劳动者造成损害的,应当承担赔偿责任。

用人单位自用工之日起超过1个月不满1年未与劳动者订立书面劳动合同的,应当向劳动者每月支付2倍的工资。用人单位自用工之日起满1年不与劳动者订立书面劳动合同

的，视为用人单位与劳动者已订立无固定期限劳动合同。

用人单位违反本法规定不与劳动者订立无固定期限劳动合同的，自应当订立无固定期限劳动合同之日起向劳动者每月支付2倍的工资。劳动合同依照本法第26条规定被确认无效，给对方造成损害的，有过错的一方应当承担赔偿责任。

二、劳动合同履行、变更、解除和终止中违法行为应承担的法律责任

1. 用人单位应承担的法律责任

《劳动合同法》规定，用人单位有下列情形之一的，由劳动行政部门责令限期支付劳动报酬、加班费或者经济补偿；劳动报酬低于当地最低工资标准的，应当支付其差额部分；逾期不支付的，责令用人单位按应付金额50%以上100%以下的标准向劳动者加付赔偿金：

(1)未按照劳动合同的约定或者国家规定及时足额支付劳动者劳动报酬的。
(2)低于当地最低工资标准支付劳动者工资的。
(3)安排加班不支付加班费的。
(4)解除或者终止劳动合同，未依照本法规定向劳动者支付经济补偿的。

用人单位有下列情形之一的，依法给予行政处罚；构成犯罪的，依法追究刑事责任；给劳动者造成损害的，应当承担赔偿责任：

(1)以暴力、威胁或者非法限制人身自由的手段强迫劳动的。
(2)违章指挥或者强令冒险作业危及劳动者人身安全的。
(3)侮辱、体罚、殴打、非法搜查或者拘禁劳动者的。
(4)劳动条件恶劣、环境污染严重，给劳动者身心健康造成严重损害的。

用人单位违反本法规定解除或者终止劳动合同的，应当依照本法第47条规定的经济补偿标准的2倍向劳动者支付赔偿金。用人单位违反本法规定未向劳动者出具解除或者终止劳动合同的书面证明，由劳动行政部门责令改正；给劳动者造成损害的，应当承担赔偿责任。

2. 劳动者违法行为应承担的法律责任

《劳动合同法》规定，劳动者违反本法规定解除劳动合同，或者违反劳动合同中约定的保密义务或者竞业限制，给用人单位造成损失的，应当承担赔偿责任。

3. 劳务派遣单位违法行为应承担的法律责任

《劳动合同法》规定，用人单位招用与其他用人单位尚未解除或者终止劳动合同的劳动者，给其他用人单位造成损失的，应当承担连带赔偿责任。

劳务派遣单位违反本法规定的，由劳动行政部门和其他有关主管部门责令改正；情节严重的，以每人1 000元以上5 000元以下的标准处以罚款，并由工商行政管理部门吊销营业执照；给被派遣劳动者造成损害的，劳务派遣单位与用工单位承担连带赔偿责任。

三、劳动保护违法行为应承担的法律责任

《劳动法》规定，用人单位违反本法规定，延长劳动者工作时间的，由劳动行政部门给予警告，责令改正，并可以处以罚款。

用人单位的劳动安全设施和劳动卫生条件不符合国家规定或者未向劳动者提供必要的劳动保护用品和劳动保护设施的，由劳动行政部门或者有关部门责令改正，可以处以罚款；

情节严重的,提请县级以上人民政府决定责令停产整顿;对事故隐患不采取措施,致使发生重大事故,造成劳动者生命和财产损失的,对责任人员比照刑法第187条的规定追究刑事责任。

用人单位非法招用未满16周岁的未成年人的,由劳动行政部门责令改正,处以罚款;情节严重的,由工商行政管理部门吊销营业执照。

用人单位违反本法对女职工和未成年工的保护规定,侵害其合法权益的,由劳动行政部门责令改正,处以罚款;对女职工或者未成年工造成损害的,应当承担赔偿责任。

用人单位无故不缴纳社会保险费的,由劳动行政部门责令其限期缴纳,逾期不缴纳的,可以加收滞纳金。

四、工伤处理违法行为应承担的法律责任

《工伤保险条例》规定,用人单位、工伤职工或者其直系亲属骗取工伤保险待遇,医疗机构、辅助器具配置机构骗取工伤保险基金支出的,由劳动保障行政部门责令退还,并处骗取金额1倍以上3倍以下的罚款;情节严重、构成犯罪的,依法追究刑事责任。

用人单位依照本条例规定应当参加工伤保险而未参加的,由劳动保障行政部门责令改正;未参加工伤保险期间用人单位职工发生工伤的,由该用人单位按照本条例规定的工伤保险待遇项目和标准支付费用。

第七节　建设工程相关合同

建设工程相关合同,主要是承揽合同、买卖合同、借款合同、租赁合同、融资租赁合同、运输合同、仓储合同、委托合同等。

一、承揽合同

1. 承揽合同的特征

《合同法》规定,承揽合同是承揽人按照定作人的要求完成工作,交付工作成果,定作人给付报酬的合同。承揽包括加工、定作、修理、复制、测试、检验等工作。在承揽合同中,提出工作要求,按约定接受工作成果并给付酬金的一方称为定作人;完成工作并交付工作成果,按约定获取报酬的一方称为承揽人。承揽合同具有以下法律特征:

(1)承揽合同以完成一定的工作并交付工作成果为目标的。在承揽合同中,承揽人必须按照定作人的要求完成一定的工作。定作人所关心的是工作成果的品质好坏,而非承揽人的工作过程。

(2)承揽人须以自己的设备、技术和劳力完成所承揽的工作。除当事人另有约定的外,承揽人应当以自己的设备、技术和劳力完成主要工作。未经定作人的同意,承揽人将承揽的主要工作交由第三人完成的,定作人可以解除合同;经定作人同意的,承揽人也应就第三人完成的工作成果向定作人负责。

承揽人有权将其承揽的辅助工作交由第三人完成。承揽人将承揽的辅助工作交由第三人完成的,应当就第三人完成的工作成果向定作人负责。

(3)承揽人工作具有独立性。承揽人在完成工作过程中,不受定作人的指挥管理,独立承担完成合同约定的质量、数量、期限等责任。承揽人在工作期间,应当接受定作人必要的监督检验,定作人不得因监督检验妨碍承揽人的正常工作。

2. 承揽合同当事人的权利义务

承揽合同属于双务合同。就是说,合同当事人一方享有的权利意味着对方要承担相应的义务。

(1)承揽人的义务。

1)按照合同约定完成承揽工作的义务。承揽人应当按照合同的约定,按时、按质、按量等完成工作。

2)材料检验的义务。承揽人提供材料的,承揽人应当按照约定选用材料,并接受定作人检验。定作人提供材料的,承揽人应当对定作人提供的材料及时检验,发现不符合约定时,应当及时通知定作人更换、补齐或者采取其他补救措施。承揽人不得擅自更换定作人提供的材料,不得更换不需要修理的零部件。

3)通知和保密的义务。承揽人发现定作人提供的图纸或者技术要求不合理的,应当及时通知定作人。承揽人应当按照定作人的要求保守秘密,未经定作人许可,不得留存复制品或者技术资料。

4)接受监督检查和妥善保管工作成果等的义务。承揽人在工作期间,应当接受定作人必要的监督检验。承揽人应当妥善保管定作人提供的材料以及完成的工作成果,因保管不善造成毁损、灭失的,应当承担损害赔偿责任。

5)交付符合质量要求工作成果的义务。承揽人完成工作后,应当向定作人交付工作成果,并提交必要的技术资料和有关质量证明。承揽人交付的工作成果不符合质量要求的,定作人可以要求承揽人承担修理、重作、减少报酬、赔偿损失等违约责任。共同承揽人对定作人承担连带责任,但当事人另有约定的除外。

(2)定作人的义务。

1)按照约定提供材料和协助承揽人完成工作的义务。定作人提供材料的,定作人应当按照约定提供材料。承揽工作需要定作人协助的,定作人有协助的义务。

2)支付报酬的义务。定作人应当按照约定的期限支付报酬。对支付报酬的期限没有约定或者约定不明确的,可以协议补充;不能达成补充协议的,按照合同有关条款或者交易习惯确定。对于不能达成补充协议,也不能按照合同有关条款或者交易习惯确定的,定作人应当在承揽人交付工作成果时支付;工作成果部分交付的,定作人应当相应支付。除当事人另有约定的外,定作人未向承揽人支付报酬或者材料费等价款的,承揽人对完成的工作成果享有留置权。

3)依法赔偿损失的义务。定作人中途变更承揽工作的要求,造成承揽人损失的,应当赔偿损失。承揽人发现定作人提供的图纸或者技术要求不合理的,在通知定作人后,因定作人怠于答复等原因造成承揽人损失的,定作人应当赔偿损失。

4)验收工作成果的义务。承揽人完成工作向定作人交付工作成果,并提交了必要的技术资料和有关质量证明的,定作人应当验收该工作成果。

(3)承揽合同的解除。承揽合同是以当事人之间的信赖关系为基础,所以在合同履行过程中,一旦这种信赖关系遭到破坏,法律允许当事人解除合同。

1)承揽人的法定解除权。定作人不履行协助义务致使承揽工作不能完成的,承揽人可以催告定作人在合理期限内履行义务,并可以顺延履行期限;定作人逾期不履行的,承揽人可以依法解除合同。

2)定作人的法定解除权。承揽人将其承揽的主要工作交由第三人完成的,应当就该第三人完成的工作成果向定作人负责;未经定作人同意的,定作人可以解除合同。

3)定作人的法定任意解除权。定作人可以随时解除承揽合同,造成承揽人损失的,应当赔偿损失。

根据《合同法》同的,只限于两种情况:一是发生不可抗力致使合同目的无法实现;二是对方当事人严重违约。除此之外,当事人擅自解除合同的,应当承担违约责任。但在承揽合同中,定作人除了享有上述法定的解除权外,还享有随时解除合同的权利。定作人解除合同的前提是赔偿承揽人的损失。

【案例1】

(1)背景:2010年3月,某印务公司与某包装公司签订加工承揽合同,约定由印务公司为包装公司印制包装盒和产品说明书等物品。合同中对品名、数量、金额、验收、结算等事项以及违约责任和纠纷处理方式作了详细约定。签约后,印务公司依约展开工作。合同履行过半,包装公司通知取消合同。印务公司认为,自己正在全面履行合同,对方取消合同的做法,严重违反了《合同法》的诚实信用原则,便起诉到人民法院,要求包装公司继续履行合同,并赔偿损失。

(2)问题:

1)包装公司取消合同的行为是否合法?

2)印务公司的诉讼请求能否得到人民法院的支持?

(3)分析:

1)根据《合同法》第268条的规定,定作人可以随时解除承揽合同,造成承揽人损失的,应当赔偿损失。因此,包装公司取消合同的做法是符合法律规定的。

2)由于定作人具有随时解除权,承揽人在合同解除后只能要求定作人赔偿其损失,而不可主张对方继续履行合同。所以,印务公司赔偿损失的诉讼请求可得到法院的支持,继续履行合同的诉讼请求不会得到法院的支持。

二、买卖合同的法律规定

《合同法》规定,买卖合同是指出卖人转移标的物的所有权于买受人,买受人支付价款的合同。

1. 买卖合同的法律特征

在买卖合同中,取得标所有权的一方称为买受人,转移标的物并取得价款的一方称为出卖人。买卖合同具有以下法律特征:

(1)买卖合同是一种转移财产所有权的合同。买受人不但要取得合同涉及的财产,更以依法获得其所有权作为根本目的。这也是区别于其他以行为、智力成果作为法律关系客体的合同之本质特征。

(2)买卖合同是有偿合同。买卖合同的实质是以等价有偿方式转让标的物的所有权,即出卖人移转标的物的所有权于买方,买方向出卖人支付价款。这是买卖合同的基本特征。

(3)买卖合同是双务合同。在买卖合同中,买方和卖方都享有一定的权利,承担一定的义务。而且,其权利和义务存在对应关系,即买方的权利就是卖方的义务,买方的义务就是卖方的权利。

(4)买卖合同是诺成合同。诺成合同自当事人双方意思表示一致时即可成立，不以一方交付标的物为合同的成立要件。当事人交付标的物属于履行合同，与合同的成立无关。买卖合同可以是书面的，也可以是口头的。但对于房屋买卖等标的额较大的财产买卖，应当签订书面合同。买卖合同的内容由当事人约定，除一般合同所具有的当事人名称或者姓名和住所、标的、数量、质量、价款或者报酬、履行期限、地点和方式、违约责任及解决争议的方法等条款外，还可以包括包装方式、检验标准和方法、结算方式、合同使用的文字及其效力等条款。

2. 买卖合同当事人的权利义务

(1)出卖人的主要义务。

1)按照合同约定交付标的物的义务。

出卖的标的物，应当属于出卖人所有或者出卖人有权处分。法律、行政法规禁止或者限制转让的标的物，不得违法出卖。出卖人应当向买受人交付标的物或者交付提取标的物的单证，并应当按照约定或者交易习惯向买受人交付提取标的物单证以外的有关单证和资料。

出卖人应当按照约定的期限交付标的物。约定交付期间的，出卖人可以在该交付期间内的任何时间交付。当事人没有约定标的物的交付期限或者约定不明确的，可以协议补充；不能达成补充协议的，按照合同有关条款或者交易习惯确定。对于不能达成补充协议，也不能按照合同有关条款或者交易习惯确定的，债务人可以随时履行，债权人也可以随时要求履行，但应当给对方必要的准备时间。

出卖人应当按照约定的地点交付标的物。当事人没有约定交付地点或者约定不明确，可以协议补充；不能达成补充协议的，按照合同有关条款或者交易习惯确定。对于不能达成补充协议，也不能按照合同有关条款或者交易习惯确定的，适用下列规定：

①标的物需要运输的，出卖人应当将标的物交付给第一承运人以运交给买受人；②标的物不需要运输，出卖人和买受人订立合同时知道标的物在某一地点的，出卖人应当在该地点交付标的物；不知道标的物在某一地点的，应当在出卖人订立合同时的营业地交付标的物。

2)出卖人应当按照约定的质量要求交付标的物。出卖人提供有关标的物质量说明的，交付的标的物应当符合该说明的质量要求。当事人对标的物的质量要求没有约定或者约定不明确，可以协议补充；不能达成补充协议的，按照合同有关条款或者交易习惯确定。对于不能达成补充协议，也不能按照合同有关条款或者交易习惯确定的，按照国家标准、行业标准履行；没有国家标准、行业标准的，按照通常标准或者符合合同目的的特定标准履行。

出卖人交付的标的物不符合质量要求的，应当按照当事人的约定承担违约责任。对违约责任没有约定或者约定不明确，可以协议补充；不能达成补充协议的，按照合同有关条款或者交易习惯确定。对于不能达成补充协议，也不能按照合同有关条款或者交易习惯确定的，受损害方根据标的的性质以及损失的大小，可以合理选择要求对方承担修理、更换、重作、退货、减少价款或者报酬等违约责任。

3)出卖人应当按照约定的包装方式交付标的物。对包装方式没有约定或者约定不明确可以协议补充；不能达成补充协议的，按照合同有关条款或者交易习惯确定。对于不能达成补充协议,也不能按照合同有关条款或者交易习惯确定的,应当按照通用的方式包装,没有通用方式的,应当采取足以保护标的物的包装方式。

4)转移标的物所有权的义务。除法律另有规定或者当事人另有约定的外,标的物的所有权自标的物交付时起转移。出卖人应当履行向买受人交付标的物或者交付提取标的物的单证,并转移标的物所有权的义务。但是,出卖具有知识产权的计算机软件等标的物的,除法律另有规定或者当事人另有约定的以外,该标的物的知识产权不属于买受人。

买受人的最终目的是获得标的物的所有权,将标的物所有权转移给买受人是出卖人的一项重要义务。

5)瑕疵担保义务。出卖人的瑕疵担保义务,可分为权利瑕疵担保义务和物的瑕疵担保义务。

①权利瑕疵担保义务。《合同法》第150条规定,出卖人就交付的标的物负有保证第三人不向买受人主张任何权利的义务,但法律另有规定的除外。

如果出卖人对于出卖的标的物没有所有权或处分权,或者没有完全的所有权或处分权,或者其处分涉及第三人的物权、知识产权等权益,则称其标的物存在权利瑕疵,出卖人因此应当承担权利瑕疵担保责任。

买受人订立合同时知道或者应当知道第三人对买卖的标的物享有权利的,出卖人不承担《合同法》第150条规定的义务。买受人有确切证据证明第三人可能就标的物主张权利的,可以中止支付相应的价款(但出卖人提供适当担保的除外)。

②物的瑕疵担保义务。物的瑕疵担保义务,是指出卖人就其所交付的标的物具备约定或法定品质所负有的担保义务。出卖人必须保证标的物转移于买受人之后,具有约定或法定的品质。就是说,出卖人应当按照约定的质量要求交付标的物。

(2)买受人的主要义务。

1)支付价款的义务。买受人应当按照约定的数额支付价款。对价款没有约定或者约定不明确的,可以协议补充;不能达成补充协议的,按照合同有关条款或者交易习惯确定。对于不能达成补充协议,也不能按照合同有关条款或者交易习惯确定的,按照订立合同时履行地的市场价格履行;依法应当执行政府定价或者政府指导价的,按照规定履行。执行政府定价或者政府指导价的,在合同约定的交付期限内政府价格调整时,按照交付时的价格计价。逾期交付标的物的,遇价格上涨时,按照原价格执行;价格下降时,按照新价格执行。逾期提取标的物或者逾期付款的,遇价格上涨时,按照新价格执行;价格下降时,按照原价格执行。

买受人应当按照约定的地点支付价款。对支付地点没有约定或者约定不明确,可以协议补充;不能达成补充协议的,按照合同有关条款或者交易习惯确定。对于不能达成补充协议,也不能按照合同有关条款或者交易习惯确定的,买受人应当在出卖人的营业地支付,但约定支付价款以交付标的物或者交付提取标的物单证为条件的,在交付标的物或者交付提取标的物单证的所在地支付。

买受人应当按照约定的时间支付价款。对支付时间没有约定或者约定不明确,可以协议补充;不能达成补充协议的,按照合同有关条款或者交易习惯确定。对于不能达成补充协议,也不能按照合同有关条款或者交易习惯确定的,买受人应当在收到标的物或者提取标的物单证的同时支付。

当事人可以在买卖合同中约定买受人未履行支付价款或者其他义务的,标的物的所有权属于出卖人。

2）受领标的物的义务。买受人应当按照约定接受买卖标的物及其有关权利和单证。没有正当理由拒不受领，致使标的物毁损灭失的风险由买受人承担。出卖人多交标的物的，买受人可以接收或者拒绝接收多交的部分。买受人接收多交部分的，按照合同的价格支付价款；买受人拒绝接收多交部分的，应当及时通知出卖人。

3）对标的物进行检验和及时通知的义务。买受人收到标的物时应当在约定的检验期间内检验。没有约定检验期间的，应当及时检验。当事人约定检验期间的，买受人应当在检验期间内将标的物的数量或者质量不符合约定的情形通知出卖人。买受人怠于通知的，视为标的物的数量或者质量符合约定。当事人没有约定检验期间的，买受人应当在发现或者应当发现标的物的数量或者质量不符合约定的合理期间内通知出卖人。买受人在合理期间内未通知或者自标的物收到之日起两年内未通知出卖人的，视为标的物的数量或者质量符合约定，但对标的物有质量保证期的，适用质量保证期，不适用该两年的规定。出卖人知道或者应当知道提供的标的物不符合约定，买受人通知出卖人的时限不受上述检验期间、合理期间的限制。

（3）标的物毁损、灭失风险的承担。标的物毁损、灭失的风险，在标的物交付之前由出卖人承担，交付之后由买受人承担。因买受人的原因致使标的物不能按照约定的期限交付的，买受人应当自违反约定之日起承担标的物毁损、灭失的风险。

出卖人出卖交由承运人运输的在途标的物，除当事人另有约定的以外，毁损、灭失的风险自合同成立时起由买受人承担。对于需要运输的标的物，当事人没有约定交付地点或者约定不明确，出卖人将标的物交付给第一承运人后，标的物毁损、灭失的风险由买受人承担。出卖人依约将标的物置于交付地点，买受人违反约定没有收取的，标的物毁损、灭失的风险自违反约定之日起由买受人承担。

出卖人按照约定未交付有关标的物的单证和资料的，不影响标的物毁损、灭失风险的转移。因标的物质量不符合质量要求，致使不能实现合同目的的，买受人可以拒绝接受标的物或者解除合同。买受人拒绝接受标的物或者解除合同的，标的物毁损、灭失的风险由出卖人承担。

标的物毁损、灭失的风险由买受人承担的，不影响因出卖人履行债务不符合约定，买受人要求其承担违约责任的权利。

3. 特殊买卖合同的规定

（1）凭样品买卖。凭样品买卖是指标的物的品质须与特定的样品品质一致的买卖。凭样品买卖的当事人应当封存样品，并可以对样品质量予以说明。出卖人交付的标的物应当与样品及其说明的质量相同。凭样品买卖的买受人不知道样品有隐蔽瑕疵的，即使交付的标的物与样品相同，出卖人交付的标的物的质量仍然应当符合同种物的通常标准。

（2）试用买卖。试用买卖是指出卖人将标的物交给买受人试用，买受人在试用期间决定是否购买的买卖。

试用买卖的当事人可以约定标的物的试用期间。对试用期间没有约定或者约定不明确，可以协议补充；不能达成补充协议的，按照合同有关条款或者交易习惯确定。对于不能达成补充协议，也不能按照合同有关条款或者交易习惯确定的，由出卖人确定。试用买卖的买受人在试用期内可以购买标的物，也可以拒绝购买。试用期间届满，买受人对是否购买标的物未作表示的，视为购买。

(3)招标投标买卖。招标投标买卖是指出卖人采用招标的方式向投标人出售标的物，投标人编制标书参与竞买，招标人根据评标报告确定中标人的特殊买卖形式。

招标投标买卖的当事人的权利和义务以及招标投标程序等，依照有关法律、行政法规的规定。《招标投标法》中对与工程建设有关的重要设备、材料等的采购，作出了明确规定。

(4)拍卖。拍卖是指以公开竞价的方式，将标的物出售给应价最高的竞买人的买卖方式。拍卖的当事人的权利和义务以及拍卖程序等，依照《拍卖法》等法律、行政法规的规定执行。

(5)易货买卖。易货买卖是指买卖双方以物易物的买卖。一方交付给对方的货物，即是自己取得对方货物支付的特殊对价。对价是指当事人一方在获得某种利益时，必须给付对方相应的代价。

按照《合同法》的规定，当事人约定易货交易，转移标的物的所有权的，参照买卖合同的有关规定。

4. 孳息的归属和买卖合同的解除

(1)孳息的归属。标的物在交付之前产生的孳息，归出卖人所有，交付之后产生的孳息，归买受人所有。所谓法定孳息，是指基于法律关系所获得的收益，如出租人根据租赁合同收取的租金、出借人根据贷款合同取得的利息等。

(2)买卖合同的解除。因标的物的主物不符合约定而解除合同的，解除合同的效力及于从物。因标的物的从物不符合约定被解除的，解除的效力不及于主物。

标的物为数物，其中一物不符合约定的，买受人可以就该物解除，但该物与他物分离使标的物的价值显受损害的，当事人可以就数物解除合同。

出卖人分批交付标的物的，出卖人对其中一批标的物不交付或者交付不符合约定，致使该批标的物不能实现合同目的的，买受人可以就该批标的物解除。

出卖人不交付其中一批标的物或者交付不符合约定，致使今后其他各批标的物的交付不能实现合同目的的，买受人可以就该批以及今后其他各批标的物解除。

买受人如果就其中一批标的物解除，该批标的物与其他各批标的物相互依存的，可以就已经交付和未交付的各批标的物解除。

分期付款的买受人未支付到期价款的金额达到全部价款的五分之一的，出卖人有权要求买受人支付全部价款或者解除合同。出卖人解除合同的，可以向买受人要求支付该标的物的使用费。

【案例2】

(1)背景：甲继承了一套房屋，在办理产权登记前以一纸协议将房屋出卖并交付给乙。自己办理产权登记后，又将该房屋出卖给丙并办理了所有权转移登记。

(2)问题：在办理继承登记前甲对房屋享有所有权吗？甲与乙、丙之间的房屋买卖合同是否有效，为什么？

(3)分析：

1)根据《物权法》第29条规定："因继承或者受遗赠取得物权的，自继承或者受遗赠开始时发生效力。"和《继承法》第2条规定："继承从被继承人死亡时开始。"甲取得房屋所有权是自被继承人死亡开始的，即使没有办理登记，仍然取得了房屋所有权。因此在办理继承登记之前，甲已经取得了该房屋的所有权。

2)《物权法》第15条规定："当事人之间订立有关设立、变更、转让和消灭不动产物权的合同,除法律另有规定或者合同另有约定外,自合同成立时生效;未办理物权登记的,不影响合同效力。"因此,甲与乙的买卖合同有效,但房屋所有权尚未发生转移,乙没有取得房屋的所有权。甲在已经办理了产权转移登记的情况下,甲有权与丙签订买卖合同。虽然,甲存在一房二卖的情况,但每个买卖合同都是有效的。甲是房屋的所有权人,其和丙签订合同出卖自己的房屋并办理了过户登记手续,丙因此取得房屋的所有权。同时,由于甲无法向乙履行买卖合同交付标的物义务,应承担违约责任。

三、借款合同的法律规定

《合同法》规定,借款合同是借款人向贷款人借款,到期返还借款并支付利息的合同。

1. 借款合同的法律特征

(1)借款合同的标的物是货币。借款合同的标的物是作为一般等价交换物的货币,属于特殊种类物。因此,原则上只发生履行迟延,不发生履行不能。

(2)借款合同一般为要式合同。借款合同采用书面形式,但自然人之间借款另有约定的除外。借款合同的内容包括借款种类、币种、用途、数额、利率、期限和还款方式等条款。

(3)借款合同一般是有偿合同(有息借款)。借款合同原则上为有偿合同(有息借款),也可以是无偿合同(无息借款)。自然人之间的借款合同如果没有约定利息,贷款人主张利息的,人民法院不予支持。

(4)借款合同一般为诺成合同。一般认为,金融机构借款合同属于诺成合同,自然人之间的借款合同则为实践合同。

2. 借款合同当事人的权利义务

(1)贷款人的义务。

1)提供借款的义务。贷款人应当按照合同约定提供借款。贷款人未按照约定的日期、数额提供借款,造成借款人损失,应当赔偿损失。

2)不得预扣利息的义务。借款的利息不得预先在本金中扣除。利息预先在本金中扣除的,应当按照实际借款数额返还借款并计算利息。

(2)借款人的义务。

1)提供担保的义务。订立借款合同,贷款人可以要求借款人提供担保。

2)提供真实情况的义务。订立借款合同,借款人应当按照贷款人的要求提供与借款有关的业务活动和财务状况的真实情况。

3)按照约定收取借款的义务。借款人未按照约定的日期、数额收取借款的,应当按照约定的日期、数额支付利息。

4)按照约定用途使用借款的义务。借款人应当按照约定向贷款人定期提供有关财务会计报表等资料。借款人未按照约定的借款用途使用借款的,贷款人可以停止发放借款、提前收回借款或者解除合同。

5)按期归还本金和利息的义务。借款人应当按照约定的期限返还借款。对借款期限没有约定或者约定不明确,可以协议补充;不能达成补充协议的,按照合同有关条款或者交易习惯确定。对于不能达成补充协议,也未能按照合同有关条款或者交易习惯确定的,借款人可以随时返还;贷款人可以催告借款人在合理期限内返还。借款人应当按照约定的期限支付利息。对支付利息的期限没有约定或者约定不明确，可以协议补充；不能达成补充协议的，按照合同有关条款或者交易习惯确定。对于不能达成补充协议，也不能按照合同有关条款或者交易习惯确定的，借款期间不满1年的，应当在返还借款时一并支付；借款期间1年以上的，应当在每届满1年时支付，剩余期间不满1年的，应当在返还借款时一并支付。借款人未按照约定的期限返还借款的，应当按照约定或者国家有关规定支付逾期利息。借款人提前偿还借款的，除当事人另有约定的以外，应当按照实际借款的期间计算利息。

(3)借款合同的其他规定。

1)借款人可以在还款期限届满之前向贷款人申请展期。贷款人同意的，可以展期。

2)办理贷款业务的金融机构贷款的利率，应当按照中国人民银行规定的贷款利率的上下限确定。

3)自然人之间的借款合同，自贷款人提供借款时生效。自然人之间的借款合同对支付利息没有约定或者约定不明确的，视为不支付利息。自然人之间的借款合同约定支付利息的，借款的利率不得违反国家有关限制借款利率的规定。

注意：《最高人民法院关于人民法院审理借贷案件的若干意见》规定，民间借贷的利率可以适当高于银行的利率，各地人民法院可根据本地区的实际情况具体掌握，但最高不得超过银行同类贷款利率的4倍(包含利率本数)。超出此限度的，超出部分的利息不予保护。出借人不得将利息计入本金谋取高利。审理中发现债权人将利息计入本金计算复利的，其利率超出银行同类贷款利率的4倍(包含利率本数)时，超出部分的利息不予保护。

【案例3】

(1)背景：赵某因生意急需向李某借一笔钱，双方口头约定借款数额为20万元，借期为2年，月利率为2‰。到了交钱的时候，李某以种种理由拒绝出借。为此，给赵某造成了惨重损失，赵某遂将李某告上法庭，请求法院判令李某赔偿损失。

(2)问题：

1)该借款合同的效力状况如何？

2)赵某的诉讼请求能得到法庭的支持吗？

(3)分析：

1)该借款合同未生效。《合同法》第210条规定："自然人之间的借款合同，自贷款人提供借款时生效。"由此可知，该借款合同未生效。

2)赵某的诉讼请求不会得到法庭支持。理由：借款合同未生效，二者之间没有产生法律上的权利义务关系。

四、租赁合同的法律规定

《合同法》规定，租赁合同是出租人将租赁物交付承租人使用、收益，承租人支付租金的合同。

1. 租赁合同的法律特征

(1)租赁合同是转移租赁物使用收益权的合同。在租赁合同中，承租人的目的是取得租赁物的使用收益权，出租人也只转让租赁物的使用收益权，而不转让其所有权；租赁合同终止时，承租人须返还租赁物。这是租赁合同区别于买卖合同的根本特征。

(2)租赁合同是诺成合同。租赁合同的成立不以租赁物的交付为要件，当事人只要依法达成协议，合同即告成立。

（3）租赁合同是双务、有偿合同。在租赁合同中，双方当事人互享权利、互负义务，一方权利的实现有赖于对方履行约定及法定的义务。同时，承租人须向出租人支付租金。

2. 租赁合同的内容和类型

（1）租赁合同的内容。租赁合同的内容包括租赁物的名称、数量、用途、租赁期限、租金及其支付期限和方式、租赁物维修等条款。

（2）租赁合同的类型。租赁合同根据租赁标的物不同，可分为动产租赁和不动产租赁。此外，根据是否约定租赁期限，还可分为定期租赁和不定期租赁。

1）定期租赁。租赁合同可以约定租赁期限，但租赁期限不得超过 20 年。超过 20 年的，超过部分无效。租赁期间届满，当事人可以续订租赁合同，但约定的租赁期限自续订之日起不得超过 20 年。租赁期限 6 个月以上的，应当采用书面形式。当事人未采用书面形式的，视为不定期租赁。

2）不定期租赁。不定期租赁分为两种情形：一种是当事人没有约定租赁期限；另一种是定期租赁合同期限届满，承租人继续使用租赁物，出租人没有提出异议的，原租赁合同继续有效，但租赁期限为不定期。

此外，当事人对租赁期限没有约定或者约定不明确，可以协议补充；不能达成补充协议的，按照合同有关条款或者交易习惯确定。对于不能达成补充协议，也不能按照合同有关条款或者交易习惯确定的，视为不定期租赁，当事人可以随时解除合同，但出租人解除合同应当在合理期限之前通知承租人。

3. 租赁合同当事人的权利义务

（1）出租人的义务。

1）交付出租物的义务。出租人应当按照约定将租赁物交付承租人，并在租赁期间保持租赁物符合约定的用途。

2）维修租赁物的义务。除当事人另有约定的外，出租人应当履行租赁物的维修义务。承租人在租赁物需要维修时可以要求出租人在合理期限内维修。出租人不履行维修义务，承租人可以自行维修，维修费用由出租人负担。因维修租赁物影响承租人使用时，应当相应减少租金或者延长租期。

3）权利瑕疵担保的义务。在租赁期间，出租人应当担保没有第三人对租赁物主张权利。如果因第三人主张权利，致使承租人不能对租赁物使用、收益的，承租人可以要求减少租金或者不支付租金。

4）物的瑕疵担保义务。出租人应当担保租赁物质量完好，不存在影响承租人正常使用的瑕疵。当然，若承租人在签订合同时知悉某瑕疵存在，则不应受此约束。

当租赁物危及承租人的安全或者健康时，即使承租人订立合同时明知该租赁物质量不合格，承租人仍然可以随时解除合同。

5）保证承租人优先购买权的义务。出租人出卖租赁房屋的，应当在出卖之前的合理期限内通知承租人，承租人享有以同等条件优先购买的权利。租赁物在租赁期间发生所有权变动的，不影响租赁合同的效力。

6）保证共同居住人继续承租的义务。承租人在房屋租赁期间死亡的，与其生前共同居住的人可以按照原租赁合同租赁该房屋。生前共同居住的人不以与承租人是否有继承关系、亲属关系为限。

(2)承租人的义务。

1)支付租金的义务。承租人应当按照约定的期限支付租金。对支付期限没有约定或者约定不明确，可以协议补充；不能达成补充协议的，按照合同有关条款或者交易习惯确定。对于不能达成补充协议，也不能按照合同有关条款或者交易习惯确定的，租赁期不满1年的，应当在租赁期届满时支付；租赁期在1年以上的，应当在每届满1年时支付，剩余期不满1年的，应当在租赁期届满时支付。

承租人无正当理由未支付或者迟延支付租金的，出租人可以要求承租人在合理期限内支付。承租人逾期不支付的，出租人可以解除合同。

2)按照约定使用租赁物的义务。承租人应当按照约定的方法使用租赁物。对租赁物的使用方法没有约定或者约定不明确，可以协议补充；不能达成补充协议的，按照合同有关条款或者交易习惯确定。对于不能达成补充协议，也不能按照合同有关条款或者交易习惯确定的，应当按照租赁物的性质使用。

承租人按照约定的方法或者租赁物的性质使用租赁物，致使租赁物受到损耗的，不承担损害赔偿责任。承租人未按照约定的方法或者租赁物的性质使用租赁物，致使租赁物受到损失的，出租人可以解除合同并要求赔偿损失。

3)妥善保管租赁物的义务。承租人应当妥善保管租赁物，因保管不善造成租赁物毁损、灭失的，应当承担损害赔偿责任。承租人经出租人同意，可以对租赁物进行改善或者增设他物。承租人未经出租人同意，对租赁物进行改善或者增设他物的，出租人可以要求承租人恢复原状或者赔偿损失。

4)有关事项通知的义务。在租赁期间，遇到租赁物需要维修、第三人主张权利及其他涉及租赁物的相关事项，承租人应当及时通知出租人。

5)返还租赁物的义务。租赁期间届满，承租人应当返还租赁物。返还的租赁物应当符合按照约定或者租赁物的性质使用后的状态。

6)损失赔偿的义务。承租人经出租人同意，可以将租赁物转租给第三人。承租人转租的，承租人与出租人之间的租赁合同继续有效，第三人对租赁物造成损失的，承租人应当赔偿损失。承租人未经出租人同意转租的，出租人可以解除合同。

(3)租赁合同的其他规定。在租赁期间因占有、使用租赁物获得的收益，归承租人所有，但当事人另有约定的除外。

因不可归责于承租人的事由，致使租赁物部分或者全部毁损、灭失的，承租人可以要求减少租金或者不支付租金；因租赁物部分或者全部毁损、灭失，致使不能实现合同目的的，承租人可以解除合同。

【案例4】

(1)背景：某开发公司经与某银行协商，将其所有的一座写字楼抵押给该银行。抵押登记完成后，该开发公司又将写字楼出租。当偿还银行借款本息期限届满时，因无力清偿，开发公司与银行协商，将该写字楼作价折抵给银行。银行获得该写字楼的所有权后，拟自行使用，故向各承租人发出解除租赁合同的书面通知。各租户认为租赁合同尚未到期，拒绝搬出。

(2)问题：

1)开发公司在将写字楼抵押后又将其出租的行为是否有效？

2)银行是否有权解除租赁合同？

3)如果开发公司是将已出租的写字楼向银行设定抵押,情形又将如何?

(3)分析:

1)出租行为有效。抵押权的设定,并不影响抵押人作为抵押物的所有权人行使对抵押物的使用、占有、收益和处分的权利。抵押人将抵押物出租,属于对抵押物行使收益权的行为。《最高人民法院关于适用〈中华人民共和国担保法〉若干问题的解释》肯定了抵押人的出租权,但抵押人对承租人有告知义务,否则将对出租抵押物造成承租人的损失承担赔偿责任。

2)银行有权解除租赁合同。《物权法》第190条规定:"订立抵押合同前抵押财产已出租的,原租赁关系不受该抵押权的影响。抵押权设立后抵押财产出租的,该租赁关系不得对抗已登记的抵押权。"由于抵押权设定于前,租赁权设定于后,银行受让该楼的所有权后原先的租赁合同失去约束力,银行有权解除租赁合同。若抵押人未告知承租人该写字楼已抵押的事实,抵押权人处分抵押物后,由抵押人向承租人承担违约责任。

3)如果开发公司是将已出租的写字楼向银行设定抵押的,由于租赁权设定于前,抵押权设定于后,根据《物权法》第190条的规定:"订立抵押合同前抵押财产已出租的,原租赁关系不受该抵押权的影响。"银行便无权解除租赁合同。

五、融资租赁合同的法律规定

《合同法》规定,融资租赁合同是出租人根据承租人对出卖人、租赁物的选择,向出卖人购买租赁物,提供给承租人使用,承租人支付租金的合同。

1. 融资租赁合同的法律特征

融资租赁是将融资与融物结合在一起的特殊交易方式。融资租赁合同涉及出租人、出卖人和承租人三方主体。通常的做法是,承租人要求出租人为其融资购买所需的租赁物,由出租人向出卖人支付价款,并由出卖人向承租人交付租赁物及承担瑕疵担保义务,而承租人仅向出租人支付租金而无须向出卖人承担义务。

融资租赁合同是由出卖人与买受人(租赁合同的出租人)之间的买卖合同和出租人与承租人之间的租赁合同构成的,但其法律效力又不是买卖和租赁两个合同效力的简单相加。

其法律特征如下:

(1)出租人身份的二重性。出租人是租赁行为的出租方,但在承租人选择承租物和出卖人后,出租人与出卖人之间构成了法律上的买卖关系,因而又是买受人。

(2)出卖人权利与义务相对人的差异性。融资租赁合同不同于买卖合同。在买卖合同中,出卖人的权利和义务总是指向同一方主体。但在融资租赁合同中,出卖人是向承租人履行交付标的物和瑕疵担保义务,而不是向买受人(出租人)履行义务,即承租人享有买受人的权利但不承担买受人的义务。

融资租赁合同也不同于租赁合同。融资租赁合同的出租人不负担租赁物的维修与瑕疵担保义务,但承租人须向出租人履行交付租金义务。

(3)融资租赁合同是要式合同。融资租赁是三方主体参与的经济活动。为明确各自的权利和义务,《合同法》规定,融资租赁合同应当采用书面形式。融资租赁合同的内容,包括租赁物名称、数量、规格、技术性能、检验方法、租赁期限、租金构成及其支付期限和方式、币种、租赁期间届满租赁物的归属等条款。

2. 融资租赁合同当事人的权利义务

(1)出租人的义务。

1)向出卖人支付价金的义务。出租人应当根据承租人对出卖人、租赁物的选择订立的买卖合同,向出卖人支付标的物的价金。

2)保证承租人对租赁物占有和使用的义务。出租人应当保证承租人对租赁物的占有和使用。《合同法》第245条规定,出租人把租赁物的所有权转让给第三人时,融资租赁合同对第三人仍然有效。

3)协助承租人索赔的义务。出租人、出卖人、承租人可以约定,出卖人不履行买卖合同义务的,由承租人行使索赔的权利。承租人行使索赔权利的,出租人应当协助。

4)尊重承租人选择权的义务。出租人根据承租人对出卖人、租赁物的选择订立的买卖合同,未经承租人同意,出租人不得变更与承租人有关的合同内容。租赁物不符合约定或者不符合使用目的的,出租人不承担责任,但承租人依赖出租人的技能确定租赁物或者出租人干预选择租赁物的除外。

(2)出卖人的义务。

1)向承租人交付标的物的义务。出租人根据承租人对出卖人、租赁物的选择订立的买卖合同,出卖人应当按照约定向承租人交付标的物。根据融资租赁合同,虽然出卖人是向出租人主张价金,但却需按照约定向承租人交付标的物。

2)标的物的瑕疵担保义务。承租人享有与受领标的物有关的买受人的权利。由于出卖人是向承租人交付标的物,则承租人便享有与受领标的物有关的买受人的权利,包括出卖人应向承租人履行标的物的瑕疵担保义务。

(3)承租人的义务。

1)支付租金的义务。承租人应当按照约定支付租金。承租人经催告后在合理期限内仍不支付租金的,出租人可以要求支付全部租金,也可以解除合同,收回租赁物。

当事人约定租赁期间届满租赁物归承租人所有,承租人已经支付大部分租金,但无力支付剩余租金,出租人因此解除合同收回租赁物的,收回的租赁物的价值超过承租人欠付的租金以及其他费用的,承租人可以要求部分归还。

2)妥善保管和使用租赁物的义务。承租人应当妥善保管、使用租赁物。承租人应当履行占有租赁物期间的维修义务。承租人占有租赁物期间,因租赁物造成第三人的人身伤害或者财产损害的,出租人不承担责任。

3)租赁期限届满返还租赁物的义务。出租人享有租赁物的所有权。出租人和承租人可以约定租赁期间届满租赁物的归属。对租赁物的归属没有约定或者约定不明确的,可以协议补充;不能达成补充协议的,按照合同有关条款或者交易习惯确定。对于不能达成补充协议,也不能按照合同有关条款或者交易习惯确定的,租赁物的所有权归出租人。承租人破产的,租赁物不属于破产财产。

【案例5】

(1)背景:2012年2月6日,甲公司与乙公司签订融资租赁合同。双方约定,出租人甲公司应按照承租人乙公司的要求,从国外购进浮法玻璃生产线及附属配件,租赁给乙公司,租金总额18万美元,租期24个月。如乙公司不支付租金,甲公司可要求即时付清一部分或全部租金,或终止合同,收回租赁物件,并由乙公司赔偿损失。丙公司为乙公司提供了支付租金的担保。丙公司向甲公司出具的租金偿还保证书中约定,丙公司保证和负责乙公司切实履行融资租赁合同的各项条款，如乙公司不能按照合同的约定向甲公司交纳其应付的租金及其他款项时，担保人应按照融资租赁合同的约定，无异议地代替乙公司将上述租金及其他款项交付给甲公司。

2013年5月5日，甲公司将购进的全套设备全部运抵目的地。按照乙公司的要求，将设备安装在丁工厂使用。设备投产后，因生产原料需从国外进口，成本较高，销路较差，致使开工后就停产。承租人和丁工厂仅支付甲公司设备租金6万美元。甲公司多次催要，乙公司和丁工厂仍未能支付租金，于是甲公司向法院提起诉讼，要求乙公司和丁工厂立即偿付所欠租金及利息，并由丙公司承担保证责任。乙公司辩称，甲公司在丁工厂经营不善的情况下，未能收回租赁物，致使损失扩大，乙公司不应承担责任；丙公司辩称，甲公司应在承租方无力偿付租金的情况下及时收回租赁物，防止损失扩大，但甲公司却采取放任态度，致使损失扩大，甲公司无权就扩大的损失要求赔偿。人民法院受理后，将丁工厂列为本案的第三人参加诉讼，丁工厂辩称，自己不是融资租赁合同的当事人，不应承担租金偿付义务。

(2)问题：
1)融资租赁合同是否合法有效？
2)甲公司未收回租赁物是否造成损失扩大？
3)丁工厂是否应承担偿付租金的责任？

(3)分析：
1)根据融资租赁合同法律关系，出租人的主要义务是出资给供货人购买租赁物并租给承租人使用，承租人的义务是指定某种设备和供货人并支付租金。本案中，作为出租人的甲公司享有按合同约定的租金标准收取租金的权利。乙公司不按照合同的规定支付租金，属于违约行为。《民法通则》第111条规定，当事人一方不履行合同，另一方有权要求履行或者采取补救措施，并有权要求赔偿损失。因此，乙公司应当支付租金、逾期利息并赔偿损失。丙公司作为承租人的担保人，应当按照合同约定的保证责任履行担保义务。

2)本案中融资租赁合同中约定，如乙公司不支付租金，甲公司可要求即时付清租金的一部分或全部，或终止合同，收回租赁物件。根据该规定，当承租人违约后，出租人可以行使债权——要求即时付清租金的一部分或全部，也可以行使担保物权——收回租赁物。这一规定对于出租人实际上是可选择行使的权利，出租人有权选择其一来实现权利的保护。鉴于融资租赁合同的法律特征，出租人出租租赁物的目的在于承租人能偿还购买设备的本息及一定的利润，追求的是金钱利益的体现。因此，出租人收回租赁物的选择不会是其首要的选择。即使出租人甲公司收回租赁物，也不能免除承租人乙公司的偿付全部租金的责任，在出租人收回租赁物后，由于其专用性，应由甲公司进行变卖、拍卖或转租，利益不足部分仍应由承租人乙公司来承担。

3)在本案这种追索租金的债权纠纷中，丁工厂不是融资租赁合同的一方当事人，没有向甲公司偿还租金的义务。

六、运输合同的法律规定

《合同法》规定，运输合同是承运人将旅客或者货物从起运地点运输到约定地点，旅客、托运人或者收货人支付票款或者运输费用的合同。运输合同可分为客运合同和货运合同，这里仅介绍货运合同。

1. 货运合同的法律特征

(1)货运合同是双务、有偿合同。承运人与托运人各承担一定的义务，互享一定的权利。承运人有义务安全、准时将货物运抵约定地点，并有权取得托运人支付的费用，而托运人或收货人有义务支付运输费用。

(2)货运合同的标的是运输行为。货运合同当事人的权利及义务关系，不是围绕货物本身产生的，而是围绕着运送货物的行为产生的。

(3)货运合同是诺成合同。货运合同一般以托运人提出运输货物的请求为要约，承运人同意运输为承诺，合同即告成立。

(4)货运合同当事人的特殊性。货运合同的收货人和托运人可以是同一人，但在大多数情况下不是同一人。在第三人为收货人的情况下，收货人虽不是订立合同的当事人，但却是合同的利害关系人。

2. 货运合同当事人的权利义务

(1)承运人的权利义务。

1)承运人的权利。求偿权：因托运人申报不实或者遗漏重要情况，造成承运人损失的，托运人应当承担损害赔偿责任。

拒运权：托运人应当按照约定的方式包装货物。对包装方式没有约定或者约定不明确的，适用《合同法》第156条的规定。托运人违反包装的规定的，承运人可以拒绝运输。

留置权：托运人或者收货人不支付运费、保管费以及其他运输费用的，承运人对相应的运输货物享有留置权，但当事人另有约定的除外。

2)承运人的义务。运送货物的义务：承运人应当在约定期间或者合理期间内，按照约定的或者通常的运输路线，将货物安全运输到约定地点。承运人未按照约定路线或者通常路线运输增加运输费用的，托运人或者收货人可以拒绝支付增加部分的运输费用。

及时通知提领货物的义务：货物运输到达后，承运人知道收货人的，应当及时通知收货人。

按指示运输的义务：在承运人将货物交付收货人之前，托运人可以要求承运人中止运输、返还货物、变更到达地或者将货物交给其他收货人，但应当赔偿承运人因此受到的损失。

货物毁损、灭失的赔偿义务：承运人对运输过程中货物的毁损、灭失承担损害赔偿责任，但承运人证明货物的毁损、灭失是因不可抗力、货物本身的自然性质或者合理损耗以及托运人、收货人的过错造成的，不承担损害赔偿责任。

两个以上承运人以同一运输方式联运的，与托运人订立合同的承运人应当对全程运输承担责任。损失发生在某一运输区段的，与托运人订立合同的承运人和该区段的承运人承担连带责任。

因不可抗力灭失货物不得要求支付运费的义务：货物在运输过程中因不可抗力灭失，未收取运费的，承运人不得要求支付运费；已收取运费的，托运人可以要求返还。

(2)托运人的权利与义务。

1)托运人的权利。有条件的拒绝支付运费权：承运人未按照约定路线或者通常路线运输增加运输费用的，托运人或者收货人可以拒绝支付增加部分的运输费用。

任意变更解除权：在承运人将货物交付收货人之前，托运人可以要求承运人中止运输、返还货物、变更到达地或者将货物交给其他收货人，但应当赔偿承运人因此受到的损失。

2)托运人的义务。支付运费的义务：托运人或者收货人应当支付运输费用。托运人或者收货人不支付运费、保管费以及其他运输费用的，承运人对相应的运输货物享有留置权，但当事人另有约定的除外。

妥善包装的义务：托运人应当按照约定的方式包装货物。对包装方式没有约定或者约定不明确，可以协议补充；不能达成补充协议的，按照合同有关条款或者交易习惯确定。对于不能达成补充协议，也不能按照合同有关条款或者交易习惯确定的，应当按照通用的方式包装，没有通用方式的，应当采取足以保护标的物的包装方式。托运人违反以上规定的，承运人可以拒绝运输。

托运人托运易燃、易爆、有毒、有腐蚀性、有放射性等危险物品的，应当按照国家有关危险物品运输的规定对危险物品妥善包装，做出危险物标志和标签，并将有关危险物品的名称、性质和防范措施的书面材料提交承运人。托运人违反以上规定的，承运人可以拒绝运输，也可以采取相应措施以避免损失的发生，因此产生的费用由托运人承担。

告知的义务：托运人办理货物运输，应当向承运人准确表明收货人的名称或者姓名或者凭指示的收货人，货物的名称、性质、重量、数量、收货地点等有关货物运输的必要情况。因托运人申报不实或者遗漏重要情况，造成承运人损失的，托运人应当承担损害赔偿责任。货物运输需要办理审批、检验等手续的，托运人应当将办理完有关手续的文件提交承运人。

(3)收货人的权利义务。

1)收货人的权利。承运人未按照约定路线或者通常路线运输增加运输费用的，托运人或者收货人可以拒绝支付增加部分的运输费用。

2)收货人的义务。

提货验收的义务：收货人应当及时提货。收货人逾期提货的，应当向承运人支付保管费等费用。收货人提货时应当按照约定的期限检验货物。对检验货物的期限没有约定或者约定不明确，可以协议补充；不能达成补充协议的，按照合同有关条款或者交易习惯确定。对于不能达成补充协议，也不能按照合同有关条款或者交易习惯确定的，应当在合理期限内检验货物。收货人在约定的期限或者合理期限内对货物的数量、毁损等未提出异议的，视为承运人已经按照运输单证的记载交付的初步证据。

支付托运人未付或者少付运费及其他费用的义务。一般情况下，运费由托运人在发站向承运人支付。但如果合同约定由收货人在到站支付或者托运人未支付的，收货人应支付。在运输中发生的其他费用，应由收货人支付的，收货人也必须支付。

【案例6】

(1)背景：某建筑公司与设备供应商签订了建筑设备买卖合同，约定收到设备后10天内支付设备款，且由供应商负责交运输公司承运，运费由建筑公司收货后支付。运输途中，因泥石流灾害，导致设备完全报废。运输公司要求建筑公司按约定支付运费，建筑公司以运输公司可交付的设备已经毁损为由，拒不支付，且要求运输公司赔偿设备毁损的损失。

(2)问题：

1)运输公司可否要求建筑公司支付运费？

2)建筑公司就设备毁损应由谁承担？

3)建筑公司是否要向供应商支付设备款？

(3)分析:《合同法》规定:"出卖人出卖交由承运人运输的在途标的物,除当事人另有约定的以外,毁损、灭失的风险自合同成立时起由买受人承担。"另又规定:"货物在运输过程中因不可抗力灭失,未收取运费的,承运人不得要求支付运费;已收取运费的,托运人可以要求返还。"所以,运输公司不能要求建筑公司要求支付运费,建筑公司的设备毁损自己负责,供应商可以要求建筑公司支付设备款。

七、仓储合同的法律规定

《合同法》规定,仓储合同是保管人储存存货人交付的仓储物,存货人支付仓储费的合同。

1. 仓储合同的法律特征

(1)仓储合同是诺成合同。仓储合同自成立时生效,不以仓储物是否交付为要件。这是区别于保管合同的显著特征。

(2)仓储合同的保管对象是动产。仓储合同保管的对象必须是动产,不动产不能作为仓储合同的保管对象。这是区别于保管合同的又一显著特征。

(3)仓储合同是双务合同、有偿合同。《合同法》规定,仓储合同是保管人储存存货人交付的仓储物,存货人支付仓储费的合同。存货人或者仓单持有人逾期提取的,应当加收仓储费;提前提取的,不减收仓储费。据此,仓储合同为双务性、有偿性的合同。

2. 仓储合同当事人的权利义务

(1)保管人的义务。

1)验收的义务。保管人应当按照约定对入库仓储物进行验收。保管人验收时发现入库仓储物与约定不符合的,应当及时通知存货人。保管人验收后,发生仓储物的品种、数量、质量不符合约定的,保管人应当承担损害赔偿责任。

2)出具仓单的义务。存货人交付仓储物的,保管人应当给付仓单,并在仓单上签字或者盖章。仓单是提取仓储物的凭证。存货人或者仓单持有人在仓单上背书并经保管人签字或者盖章的,可以转让提取仓储物的权利。

3)允许检查或者提取样品的义务。保管人根据存货人或者仓单持有人的要求,应当同意其检查仓储物或者提取样品。

4)通知的义务。保管人对入库仓储物发现有变质或者其他损坏的,应当及时通知存货人或者仓单持有人。

5)催告或做出必要处置的义务。保管人对入库仓储物发现有变质或者其他损坏,危及其他仓储物的安全和正常保管的,应当催告存货人或者仓单持有人作出必要的处置。因情况紧急,保管人可以作出必要的处置,但事后应当将该情况及时通知存货人或者仓单持有人。

6)损害赔偿的义务储存期间,因保管人保管不善造成仓储物毁损、灭失的,保管人应当承担损害赔偿责任。因仓储物的性质、包装不符合约定或者超过有效储存期造成仓储物变质、损坏的,保管人不承担损害赔偿责任。

(2)存货人的义务。

1)支付仓储费用的义务。存货人应当按照约定向保管人支付仓储费。

2)说明的义务。储存易燃、易爆、有毒、有腐蚀性、有放射性等危险物品或者易变质物品,存货人应当说明该物品的性质,提供有关资料。存货人违反以上规定的,保管人可以拒收仓储物,也可以采取相应措施以避免损失的发生,因此产生的费用由存货人承担。

3)按时提取仓储物。储存期间届满,存货人或者仓单持有人应当凭仓单提取仓储物。存货人或者仓单持有人逾期提取的,应当加收仓储费;提前提取的,不减收仓储费。储存期间届满,存货人或者仓单持有人不提取仓储物的,保管人可以催告其在合理期限内提取,逾期不提取的,保管人可以提存仓储物。当事人对储存期间没有约定或者约定不明确的,存货人或者仓单持有人可以随时提取仓储物,保管人也可以随时要求存货人或者仓单持有人提取仓储物,但应当给予必要的准备时间。

【案例7】

(1)背景:某仓储公司接受甲公司委托,将其收购的10万公斤小麦验货入库储存,并出具了仓单。此后,甲公司将小麦卖给了某粮食加工企业(以下简称加工企业)。应加工企业请求,甲公司并未将小麦取出交付,而是将仓单背书后交给了加工企业,并在事后通知了仓库。仓储期满以后,当加工企业持仓单提货时,仓储公司以加工企业不是合法仓单持有人为由拒绝交货。

(2)问题:请问仓储公司的做法是否合法,为什么?

(3)分析:存货人转让仓单的,除存货人应当在仓单上背书外,还应当由保管人在仓单上签字或者盖章,仓单转让的行为才发生效力。本案中的仓单未经仓储公司签字或盖章,故而仓单转让行为并未发生效力,仓储公司拒绝加工企业提货请求是有法律依据的。

八、委托合同的法律规定

《合同法》规定,委托合同是委托人和受托人约定,由受托人处理委托人事务的合同。委托人可以特别委托受托人处理一项或者数项事务,也可以概括委托受托人处理一切事务。

1. 委托合同的法律特征

(1)委托合同的目的是为他人处理或管理事务。

(2)委托合同的订立以双方相互信任为前提。

(3)委托合同未必是有偿合同。

2. 委托合同当事人的权利义务

(1)委托人的义务。支付费用的义务:委托人应当预付处理委托事务的费用。受托人为处理委托事务垫付的必要费用,委托人应当偿还该费用及其利息。

支付报酬的义务:受托人完成委托事务的,委托人应当向其支付报酬。因不可归责于受托人的事由,委托合同解除或者委托事务不能完成的,委托人应当向受托人支付相应的报酬。当事人另有约定的,按照其约定。

赔偿损失的义务:委托人经受托人同意,可以在受托人之外委托第三人处理委托事务。因此给受托人造成损失的,受托人可以向委托人要求赔偿损失。受托人处理委托事务时,因不可归责于自己的事由受到损失的,可以向委托人要求赔偿损失。

(2)受托人的义务。按指示处理委托事务的义务:受托人应当按照委托人的指示处理委托事务。需要变更委托人指示的,应当经委托人同意;因情况紧急,难以和委托人取得联系的,受托人应当妥善处理委托事务,但事后应当将该情况及时报告委托人。

亲自处理委托事务的义务:受托人应当亲自处理委托事务。经委托人同意,受托人可以转委托。转委托经同意的,委托人可以就委托事务直接指示转委托的第三人,受托人仅就第三人的选任及其对第三人的指示承担责任。转委托未经同意的,受托人应当对转委托的第三人的行为承担责任,但在紧急情况下受托人为维护委托人的利益需要转委托的除外。

委托事务报告和转交财产的义务:受托人应当按照委托人的要求,报告委托事务的处理情况。委托合同终止时,受托人应当报告委托事务的结果。受托人处理委托事务取得的财产,应当转交给委托人。

披露委托人或第三人的义务:受托人以自己的名义与第三人订立合同时,第三人不知道受托人与委托人之间的代理关系的,受托人因第三人的原因对委托人不履行义务,受托人应当向委托人披露第三人,委托人因此可以行使受托人对第三人的权利,但第三人与受托人订立合同时如果知道该委托人就不会订立合同的除外。

受托人因委托人的原因对第三人不履行义务,受托人应当向第三人披露委托人,第三人因此可以选择受托人或者委托人作为相对人主张其权利,但第三人不得变更选定的相对人。

承担赔偿的义务:有偿的委托合同,因受托人的过错给委托人造成损失的,委托人可以要求赔偿损失。

无偿的委托合同,因受托人的故意或者重大过失给委托人造成损失的,委托人可以要求赔偿损失。受托人超越权限给委托人造成损失的,应当赔偿损失。

3. 委托合同的终止

委托人或者受托人可以随时解除委托合同。因解除合同给对方造成损失的,除不可归责于该当事人的事由以外,应当赔偿损失。

委托人或者受托人死亡、丧失民事行为能力或者破产的,委托合同终止,但当事人另有约定或者根据委托事务的性质不宜终止的除外。因委托人死亡、丧失民事行为能力或者破产,致使委托合同终止将损害委托人利益的,在委托人的继承人、法定代理人或者清算组织承受委托事务之前,受托人应当继续处理委托事务。

因受托人死亡、丧失民事行为能力或者破产,致使委托合同终止的,受托人的继承人、法定代理人或者清算组织应当及时通知委托人。因委托合同终止将损害委托人利益的,在委托人作出善后处理之前,受托人的继承人、法定代理人或者清算组织应当采取必要措施。

【案例8】

(1)背景:甲公司与乙公司签订委托合同约定,乙公司在当地以自己的名义代为购买一批建筑材料,甲公司支付报酬。乙公司为此与丙公司签订了买卖合同,并将建筑材料运至甲公司指定的场所。后因甲公司拒不给付费用,致使乙公司无法向丙公司付款。

(2)问题:

1)丙公司可否要求甲公司履行合同并赔偿其损失?

2)乙公司可否向甲公司主张偿还自己垫付的费用?

(3)分析:《合同法》第403条规定:"受托人因委托人的原因对第三人不履行义务,受托人应当向第三人披露委托人,第三人因此可以选择受托人或者委托人作为相对人主张其权利，但第三人不得变更选定的相对人。"所以丙公司可以要求甲公司履行合同并赔偿其损失。《合同法》第 398 条规定："委托人应当预付处理委托事务的费用。受托人为处理委托事务垫付的必要费用，委托人应当偿还该费用及其利息。"所以乙公司可以请求甲公司偿还费用。

本章练习题

1. 下列各项，属于《合同法》基本原则的有（   ）。
   A. 平等、自愿原则　　　　　　　　B. 遵守国家计划原则
   C. 公平、诚实信用原则　　　　　　D. 遵守法律、维护社会公共利益原则
   E. 依法成立的合同对当事人具有约束力原则

2. 某施工企业于 2000 年承建某单位办公楼，2001 年 4 月竣工验收合格并交付使用，2006 年 5 月，甲致函该单位，说明屋面防水保修期满及以后使用维护的注意事项。此事体现合同法的（   ）原则。
   A. 公平　　　　　　　　　　　　　B. 自愿
   C. 诚实信用　　　　　　　　　　　D. 维护公共利益

3. 根据不同的分类标准，建设工程施工合同属于（   ）。
   A. 有名合同，双务合同，有偿合同　B. 有名合同，双务合同，不要式合同
   C. 无名合同，单务合同，要式合同　D. 有名合同，单务合同，有偿合同

4. 《合同法》规定，要约邀请包括（   ）等。
   A. 拍卖公告　　　　　　　　　　　B. 招标公告
   C. 递交投标文件　　　　　　　　　D. 招股说明书
   E. 寄送价目表

5. 某工程项目建设单位于 2004 年 2 月 1 日发布招标公告，2004 年 3 月 1 日发售招标文件，招标单位甲在招标文件规定的投标截止日 2004 年 4 月 1 日前递交了投标文件。经过开标、评标后，建设单位于 2004 年 4 月 30 日向甲发出中标通知书。双方于 2004 年 5 月 20 日签订了施工合同。则甲受到要约条件约束的时间是（   ）。
   A. 2004 年 3 月 1 日—2004 年 4 月 1 日　　B. 2004 年 4 月 1 日—2004 年 4 月 30 日
   C. 2004 年 3 月 1 日—2004 年 4 月 30 日　　D. 2004 年 4 月 30 日—2004 年 5 月 20 日

6. 在施工招标文件规定的投标截止日前，投标单位递交了投标文件和投标保证金，说明该（   ）。
   A. 要约可以撤回　　　　　　　　　B. 承诺不能撤销
   C. 要约是法律行为　　　　　　　　D. 承诺是法律行为

7. 甲公司向乙公司发出要约，出售一批建筑材料。要约发出后，甲公司因进货渠道发生困难而拟撤回要约。甲公司撤回要约的通知应当（   ）到达乙公司。
   A. 在要约到达乙公司之前　　　　　B. 与要约同时
   C. 在乙公司发出承诺之前　　　　　D. 在乙公司发出承诺的同时
   E. 在乙公司发出承诺后

8. 《合同法》规定,合同内容一般包括( )等条款。
   A. 标的
   B. 数量、质量
   C. 价款或者报酬
   D. 签订地点
   E. 解决争议的方法

9. 建设单位甲与施工单位乙签订一份建设工程施工合同,该施工合同应具有的法律特征有( )。
   A. 甲必须具有法人资格
   B. 乙必须具有法人资格和相应资质
   C. 甲、乙具有连带的权利义务关系
   D. 合同应当采用书面形式
   E. 合同的签订一定要有第三人担保

10. 建设单位与施工单位订立书面的施工合同,该书面合同可以采用( )方式。
    A. 合同书
    B. 传真
    C. 电子邮件
    D. 互联网音频传输
    E. 邮寄信函

11. 建设工程施工合同履行时,若部分工程价款约定不明,则应按照( )履行。
    A. 订立合同时承包人所在地的市场价格
    B. 订立合同时工程所在地的市场价格
    C. 履行合同时工程所在地的市场价格
    D. 履行合同工程造价管理部门发布的价格

12. 某施工合同约定承包人对基础工程垫资施工,发包人对垫付资金按银行贷款利率2倍支付利息,后发包人未按合同约定支付垫资利息,承包人诉至法院,则人民法院对垫资利息的处理,正确的是( )。
    A. 予以追缴
    B. 不予支持
    C. 支持按合同约定全部支付
    D. 只支持按银行同类贷款利息支付

13. 某扩建工程建设单位因急于参加认证,于11月15日未经验收而使用该工程,11月20日承包人提交了竣工验收报告,11月30日建设单位组织验收,12月3日工程竣工验收合格,则该工程竣工日期为( )。
    A. 11月15日
    B. 11月20日
    C. 11月30日
    D. 12月3日

14. 某建设工程合同约定,"工程通过竣工验收后2个月内,结清全部工程款"。2005年10月1日工程通过竣工验收,10月10日承包人提交竣工结算文件,10月20日承包人将工程移交发包人,但发包人一直未付工程余款。2006年5月1日,承包人将发包人起诉至人民法院,要求其支付工程欠款及利息。则利息起算日应为( )。
    A. 2005年10月10日
    B. 2005年10月20日
    C. 2005年12月1日
    D. 2006年5月1日

15. 根据合同法相关规定,承包人行使优先受偿权的期限应当自建设工程( )起计算。
    A. 合同订立之日
    B. 实际竣工之日
    C. 开工之日
    D. 保修期届满之日
    E. 合同约定竣工之日

· 147 ·

16. 发包人和承包人在合同中约定垫资但没有约定垫资利息，后双方因垫资返还发生纠纷诉至法院。关于该垫资的说法，正确的是( )。
    A. 法律规定禁止垫资，双方约定的垫资条款无效
    B. 发包人应返还承包人垫资，但可以不支付利息
    C. 双方约定的垫资条款有效，发包人应返还承包人垫资并支付利息
    D. 垫资违反相关规定，应予以没收

17. 某项目施工中，建设单位将对建设单位代表的授权范围以书面形式通知了施工单位。项目经理在建设单位代表权限范围外提出了一项认可要求，建设单位代表给予了签字认可。这一认可的法律后果应由( )承担。
    A. 建设单位与施工单位   B. 建设单位与项目经理
    C. 建设单位代表与施工单位   D. 施工单位与项目经理

18. 某建设单位与甲公司签订了一份施工合同，约定由甲公司为其承建某工程。甲公司又与乙公司签订了一份施工合同，约定由乙公司承建该工程的主体部分。则甲公司与乙公司签订的合同为( )。
    A. 转包合同，合同有效   B. 转包合同，合同无效
    C. 分包合同，合同有效   D. 分包合同，合同无效

19. 甲、乙于4月1日签订一份施工合同。合同履行过程中，双方于5月1日发生争议，甲于5月20日单方要求解除合同。乙遂向法院提起诉讼，法院于6月30日判定该合同无效。则该合同自( )无效。
    A. 4月1日   B. 5月1日   C. 5月20日   D. 6月30日

20. 下列选项中，不属于效力待定合同的是( )。
    A. 限制民事行为能力人订立的合同
    B. 企业负责人越权订立的合同
    C. 无权处分财产人订立的合同
    D. 无民事行为能力人未经法定代理人同意订立的合同

21. 《合同法》规定，有下列情形中( )的，合同无效。
    A. 乘人之危，使对方在违背真实意思情况下订立的合同
    B. 恶意串通，损害国家、集体或者第三人利益
    C. 以合法形式掩盖非法目的
    D. 损害社会公共利益
    E. 违反法律、行政法规的强制性规定

22. 《合同法》规定，合同变更表述正确的有( )。
    A. 变更必须采用书面形式
    B. 当事人可以将合同转让给他人
    C. 当事人经过协商可以改变某些条款的约定
    D. 必须以明确的新条款内容更换相应条款内容
    E. 变更的条款对当事人双方有约束力

22. 合同被仲裁机构裁决撤销后，追究合同相对人应承担责任的起始时间是从( )之日开始。
    A. 合同订立   B. 合同开始履行

C. 一方向仲裁机构申请撤销合同　　　　D. 仲裁机构裁定为可撤销合同

23. 某施工合同因承包人重大误解而属于可撤销合同时，则下列表述错误的是（　　）。
    A. 承包人可申请法院撤销合同
    B. 承包人可放弃撤销权继续认可该合同
    C. 承包人放弃撤销权后发包人享有该权利
    D. 承包人享有撤销权而发包人不享有该权利的客观情况

24. 当事人双方既约定违约金，又约定定金的合同，一方当事人违约时，对违约行为的赔偿处理原则是（　　）。
    A. 只能采用违约金　　　　　　　　B. 由违约一方选择采用违约金或定金
    C. 由非违约一方选择采用违约金或定金　D. 同时采用违约金和定金

25. 施工单位因为违反施工合同而支付违约金后，建设单位仍要求其继续履行合同，则施工单位应（　　）。
    A. 拒绝履行　　　　　　　　　　　B. 继续履行
    C. 缓期履行　　　　　　　　　　　D. 要求对方支付一定费用后履行

26. 甲与乙签订工程设计合同，合同约定设计费用为80万元，甲方向乙方支付16万元定金。合同订立后，甲方实际向乙方支付了12万元定金，乙收取定金后拒不履行合同，则甲可以要求乙返还（　　）万元。
    A. 12　　　　　B. 24　　　　　C. 16　　　　　D. 32

27. 某工程项目施工过程中发生了不可抗力，工程受到了损害，则构成施工单位免责的条件包括（　　）。
    A. 免责程度限于不可抗力的影响程度
    B. 在合理期限内提供证明
    C. 因施工单位责任延迟履行义务期间发生不可抗力使对方受到的损害
    D. 不能履行义务方应及时通知对方
    E. 受损害方没有及时采取补救措施而使损害扩大的部分

28. 甲与乙订立了一份水泥购销合同，约定甲向乙交付200吨水泥，货款6万元，乙向甲支付定金1万元；如任何一方不履行合同应支付违约金1.5万元。甲因将水泥卖给丙而无法向乙交付，给乙造成损失2万元。乙提出的如下诉讼请求中，不能获得法院支持的是（　　）。
    A. 要求甲双倍返还定金2万元
    B. 要求甲双倍返还定金2万元，同时支付违约金1.5万元
    C. 要求甲支付违约金2万元
    D. 要求甲支付违约金1.5万元

29. 根据我国《合同法》的规定，违约责任的归责原则实行（　　）。
    A. 过错责任原则　B. 严格责任原则　C. 过错推定原则　D. 合理分担原则

30. 下列劳动合同条款，属于必备条款的是（　　）。
    A. 福利待遇　　B. 试用期　　　　C. 劳动条件　　　D. 补充保险

31. 施工企业与劳动者签订了一份期限为两年半的劳动合同，施工企业和劳动者的试用期依法最长不得超过（　　）个月。
    A. 1　　　　　B. 2　　　　　C. 3　　　　　D. 6

149

32. 李某今年51岁，自1995年起就一直在某企业做临时工，担任厂区门卫。现企业首次与所有员工签订劳动合同。李某提出自己愿意长久在本单位工作，也应与单位签订合同，但被拒绝并责令其结算工资走人。根据《劳动合同法》规定，企业（　　）。
    A. 应当与其签订固定期限的劳动合同
    B. 应当与其签订无固定期限的劳动合同
    C. 应当与其签订以完成一定工作任务为期限的劳动合同
    D. 可以不与之签订劳动合同，因其是临时工

33. 某甲与用人单位签订了劳动合同，合同尚未期满，某甲拟解除劳动合同，某甲应当提前（　　）通知用人单位。
    A. 10日 　　　　　　　　　　　　B. 20日
    C. 15日以书面形式　　　　　　　D. 30日以书面形式

34. 发生下列情形，施工企业解除劳动合同必须采取预告解除方式的有（　　）。
    A. 员工违反施工企业规章造成其职业病
    B. 员工严重失职，给施工企业造成重大损害
    C. 员工不能胜任工作，经培训或调整工作岗位后仍不能胜任
    D. 员工被依法追究刑事责任
    E. 员工非因公负伤在规定医疗期满后不能从事原工作，也不能从事施工企业其他工作安排

35. 根据《劳动合同法》，劳动者可以解除劳动合同，用人单位应当向劳动者支付经济补偿的有（　　）。
    A. 用人单位未及时足额支付劳动报酬的
    B. 用人单位未按照劳动合同约定提供劳动保护或者劳动条件的
    C. 用人单位未依法为劳动者缴纳社会保险费的
    D. 用人单位违章指挥，强令冒险作业危及劳动者人身安全的
    E. 用人单位为劳动者提供专项技术培训，双方约定的服务期未到期，但劳动合同期满

36. 根据《劳动合同法》，在劳务派遣用工方式中，订立劳务派遣协议的主体是（　　）。
    A. 派遣单位与用工单位　　　　　B. 用工单位与劳动者
    C. 用工单位与当地人民政府　　　D. 派遣单位与劳动者

37. 劳务派遣单位与被派遣者的劳动合同最低应为（　　）。
    A. 6个月　　　B. 1年　　　C. 2年　　　D. 5年

38. 女大学生孙某毕业后被企业录用。孙某为了锻炼自己，主动要求到最苦、最累、最脏的岗位上工作。企业可以满足她的要求，但不得安排的工作是（　　）
    A. 高处高温工作　B. 低温、冷水作业　C. 夜班劳动　　　D. 矿山井下作业

39. 根据《劳动法》规定，符合对未成年人特殊保护规定的有（　　）。
    A. 不得安排未成年人从事矿山井下作业
    B. 不得安排未成年人从事低温、冷水作业
    C. 不得安排未成年人从事国家规定的第三级体力劳动强度的劳动
    D. 不得安排未成年人延长工作时间和夜班劳动
    E. 用人单位应当对未成年人定期进行健康检查

40. 王某的日工资为 80 元。政府规定 2010 年 10 月 1 日至 7 日放假 7 天，其中 3 天属于法定休假日，4 天属于前后两周的周末休息日。公司安排王某在这 7 天加班不能安排补休。公司应当向王某支付加班费合计（　　）元。
    A. 560　　　　　　B. 1 360　　　　　　C. 800　　　　　　D. 1 120

第六章 建设工程安全生产法律制度

本章学习要求

掌握施工安全生产许可证制度的适用范围，申请领取安全生产许可证的条件及违法行为应当承担的法律责任，施工安全生产责任和安全生产教育培训制度，施工总承包和分包单位的安全生产责任，施工现场安全防护制度，安全事故的分级及安全事故处理。

本章学习重点及难点

安全生产许可证制度的适用范围，申请领取安全生产许可证的条件，施工现场安全防护制度的主要内容，总分包安全责任的划分，安全事故的分类及处理。

第一节 施工单位安全生产法律制度

一、施工安全生产许可证制度

1. 行政许可的范围

《行政许可法》规定：直接涉及国家安全、公共安全、经济宏观调控、生态环境保护以及直接关系人身健康、生命财产安全等特定活动，需要按照法定条件予以批准的事项。

2. 施工安全生产许可范围

《安全生产许可证条例》规定对矿山、建筑施工、危险品、烟花爆竹、民用爆破器材生产单位实行安全生产许可制度。

二、申请领取安全生产许可证的条件

(1) 建立、健全安全责任制，制定完备的安全生产规章制度和操作规程。
(2) 保证本单位安全生产条件所需资金的投入。
(3) 设置安全生产管理机构，按照国家有关规定配备专职安全生产管理人员。
(4) 主要负责人、项目负责人、专职安全生产管理人员经建设部门或有关行政部门考核合格。
(5) 特种作业人员经业务主管部门考核，取得资格证书。
(6) 管理人员、作业人员每年至少一次培训和考核。
(7) 参加工伤保险、为现场危险作业人员办理意外伤害险。
(8) 施工现场各区域以及安防用具、设备符合规定。
(9) 有职业危害防治措施，并为作业人员配备符合国家标准或者行业标准的安全防护用

具和安全防护服装。

(10) 有对危险性较大的分部分项工程及施工现场易发生重大事故的部位、环节的预防、监控和应急预案。

(11) 对安全事故有应急救援预案，应急救援组织或者应急救援人员，配备必要的应急救援器材、设备。

(12) 法律、法规规定的其他条件。

三、安全生产许可证的申请

受理部门：施工企业向省级人民政府建设行政主管部门申请。

建筑施工企业申请安全生产许可证时，应当向建设主管部门提供下列材料：

(1) 建筑施工企业安全生产许可证申请表。

(2) 企业法人营业执照。

(3) 与申请安全生产许可证应当具备的安全生产条件相关的文件、材料。

建筑施工企业申请安全生产许可证，应当对申请材料实质内容的真实性负责，不得隐瞒有关情况或者提供虚假材料。

四、安全生产许可证有效期及变更

(1) 安全生产许可证有效期 3 年。安全生产许可证有效期需要延期的，企业应当在期满前 3 个月向原发证机关申请办理延期手续。

(2) 有效期内，未发生死亡事故的，经发证机关同意，不再审查，有效期延长 3 年。

(3) 有关信息变更：变更后 10 日内申请安全生产许可证变更手续。

(4) 企业消灭：交回，注销。

(5) 遗失：经媒体声明作废后，方可申请补办（先声明，后补办）。

五、政府监管

(1) 无证不得从业；施工单位无安全许可证，建设单位无法取得施工许可证。

(2) 不得转让、冒用、伪造安全生产许可证。

(3) 拿证后，接受监督检查，不再具备条件时，应当暂扣或吊销安全生产许可证。

(4) 可以撤销已发安全生产许可证的情况：发证机关工作人员渎职发证；越权发证；违反程序发证；不具备条件发证；依法可以撤销的其他情况。

六、违法行为应当承担的法律责任

1. 未取得安全生产许可证擅自生产

《安全生产许可证条例》第 19 条：责令停产，没收违法所得，并处 10～50 万元罚款；重大事故或严重后果，构成犯罪追究刑责。

《建筑施工企业安全生产许可证管理规定》责令停工，没收违法所得，并处 10～50 万元罚款；重大事故或严重后果，构成犯罪追究刑事责任。

2. 安全生产许可证有效期满未办理延期手续继续从事施工活动应承担的法律责任

安全生产许可证有效期满未办理延期手续，继续进行生产的，责令停止生产，限期补办延期手续，没收违法所得，并处 5 万元以上 10 万元以下的罚款；逾期仍不办理延期手续，继续进行生产的，依照未取得安全生产许可证擅自进行生产的规定处罚。

3. 转让安全生产许可证等应承担的法律责任

《安全生产许可证条例》规定，转让安全生产许可证的，没收违法所得，处 10 万元以上 50 万元以下的罚款，并吊销其安全生产许可证，构成犯罪的，依法追究刑事责任；接受转让的，依照未取得安全生产许可证擅自进行生产的规定处罚；冒用安全生产许可证或者使用伪造的安全生产许可证的，依照未取得安全生产许可证擅自进行生产的规定处罚。

4. 以不正当手段取得安全生产许可证应承担的法律责任

《建筑施工企业安全生产许可证管理规定》中规定，建筑施工企业隐瞒有关情况或者提供虚假材料申请安全生产许可证的，不予受理或者不予颁发安全生产许可证，并给予警告，1 年内不得申请安全生产许可证；建筑施工企业以欺骗、贿赂等不正当手段取得安全生产许可证的，撤销安全生产许可证，3 年内不得再次申请安全生产许可证；构成犯罪的，依法追究刑事责任。

5. 暂扣安全生产许可证并限期整改的规定

《建筑施工企业安全生产许可证管理规定》中规定，取得安全生产许可证的建筑施工企业，发生重大安全事故的，暂扣安全生产许可证并限期整改。建筑施工企业不再具备安全生产条件的，暂扣安全生产许可证并限期整改，情节严重的，吊销安全生产许可证。

6. 颁证机关工作人员违法行为应承担的法律责任

《安全生产许可证条例》规定，安全生产许可证颁发管理机关工作人员有下列行为之一的，给予降级或者撤职的行政处分；构成犯罪的，依法追究刑事责任。

(1)向不符合本条例规定的安全生产条件的企业颁发安全生产许可证的。

(2)发现企业未依法取得安全生产许可证擅自从事生产活动，不依法处理的。

(3)发现取得安全生产许可证的企业不再具备本条例规定的安全生产条件，不依法处理的。

(4)接到对违反本条例规定行为的举报后，不及时处理的。

(5)在安全生产许可证颁发、管理和监督检查工作中，索取或者接受企业的财物，或者谋取其他利益的。

七、施工安全生产责任和安全生产教育培训制度

《建筑法》规定，建筑工程安全生产管理必须坚持安全第一、预防为主的方针，建立健全安全生产的责任制度和群防群治制度。建筑施工企业应当建立健全劳动安全生产教育培训制度，加强对职工安全生产的教育培训。未经安全生产教育培训的人员，不得上岗作业。

(一)施工单位的安全生产责任

1. 施工单位的安全生产责任制度

《建筑法》规定，建筑施工企业必须依法加强对建筑安全生产的管理，执行安全生产责任制度，采取有效措施，防止伤亡和其他安全生产事故的发生。安全生产责任制度是施工单位最基本的安全管理制度，是施工单位安全生产的核心和中心环节。

(1)施工单位主要负责人对安全生产工作全面负责。《建筑法》规定，建筑施工企业的法定代表人对本企业的安全生产负责。《建设工程安全生产管理条例》也规定，施工单位主要

负责人依法对本单位的安全生产工作全面负责。施工单位主要负责人可以是董事长,也可以是总经理或总裁等。

(2)施工单位安全生产管理机构和专职安全生产管理人员的责任。施工单位应当设立安全生产管理机构,配备专职安全生产管理人员。专职安全生产管理人员负责对安全生产进行现场监督检查。发现安全事故隐患,应当及时向项目负责人和安全生产管理机构报告。对违章指挥、违章操作的,应当立即制止。

安全生产管理机构是指施工单位设置的负责安全生产管理工作的独立职能部门。专职安全生产管理人员是指经建设主管部门或者其他有关部门安全生产考核合格取得安全生产考核合格证书,并在施工单位及其项目从事安全生产管理工作的专职人员。

建筑施工企业专职安全生产管理人员的配备要求:

建筑施工总承包资质序列企业:特级资质不少于6人;一级资质不少于4人;二级和二级以下资质企业不少于3人。

建筑施工专业承包资质序列企业:一级资质不少于3人;二级和二级以下资质企业不少于2人。

建筑施工劳务分包资质序列企业:不少于2人。

另外,建筑施工企业的分公司、区域公司等较大的分支机构应依据实际生产情况配备不少于2人的专职安全生产管理人员。

(3)制定安全生产规章制度和操作规程。施工单位应当根据本单位的实际情况,按照法律、法规、规章和工程建设标准强制性条文的要求,制定有关施工安全生产的具体规章制度,如安全生产责任制度、安全技术措施制度、安全检查制度等,并针对每一个具体工艺、工种和岗位制定具体的操作规程,形成有效的督促、检查和贯彻落实机制。施工单位对所承担的建设工程要进行定期和专项安全检查,并做好安全检查记录。

(4)保证本单位安全生产条件所需资金的投入。《建设工程安全生产管理条例》规定,施工单位对列入建设工程概算的安全作业环境及安全施工措施所需费用,应当用于施工安全防护用具及设施的采购和更新、安全施工措施的落实、安全生产条件的改善,不得挪作他用。

安全生产必须有一定的资金投入。为了保证安全生产所需资金的投入和使用,施工单位应当制定资金使用计划,并加强对资金使用情况的监督检查,防止资金被挪用,以确保安全生产费用的有效使用。

2. 施工项目负责人的安全生产责任

《建设工程安全生产管理条例》规定,施工单位的项目负责人应当由取得相应执业资格的人员担任,对建设工程项目的安全施工负责,落实安全生产责任制度、安全生产规章制度和操作规程,确保安全生产费用的有效使用,并根据工程的特点组织制定安全施工措施,消除安全事故隐患,及时、如实报告生产安全事故。

按照人事部、建设部《建造师执业资格制度暂行规定》的规定,建造师经注册后,有权以建造师名义担任建设工程项目施工的项目经理及从事其他施工活动的管理。

项目负责人的安全生产责任主要是:对建设工程项目的安全施工负责;落实安全生产责任制度、安全生产规章制度和操作规程;确保安全生产费用的有效使用;根据工程的特点组织制定安全施工措施,消除安全事故隐患;及时、如实报告生产安全事故情况。

建设工程施工前,施工单位负责项目管理的技术人员应当对有关安全施工的技术要求向施工作业班组、作业人员作出详细说明,并由双方签字确认,这就是通常所说的交底制度。在施工前,施工单位负责项目管理的技术负责人要将工程概况、施工方法、安全技术措施等向作业班组、作业人员进行详细讲解和说明。这有助于作业班组和作业人员尽快了解将要进行施工的具体情况,掌握有关操作方法和注意事项,保护作业人员的人身安全,减少因伤亡事故而导致的经济损失。

3. 施工总承包和分包单位的安全生产责任

《建筑法》规定,施工现场安全由建筑施工企业负责。实行施工总承包的,由总承包单位负责。分包单位向总承包单位负责,服从总承包单位对施工现场的安全生产管理。

(1)总承包单位应当承担的法定安全生产责任。建设工程实行施工总承包的,由总承包单位对施工现场的安全生产负总责。由于施工总承包是由一个施工单位对建设工程的施工全面负责,因此总承包单位不仅要负责建设工程质量、建设工期、造价控制,还要对施工现场的施工组织和安全生产进行统一管理和全面负责。

1)分包合同应当明确总分包双方的安全生产责任。《建设工程安全生产管理条例》规定,总承包单位依法将建设工程分包给其他单位的,分包合同中应当明确各自的安全生产方面的权利、义务。施工总承包单位与分包单位的安全生产责任,可以分为法定责任和约定责任两种表现形式。所谓法定的安全生产责任,即法律、法规中明确规定的总承包单位、分包单位各自的安全生产责任。所谓约定的安全生产责任,即总承包单位与分包单位在分包合同中通过协商,约定各自应当承担的安全生产责任。但是,这种约定不能违反法律、法规的强制性规定。

2)统一组织编制建设工程生产安全应急救援预案。《建设工程安全生产管理条例》规定,施工单位应当根据建设工程施工的特点、范围,对施工现场易发生重大事故的部位、环节进行监控,制定施工现场生产安全事故应急救援预案。实行施工总承包的,由总承包单位统一组织编制建设工程生产安全事故应急救援预案,工程总承包单位和分包单位按照应急救援预案,各自建立应急救援组织或者配备应急救援人员,配备救援器材、设备,并定期组织演练。

3)负责向有关部门上报生产安全事故。《建设工程安全生产管理条例》规定,实行施工总承包的建设工程,由总承包单位负责上报事故。

4)自行完成建设工程主体结构的施工。《建设工程安全生产管理条例》在"施工单位的安全责任"中特别规定,总承包单位应当自行完成建设工程主体结构的施工。

5)承担连带责任。《建设工程安全生产管理条例》规定,总承包单位和分包单位对分包工程的安全生产承担连带责任。

(2)分包单位应当承担的法定安全生产责任。《建筑法》规定,分包单位向总承包单位负责,服从总承包单位对施工现场的安全生产管理,分包单位不服从管理导致生产安全事故的,由分包单位承担主要责任。

(二)施工作业人员安全生产的权利和义务

《建筑法》规定,建筑施工企业和作业人员在施工过程中,应当遵守有关安全生产的法律、法规和建筑行业安全规章、规程,不得违背指挥或者违章作业。作业人员有权对影响人身健康的作业程序和作业条件提出改进意见,有权获得安全生产所需的防护用品。作业人员对危及生命安全和人身健康的行为有权提出批评、检举和控告。

施工作业人员应当依法享受其安全生产的权利,也应依法履行安全生产的义务。

1. 作业人员应当享有的安全生产权利

(1)施工安全生产的知情权和建议权。《安全生产法》规定,生产经营单位的从业人员有权了解其作业场所和工作岗位存在的危险因素、防范措施及事故应急措施,有权对本单位的安全生产工作提出建议。

(2)防护用品的获得权。施工作业人员有权按规定获得安全生产所需的防护用品,施工单位必须按规定发放。施工安全防护用品,一般包括安全帽、安全带、安全网、安全绳及其他个人防护用品(如防护鞋、防护服装、防尘口罩)等。

(3)批评、检举、控告权及拒绝违章指挥权。作业人员对危及生命安全和人身健康的行为有权提出批评、检举和控告。有权拒绝违章指挥和强令冒险作业。

(4)紧急避险权。《安全生产法》规定,从业人员发现直接危及人身安全的紧急情况时,有权停止作业或者在采取可能的应急措施后撤离作业场所。生产经营单位不得因从业人员在前款紧急情况下停止作业或者采取紧急撤离措施而降低其工资、福利等待遇或者解除与其订立的劳动合同。

注意:①作业人员人身安全的紧急情况必须有确实可靠的直接根据,仅凭个人猜测或者误判而实际并不属于危及人身安全的紧急情况除外;②紧急情况必须直接危及人身安全,间接或者可能危及人身安全的情况不应撤离,而应采取有效处理措施;③出现危及人身安全的紧急情况时,首先是停止作业,然后要采取可能的应急措施,在采取应急措施无效时再撤离作业场所。

(5)获得意外伤害保险赔偿的权利。《建设工程安全生产管理条例》规定,施工单位应当为施工现场从事危险作业的人员办理意外伤害保险。意外伤害保险费由施工单位支付。实行施工总承包的,由总承包单位支付意外伤害保险费。意外伤害保险期限自建设工程开工之日起至竣工验收合格止。

施工现场从事危险作业的人员是指:施工现场从事如高处作业、深基坑作业、爆破作业等危险性较大的岗位的作业人员。

(6)请求民事赔偿权。《安全生产法》规定,因生产安全事故受到损害的从业人员,除依法享有工伤社会保险外,依照有关民事法律尚有获得赔偿的权利的,有权向本单位提出赔偿要求。

2. 施工作业人员应当履行的安全生产义务

(1)守法遵章和正确使用安全防护用具等的义务。
(2)接受安全生产教育培训的义务。
(3)安全事故隐患报告的义务。

(三)施工管理人员、作业人员安全生产教育培训的规定

安全生产教育培训制度,是指对从业人员进行安全生产的教育和安全生产技能的培训,并将这种教育和培训制度化、规范化,以提高全体人员的安全意识和安全生产的管理水平,减少和防止生产安全事故的发生。

《建筑法》规定,建筑施工企业应当建立健全安全生产教育培训制度,加强对职工安全生产的教育培训。未经安全生产教育培训的人员,不得上岗作业。

1. 施工单位三类管理人员的考核

《建设工程安全生产管理条例》规定,施工单位的主要负责人、项目负责人、专职安全生产管理人员应当经建设行政主管部门或者其他部门考核合格后方可任职。

2. 每年至少进行一次全员安全生产教育培训

《建设工程安全生产管理条例》规定，施工单位应当对管理人员和作业人员每年至少进行一次安全生产教育培训，其教育培训情况记入个人工作档案。安全生产教育培训考核不合格的人员，不得上岗。

3. 进入新的岗位或者新的施工现场前的安全生产教育培训

《建设工程安全生产管理条例》规定，作业人员进入新的岗位或者新的施工现场前，应当接受安全生产教育培训。未经教育培训或者教育培训考核不合格的人员，不得上岗作业。

4. 采用新技术、新工艺、新设备、新材料前的安全生产教育培训

《建设工程安全生产管理条例》规定，施工单位在采用新技术、新工艺、新设备、新材料时，应当对作业人员进行相应的安全生产教育培训。

5. 特种作业人员的安全培训考核

《建设工程安全生产管理条例》规定，垂直运输机械作业人员、安装拆卸工、爆破作业人员、起重信号工、登高架设作业人员等特种作业人员，必须按照国家有关规定经过专门的安全作业培训，并取得特种作业操作资格证书后，方可上岗作业。

特种作业是指容易发生事故，对操作者本人、他人的安全健康及设备、设施的安全可能造成重大危害的作业。特种作业人员则是指直接从事特种作业的从业人员。对于特种作业人员，必须经过专门的安全作业培训，取得特种作业操作资格证书后，方可上岗作业。根据国家安全生产监督管理总局《特种作业人员安全技术培训考核管理规定》的规定，特种作业的范围包括电工作业(不含电力系统进网作业)、焊接与热切割作业、高处作业、制冷与空调作业、煤矿安全作业、金属或非金属矿山安全作业、石油天然气安全作业、冶金(有色)生产安全作业、危险化学品安全作业、烟花爆竹安全作业等。

6. 消防安全教育培训

在建工程的施工单位应当开展下列消防安全教育工作：

(1)建设工程施工前应当对施工人员进行消防安全教育。

(2)在建设工地醒目位置、施工人员集中住宿场所设置消防安全宣传栏，悬挂消防安全挂图和消防安全警示标识。

(3)对明火作业人员进行经常性的消防安全教育。

(4)组织灭火和应急疏散演练。

(四)违法行为应承担的法律责任

1. 施工单位违法行为应承担的法律责任

《建筑法》规定，建筑施工企业违反本法规定，对建筑安全事故隐患不采取措施予以消除的，责令改正，可以处以罚款；情节严重的，责令停业整顿，降低资质等级或者吊销资质证书；构成犯罪的，依法追究刑事责任。

《建设工程安全生产管理条例》规定，违反本条例的规定，施工单位有下列行为之一的，责令限期改正；逾期未改正的，责令停业整顿，依照《中华人民共和国安全生产法》的有关规定处以罚款；造成重大安全事故，构成犯罪的，对直接责任人员，依照刑法有关规定追究刑事责任：

(1)未设立安全生产管理机构、配备专职安全生产管理人员或者分部分项工程施工时无专职安全生产管理人员现场监督的。

(2)施工单位的主要负责人、项目负责人、专职安全生产管理人员、作业人员或者特种作业人员，未经安全教育培训或者经考核不合格即从事相关工作的。

(3)未在施工现场的危险部位设置明显的安全警示标志，或者未按照国家有关规定在施工现场设置消防通道、消防水源、配备消防设施和灭火器材的。

(4)未向作业人员提供安全防护用具和安全防护服装的。

(5)未按照规定在施工起重机械和整体提升脚手架、模板等自升式架设设施验收合格后登记的。

(6)使用国家明令淘汰、禁止使用的危及施工安全的工艺、设备、材料的。

施工单位取得资质证书后，降低安全生产条件的，责令限期改正；经整改仍未达到与其资质等级相适应的安全生产条件的，责令停业整顿，降低其资质等级直至吊销资质证书。

施工单位挪用列入建设工程概算的安全生产作业环境及安全施工措施所需费用的，责令限期改正，处挪用费用20%以上50%以下的罚款；造成损失的，依法承担赔偿责任。

《刑法》第137条规定，建设单位、设计单位、施工单位、工程监理单位违反国家规定，降低工程质量标准，造成重大安全事故的，对直接责任人员，处5年以下有期徒刑或者拘役，并处罚金；后果特别严重的，处5年以上10年以下有期徒刑，并处罚金。

2. 施工管理人员违法行为应承担的法律责任

《建筑法》规定，建筑施工企业的管理人员违章指挥、强令职工冒险作业，因而发生重大伤亡事故或者造成其他严重后果的，依法追究刑事责任。

《建设工程安全生产管理条例》规定，施工单位的主要负责人、项目负责人未履行安全生产管理职责的，责令限期改正；逾期未改正的，责令施工单位停业整顿；造成重大安全事故、重大伤亡事故或者其他严重后果，构成犯罪的，依照刑法有关规定追究刑事责任。

施工单位的主要负责人、项目负责人有以上违法行为，尚不够刑事处罚的，处2万元以上20万元以下的罚款或者按照管理权限给予撤职处分；自刑罚执行完毕或者受处分之日起5年内不得担任任何施工单位的主要负责人、项目负责人。

注册执业人员未执行法律、法规和工程建设强制性标准的，责令停止执业3个月以上1年以下；情节严重的，吊销执业资格证书，5年内不予注册；造成重大安全事故的，终身不予注册；构成犯罪的，依照刑法有关规定追究刑事责任。

《刑法》规定，强令他人违章冒险作业，因而发生重大伤亡事故或者造成其他严重后果的，处5年以下有期徒刑或者拘役；情节特别恶劣的，处5年以上有期徒刑。安全生产设施或者安全生产条件不符合国家规定，因而发生重大伤亡事故或者造成其他严重后果的，对直接负责的主管人员和其他直接责任人员，处3年以下有期徒刑或者拘役；情节特别恶劣的，处3年以上7年以下有期徒刑。

3. 施工作业人员违法行为应承担的法律责任

《建设工程安全生产管理条例》规定，作业人员不服管理、违反规章制度和操作规程冒险作业造成重大伤亡事故或者其他严重后果，构成犯罪的，依照刑法有关规定追究刑事责任。

《刑法》规定，在生产、作业中违反有关安全管理的规定，因而发生重大伤亡事故或者造成其他严重后果的,处 3 年以下有期徒刑或者拘役;情节特别恶劣的,处 3 年以上 7 年以下有期徒刑。

4. 特种作业违法行为应承担的法律责任

《特种设备安全监察条例》规定,特种设备使用单位有下列情形之一的,由特种设备安全监督管理部门责令限期改正;逾期未改正的,责令停止使用或者停产停业整顿,处 2 000 元以上 2 万元以下罚款:

(1)未依照本条例规定设置特种设备安全管理机构或者配备专职、兼职的安全管理人员的。

(2)从事特种设备作业的人员,未取得相应特种作业人员证书,上岗作业的。

(3)未对特种设备作业人员进行特种设备安全教育和培训的。

《特种作业人员安全技术培训考核管理规定》中规定,生产经营单位未建立健全特种作业人员档案的,给予警告,并处 1 万元以下的罚款。

生产经营单位使用未取得特种作业操作证的特种作业人员上岗作业的,责令限期改正;逾期未改正的,责令停产停业整顿,可以并处 2 万元以下的罚款。

生产经营单位非法印制、伪造、倒卖特种作业操作证,或者使用非法印制、伪造、倒卖的特种作业操作证的,给予警告,并处 1 万元以上 3 万元以下的罚款;构成犯罪的,依法追究刑事责任。

特种作业人员伪造、涂改特种作业操作证或者使用伪造的特种作业操作证的,给予警告,并处 1 000 元以上 5 000 元以下的罚款。特种作业人员转借、转让、冒用特种作业操作证的,给予警告,并处 2 000 元以上 10 000 元以下的罚款。

八、施工现场安全防护制度

《建筑法》规定,建筑施工企业在编制施工组织设计时,应当根据建筑工程的特点制定相应的安全技术措施;对专业性较强的工程项目,应当编制专项安全施工组织设计,并采取安全技术措施。

(一)编制安全技术措施和施工现场临时用电方案

《建设工程安全生产管理条例》规定,施工单位应当在施工组织设计中编制安全技术措施和施工现场临时用电方案。

施工组织设计是规划和指导施工全过程的综合性技术经济文件,是施工准备工作的重要组成部分。它要保证施工准备阶段各项工作的顺利进行,各分包单位、各工种的有序衔接,以及各类材料、构件、机具等供应时间和顺序,并对一些关键部位和需要控制的部位提出相应的安全技术措施。

1. 安全技术措施

安全技术措施是为了实现安全生产,在防护上、技术上和管理上采取的措施。具体来说,就是在建设工程施工中,针对工程特点、施工现场环境、施工方法、劳动组织、作业方法、使用机械、动力设备、变配电设施、架设工具以及各项安全防护设施等制定的确保安全施工的措施。

安全技术措施包括:根据基坑、地下室深度和地质资料,保证土石方边坡稳定的措施;脚手架、吊篮、安全网、各类洞口防止人员坠落的技术措施;外用电梯、井架以及垂吊等垂直运输机具的拉结要求及防倒塌的措施；安全用电和机电防短路、防触电的措施；有毒有害、易燃易爆作业的技术措施；施工现场周围通行道路及居民防护隔离等措施。

安全技术措施可分为防止事故发生的安全技术措施和减少事故损失的安全技术措施。常用的防止事故发生的安全技术措施有：消除危险源、限制能量或危险物质、隔离、安全设计、减少失误等。减少事故损失的安全技术措施是在事故发生后，迅速控制局面，防止事故扩大，避免引起二次事故发生，从而减少事故造成的损失。常用的减少事故损失的安全技术措施有隔离、个体防护、避难与救援等。

2. 施工现场临时用电方案

施工组织设计中还应当包括施工现场临时用电方案，防止施工现场人员触电和电气火灾事故发生。

《施工现场临时用电安全技术规范》规定，施工现场临时用电设备在5台及以上或设备总容量在50 kW及以上者，应编制用电组织设计。

施工现场临时用电组织设计的主要内容：①现场勘测；②确定电源进线、变电所或配电室、配电装置、用电设备位置及线路走向；③进行负荷计算；④选择变压器；⑤设计配电系统；⑥设计防雷装置；⑦确定防护措施；⑧制定安全用电措施和电气防火措施。

临时用电工程图纸应单独绘制，临时用电工程应按图施工。施工现场临时用电设备在5台以下或设备总容量在50 kW以下者，应制定安全用电和电气防火措施。

临时用电组织设计及变更时，必须履行"编制、审核、批准"程序，由电气工程技术人员组织编制，经相关部门审核及具有法人资格企业的技术负责人批准后实施。变更用电组织设计时应补充有关图纸资料。临时用电工程必须经编制、审核、批准部门和使用单位共同验收，合格后方可投入使用。

（二）编制安全专项施工方案

《建设工程安全生产管理条例》规定，对下列达到一定规模的危险性较大的分部分项工程编制专项施工方案，并附具安全验算结果，经施工单位技术负责人、总监理工程师签字后实施，由专职安全生产管理人员进行现场监督：①基坑支护与降水工程；②土方开挖工程；③模板工程；④起重吊装工程；⑤脚手架工程；⑥拆除、爆破工程；⑦国务院建设行政主管部门或者其他有关部门规定的其他危险性较大的工程。

对以上所列工程中涉及深基坑、地下暗挖工程、高大模板工程的专项施工方案，施工单位还应当组织专家进行论证、审查。

危险性较大的分部分项工程，是指建筑工程在施工过程中存在的、可能导致作业人员群死群伤或造成重大不良社会影响的分部分项工程。危险性较大的分部分项工程安全专项施工方案，是指施工单位在编制施工组织（总）设计的基础上，针对危险性较大的分部分项工程单独编制的安全技术措施文件。

1. 安全专项施工方案的编制

住房和城乡建设部《危险性较大的分部分项工程安全管理办法》规定，施工单位应当在危险性较大的分部分项工程施工前编制专项方案；对于超过一定规模的危险性较大的分部分项工程，施工单位应当组织专家对专项方案进行论证。

建筑工程实行施工总承包的，专项方案应当由施工总承包单位组织编制。其中，起重机械安装拆卸工程、深基坑工程、附着式升降脚手架等专业工程实行分包的,其专项方案可由专业承包单位组织编制。

专项方案编制应当包括以下内容:

(1)工程概况:危险性较大的分部分项工程概况、施工平面布置、施工要求和技术保证条件。

(2)编制依据:相关法律、法规、规范性文件、标准、规范及图纸(国标图集)、施工组织设计等。

(3)施工计划:施工进度计划、材料与设备计划。

(4)施工工艺技术:技术参数、工艺流程、施工方法、检查验收等。

(5)施工安全保证措施:组织保障、技术措施、应急预案、监测监控等。

(6)劳动力计划:专职安全生产管理人员、特种作业人员等。

(7)计算书及相关图纸。

2. 安全专项施工方案的审核

专项方案应当由施工单位技术部门组织本单位施工技术、安全、质量等部门的专业技术人员进行审核。经审核合格的,由施工单位技术负责人签字。实行施工总承包的,专项方案应当由总承包单位技术负责人及相关专业承包单位技术负责人签字。不需专家论证的专项方案,经施工单位审核合格后报监理单位,由项目总监理工程师审核签字。超过一定规模的危险性较大的分部分项工程专项方案应当由施工单位组织召开专家论证会。实行施工总承包的,由施工总承包单位组织召开专家论证会。施工单位应当根据论证报告修改完善专项方案,并经施工单位技术负责人、项目总监理工程师、建设单位项目负责人签字后,方可组织实施。实行施工总承包的,应当由施工总承包单位、相关专业承包单位技术负责人签字。专项方案经论证后需做重大修改的,施工单位应当按照论证报告修改,并重新组织专家进行论证。

3. 安全专项施工方案的实施

施工单位应当严格按照专项方案组织施工,不得擅自修改、调整专项方案。如因设计、结构、外部环境等因素发生变化确需修改的,修改后的专项方案应当按规定重新审核。对于超过一定规模的危险性较大工程的专项方案,施工单位应当重新组织专家进行论证。

施工单位应当指定专人对专项方案实施情况进行现场监督和按规定进行监测。发现不按照专项方案施工的,应当要求其立即整改;发现有危及人身安全的紧急情况,应当立即组织作业人员撤离危险区域。施工单位技术负责人应当定期巡查专项方案实施情况。

对于按规定需要验收的危险性较大的分部分项工程,施工单位、监理单位应当组织有关人员进行验收。验收合格的,经施工单位项目技术负责人及项目总监理工程师签字后,方可进入下一道工序。

(三)安全施工技术交底

《建设工程安全生产管理条例》规定,建设工程施工前,施工单位负责项目管理的技术人员应当对有关安全施工的技术要求向施工作业班组、作业人员作出详细说明,并由双方签字确认。

施工前对有关安全施工的技术要求作出详细说明,就是通常说的安全技术交底。这项制度有助于作业班组和作业人员尽快了解工程概况、施工方法、安全技术措施等具体情况,掌握操作方法和注意事项,保护作业人员的人身安全,减少因安全事故导致的经济损失。

安全技术交底通常包括:施工工种安全技术交底、分部分项工程施工安全技术交底、大型特殊工程单项安全技术交底、设备安装工程技术交底以及使用新工艺、新技术、新材料施工的安全技术交底等。

施工单位负责项目管理的技术人员与作业班组、作业人员进行安全技术交底后,应当由双方确认。确认的方式是填写安全技术措施交底单,主要内容应当包括工程名称、分部分项工程名称、安全技术措施交底内容、交底时间以及施工单位负责项目管理的技术人员签字、接受任务负责人签字等。

(四)施工现场安全防护的规定

《建筑法》规定,建筑施工企业应当在施工现场采取维护安全、防范危险、预防火灾等措施;有条件的,应当对施工现场实行封闭管理。施工现场对毗邻的建筑物、构筑物和特殊作业环境可能造成损害的,建筑施工企业应当采取安全防护措施。

1. 危险部位设置安全警示标志

《建设工程安全生产管理条例》规定,施工单位应当在施工现场入口处、施工起重机械、临时用电设施、脚手架、出入通道口、楼梯口、电梯井口、孔洞口、桥梁口、隧道口、基坑边沿、爆破物及有害危险气体和液体存放处等危险部位,设置明显的安全警示标志。安全警示标志必须符合国家标准。

危险部位是指存在危险因素,容易造成作业人员或者其他人员伤亡的地点。安全警示标志是指提醒人们注意的各种标牌、文字、符号以及灯光等,一般由安全色、几何图形和图形符号构成。如在孔洞口、桥梁口、隧道口、基坑边沿等处设立红灯警示;在施工起重机械、临时用电设施等处设置警戒标志,并保证充足的照明等。

2. 根据不同施工阶段等采取相应的安全施工措施

《建设工程安全生产管理条例》规定,施工单位应当根据不同施工阶段和周围环境及季节、气候的变化,在施工现场采取相应的安全施工措施。施工现场暂时停止施工的,施工单位应当做好现场防护,所需费用由责任方承担,或者按照合同约定执行。由于施工作业有一定的时限,且露天作业较多,在不同的施工阶段如地下施工、高处施工等,应当采取不同的安全措施,并要根据周围环境和季节、气候变化,加强季节性安全防护措施。例如,夏季要防暑降温,在特别高温的天气下,要调整施工时间、改变施工方式等;冬期要防寒防冻,防止煤气中毒,冬期施工还应专门制定保证工程质量和施工安全的安全技术措施;夜间施工应有足够的照明,在深坑、陡坡等危险地段应增设红灯标志,以防发生伤亡事故;雨期和冬期施工时,应对运输道路采取防滑措施,如加铺炉渣、砂子等,如有可能应避免在雨期、冬期和夜间施工;傍山沿河地区应制定防滑坡、防泥石流、防汛措施;大风、大雨期间应暂停施工等。

3. 施工现场临时设施的安全卫生要求

《建设工程安全生产管理条例》规定,施工单位应当将施工现场的办公、生活区与作业区分开设置,并保持安全距离;办公、生活区的选址应当符合安全性要求。职工的膳食、饮水、休息场所等应当符合卫生标准。施工单位不得在尚未竣工的建筑物内设置员工集体宿舍。施工现场临时搭建的建筑物应当符合安全使用要求。施工现场使用的装配式活动房屋应当具有产品合格证。

4. 对施工现场周边的安全防护措施

《建设工程安全生产管理条例》规定，施工单位对因建设工程施工可能造成损害的毗邻建筑物、构筑物和地下管线等，应当采取专项防护措施。在城市市区内的建设工程，施工单位应当对施工现场实行封闭围挡。

5. 危险作业的施工现场安全管理

《安全生产法》规定，生产经营单位进行爆破、吊装等危险作业，应当安排专门人员进行现场安全管理，确保操作规程的遵守和安全措施的落实。爆破、吊装等作业具有较大危险性，容易发生事故。因此，作业人员必须严格按照操作规程进行操作，施工单位也应当采取必要的防范措施，安排专门人员进行作业现场的安全管理。现场安全管理人员一方面可以检查作业现场的各项安全措施是否得到落实；另一方面可以监督作业人员是否严格遵守有关操作规程，及时对作业现场有关情况进行协调，发现事故隐患及时采取措施进行紧急排除。

6. 安全防护设备、机械设备等的安全管理

《建设工程安全生产管理条例》规定，施工单位采购、租赁的安全防护用具、机械设备、施工机具及配件，应当具有生产(制造)许可证、产品合格证，并在进入施工现场前进行查验。施工现场的安全防护用具、机械设备、施工机具及配件必须由专人管理，定期进行检查、维修和保养，建立相应的资料档案，并按照国家有关规定及时报废。安全防护用具、机械设备、施工机具及配件质量的好坏，直接关系到施工作业人员的人身安全。因此，绝不能让不合格的产品流入施工现场。同时，还要加强日常的检查、维修和保养，保障这些设备和产品的正常使用和运转。

7. 施工起重机械设备等的安全使用管理

《建设工程安全生产管理条例》规定，施工单位在使用施工起重机械和整体提升脚手架、模板等自升式架设设施前，应当组织有关单位进行验收，也可以委托具有相应资质的检验检测机构进行验收；使用承租的机械设备和施工机具及配件的，由施工总承包单位、分包单位、出租单位和安装单位共同进行验收，验收合格的方可使用。

【案例】

(1)背景：2009年8月，某建筑公司按合同约定对其施工并已完工的路面进行维修，路面经铲挖后形成凹凸和小沟，路边堆有砂石料，但在施工路面和路两头均未设置任何提示过往行人及车辆注意安全的警示标志。2009年8月16日，张某骑摩托车经过此路段时，因不明路况，摩托车碰到路面上的施工材料而翻倒，造成10级伤残。张某受伤后多次要求该建筑公司赔偿，但建筑公司认为张某受伤与己方无关。张某将建筑公司起诉至人民法院。

(2)问题：

1)本案中的建筑公司是否存在违法施工行为？

2)该建筑公司是否应承担赔偿的民事法律责任？

(3)分析：

1)《建设工程安全生产管理条例》第28条规定："施工单位应当在施工现场入口处、施工起重机械、临时用电设施、脚手架、出入通道口、楼梯口、电梯井口、孔洞口、桥梁口、隧道口、基坑边沿、爆破物及有害危险气体和液体存放处等危险部位，设置明显的安全警示标志。安全警示标志必须符合国家标准。"本案中的某建筑公司在施工时未设置任何提示过往行人及车辆注意安全的警示标志，明显违反了上述规定。

2)法院经审理后认为，某建筑公司在进行路面维修时，致使路面凹凸不平，并未设置明显警示标志和采取安全措施，造成原告伤残，按照《民法通则》第125条规定："在公共场所、道旁或者通道上挖坑、修缮安装地下设施等，没有设置明显标志和采取安全措施造成他人损害的，施工方应当承担民事责任。"判决建筑公司作为施工方应当承担民事赔偿责任。

8. 施工现场消防安全管理

《消防法》规定，机关、团体、企业、事业等单位应当履行下列消防安全职责：

(1)落实消防安全责任制，制定本单位的消防安全制度、消防安全操作规程，制定灭火和应急疏散预案。

(2)按照国家标准、行业标准配置消防设施、器材，设置消防安全标志，并定期组织检验、维修，确保完好有效。

(3)对建筑消防设施每年至少进行一次全面检测，确保完好有效，检测记录应当完整准确，存档备查。

(4)保障疏散通道、安全出口、消防车通道畅通，保证防火防烟分区、防火间距符合消防技术标准。

(5)组织防火检查，及时消除火灾隐患。

(6)组织进行有针对性的消防演练。

(7)法律、法规规定的其他消防安全职责。单位的主要负责人是本单位的消防安全责任人。

《建设工程安全生产管理条例》规定，施工单位应当在施工现场建立消防安全责任制度，确定消防安全责任人，制定用火、用电、使用易燃易爆材料等各项消防安全管理制度和操作规程，设置消防通道、消防水渠，配备消防设施和灭火器材，并在施工现场入口处设置明显标志。

(五)办理意外伤害保险的规定

《建筑法》规定，鼓励企业为从事危险性职业的职工办理意外伤害保险，并支付保险费。《建设工程安全生产管理条例》规定，施工单位应当为施工现场从事危险作业的人员办理意外伤害保险。意外伤害保险费由施工单位支付。实行施工总承包的，由总承包单位支付意外伤害保险费。意外伤害保险期限自建设工程开工之日起至竣工验收合格止。

(六)违法行为应承担的法律责任

1. 施工现场安全防护违法行为应承担的法律责任

《建筑法》规定，建筑施工企业违反本法规定，对建筑安全事故隐患不采取措施予以消除的，责令改正，可以处以罚款；情节严重的，责令停业整顿，降低资质等级或者吊销资质证书；构成犯罪的，依法追究刑事责任。

《建设工程安全生产管理条例》规定，施工单位有下列行为之一的，责令限期改正；逾期未改正的，责令停业整顿，并处5万元以上10万元以下的罚款；造成重大安全事故，构成犯罪的，对直接责任人员，依照刑法有关规定追究刑事责任：

(1)施工前未对有关安全施工的技术要求作出详细说明的。

(2)未根据不同施工阶段和周围环境及季节、气候的变化,在施工现场采取相应的安全施工措施,或者在城市市区内的建设工程的施工现场未实行封闭围挡的。

(3)在尚未竣工的建筑物内设置员工集体宿舍的。

(4)施工现场临时搭建的建筑物不符合安全使用要求的。

(5)未对因建设工程施工可能造成损害的毗邻建筑物、构筑物和地下管线等采取专项防护措施的。施工单位有以上规定第(4)项、第(5)项行为造成损失的,依法承担赔偿责任。

施工单位有下列行为之一的,责令限期改正;逾期未改正的,责令停业整顿,并处10万元以上30万元以下的罚款;情节严重的,降低资质等级,直至吊销资质证书;造成重大安全事故,构成犯罪的,对直接责任人员,依照刑法有关规定追究刑事责任;造成损失的,依法承担赔偿责任:

(1)安全防护用具、机械设备、施工机具及配件在进入施工现场前未经查验或者查验不合格即投入使用的。

(2)使用未经验收或者验收不合格的施工起重机械和整体提升脚手架、模板等自升式架设设施的。

(3)委托不具有相应资质的单位承担施工现场安装、拆卸施工起重机械和整体提升脚手架、模板等自升式架设设施的。

(4)在施工组织设计中未编制安全技术措施、施工现场临时用电方案或者专项施工方案的。

2. 施工现场消防安全违法行为应承担的法律责任

《消防法》规定,单位违反本法规定,有下列行为之一的,责令改正,处5 000元以上5万元以下罚款:

(1)消防设施、器材或者消防安全标志的配置、设置不符合国家标准、行业标准,或者没保持完好有效的。

(2)损坏、挪用或者擅自拆除、停用消防设施、器材的。

(3)占用、堵塞、封闭疏散通道、安全出口或者有其他妨碍安全疏散行为的。

(4)埋压、圈占、遮挡消火栓或者占用防火间距的。

(5)占用、堵塞、封闭消防车通道,妨碍消防车通行的。

(6)人员密集场所在门窗上设置影响救生和灭火救援的障碍物的。

(7)对火灾隐患经公安机关消防机构通知后不及时采取措施消除的。

有下列行为之一,但不构成犯罪的,处10日以上15日以下拘留,可以并处500元以下罚款;情节较轻的,处警告或者500元以下罚款:

(1)指使或者强令他人违反消防安全规定,冒险作业的。

(2)过失引起火灾的。

(3)在火灾发生后阻拦报警,或者负有报告职责的人员不及时报警的。

(4)扰乱火灾现场秩序,或者拒不执行火灾现场指挥员指挥,影响灭火救援的。

(5)故意破坏或者伪造火灾现场的。

(6)擅自拆封或者使用被公安机关消防机构查封的场所、部位的。

当事人逾期不执行停产停业、停止使用、停止施工决定的,由作出决定的公安机关消防机构强制执行。

(七)施工安全事故的应急救援与调查处理

施工现场一旦发生生产安全事故,应当立即实施抢险救援,特别是抢救人员,迅速控制事态,防止事故进一步扩大,并依法向有关部门报告事故。事故调查处理应当坚持实事求是、尊重科学的原则,及时、准确地查清事故经过、事故原因和事故损失,查明事故性质,认定事故责任,总结事故教训,提出整改措施,并对事故责任者依法追究责任。

1. 生产安全事故的等级划分

《生产安全事故报告和调查处理条例》规定,根据生产安全事故造成的人员伤亡或者直接经济损失,事故一般分为以下等级:

特别重大事故:是指造成30人以上死亡,或者100人以上重伤(包括急性工业中毒,下同),或者1亿元以上直接经济损失的事故。

重大事故:是指造成10人以上30人以下死亡,或者50人以上100人以下重伤,或者5 000万元以上1亿元以下直接经济损失的事故。

较大事故:是指造成3人以上10人以下死亡,或者10人以上50人以下重伤,或者100万元以上5 000万元以下直接经济损失的事故。

一般事故:是指造成3人以下死亡,或者10人以下重伤,或者100万元以下直接经济损失的事故。

注:所称的"以上"包括本数,所称的"以下"不包括本数。

2. 施工生产安全事故应急救援预案的规定

《建设工程安全生产管理条例》规定,施工单位应当制定本单位生产安全事故应急救援预案,建立应急救援组织或者配备应急救援人员,配备必要的应急救援器材、设备,并定期组织演练。

(八)施工生产安全事故报告及应采取的措施

《建筑法》规定,施工中发生事故时,建筑施工企业应采取紧急措施减少人员伤亡和事故损失,并按照国家有关规定及时向有关部门报告。《建设工程安全生产管理条例》进一步规定,施工单位发生生产安全事故,应当按照国家有关伤亡事故报告和调查处理的规定,及时、如实地向负责安全生产监督管理的部门、建设行政主管部门或者其他有关部门报告;特种设备发生事故的,还应当同时向特种设备安全监督管理部门报告。实行施工总承包的建设工程,由总承包单位负责上报事故。

1. 事故报告的基本要求

《安全生产法》规定,生产经营单位发生生产安全事故后,事故现场有关人员应当立即报告本单位负责人。单位负责人接到事故报告后,应当迅速采取有效措施,组织抢救,防止事故扩大,减少人员伤亡和财产损失,并按照国家有关规定立即如实报告当地负有安全生产监督管理职责的部门,不得隐瞒不报、谎报或者拖延不报,不得故意破坏事故现场、毁灭有关证据。

(1)事故报告的时间。《生产安全事故报告和调查处理条例》规定,事故发生后,事故现场有关人员应当立即向本单位负责人报告;单位负责人接到报告后,应当于1小时内向事故发生地县级以上人民政府安全生产监督管理部门和负有安全生产监督管理职责的有关部门报告。情况紧急时,事故现场有关人员可以直接向事故发生地县级以上人民政府安全生产监督管理部门和负有安全生产监督管理职责的有关部门报告。

在一般情况下,事故现场有关人员应当先向本单位负责人报告事故,在情况紧急时允许事故现场有关人员直接向安全生产监督管理部门和负有安全生产监督管理职责的有关部门报告。事故报告应当及时、准确、完整,任何单位和个人对事故不得迟报、漏报、谎报或者瞒报。

(2)事故报告的内容。事故报告的内容包括事故发生单位概况、事故发生的时间、地点以及事故现场情况;事故的简要经过;事故已经造成或者可能造成的伤亡人数(包括下落不明的人数)和初步估计的直接经济损失;已经采取的措施;其他应当报告的情况。

(3)事故补报的要求。事故报告后出现新情况的,应当及时补报。自事故发生之日起30日内,事故造成的伤亡人数发生变化的,应当及时补报。道路交通事故、火灾事故自发生之日起7日内,事故造成的伤亡人数发生变化的,应当及时补报。

2. 发生事故后应采取的措施

发生生产安全事故后,施工单位应当采取措施防止事故扩大,保护事故现场。需要移动现场物品时,应当做出标记和书面记录,妥善保管有关证物。

(1)组织应急抢救工作。事故发生单位负责人接到事故报告后,应当立即启动事故相应应急预案,或者采取有效措施,组织抢救,防止事故扩大,减少人员伤亡和财产损失。

(2)妥善保护事故现场。事故发生后,有关单位和人员应当妥善保护事故现场以及相关证据,任何单位和个人不得破坏事故现场、毁灭相关证据。因抢救人员、防止事故扩大以及疏通交通等原因,需要移动事故现场物件的,应当做出标志,绘制现场简图并做出书面记录,妥善保存现场重要痕迹、物证。

3. 事故的调查

《安全生产法》规定,事故调查处理应当按照实事求是、尊重科学的原则,及时、准确地查清事故原因,查明事故性质和责任,总结事故教训,提出整改措施,并对事故责任者提出处理意见。

(1)事故调查的管辖。《生产安全事故报告和调查处理条例》规定,特别重大事故由国务院或者国务院授权有关部门组织事故调查组进行调查。重大事故、较大事故、一般事故分别由事故发生地省级人民政府、设区的市级人民政府、县级人民政府负责调查。省级人民政府、设区的市级人民政府、县级人民政府可以直接组织事故调查组进行调查,也可以授权或者委托有关部门组织事故调查组进行调查。未造成人员伤亡的一般事故,县级人民政府也可以委托事故发生单位组织事故调查组进行调查。上级人民政府认为必要时,可以调查由下级人民政府负责调查的事故。

自事故发生之日起30日内(道路交通事故、火灾事故自发生之日起7日内),因事故伤亡人数变化导致事故等级发生变化,依照规定应当由上级人民政府负责调查的,上级人民政府可以另行组织事故调查组进行调查。特别重大事故以下等级事故,事故发生地与事故发生单位不在同一个县级以上行政区域的,由事故发生地人民政府负责调查,事故发生单位所在地人民政府应当派人参加。

(2)事故调查组的组成与职责。根据事故的具体情况,事故调查组由有关人民政府、安全生产监督管理部门、负有安全生产监督管理职责的有关部门、监察机关、公安机关以及工会派人组成,并应当邀请人民检察院派人参加。事故调查组可以聘请有关专家参与调查。

事故调查组成员应当具有事故调查所需要的知识和专长,并与所调查的事故没有直接利害关系。事故调查组组长由负责事故调查的人民政府指定。事故调查组组长主持事故调查组的工作。

事故调查组履行下列职责：查明事故发生的经过、原因、人员伤亡情况及直接经济损失；认定事故的性质和事故责任；提出对事故责任者的处理建议；总结事故教训，提出防范和整改措施；提交事故调查报告。

(3)事故调查组的权利与纪律。事故调查组有权向有关单位和个人了解与事故有关的情况，并要求其提供相关文件、资料，有关单位和个人不得拒绝。事故发生单位的负责人和有关人员在事故调查期间不得擅离职守，并应当随时接受事故调查组的询问，如实说明有关情况。事故调查中发现涉嫌犯罪的，事故调查组应当及时将有关材料或者其复印件移交司法机关处理。事故调查中需要进行技术鉴定的，事故调查组应当委托具有国家规定资质的单位进行技术鉴定。必要时，事故调查组可以直接组织专家进行技术鉴定。技术鉴定所需时间不计入事故调查期限。

事故调查组成员在事故调查工作中应当诚信公正、恪尽职守，遵守事故调查组的纪律，保守事故调查的秘密。未经事故调查组组长允许，事故调查组成员不得擅自发布有关事故的信息。

(4)事故调查报告的期限。事故调查组应当自事故发生之日起60日内提交事故调查报告；特殊情况下，经负责事故调查的人民政府批准，提交事故调查报告的期限可以适当延长，但延长的期限最长不超过60日。

(5)事故调查报告的内容。事故发生单位概况；事故发生经过和事故救援情况；事故造成的人员伤亡和直接经济损失；事故发生的原因和事故性质；事故责任的认定以及对事故责任者的处理建议；事故防范和整改措施。事故调查报告应当附具有关证据材料。事故调查组成员应当在事故调查报告上签名。

查清事故发生的经过和事故原因，是事故调查的首要任务。事故原因有可能是自然原因，即所谓的"天灾"，也有可能是人为原因，即所谓的"人祸"，更多情况下则是自然原因和人为原因共同造成的。事故性质则是指事故是人为事故还是自然事故，是意外事故还是责任事故。如果纯属自然事故或者意外事故，则不需要认定事故责任。如果是人为事故和责任事故，就应当查明哪些人员对事故负有责任，并确定其责任程度。事故责任分为直接责任、间接责任以及主要责任、次要责任。

4. 事故的处理

(1)事故处理时限。重大事故、较大事故、一般事故，负责事故调查的人民政府应当自收到事故调查报告之日起15日内做出批复；特别重大事故，30日内做出批复，特殊情况下，批复时间可以适当延长，但延长的时间最长不超过30日。

(2)对事故调查报告批复的落实。有关机关应当按照人民政府的批复，依照法律、行政法规规定的权限和程序，对事故发生单位和有关人员进行行政处罚，对负有事故责任的国家工作人员进行处分。

事故发生单位应当按照负责事故调查的人民政府的批复，对本单位负有事故责任的人员进行处理。负有事故责任的人员涉嫌犯罪的，依法追究刑事责任。

(3)事故发生单位落实防范和整改措施。事故发生单位应当认真吸取事故教训，落实防范和整改措施，防止事故再次发生。防范和整改措施的落实情况应当接受工会和职工的监督。安全生产监督管理部门和负有安全生产监督管理职责的有关部门应当对事故发生单位落实防范和整改措施的情况进行监督检查。

(4)处理结果的公布。事故处理的情况由负责事故调查的人民政府或者其授权的有关部门、机构向社会公布,依法应当保密的除外。

事故调查处理的"四不放过"原则:事故原因未查清不放过,事故责任者未受到处理不放过,事故责任人和周围群众未受到教育不放过,防范措施未落实不放过。

第二节 建设单位和相关单位建设工程安全责任制度

《建设工程安全生产管理条例》规定,建设单位、勘察单位、设计单位、施工单位、工程监理单位及其他与建设工程安全生产有关的单位,必须遵守安全生产法律、法规的规定,保证建设工程安全生产,依法承担建设工程安全生产责任。

一、建设单位的安全责任

建设单位是建设工程项目的投资方或建设方,在整个工程建设中居于主导地位。《建设工程安全生产管理条例》中明确规定,建设单位必须遵守安全生产法律、法规的规定,保证建设工程安全生产,依法承担建设工程安全生产责任。

1. 依法办理有关批准手续

《建筑法》规定,有下列情形之一的,建设单位应当按照国家有关规定办理申请批准手续:

(1)需要临时占用规划批准范围以外场地的。

(2)可能损坏道路、管线、电力、邮电通信等公共设施的。

(3)需要临时停水、停电、中断道路交通的。

(4)需要进行爆破作业的。

(5)法律、法规规定需要办理报批手续的其他情形。

2. 向施工单位提供真实、准确和完整的有关资料

建设单位应当向施工单位提供施工现场及毗邻区域内供水、排水、供电、供气、供热、通信、广播电视等地下管线资料,气象和水文观测资料,相邻建筑物和构筑物、地下工程的有关资料,并保证资料的真实、准确、完整。

3. 不得提出违法要求和随意压缩合同工期

《建设工程安全生产管理条例》规定,建设单位不得对勘察、设计、施工、工程监理等单位提出不符合建设工程安全生产法律、法规和强制性标准规定的要求,不得压缩合同约定日期。

4. 编制工程概算时应当确定建设工程安全费用

建设单位在编制工程概算时,应当确定建设工程安全作业环境及安全施工措施所需费用。工程概算是指在初步设计阶段,根据初步设计的图纸、概算定额或概算指标、费用定额及其他有关文件,概略计算的拟建工程费用。建设单位在编制工程概算时,应当确定建设工程安全作业环境及安全施工措施所需费用,并向施工单位提供相应的费用。

5. 不得要求购买、租赁和使用不符合安全施工要求的用具设备

建设单位不得明示或者暗示施工单位购买、租赁、使用不符合安全施工要求的安全防护用具、机械设备、施工机具及配件、消防设施和器材。

6. 申领施工许可证

按照《建筑法》的规定，申请领取施工许可证应当具备的条件之一，就是"有保证工程质量和安全的具体措施"。

《建设工程安全生产管理条例》进一步规定，建设单位在领取施工许可证时，应当提供建设工程有关安全施工措施的资料。依法批准开工报告的建设工程，建设单位应当自开工报告批准之日起15日内，将保证安全施工的措施报送建设工程所在地的县级以上地方人民政府建设行政主管部门或者其他有关部门备案。

建设单位在申请领取施工许可证时，应当提供的建设工程有关安全施工措施资料，一般包括：工程中标通知书、工程施工合同、施工现场总平面布置图、临时设施规划方案和已搭建情况、施工现场安全防护设施搭设（设置）计划、施工进度计划、安全措施费用计划、专项安全施工组织设计（方案、措施）、拟进入施工现场使用的施工起重机械设备、工程项目负责人、安全管理人员及特种作业人员持证上岗情况、建设单位安全监督人员名册、工程监理单位人员名册，以及其他应提交的材料。

7. 依法实施装修工程和拆除工程

《建筑法》规定，涉及建筑主体和承重结构变动的装修工程，建设单位应当在施工前委托原设计单位或者具有相应资质条件的设计单位提出设计方案；没有设计方案的，不得施工。房屋拆除应当由具备保证安全条件的建筑施工单位承担。

建设单位应当将拆除工程发包给具有相应资质等级的施工单位。建设单位应当在拆除工程施工15日前，将下列资料报送建设工程所在地的县级以上地方人民政府建设行政主管部门或者其他有关部门备案：

(1)施工单位资质等级证明。

(2)拟拆除建筑物、构筑物及可能危及毗邻建筑的说明。

(3)拆除施工组织方案。

(4)堆放、清除废弃物的措施。实施爆破作业的，应当遵守国家有关民用爆炸物品管理的规定。

8. 建设单位违法行为应承担的法律责任

《建设工程安全生产管理条例》规定，建设单位未提供建设工程安全生产作业环境及安全施工措施所需费用的，责令限期改正，逾期未改正的，责令该建设工程停止施工。建设单位未将保证安全施工的措施或者拆除工程的有关资料报送有关部门备案的，责令限期改正，给予警告。

建设单位有下列行为之一的，责令限期改正，处20万元以上50万元以下的罚款；造成重大安全事故，构成犯罪的，对直接责任人员，依照刑法有关规定追究刑事责任；造成损失的，依法承担赔偿责任：

(1)对勘察、设计、施工、工程监理等单位提出不符合安全生产法律、法规和强制性标准规定的要求的。

(2)要求施工单位压缩合同约定的工期的。

(3)将拆除工程发包给不具有相应资质等级的施工单位的。

【案例】

(1)背景：2008年12月4日，重庆市秀山县某水泥公司改造项目施工现场，在浇筑混凝土过程中，发生模板支撑系统坍塌事故，造成4人死亡、2人轻伤，直接经济损失约为192万元。

该公司2 500 t/d新型干法生产线技术改造项目，辅助原料破碎平台工程为单层现浇框架结构，长33 m，宽8.5 m，结构层高9.6～9.727 m，建筑面积为280 m^2。事故当日16时左右，施工人员正在对该工程平台混凝土现浇板进行浇筑，当浇筑到2/3时，发生了①轴—②轴/A轴—B轴现浇模板钢管支撑系统整体坍塌。

根据事故调查和责任认定，对有关责任方作出以下处理：项目常务副经理、现场监理工程师、土建工程分包负责人3人移交司法机关依法追究刑事责任；总包单位经理、总监理工程师、土建分包单位经理4名责任人受到相应经济处罚；总包、土建分包、监理等单位受到相应经济处罚。

(2)原因分析。

1)直接原因。现浇混凝土模板支撑系统钢管立杆间距，大横杆步距和剪刀撑的设置不符合安全技术规范的要求，不能满足承载力的需要，加载后致使模板支撑系统失稳。

2)间接原因。

①未按工程建设强制性规定编制安全专项施工方案，该工程属于高大模板工程，按规定需要编制安全专项施工方案，并组织专家论证后方可实施，但该工程只是按经验进行施工。

②未严格按施工组织设计实施，平台现浇板模板支撑系统基础未进行填平处理压实，立杆直接置于回填用的片石和块石上，并且立杆间距、步距、剪刀撑严重不符合施工组织设计和脚手架安全生产技术交底的相关要求，不能满足承载力的需要。

③施工工序不合理，在上午浇筑的柱子混凝土强度还不能满足加载要求的情况下进行现浇板的施工，进一步增加了不合格模板支撑系统的荷载，导致事故的发生。

④安全生产培训教育不到位。特种作业人员无证上岗，该工程使用的8名架子工没有一人经过培训取得特种作业资格证书的。

⑤未按照《建设工程安全监理规范》和工程建设强制性标准实施监理。对于模板施工无安全专项施工方案、无专家论证审查意见这一情况，工程总监及监理人员未加制止，更未提出整改要求，施工组织设计也没有经过总监审核签署意见。在该工程模板支撑系统严重不符合规范的情况下，就在项目部自检的验收合格表上签字确认并签发了混凝土浇筑许可证。在浇筑过程中，发现模板支撑系统出现异常摆动的情况，仅通报施工单位负责人，而没有采取强制性措施停止混凝土浇筑，导致事故的发生。

⑥现场安全管理失控。该工程是一起以包代管的典型案例，实际施工队伍是由挂靠的个人出资聘请安全员和其他管理人员组成的，施工人员由各班组长负责聘请、管理和付报酬。施工单位从未派人到该工程进行检查。由于该工程存在多次转包和私人挂靠等问题，致使安全管理失控。

(3)事故教训。

1)必须严格执行有关规定，对于危险性较大的分项工程必须编制安全专项施工方案，超过一定规模的危险性较大的分部分项工程应由专家对安全专项施工方案进行论证。

2)加强施工管理，严禁工程挂靠和违法转包，杜绝以包代管的现象。

3)加强安全生产培训教育力度,杜绝未经培训教育的人员上岗从事特种作业。

4)监理单位必须严格地审核施工组织设计和专项施工方案并参加验收工作,对不符合规范和方案要求的,坚决不允许施工。

二、勘察、设计单位相关的安全责任

1. 勘察单位的安全责任

《建设工程安全生产管理条例》规定,勘察单位应当按照法律、法规和工程建设强制性标准进行勘察,提供的勘察文件应当真实、准确,满足建设工程安全生产的需要。勘察单位在勘察作业时,应当严格执行操作规程,采取措施保证各类管线、设施和周边建筑物、构筑物的安全。

工程勘察成果是建设工程项目规划、选址、设计的重要依据,也是保证施工安全的重要因素和前提条件。因此,勘察单位必须按照法律、法规的规定以及工程建设强制性标准的要求进行勘察,并提供真实、准确的勘察文件,不能弄虚作假。

勘察单位在进行勘察作业时,也易发生安全事故。为了保证勘察作业人员的安全,要求勘察人员必须严格执行操作规程。同时,还应当采取措施保证各类管线、设施和周边建筑物、构筑物的安全,这也是保证施工作业人员和相关人员安全的需要。

2. 设计单位的安全责任

工程设计是工程建设的灵魂。在建设工程项目确定后,工程设计就成为工程建设中最重要、最关键的环节,对安全施工有着重要影响。

(1)按照法律、法规和工程建设强制性标准进行设计。《建设工程安全生产管理条例》规定,设计单位应当按照法律、法规和工程建设强制性标准进行设计,防止因设计不合理导致生产安全事故的发生。

(2)提出防范生产安全事故的指导意见和措施建议。设计单位应当考虑施工安全操作和防护的需要,对涉及施工安全的重点部位和环节在设计文件中注明,并对防范生产安全事故提出指导意见。采用新结构、新材料、新工艺的建设工程和特殊结构的建设工程,设计单位应当在设计中提出保障施工作业人员安全和预防生产安全事故的措施建议。

(3)对设计成果承担责任。设计单位和注册建筑师等注册执业人员应当对其设计负责。如果由于设计责任造成事故的,设计单位要承担法律责任,还要对造成的损失进行赔偿。建筑师、结构工程师等注册执业人员应当在设计文件上签字盖章,对设计文件负责,也要承担相应的法律责任。

3. 勘察、设计单位应承担的法律责任

《建设工程安全生产管理条例》规定,勘察单位、设计单位有下列行为之一的,责令限期改正,处 10 万元以上 30 万元以下的罚款;情节严重的,责令停业整顿,降低资质等级,直至吊销资质证书;造成重大安全事故,构成犯罪的,对直接责任人员,依照刑法有关规定追究刑事责任;造成损失的,依法承担赔偿责任:

(1)未按照法律、法规和工程建设强制性标准进行勘察、设计的。

(2)采用新结构、新材料、新工艺的建设工程和特殊结构的建设工程,设计单位未在设计中提出保障施工作业人员安全和预防生产安全事故的措施建议的。

注册执业人员未执行法律、法规和工程建设强制性标准的,责令停止执业 3 个月以

上1年以下;情节严重的,吊销执业资格证书,5年内不予注册;造成重大安全事故的,终身不予注册;构成犯罪的,依照刑法有关规定追究刑事责任。

三、工程监理、检验检测单位相关的安全责任

1. 工程监理单位的安全责任

工程监理是监理单位受建设单位的委托,依照法律、法规和建设工程监理规范的规定,对工程建设实施的监督管理。监理单位在施工合同签订前,主要是协助建设单位做好施工招标准备的各项工作;在施工合同签订后,监理单位则在建设单位的委托和授权范围内,以施工承包合同为依据,对工程的施工进行全面的监督和管理。

(1)对安全技术措施或专项施工方案进行审查。《建设工程安全生产管理条例》规定,工程监理单位应当审查施工组织设计中的安全技术措施或者专项施工方案是否符合工程建设强制性标准。

施工组织设计中须包含安全技术措施和施工现场临时用电方案,对基坑支护与降水工程、土方开挖工程、模板工程、起重吊装工程、脚手架工程、拆除、爆破工程等达到一定规模的危险性较大的分部分项工程,还应当编制专项施工方案。工程监理单位要对这些安全技术措施和专项施工方案进行审查,审查的重点在是否符合工程建设强制性标准;对于达不到强制性标准的,应当要求施工单位进行补充完善。

(2)处理施工安全事故隐患。工程监理单位在实施监理过程中,发现存在安全事故隐患的,应当要求施工单位整改;情况严重的,应当要求施工单位暂时停止施工,并及时报告建设单位。施工单位拒不整改或者不停止施工的,工程监理单位应当及时向有关主管部门报告。

(3)对建设工程安全生产承担监理责任。工程监理单位和监理工程师应当按照法律、法规和工程建设强制性标准实施监理,并对建设工程安全生产承担监理责任。

工程监理单位有下列行为之一的,责令限期改正;逾期未改正的,责令停业整顿,并处10万元以上30万元以下的罚款;情节严重的,降低资质等级,直至吊销资质证书;造成重大安全事故,构成犯罪的,对直接责任人员,依照刑法有关规定追究刑事责任;造成损失的,依法承担赔偿责任:

(1)未对施工组织设计中的安全技术措施或者专项施工方案进行审查的。

(2)引发现安全事故隐患未及时要求施工单位整改或者暂时停止施工的。

(3)施工单位拒不整改或者不停止施工,未及时向有关主管部门报告的。

(4)未依照法律、法规和工程建设强制性标准实施监理的。

2. 设备检验检测单位的安全责任

检验检测机构对检测合格的施工起重机械和整体提升脚手架、模板等自升式架设设施,应当出具安全合格证明文件,并对检测结果负责。

《特种设备安全监察条例》规定,特种设备的监督检验、定期检验、型式试验和无损检测应当由经核准的特种设备检验检测机构进行。

特种设备检验检测机构,应当依照规定进行检验检测工作,对其检验检测结果、鉴定结论承担法律责任。

特种设备检验检测机构进行特种设备检验检测,发现严重事故隐患或者能耗严重超标

的,应当及时告知特种设备使用单位,并立即向特种设备安全监督管理部门报告。

四、机械设备等单位相关的安全责任

1. 提供机械设备和配件单位的安全责任

《建设工程安全生产管理条例》规定,为建设工程提供机械设备和配件的单位,应当按照安全施工的要求配备齐全有效的保险、限位等安全设施和装置,并保证灵敏可靠,以保障施工机械设备的安全使用,减少施工机械设备事故的发生。

2. 出租机械设备和施工机具及配件单位的安全责任

出租的机械设备和施工机具及配件,应当具有生产(制造)许可证、产品合格证。出租单位应当对出租的机械设备和施工机具及配件的安全性能进行检测,在签订租赁协议时,应当出具检测合格证明。禁止出租检测不合格的机械设备和施工机具及配件。

3. 施工起重机械和自升式架设设施安装、拆卸单位的安全责任

施工起重机械,是指施工中用于垂直升降或者垂直升降并水平移动重物的机械设备,如塔式起重机、施工外用电梯、物料提升机等。自升式架设设施,是指通过自有装置可将自身升高的架设设施,如整体提升脚手架、模板等。

(1)安装、拆卸施工起重机械和自升式架设设施必须具备相应的资质。《建设工程安全生产管理条例》规定,在施工现场安装、拆卸施工起重机械和整体提升脚手架、模板等自升式架设设施,必须由具有相应资质的单位承担。施工起重机械和自升式架设设施等的安装、拆卸是特殊专业施工,具有高度的危险性,与相关分部分项工程的施工安全具有较大关系,稍有不慎极易造成群死群伤的重大安全事故。因此,按照《建筑业企业资质管理规定》和《建筑业企业资质等级标准》的规定,从事起重设备安装、附着升降脚手架等施工活动的单位,应当按照资质条件申请资质,经审查合格,取得专业承包资质证书后,方可在其资质等级许可的范围内从事安装、拆卸活动。

(2)编制拆装方案、制定安全措施和现场监督。《建设工程安全生产管理条例》规定,安装、拆卸施工起重机械和整体提升脚手架、模板等自升式架设设施,应当编制拆装方案、制定安全施工措施,并由专业技术人员现场监督。

起重机械和自升式架设设施施工方案,应当在安装拆卸前向全体作业人员按照施工方案要求进行安全技术交底。安装、拆卸单位专业技术人员应按照自己的职责,在作业现场实行全过程监控。

(3)出具自检合格证明、进行安全使用说明、办理验收手续。施工起重机械和整体提升脚手架、模板等自升式架设设施安装完毕后,安装单位应当自检,出具自检合格证明,并向施工单位进行安全使用说明,办理验收手续并签字。

(4)依法对施工起重机械和自升式架设设施进行检测。施工起重机械和整体提升脚手架、模板等自升式架设设施的使用达到国家规定的检验检测期限的,必须经具有专业资质的检验检测机构检测。经检测不合格的,不得继续使用。

(5)机械设备等单位违法行为应承担的法律责任。《建设工程安全生产管理条例》规定,为建设工程提供机械设备和配件的单位,未按照安全施工的要求配备齐全有效的保障、限位等安全设施和装置的,责令限期改正,处合同价款1倍以上3倍以下的罚款;造成损失的,依法承担赔偿责任。

出租单位出租未经安全性能检测或者经检测不合格的机械设备和施工机具及配件的，责令停业整顿，并处 5 万元以上 10 万元以下的罚款；造成损失的，依法承担赔偿责任。

施工起重机械和整体提升脚手架、模板等自升式架设设施安装、拆卸单位有下列行为之一的，责令限期改正，处 5 万元以上 10 万元以下的罚款；情节严重的，责令停业整顿，降低资质等级，直至吊销资质证书；造成损失的，依法承担赔偿责任：

(1)未编制拆装方案、制定安全施工措施的。
(2)未由专业技术人员现场监督的。
(3)未出具自检合格证明或者出具虚假证明的。
(4)未向施工单位进行安全使用说明，办理移交手续的。施工起重机械和整体提升脚手架、模板等自升式架设设施安装、拆卸单位有以上规定的第(1)项、第(3)项行为，经有关部门或者单位职工提出后，对事故隐患仍不采取措施，因而发生重大伤亡事故或者造成其他严重后果，构成犯罪的，对直接责任人员，依照刑法有关规定追究刑事责任。

五、政府部门安全监督管理的相关规定

1. 建设工程安全生产的监督管理体制

《建设工程安全生产管理条例》规定，国务院负责安全生产监督管理的部门依照《中华人民共和国安全生产法》的规定，对全国安全生产工作实施综合监督管理。县级以上地方各级人民政府负责安全生产监督管理的部门，依照《中华人民共和国安全生产法》的规定，对本行政区域内安全生产工作实施综合监督管理。

国务院建设行政主管部门对全国的建设工程安全生产实施监督管理。国务院铁路、交通、水利等有关部门按照国务院规定的职责分工，负责有关专业建设工程安全生产的监督管理。

县级以上地方人民政府建设行政主管部门对本行政区域内的建设工程安全生产实施监督管理。县级以上地方人民政府交通、水利等有关部门在各自的职责范围内，负责本行政区域内的专业建设工程安全生产的监督管理。

建设行政主管部门或者其他有关部门可以将施工现场的监督检查委托给建设工程安全监督机构具体实施。

2. 审核发放施工许可证

建设行政主管部门在审核发放施工许可证时，应当对建设工程是否有安全施工措施进行审查，对没有安全施工措施的，不得颁发施工许可证。

3. 履行安全监督检查职责

县级以上人民政府负有建设工程安全生产监督管理职责的部门，在各自的职责范围内履行安全监督检查职责时，有权采取下列措施：

(1)要求被检查单位提供有关建设工程安全生产的文件和资料。
(2)进入被检查单位施工现场进行检查。
(3)纠正施工中违反安全生产要求的行为。
(4)对检查中发现的安全事故隐患，责令立即排除，重大安全事故隐患排除前或者排除过程中无法保证安全的，责令从危险区域内撤出作业人员或者暂时停止施工。

4. 组织制定特大事故应急救援预案和重大生产安全事故的抢救工作

《安全生产法》规定，县级以上地方各级人民政府应当组织有关部门制定本行政区域内

特大生产安全事故应急救援预案,建立应急救援体系。有关地方人民政府和负有安全生产监督管理职责的部门负责人接到重大生产安全事故报告后,应当立即赶到事故现场,组织事故抢救。

5. 淘汰严重危及施工安全的工艺设备和材料

《建设工程安全生产管理条例》规定,国家对严重危及施工安全的工艺、设备、材料实行淘汰制度。具体目录由国务院建设行政主管部门会同国务院其他有关部门制定并公布。

本章练习题

1. 某施工单位申领建筑施工企业安全生产许可证时,根据我国《建筑施工企业安全生产许可证管理规定》,应具备经建设行政主管或其他有关部门考核合格的人员包括(   )。
   A. 应急救援人员   B. 单位主要负责人
   C. 从业人员   D. 安全生产管理人员
   E. 特种作业人员

2. 根据《安全生产许可证条例》,企业取得安全生产许可证,应当具备的安全生产条件有(   )。
   A. 管理人员和作业人员每年至少进行1次安全生产教育培训并考核合格
   B. 依法为施工现场从事危险作业人员办理意外伤害保险,为从业人员缴纳保险费
   C. 保证本单位安全生产条件所需资金的投入
   D. 有职业危害防治措施,并为作业人员配备符合国家标准或行业标准的安全防护用具和安全防护服装
   E. 依法办理了建筑工程一切险及第三者责任险

3. 下列从事生产活动的企业中,不属于必须取得安全生产许可证的是(   )。
   A. 食品加工生产企业   B. 建筑施工企业
   C. 烟花爆竹生产企业   D. 矿业企业

4. 关于安全生产许可证申请与管理制度的说法,下列正确的是(   )。
   A. 原颁证机关的审查是办理安全生产许可证延期的必经程序
   B. 原颁证机关发现施工单位不再具备相应条件的,应暂扣或吊销安全生产许可证
   C. 施工单位遗失安全生产许可证后,应于补办后立即登报声明原证作废
   D. 未取得施工许可证的,不得颁发安全生产许可证

5. 根据《安全生产许可证条例》规定,企业在安全生产许可证有效期内,严格遵守有关安全生产的法律法规,未发生(   )事故的,安全生产许可证有效期届满时,经原发证管理机关同意,不再审查,安全生产许可证有效期延期三年。
   A. 安全   B. 重大死亡   C. 死亡   D. 重伤

6. 建筑施工安全生产许可证有效期满需要延期的,应当于期满前(   )个月向原安全生产许可证颁发管理机关办理延期手续。
   A. 6   B. 2   C. 3   D. 4

· 177 ·

7. 安全生产许可证的有效期为（　　）年。
   A. 1　　　　　　　B. 2　　　　　　　C. 3　　　　　　　D. 5
8. 建筑施工企业隐瞒或者提供虚假材料申请安全生产许可证的，应给予警告，并在（　　）年内不得申请安全生产许可证。
   A. 2　　　　　　　B. 1　　　　　　　C. 3　　　　　　　D. 5
9. 《安全生产许可证条例》规定，除中央管理的建筑施工企业外，建筑施工企业安全许可证由（　　）颁发和管理。
   A. 县级以上人民政府
   B. 县级以上人民政府建设主管部门
   C. 省、自治区、直辖市人民政府
   D. 省、自治区、直辖市人民政府建设主管部门
10. 下列关于施工单位安全生产责任制度的说法，正确的是（　　）。
    A. 施工单位主要负责人是指施工单位法定代表人
    B. 施工单位的项目负责人对项目的安全施工负责
    C. 专职安全生产管理人员应常驻现场对安全生产进行监督检查
    D. 装修工程应按照工程总造价配备相应数量的专职安全生产管理人员
11. 根据《建设工程安全生产管理条例》的规定，属于施工单位安全责任的是（　　）。
    A. 提供相邻构筑物的有关资料　　　B. 编制安全技术措施及专项施工方案
    C. 办理施工许可证时报送安全施工措施　　D. 提供安全施工措施费用
12. 施工企业按照安全生产责任制的要求，应完成的安全保障工作包括（　　）。
    A. 明确法定代表人对本企业的安全主要责任
    B. 设置安全处室对安全负责
    C. 对内部职工进行安全培训，持证上岗
    D. 落实各岗位人员的安全生产责任
    E. 制定企业内部安全生产绩效考核标准
13. 根据《安全生产法》的规定，不属于生产经营单位主要负责人的主要安全生产职责的是（　　）。
    A. 保证本单位安全生产投入的有效实施　　B. 及时、如实报告生产安全事故
    C. 为从业人员缴纳意外伤害保险费　　D. 建立、健全本单位安全生产责任制
14. 乙施工单位的（　　）依法对本单位的安全生产全面负责。
    A. 企业法人代表　B. 主要负责人　　　C. 项目负责人　　　D. 安全生产员
15. 施工单位与建设单位订立施工合同后，将其中的部分工程分包给分包单位，则施工现场的安全生产由（　　）负总责。
    A. 建设单位　　　B. 施工单位　　　C. 分包单位　　　D. 工程监理单位
16. 根据《建设工程安全生产管理条例》，施工项目经理的安全职责有（　　）。
    A. 制定安全生产规章制度　　　B. 落实安全生产责任制
    C. 确保安全生产费用的有效使用　　D. 保证安全生产条件所需资金的投入
    E. 及时、如实报告生产安全事故
17. 总承包单位将其承揽的工程依法分包给专业承包单位。工程主体结构施工过程中发生了生产安全事故，专业承包单位由此开始质疑总承包单位的管理能力，并一再违

反总承包单位的安全管理指令,导致重大生产安全事故。则关于本工程的安全生产管理的说法,下列正确的有( )。
   A. 总承包单位对施工现场的安全生产负总责
   B. 专业承包单位应服从总承包单位的安全生产管理
   C. 总承包单位与专业承包单位对全部生产安全事故承担连带责任
   D. 专业承包单位对该重大生产安全事故承担主要责任
   E. 分包合同中应明确双方的安全生产方面的权利与义务

18. 某总承包单位将工程主体结构施工分包给具有相应资质的分包单位。该工程施工过程中,分包单位发生了安全生产事故。关于双方责任的说法,错误的是( )。
   A. 分包单位只承担民事赔偿责任
   B. 总承包单位应对本工程施工现场的安全生产负总责
   C. 总承包与分包单位就该安全事故承担连带责任
   D. 如果发生的安全事故情节特别严重且构成犯罪的,应当追究总承包单位主要责任人的责任

19. 项目负责人的安全生产责任不包括( )。
   A. 对建设工程项目的安全施工负责
   B. 确保安全生产费用的有效使用
   C. 落实安全生产责任制度、安全生产规章和操作规程
   D. 签署危险性较大的工程安全专项施工方案

20. 施工企业的项目负责人应当对( )负责。
   A. 本单位的安全生产　　　　　　B. 建设工程项目的安全施工
   C. 本单位安全生产所需资金　　　D. 危险性较大的专项施工方案确定

21. 某现场施工人员发现脚手架有倒塌的危险时,停止作业并撤离现场。这是《安全生产法》规定从业人员所具有的( )。
   A. 应急处理权　　　　　　　　　B. 紧急避险权
   C. 拒绝作业权　　　　　　　　　D. 回避求救权

22. 根据《安全生产法》的规定,关于施工单位从业人员应承担的安全生产义务的说法中,下列正确的是( )。
   A. 遵守安全操作规程　　　　　　B. 支付安全培训费用
   C. 提高安全生产技能　　　　　　D. 购买劳保用品
   E. 报告事故隐患

23. 劳务分包单位作业人员发现本班组作业现场钢管堆放过高且无防护措施时,应立即向( )报告。
   A. 兼职安全巡查员　　　　　　　B. 专业监理工程师
   C. 发包人代表　　　　　　　　　D. 建设工程安全生产监督站

24. 王某发现吊装预制构件欲脱落,拒绝继续作业并迅速躲避。王某的行为是行使法律赋予的( )。
   A. 正当防卫权　　　　　　　　　B. 紧急避险权
   C. 拒绝权　　　　　　　　　　　D. 知情权

25. 下列情形中,属于施工作业人员的安全生产义务的是( )。
    A. 对本单位的安全生产工作提出建议
    B. 接受安全生产教育和培训
    C. 发现直接危及人身安全的紧急情况时停止作业
    D. 拒绝违章指挥和强令冒险作业

26. 下列施工单位人员中不必经建设主管部门考核合格即可任职的是( )。
    A. 项目安全生产管理人员   B. 项目技术员
    C. 企业主要负责人   D. 项目经理

27. 建筑施工企业的管理人员和作业人员每( )应至少进行一次安全生产教育培训并考核合格。
    A. 半年   B. 二年   C. 一年   D. 三年

28. 根据《建设工程安全生产管理规定》,施工企业对作业人员进行安全生产教育培训,应在( )之前。
    A. 作业人员进入新的岗位   B. 作业人员进入新的施工现场
    C. 企业采用新技术   D. 企业采用新工艺
    E. 企业申请办理资质延续手续

29. 建筑施工企业的特种作业人员不包括( )。
    A. 架子工   B. 钢筋工
    C. 起重信号工   D. 起重机械司机

30. 对于达到一定规模且危险性较大的基坑支护与降水分部工程施工,须严格按施工程序进行,下列做法中正确的是( )。
    A. 施工单位在施工组织设计编制安全技术措施即可
    B. 施工方案中应附具安全验算结果
    C. 施工方案应经施工单位项目经理、总监理工程师签字后实施
    D. 应由专职安全生产管理人员进行现场监督
    E. 施工方案应经施工单位技术负责人、总监理工程师签字后实施

31. 对于涉及( )工程的专项施工方案,施工单位依法应当组织专家进行论证、审查。
    A. 地下暗挖   B. 降水
    C. 脚手架   D. 起重吊装

32. 对于土方开挖工程,施工企业编制专项施工方案后,经( )签字后实施。
    A. 施工企业项目经理、现场监理工程师
    B. 施工企业技术负责人、建设单位负责人
    C. 施工企业技术负责人、总监理工程师
    D. 建设单位负责人、总监理工程师

33. 根据《建设工程安全生产管理条例》,建设工程施工前,应当对有关安全施工的技术要求向施工作业班组、作业人员作出详细说明的是施工企业的( )。
    A. 负责项目管理的技术人员   B. 项目负责人
    C. 技术负责人   D. 安全员

34. 对于达到一定规模的危险性较大的分部分项工程的专项施工方案,应由( )组织专家论证、审查。
   A. 安全监督管理机构   B. 建设单位
   C. 监理单位   D. 施工企业

35. 某大型工程施工前,施工单位拟安排安全施工技术交底工作。根据《建设工程安全生产管理条例》规定,下列说法正确的是( )。
   A. 施工单位负责项目管理的技术人员向施工作业人员交底
   B. 专职安全生产管理人员向施工作业人员交底
   C. 施工单位负责项目管理的技术人员向资料员交底
   D. 施工作业人员向施工单位负责人交底

第七章　建设工程质量相关法律制度

本章学习要求

掌握施工总分包单位、建设单位、勘察、设计单位及监理单位的质量责任和义务，建设工程竣工验收制度，质量保修制度。

本章学习重点及难点

施工总分包单位、建设单位、勘察、设计单位及监理单位的质量责任和义务，建设工程竣工验收的程序，质量保修书的主要内容。

第一节　施工单位的质量责任和义务

施工单位是工程建设的重要责任主体之一。施工阶段是建设工程实物质量形成的阶段，勘察、设计工作质量均要在这一阶段得以实现。由于施工阶段影响质量稳定的因素和涉及的责任主体均较多，协调管理的难度较大，施工阶段的质量责任制度尤为重要。

一、总分包单位的质量责任

1. 施工单位对施工质量负责

《建筑法》规定，建筑施工企业对工程的施工质量负责。《建设工程质量管理条例》进一步规定，施工单位对建设工程的施工质量负责。施工单位应当建立质量责任制，确定工程项目的项目经理、技术负责人和施工管理负责人。

对施工质量负责是施工单位法定的质量责任。施工单位是建设工程质量的重要责任主体，但不是唯一的责任主体。建设工程质量要受到多方面因素的制约，在勘察、设计质量没有问题的前提下，整个建设工程的质量状况，最终将取决于施工质量。

施工单位的质量责任制，是其质量保证体系的一个重要组成部分，也是施工质量目标得以实现的重要保证。建立质量责任制，主要包括制定质量目标计划，建立考核标准，并层层分解落实到具体的责任单位和责任人，特别是工程项目的项目经理、技术负责人和施工管理负责人。落实质量责任制，不仅是为了在出现质量问题时可以追究责任，更重要的是通过层层落实质量责任制，做到事事有人管、人人有职责，加强对施工过程的全面质量控制，保证建设工程的施工质量。

2. 总分包单位的质量责任

《建筑法》规定，建筑工程实行总承包的，工程质量由工程总承包单位负责，总承包单位将建筑工程分包给其他单位的，应当对分包工程的质量与分包单位承担连带责任。分包单位应当接受总承包单位的质量管理。

总承包单位要按照总包合同向建设单位负总体质量责任,这种责任的承担不论是总承包单位造成的还是分包单位造成的;在总承包单位承担责任后,可以依据分包合同的约定,追究分包单位的质量责任包括追偿经济损失。

分包单位应当接受总承包单位的质量管理。总承包单位与分包单位对分包工程的质量还要依法承担连带责任。当分包工程发生质量问题时,建设单位或其他受害人既可以向分包单位请求赔偿,也可以向总承包单位请求赔偿;进行赔偿的一方,有权依据分包合同的约定,向对方追偿不属于自己责任的那部分赔偿。

【案例】

(1)背景:甲公司因建办公楼与乙建筑承包公司签订了工程总承包合同。其后,经过甲公司的同意,公司乙分别与丙建筑设计院和丁建筑工程公司签订了工程勘察设计合同和工程施工合同。其中勘察设计合同约定:由丙对甲的办公楼及其附属工程提供设计服务,并按勘察设计合同的约定交付有关的设计文件和资料。施工合同约定:由丁根据丙提供的设计图纸进行施工,工程竣工时依据国家有关验收规定及设计图纸进行质量验收。合同签订后,丙按时将设计文件和有关资料交付给丁,丁依据设计图纸进行施工。工程竣工后,甲会同有关质量监督部门对工程进行验收,发现工程存在严重的质量问题,是由于设计不符合规范所致。原来丙未对现场进行仔细勘察即自行进行设计,导致设计不合理,给甲带来了重大损失。丙以与甲没有合同关系为由拒绝承担责任,乙又以自己不是设计人为由推卸责任,甲以丙为被告向法院起诉。法院受理后,追加乙为共同被告,判决乙与丙对工程建设质量问题承担连带责任。

(2)问题:

1)本案中的法律主体及相互关系是什么?

2)对出现的质量问题,以上法律主体将如何承担责任?

(3)分析:

1)本案中,甲是发包人,乙是总承包人,丙和丁是分包人。

2)《建筑法》规定,建筑工程实行总承包的,工程质量由工程总承包单位负责,总承包单位将建筑工程分包给其他单位的,应当对分包工程的质量与分包单位承担连带责任。分包单位应当接受总承包单位的质量管理。本例中乙要按照总包合同向甲负总体质量责任,在承担责任后,乙可以依据分包合同的约定,追究分包单位的质量责任包括追偿经济损失。

二、按照工程设计图纸和施工技术标准施工的规定

《建筑法》规定,建筑施工企业必须按照工程设计图纸和施工技术标准施工,不得偷工减料。工程设计的修改由原设计单位负责,建筑施工企业不得擅自修改工程设计。

《建设工程质量管理条例》进一步规定,施工单位必须按照工程设计图纸和施工技术标准施工,不得擅自修改工程设计,不得偷工减料。施工单位在施工过程中发现设计文件和图纸有差错的,应当及时提出意见和建议。

三、对建筑材料、设备等进行检验检测的规定

《建筑法》规定,建筑施工企业必须按照工程设计要求、施工技术标准和合同的约定,对建筑材料、建筑构配件和设备进行检验,不合格的不得使用。

《建设工程质量管理条例》规定，施工单位必须按照工程设计要求、施工技术标准和合同约定，对建筑材料、建筑构配件、设备和商品混凝土进行检验，检验应当有书面记录和专人签字；未经检验或者检验不合格的，不得使用。

1. 建筑材料、建筑构配件、设备和商品混凝土的检验制度

施工单位对进入施工现场的建筑材料、建筑构配件、设备和商品混凝土实行检验制度，是施工单位质量保证体系的重要组成部分，也是保证施工质量的重要前提。施工单位应当严把两道关：一是谨慎选择生产供应厂商；二是实行进场二次检验。

施工单位的检验要依据工程设计要求、施工技术标准和合同约定。检验对象是将在工程施工中使用的建筑材料、建筑构配件、设备和商品混凝土。合同若有其他约定的，检验工作还应满足合同相应条款的要求。检验结果要按规定的格式形成书面记录，并由相关的专业人员签字。

对于未经检验或检验不合格的，不得在施工中用于工程上。否则将是一种违法行为，要追究擅自使用或批准使用人的责任。此外，对于混凝土构件和商品混凝土的生产厂家，还应当按照《混凝土构件和商品混凝土生产企业资质管理规定》的要求，如果没有资质或相应资质等级的，其提供的产品应视为不合格产品。

2. 见证取样和送检制度

《建设工程质量管理条例》规定，施工人员对涉及结构安全的试块、试件以及有关材料，应当在建设单位或者工程监理单位监督下现场取样，并送具有相应资质等级的质量检测单位进行检测。

（1）见证取样和送检。所谓见证取样和送检，是指在建设单位或工程监理单位人员的见证下，由施工单位的现场试验人员对工程中涉及结构安全的试块、试件和材料在现场取样，并送至具有法定资格的质量检测单位进行检测的活动。

建设部《房屋建筑工程和市政基础设施工程实行见证取样和送检的规定》中规定，涉及结构安全的试块、试件和材料见证取样和送检的比例不得低于有关技术标准中规定应取样数量的30％。下列试块、试件和材料必须实施见证取样和送检：①用于承重结构的混凝土试块；②用于承重墙体的砌筑砂浆试块；③用于承重结构的钢筋及连接接头试件；④用于承重墙的砖和混凝土小型砌块；⑤用于拌制混凝土和砌筑砂浆的水泥；⑥用于承重结构的混凝土中使用的掺加剂；⑦地下、屋面、厕浴间使用的防水材料；⑧国家规定必须实行见证取样和送检的其他试块、试件和材料。

见证人员应由建设单位或该工程的监理单位中具备施工试验知识的专业技术人员担任，并由建设单位或该工程的监理单位书面通知施工单位、检测单位和负责该项工程的质量监督机构。

在施工过程中，见证人员应按照见证取样和送检计划，对施工现场的取样和送检进行见证。取样人员应在试样或其包装上作出标识、封志。标识和封志应标明工程名称、取样部位、取样日期、样品名称和样品数量，并由见证人员和取样人员签字。见证人员和取样人员应对试样的代表性和真实性负责。

（2）工程质量检测单位的资质和检测规定。建设部《建设工程质量检测管理办法》规定，工程质量检测机构是具有独立法人资格的中介机构。按照其承担的检测业务内容分为专项检测机构资质和见证取样检测机构资质。

检测机构未取得相应的资质证书，不得承担本办法规定的质量检测业务。质量检测业务由工程项目建设单位委托具有相应资质的检测机构进行检测。委托方与被委托方应当签订书面合同。

检测机构完成检测业务后,应当及时出具检测报告。检测报告经检测人员签字、检测机构法定代表人或者其授权的签字人签署,并加盖检测机构公章或者检测专用章后方可生效。检测报告经建设单位或者工程监理单位确认后,由施工单位归档。任何单位和个人不得明示或者暗示检测机构出具虚假检测报告,不得篡改或者伪造检测报告。如果检测结果利害关系人对检测结果发生争议的,由双方共同认可的检测机构复检,复检结果由提出复检方报当地建设主管部门备案。

检测机构应当将检测过程中发现的建设单位、监理单位、施工单位违反有关法律、法规和工程建设强制性标准的情况,以及涉及结构安全检测结果的不合格情况,及时报告工程所在地建设主管部门。检测机构应当建立档案管理制度,并应当单独建立检测结果不合格项目台账。

检测人员不得同时受聘于两个或者两个以上的检测机构。检测机构和检测人员不得推荐或者监制建筑材料、构配件和设备。检测机构不得与行政机关,法律、法规授权的具有管理公共事务职能的组织以及所检测工程项目相关的设计单位、施工单位、监理单位有隶属关系或者其他利害关系。

检测机构不得转包检测业务。检测机构应当对其检测数据和检测报告的真实性和准确性负责。检测机构违反法律、法规和工程建设强制性标准,给他人造成损失的,应当依法承担相应的赔偿责任。

四、施工质量检验制度

《建设工程质量管理条例》规定,施工单位必须建立、健全施工质量的检验制度,严格工序管理,作好隐蔽工程的质量检查和记录。隐蔽工程在隐蔽前,施工单位应当通知建设单位和建设工程质量监督机构。

施工质量检验,通常是指工程施工过程中工序质量检验(或称为过程检验),包括预检、自检、交接检、专职检、分部工程中间检验以及隐蔽工程检验等。

1. 工序质量检验

施工单位要加强对施工工序或过程的质量控制,特别是要加强影响结构安全的地基和结构等关键施工过程的质量控制。完善的检验制度和严格的工序管理是保证工序或过程质量的前提。只有工序或过程网络上的所有工或过程的质量都受到严格控制,整个工程的质量才能得到保证。

2. 隐蔽工程质量检查

隐蔽工程是指在施工过程中某一道工序所完成的工程实物,被后一工序形成的工程实物所隐蔽,而且不可以逆向作业的那部分工程。例如,钢筋混凝土工程施工中,钢筋被混凝土所覆盖,前者即为隐蔽工程。

隐蔽工程在隐蔽前,施工单位除了要做好检查、检验并做好记录外,还应当及时通知建设单位(实施监理的工程为监理单位)和建设工程质量监督机构,以接受政府监督和向建设单位提供质量保证。

《建设工程施工合同(示范文本)》规定,工程具备隐蔽条件或达到专用条款约定的中间验收部位，施工单位进行自检，并在隐蔽或中间验收前48小时以书面形式通知监理工程师验收。验收不合格的，施工单位在监理工程师限定的时间内修改并重新验收。如果工程质量符合标准规范和设计图纸等要求，验收24小时后，监理工程师不在验收记录上签字的，视为已经批准，施工单位可继续进行隐蔽或施工。

3. 工程的返修

《建筑法》规定，对已发现的质量缺陷，建筑施工企业应当修复。《建设工程质量管理条例》进一步规定，施工单位对施工中出现质量问题的建设工程或者竣工验收不合格的建设工程，应当负责返修。《合同法》也作了相应规定，因施工人的原因致使建设工程质量不符合约定的，发包人有权要求施工人在合理期限内无偿修理或者返工、改建。

返修作为施工单位的法定义务，返修包括施工过程中出现质量问题的建设工程和竣工验收不合格的建设工程两种情形。

返工是指工程质量不符合规定的质量标准，而又无法修理的情况下重新进行施工；修理则是指工程质量不符合标准，而又有可能修复的情况下，对工程进行修补，使其达到质量标准的要求。不论是施工过程中出现质量问题的建设工程，还是竣工验收时发现质量问题的工程，施工单位都要负责返修。

对于非施工单位原因造成的质量问题，施工单位也应当负责返修，但是因此而造成的损失及返修费用由责任方负责。

五、违法行为应承担的法律责任

1. 违反资质管理规定和转包、违法分包造成质量问题应承担的法律责任

《建筑法》规定，建筑施工企业转让、出借资质证书或者以其他方式允许他人以本企业的名义承揽工程的，……对因该项承揽工程不符合规定的质量标准造成的损失，建筑施工企业与使用本企业名义的单位或者个人承担连带赔偿责任。

承包单位将承包的工程转包的，或者违反本法规定进行分包的，……对因转包工程或者违法分包的工程不符合规定的质量标准造成的损失，与接受转包或者分包的单位承担连带赔偿责任。

2. 偷工减料等违法行为应承担的法律责任

《建筑法》规定，建筑施工企业在施工中偷工减料的，使用不合格的建筑材料、建筑构配件和设备的，或者有其他不按照工程设计图纸或者施工技术标准施工的行为的，责令改正，处以罚款；情节严重的，责令停业整顿，降低资质等级或者吊销资质证书；造成建筑工程质量不符合规定的质量标准的，负责返工、修理，并赔偿因此造成的损失；构成犯罪的，依法追究刑事责任。

《建设工程质量管理条例》规定，施工单位在施工中偷工减料的，使用不合格的建筑材料、建筑构配件和设备的，或者有不按照工程设计图纸或者施工技术标准施工的其他行为的，责令改正，处工程合同价款2%以上4%以下的罚款；造成建设工程质量不符合规定的质量标准的，负责返工、修理，并赔偿因此造成的损失；情节严重的，责令停业整顿，降低资质等级或者吊销资质证书。

3. 检验检测违法行为应承担的法律责任

《建设工程质量管理条例》规定，施工单位未对建筑材料、建筑构配件、设备和商品混

凝土进行检验，或者未对涉及结构安全的试块、试件以及有关材料取样检测的，责令改正，处 10 万元以上 20 万元以下的罚款；情节严重的，责令停业整顿，降低资质等级或者吊销资质证书；造成损失的，依法承担赔偿责任。

4. 构成犯罪的追究刑事责任

《建设工程质量管理条例》规定，建设单位、设计单位、施工单位、工程监理单位违反国家规定，降低工程质量标准，造成重大安全事故，构成犯罪的，对直接责任人员依法追究刑事责任。

建设、勘察、设计、施工、工程监理单位的工作人员因调动工作、退休等原因离开该单位后，被发现在该单位工作期间违反国家有关建设工程质量管理规定，造成重大工程质量事故的，仍应当依法追究法律责任。

《刑法》第 137 条规定，建设单位、设计单位、施工单位、工程监理单位违反国家规定，降低工程质量标准，造成重大安全事故的，对直接责任人员处 5 年以下有期徒刑或者拘役并处罚金；后果特别严重的，处 5 年以上 10 年以下有期徒刑，并处罚金。

第二节　建设单位及勘察、设计单位的质量责任和义务

建设工程质量责任制涵盖了多方主体的质量责任制，除施工单位外，还有建设单位，勘察、设计单位，工程监理单位的质量责任制。

一、建设单位相关的质量责任和义务

1. 依法发包工程

《建设工程质量管理条例》规定，建设单位应当将工程发包给具有相应资质等级的单位。建设单位不得将建设工程肢解发包。建设单位应当依法对工程建设项目的勘察、设计、施工、监理以及与工程建设有关的重要设备、材料等的采购进行招标。

2. 向有关单位提供原始资料

《建设工程质量管理条例》规定，建设单位必须向有关的勘察、设计、施工、工程监理等单位提供与建设工程有关的原始资料。原始资料必须真实、准确、齐全。

3. 限制不合理的干预行为

《建筑法》规定，建设单位不得以任何理由，要求建筑设计单位或者建筑施工企业在工程设计或者施工作业中，违反法律、行政法规和建筑工程质量、安全标准，降低工程质量。《建设工程质量管理条例》进一步规定，建设工程发包单位，不得迫使承包方以低于成本的价格竞标，不得任意压缩合理工期。建设单位不得明示或者暗示设计单位或者施工单位违反工程建设强制性标准，降低建设工程质量。

4. 依法报审施工图设计文件

建设单位应当将施工图设计文件报县级以上人民政府建设行政主管部门或者其他有关部门审查。施工图设计文件未经审查批准的，不得使用。

施工图设计文件是设计文件的重要内容，是编制施工图预算、安排材料、设备订货和非标准设备制作，进行施工、安装和工程验收等工作的依据。施工图设计文件一经完成，

建设工程最终所要达到的质量，尤其是地基基础和结构的安全性就有了约束。因此，施工图设计文件的质量直接影响建设工程的质量。

5. 依法实行工程监理

《建设工程质量管理条例》规定，下列建设工程必须实行监理：

(1)国家重点建设工程。

(2)大中型公用事业工程。

(3)成片开发建设的住宅小区工程。

(4)利用外国政府或者国际组织贷款、援助资金的工程。

(5)国家规定必须实行监理的其他工程。

《建设工程质量管理条例》规定，实行监理的建设工程，建设单位应当委托具有相应资质等级的工程监理单位进行监理，也可以委托具有工程监理相应资质等级并与被监理工程的施工承包单位没有隶属关系或者其他利害关系的该工程的设计单位进行监理。

为了保证监理工作的质量，建设单位必须将需要监理的工程委托给具有相应资质等级的工程监理单位进行监理。

6. 依法办理工程质量监督手续

《建设工程质量管理条例》规定，建设单位在领取施工许可证或者开工报告前，应当按照国家有关规定办理工程质量监督手续。

办理工程质量监督手续是法定程序，不办理质量监督手续的，不发施工许可证，工程不得开工。因此，建设单位在领取施工许可证或者开工报告之前，应当依法到建设行政主管部门或铁路、交通、水利等有关管理部门，或其委托的工程质量监督机构办理工程质量监督手续，接受政府主管部门的工程质量监督。

建设单位办理工程质量监督手续，应提供以下文件和资料：

(1)工程规划许可证。

(2)设计单位资质等级证书。

(3)监理单位资质等级证书，监理合同及《工程项目监理登记表》。

(4)施工单位资质等级证书及营业执照副本。

(5)工程勘察设计文件。

(6)中标通知书及施工承包合同等。

7. 依法保证建筑材料等符合要求

《建设工程质量管理条例》规定，按照合同约定，由建设单位提供建筑材料、建筑构配件和设备的，建设单位应当保证建筑材料、建筑构配件和设备符合设计文件和合同要求。对于建设单位负责供应的材料设备，在使用前施工单位应当按照规定对其进行检验和试验，如果不合格，不得在工程上使用，并应通知建设单位予以退换。

8. 依法进行装修工程

《建设工程质量管理条例》规定，涉及建筑主体和承重结构变动的装修工程，建设单位应当在施工前委托原设计单位或者具有相应资质等级的设计单位提出设计方案；没有设计方案的，不得施工。房屋建筑使用者在装修过程中，不得擅自变动房屋建筑主体和承重结构。如拆除隔墙、窗洞改门洞等，都是不允许的。

9. 建设单位质量违法行为应承担的法律责任

《建筑法》规定，建设单位违反本法规定，要求建筑设计单位或者建筑施工企业违反建筑工程质量、安全标准，降低工程质量的，责令改正，可以处以罚款；构成犯罪的，依法追究刑事责任。

《建设工程质量管理条例》规定，建设单位有下列行为之一的，责令改正，处 20 万元以上 50 万元以下的罚款：

(1)迫使承包方以低于成本的价格竞标的。
(2)任意压缩合理工期的。
(3)明示或者暗示设计单位或者施工单位违反工程建设强制性标准，降低工程质量的。
(4)施工图设计文件未经审查或者审查不合格，擅自施工的。
(5)建设项目必须实行工程监理而未实行工程监理的。
(6)未按照国家规定办理工程质量监督手续的。
(7)明示或者暗示施工单位使用不合格的建筑材料、建筑构配件和设备的。
(8)未按照国家规定将竣工验收报告、有关认可文件或者准许使用文件报送备案的。

二、勘察、设计单位相关的质量责任和义务

1. 依法承揽工程的勘察、设计业务

《建设工程质量管理条例》规定，从事建设工程勘察、设计的单位应当依法取得相应等级的资质证书，并在其资质等级许可的范围内承揽工程。禁止勘察、设计单位超越其资质等级许可的范围或者以其他勘察、设计单位的名义承揽工程。禁止勘察、设计单位允许其他单位或者个人以本单位的名义承揽工程。勘察、设计单位不得转包或者违法分包所承揽的工程。

2. 勘察、设计必须执行强制性标准

《建设工程质量管理条例》规定，勘察、设计单位必须按照工程建设强制性标准进行勘察、设计，并对其勘察、设计的质量负责。强制性标准是工程建设技术和经验的积累，是勘察、设计工作的技术依据。只有满足工程建设强制性标准才能保证质量，才能满足工程对安全、卫生、环保等多方面的质量要求，因而勘察、设计单位必须严格执行。

3. 勘察成果必须真实、准确

工程勘察工作是建设工作的基础工作，工程勘察成果文件是设计和施工的基础资料和重要依据。其真实准确与否直接影响到设计、施工质量，因而工程勘察成果必须真实准确、安全可靠。

4. 设计依据和设计深度

《建设工程质量管理条例》规定，设计单位应当根据勘察成果文件进行建设工程设计。设计文件应当符合国家规定的设计深度要求，注明工程合理使用年限。

工程合理使用年限是指从工程竣工验收合格之日起，工程的地基基础、主体结构能保证在正常情况下安全使用的年限。

5. 依法规范设计对建筑材料等的选用

《建筑法》《建设工程质量管理条例》都规定，设计单位在设计文件中选用的建筑材料、建筑构配件和设备，应当注明规格、型号、性能等技术指标，其质量要求必须符合国家规定的标准。除有特殊要求的建筑材料、专用设备、工艺生产线等外，设计单位不得指定生产厂、供应商。

6. 依法对设计文件进行技术交底

《建设工程质量管理条例》规定,设计单位应当就审查合格的施工图设计文件向施工单位作出详细说明。设计文件的技术交底,通常的做法是设计文件完成后,通过建设单位发给施工单位,再由设计单位将设计的意图、特殊的工艺要求,以及建筑、结构、设备等各专业在施工中的难点、疑点和容易发生的问题等向施工单位作详细说明,并负责解释施工单位对设计图纸的疑问。对设计文件进行技术交底是设计单位的重要义务,对确保工程质量有重要的意义。

7. 参与建设工程质量事故分析

《建设工程质量管理条例》规定,设计单位应当参与建设工程质量事故分析,并对因设计造成的质量事故,提出相应的技术处理方案。

8. 勘察、设计单位质量违法行为应承担的法律责任

《建筑法》规定,建筑设计单位不按照建筑工程质量、安全标准进行设计的,责令改正,处以罚款;造成工程质量事故的,责令停业整顿,降低资质等级或者吊销资质证书,没收违法所得,并处罚款;造成损失的,承担赔偿责任;构成犯罪的,依法追究刑事责任。

《建设工程质量管理条例》规定,勘察、设计单位有下列行为之一的,责令改正,处10万元以上30万元以下的罚款:

(1)勘察单位未按照工程建设强制性标准进行勘察的。

(2)设计单位未根据勘察成果文件进行工程设计的。

(3)设计单位指定建筑材料、建筑构配件的生产厂、供应商的。

(4)设计单位未按照工程建设强制性标准进行设计的。有以上所列行为,造成工程质量事故的,责令停业整顿,降低资质等级;情节严重的,吊销资质证书;造成损失的,依法承担赔偿责任。

第三节 工程监理单位的质量责任和义务

工程监理单位接受建设单位的委托,代表建设单位,对建设工程进行管理。因此,工程监理单位也是建设工程工程质量的责任主体之一。

一、依法承担工程监理业务

《建筑法》规定,工程监理单位应当在其资质等级许可的监理范围内,承担工程监理业务。工程监理单位不得转让工程监理业务。

《建设工程质量管理条例》进一步规定,工程监理单位应当依法取得相应等级的资质证书,并在其资质等级许可的范围内承担工程监理业务。禁止工程监理单位超越本单位资质等级许可的范围或者以其他工程监理单位的名义承担工程监理业务。禁止工程监理单位允许其他单位或者个人以本单位的名义承担工程监理业务。工程监理单位不得转让工程监理业务。

二、对有隶属关系或其他利害关系的回避

《建筑法》《建设工程质量管理条例》都规定,工程监理单位与被监理工程的施工承包单

位以及建筑材料、建筑构配件和设备供应单位有隶属关系或者其他利害关系的，不得承担该项建设工程的监理业务。

三、监理工作的依据和监理责任

《建设工程质量管理条例》规定，工程监理单位应当依照法律、法规以及有关技术标准、设计文件和建设工程承包合同，代表建设单位对施工质量实施监理，并对施工质量承担监理责任。

工程监理的依据：

(1)法律、法规，如《建筑法》《合同法》《建设工程质量管理条例》等。

(2)有关技术标准，如《工程建设标准强制性条文》以及建设工程承包合同中确认采用的推荐性标准等。

(3)设计文件，施工图设计等设计文件既是施工的依据，也是监理单位对施工活动进行监督管理的依据。

(4)建设工程承包合同，监理单位据此监督施工单位是否全面履行合同约定的义务。

监理单位对施工质量承担监理责任，包括违约责任和违法责任两个方面：

(1)违约责任。如果监理单位不按照监理合同约定履行监理义务，给建设单位或其他单位造成损失的，应当承担相应的赔偿责任。

(2)违法责任。如果监理单位违法监理或者降低工程质量标准，造成质量事故的，要承担相应的法律责任。

四、工程监理的职责和权限

《建设工程质量管理条例》规定，工程监理单位应当选派具备相应资格的总监理工程师和监理工程师进驻施工现场。未经监理工程师签字，建筑材料、建筑构配件和设备不得在工程上使用或者安装，施工单位不得进行下一道工序的施工。未经总监理工程师签字，建设单位不拨付工程款，不进行竣工验收。

监理单位应根据所承担的监理任务，组建驻工地监理机构。监理机构一般由总监理工程师、监理工程师和其他监理人员组成。监理工程师拥有对建筑材料、建筑构配件和设备以及每道施工工序的检查权，对检查不合格的，有权决定是否允许在工程上使用或进行下一道工序的施工。工程监理实行总监理工程师负责制。总监理工程师依法和在授权范围内可以发布有关指令，全面负责受委托的监理工程。

五、工程监理的形式

《建设工程质量管理条例》规定，监理工程师应当按照工程监理规范的要求，采取旁站、巡视和平行检验等形式，对建设工程实施监理。

旁站是指对工程中有关地基和结构安全的关键工序和关键施工过程，进行连续不断地监督检查或检验的监理活动，有时甚至要连续跟班监理。巡视主要是强调除了关键点的质量控制外，监理工程师还应对施工现场进行面上的巡查监理。平行检验主要是强调监理单位对施工单位已经检验的工程应及时进行检验。对于关键性、较大体量的工程实物，采取分段后平行检验的方式，有利于及时发现质量问题，及时采取措施予以纠正。

六、工程监理单位质量违法行为应承担的法律责任

《建筑法》规定，工程监理单位与建设单位或者建筑施工企业串通，弄虚作假、降低工程质量的，责令改正，处以罚款，降低资质等级或者吊销资质证书；有违法所得的，予以没收；造成损失的，承担连带赔偿责任；构成犯罪的，依法追究刑事责任。

《建设工程质量管理条例》规定，工程监理单位有下列行为之一的，责令改正，处50万元以上100万元以下的罚款，降低资质等级或者吊销资质证书；有违法所得的，予以没收；造成损失的，承担连带赔偿责任：

(1)与建设单位或者施工单位串通、弄虚作假、降低工程质量的。
(2)将不合格的建设工程、建筑材料、建筑构配件和设备按照合格签字的。

第四节 政府部门工程质量监督管理的相关规定

为了确保建设工程质量，保障公共安全和人民生命财产安全，政府必须加强对建设工程质量的监督管理。《建设工程质量管理条例》规定，国家实行建设工程质量监督管理制度。

一、我国的建设工程质量监督管理体制

《建设工程质量管理条例》规定，国务院建设行政主管部门对全国的建设工程质量实施统一监督管理。国务院铁路、交通、水利等有关部门按照国务院规定的职责分工，负责对全国的有关专业建设工程质量的监督管理。

国务院发展计划部门按照国务院规定的职责，组织稽查特派员，对国家出资的重大建设项目实施监督检查。国务院经济贸易主管部门按照国务院规定的职责，对国家重大技术改造项目实施监督检查。

县级以上地方人民政府建设行政主管部门对本行政区域内的建设工程质量实施监督管理。县级以上地方人民政府交通、水利等有关部门在各自的职责范围内，负责对本行政区域内的专业建设工程质量的监督管理。

建设工程质量监督管理，可以由建设行政主管部门或者其他有关部门委托的建设工程质量监督机构具体实施。从事房屋建筑工程和市政基础设施工程质量监督的机构，必须按照国家有关规定经国务院建设行政主管部门或者省、自治区、直辖市人民政府建设行政主管部门考核；从事专业建设工程质量监督的机构，必须按照国家有关规定经国务院有关部门或者省、自治区、直辖市人民政府有关部门考核。经考核合格后，方可实施质量监督。

在政府加强监督的同时，还要发挥社会监督的巨大作用，即任何单位和个人对建设工程的质量事故、质量缺陷都有权检举、控告、投诉。

二、政府监督检查的内容

《建设工程质量管理条例》规定，国务院建设行政主管部门和国务院铁路、交通、水利等有关部门以及县级以上地方人民政府建设行政主管部门和其他有关部门，应当加强对有

关建设工程质量的法律、法规和强制性标准执行情况的监督检查。

县级以上人民政府建设行政主管部门和其他有关部门履行监督检查职责时，有权采取下列措施：

(1)要求被检查的单位提供有关工程质量的文件和资料。

(2)进入被检查单位的施工现场进行检查。

(3)发现有影响工程质量的问题时，责令改正。

有关单位和个人对县级以上人民政府建设行政主管部门和其他有关部门进行的监督检查应当支持与配合，不得拒绝或者阻碍建设工程质量监督检查人员依法执行职务。

三、禁止滥用权力的行为

《建设工程质量管理条例》规定，供水、供电、供气、公安消防等部门或者单位不得明示或者暗示建设单位、施工单位购买其指定的生产供应单位的建筑材料、建筑构配件和设备。

四、建设工程质量事故报告制度

《建设工程质量管理条例》规定，建设工程发生质量事故，有关单位应当在24小时内向当地建设行政主管部门和其他有关部门报告。对重大质量事故，事故发生地的建设行政主管部门和其他有关部门应当按照事故类别和等级向当地人民政府和上级建设行政主管部门和其他有关部门报告。特别重大质量事故的调查程序按照国务院有关规定办理。

根据国务院《生产安全事故报告和调查处理条例》的规定，特别重大事故，是指造成30人以上死亡，或者100人以上重伤，或者1亿元以上直接经济损失的事故。特别重大事故、重大事故逐级上报至国务院安全生产监督管理部门和负有安全生产监督管理职责的有关部门。每级上报的时间不得超过2小时。必要时，安全生产监督管理部门和负有安全生产监督管理职责的有关部门可以越级上报事故情况。

五、有关质量违法行为应承担的法律责任

《建设工程质量管理条例》规定，发生重大工程质量事故隐瞒不报、谎报或者拖延报告期限的，对直接负责的主管人员和其他责任人员依法给予行政处分。

供水、供电、供气、公安消防等部门或者单位明示或者暗示建设单位或者施工单位购买其指定的生产供应单位的建筑材料、建筑构配件和设备的，责令改正。

国家机关工作人员在建设工程质量监督管理工作中玩忽职守、滥用职权、徇私舞弊，构成犯罪的，依法追究刑事责任；尚不构成犯罪的，依法给予行政处分。

第五节 建设工程竣工验收制度

竣工验收是施工全过程的最后一道工序，也是工程项目管理的最后一项工作。它是建设投资成果转入生产或使用的标志，也是全面考核投资效益、检验设计和施工质量的重要环节。

一、建设工程竣工验收的主体

《建设工程质量管理条例》规定，建设单位收到建设工程竣工报告后，应当组织设计、施工、工程监理等有关单位进行竣工验收。

对工程进行竣工检查和验收，是建设单位法定的权利和义务。在建设工程完工后，承包单位应当向建设单位提供完整的竣工资料和竣工报告，提请建设单位组织竣工验收。建设单位收到竣工报告后，应及时组织有设计、施工、工程监理等有关单位参加的竣工验收，检查整个工程项目是否已按照设计要求和合同约定全部建设完成，并符合竣工验收条件。

二、工程竣工验收应当具备的法定条件

《建筑法》规定，交付竣工验收的建筑工程，必须符合规定的建筑工程质量标准，有完整的工程技术经济资料和经签署的工程保修书，并具备国家规定的其他竣工条件。建筑工程竣工经验收合格后，方可交付使用；未经验收或者验收不合格的，不得交付使用。

建设工程竣工验收应当具备下列条件：

(1)完成建设工程设计和合同约定的各项内容。

(2)有完整的技术档案和施工管理资料。工程技术档案和施工管理资料是工程竣工验收和质量保证的重要依据之一，主要包括以下档案和资料：①工程项目竣工验收报告；②分项、分部工程和单位工程技术人员名单；③图纸会审和技术交底记录；④设计变更通知单，技术变更核实单；⑤工程质量事故发生后调查和处理资料；⑥隐蔽验收记录及施工日志；⑦竣工图；⑧质量检验评定资料等；⑨合同约定的其他资料。

(3)有工程使用的主要建筑材料、建筑构配件和设备的进场试验报告。对建设工程使用的主要建筑材料、建筑构配件和设备，除须具有质量合格证明资料外，还应当有进场试验、检验报告，其质量要求必须符合国家规定的标准。

(4)有勘察、设计、施工、工程监理等单位分别签署的质量合格文件。勘察、设计、施工、工程监理等有关单位要依据工程设计文件及承包合同所要求的质量标准，对竣工工程进行检查评定，符合规定的，应当签署合格文件。

(5)有施工单位签署的工程保修书。施工单位同建设单位签署的工程保修书，也是交付竣工验收的条件之一。凡是没有经过竣工验收或者经过竣工验收确定为不合格的建设工程，不得交付使用。如果建设单位为提前获得投资效益，在工程未经验收就提前投产或使用，由此而发生的质量等问题，建设单位要承担责任。

三、施工单位应提交的档案资料

《建设工程质量管理条例》规定，建设单位应当严格按照国家有关档案管理的规定，及时收集、整理建设项目各环节的文件资料，建立健全建设项目档案，并在建设工程竣工验收后，及时向建设行政主管部门或者其他有关部门移交建设项目档案。

按照建设部《城市建设档案管理规定》的规定，建设单位应当在工程竣工验收后 3 个月内，向城建档案馆报送一套符合规定的建设工程档案。凡建设工程档案不齐全的，应当限期补充。对改建、扩建和重要部位维修的工程，建设单位应当组织设计、施工单位据实修改、补充和完善原建设工程档案。

施工单位应当按照归档要求制定统一目录,有专业分包工程的,分包单位要按照总承包单位的总体安排做好各项资料整理工作,最后再由总承包单位进行审核、汇总。施工单位一般应当提交的档案资料如下:①工程技术档案资料;②工程质量保证资料;③工程检验评定资料;④竣工图等。

四、规划、消防、节能、环保等验收的规定

《建设工程质量管理条例》规定,建设单位应当自建设工程竣工验收合格之日起 15 日内,将建设工程竣工验收报告和规划、公安消防、环保等部门出具的认可文件或者准许使用文件报建设行政主管部门或者其他有关部门备案。

1. 建设工程竣工规划验收

《城乡规划法》规定,县级以上地方人民政府城乡规划主管部门按照国务院规定对建设工程是否符合规划条件予以核实。未经核实或者经核实不符合规划条件的,建设单位不得组织竣工验收。建设单位应当在竣工验收后 6 个月内向城乡规划主管部门报送有关竣工验收资料。

建设工程竣工后,建设单位应当依法向城乡规划行政主管部门提出竣工规划验收申请,由城乡规划行政主管部门按照选址意见书、建设用地规划许可证、建设工程规划许可证、乡村建设规划许可证及其有关规划的要求,对建设工程进行规划验收,包括对建设用地范围内的各项工程建设情况、建筑物的使用性质、位置、间距、层数、标高、平面、立面、外墙装饰材料和色彩、各类配套服务设施、临时施工用房、施工场地等进行全面核查,并作出验收记录。对于验收合格的,由城乡规划行政主管部门出具规划认可文件或核发建设工程竣工规划验收合格证。

《城乡规划法》还规定,建设单位未在建设工程竣工验收后 6 个月内向城乡规划主管部门报送有关竣工验收资料的,由所在地城市、县人民政府城乡规划主管部门责令限期补报;逾期不补报的,处 1 万元以上 5 万元以下的罚款。

2. 建设工程竣工消防验收

《消防法》规定,按照国家工程建设消防技术标准需要进行消防设计的建设工程竣工,依照下列规定进行消防验收、备案:①国务院公安部门规定的大型的人员密集场所和其他特殊建设工程,建设单位应当向公安机关消防机构申请消防验收;②其他建设工程,建设单位在验收后应当报公安机关消防机构备案,公安机关消防机构应当进行抽查。依法应当进行消防验收的建设工程,未经消防验收或者消防验收不合格的,禁止投入使用;其他建设工程经依法抽查不合格的,应当停止使用。

建设单位申请消防验收应当提供下列材料:建设工程消防验收申报表;工程竣工验收报告;消防产品质量合格证明文件;有防火性能要求的建筑构件、建筑材料、室内装修装饰材料符合国家标准或者行业标准的证明文件、出厂合格证;消防设施、电气防火技术检测合格证明文件;施工、工程监理、检测单位的合法身份证明和资质等级证明文件;其他依法需要提供的材料。

公安机关消防机构应当自受理消防验收申请之日起 20 日内组织消防验收,并出具消防验收意见。公安机关消防机构对申报消防验收的建设工程,应当依照建设工程消防验收评定标准对已经消防设计审核合格的内容组织消防验收。对综合评定结论为合格的建设工程,

公安机关消防机构应当出具消防验收合格意见；对综合评定结论为不合格的，应当出具消防验收不合格意见，并说明理由。

对于依法应当进行消防验收的建设工程，未经消防验收或者消防验收不合格，擅自投入使用的，《消防法》规定，由公安机关消防机构责令停止施工、停止使用或者停产停业，并处3万元以上30万元以下罚款。

3. 建设工程竣工环保验收

国务院《建设项目环境保护管理条例》规定，建设项目竣工后，建设单位应当向审批该建设项目环境影响报告书、环境影响报告表或者环境影响登记表的环境保护行政主管部门，申请该建设项目需要配套建设的环境保护设施竣工验收。

环境保护设施竣工验收，应当与主体工程竣工验收同时进行。需要进行试生产的建设项目，建设单位应当自建设项目投入试生产之日起3个月内，向审批该建设项目环境影响报告书、环境影响报告表或者环境影响登记表的环境保护行政主管部门，申请该建设项目需要配套建设的环境保护设施竣工验收。分期建设、分期投入生产或者使用的建设项目，其相应的环境保护设施应当分期验收。

环境保护行政主管部门应当自收到环境保护设施竣工验收申请之日起30日内，完成验收。建设项目需要配套建设的环境保护设施经验收合格，该建设项目方可正式投入生产或者使用。

《建设项目环境保护管理条例》还规定，建设项目投入试生产超过3个月，建设单位未申请环境保护设施竣工验收的，由审批该建设项目环境影响报告书、环境影响报告表或者环境影响登记表的环境保护行政主管部门责令限期办理环境保护设施竣工验收手续；逾期未办理的，责令停止试生产，可以处5万元以下的罚款。

建设项目需要配套建设的环境保护设施未建成、未经验收或者经验收不合格，主体工程正式投入生产或者使用的，由审批该建设项目环境影响报告书、环境影响报告表或者环境影响登记表的环境保护行政主管部门责令停止生产或者使用，可以处10万元以下的罚款。

4. 建筑工程节能验收

《节约能源法》规定，不符合建筑节能标准的建筑工程，建设主管部门不得批准开工建设；已经开工建设的，应当责令停止施工、限期改正；已经建成的，不得销售或者使用。国务院《民用建筑节能条例》进一步规定，建设单位组织竣工验收，应当对民用建筑是否符合民用建筑节能强制性标准进行查验；对不符合民用建筑节能强制性标准的，不得出具竣工验收合格报告。

建筑节能工程施工质量验收合格后，相应的建筑节能分部工程验收资料应作为建设工程竣工验收资料中的重要组成部分归档。

五、竣工结算、质量争议的规定

《合同法》规定，建设工程竣工后，发包人应当根据施工图纸及说明书、国家颁发的施工验收规范和质量检验标准及时进行验收。验收合格的，发包人应当按照约定支付价款，并接收该建设工程。否则，工程不得交付使用，有关部门不予办理权属登记。《建筑法》规定，发包单位应当按照合同的约定及时拨付工程款项。

1. 工程竣工结算

工程完工后，双方应按照约定的合同价款及合同价款调整同内容以及索赔事项，进行工程竣工结算。工程竣工结算分为单位工程竣工结算、单项工程竣工结算和建设项目竣工总结算。

单位工程竣工结算由承包人编制，发包人审查；实行总承包的工程，由具体承包人编制，在总包人审查的基础上，发包人审查。

单项工程竣工结算或建设项目竣工总结算由总承包人编制，由发包人审查，也可以委托具有相应资质的工程造价咨询机构进行审查。政府投资项目，由同级财政部门审查。单项工程竣工结算或建设项目竣工总结算经发、承包人签字盖章后有效。

承包人应在合同约定期限内完成项目竣工结算编制工作，未在规定期限内完成的并且提不出正当理由延期的，责任自负。

2. 工程竣工结算期限

单项工程竣工后，承包人应在提交竣工验收报告的同时，向发包人递交竣工结算报告及完整的结算资料，发包人应按以下规定时限进行核对（审查）并提出审查意见：

(1) 500万元以下，从接到竣工结算报告和完整的竣工结算资料之日起20天。

(2) 500~2 000万元，从接到竣工结算报告和完整的竣工结算资料之日起30天。

(3) 2 000~5 000万元，从接到竣工结算报告和完整的竣工结算资料之日起45天。

(4) 5 000万元以上，从接到竣工结算报告和完整的竣工结算资料之日起60天。

建设项目竣工总结算在最后一个单项工程竣工结算审查确认后15天内汇总，送发包人后30天内审查完成。

3. 工程竣工价款结算

发包人收到承包人递交的竣工结算报告及完整的结算资料后，应按以上规定的期限进行核实，给予确认或者提出修改意见，没有提出意见，则视同认可。

发包人根据确认的竣工结算报告向承包人支付工程竣工结算价款，保留5%左右的质量保证（保修）金，待工程交付使用1年质保期到期后清算，质保期内如有返修，发生费用应在质量保证金内扣除。

工程竣工结算以合同工期为准，实际施工工期比合同工期提前或延后，发、承包双方应按合同约定的奖惩办法执行。

承包人如未在规定时间内提供完整的工程竣工结算资料，经发包人催促后14天内仍未提供或没有明确答复，发包人有权根据已有资料进行审查，责任由承包人自负。

根据确认的竣工结算报告，承包人向发包人申请支付工程竣工结算款。发包人应在收到申请后15天内支付结算款，到期没有支付的应承担违约责任。承包人可以催告发包人支付结算价款，如达成延期支付协议，发包人应按同期银行贷款利率支付拖欠工程价款的利息。如未达成延期支付协议，承包人可以与发包人协商将该工程折价，或申请人民法院将该工程依法拍卖，承包人就该工程折价或者拍卖的价款优先受偿。

4. 索赔及零星项目工程价款结算

发承包人未能按合同约定履行自己的各项义务或发生错误，给另一方造成经济损失的，由受损方按合同约定提出索赔，索赔金额按合同约定支付。

发包人要求承包人完成合同以外的零星项目，承包人应在接受发包人要求的7天内就用工数量和单价、机械台班数量和单价、使用材料和金额等向发包人提出施工签证，在发包人签证后施工。如发包人未签证，承包人施工后发生争议的，责任由承包人自负。

发包人和承包人要加强施工现场的造价控制，及时对工程合同外的事项如实记录并履行书面手续。凡由发、承包双方授权的现场代表签字的现场签证以及发、承包双方协商确定的索赔等费用，应在工程竣工结算中如实办理，不得因发、承包双方现场代表的中途变更改变其有效性。

5. 工程价款结算争议处理

《建设工程价款结算暂行办法》规定，工程造价咨询机构接受发包人或承包人委托，编审工程竣工结算，应按合同约定和实际履约事项认真办理，出具的竣工结算报告经发、承包双方签字后生效。当事人一方对报告有异议的，可对工程结算中有异议部分，向有关部门申请咨询后协商处理，若不能达成一致的，双方可按合同约定的争议或纠纷解决程序办理。

发包人对工程质量有异议，已竣工验收或已竣工未验收但实际投入使用的工程，其质量争议按该工程保修合同执行；已竣工未验收且未实际投入使用的工程以及停工、停建工程的质量争议，应当就有争议部分的竣工结算暂缓办理，双方可就有争议的工程委托有资质的检测鉴定机构进行检测，根据检测结果确定解决方案，或按工程质量监督机构的处理决定执行，其余部分的竣工结算依照约定办理。

当事人对工程造价发生合同纠纷时，可通过下列办法解决：①双方协商确定；②调解；③申请仲裁或起诉。

六、竣工工程质量争议的处理

《建筑法》规定，建筑工程竣工时，屋顶、墙面不得留有渗漏、开裂等质量缺陷；对已发现的质量缺陷，建筑施工企业应当修复。《建设工程质量管理条例》规定，施工单位对施工中出现质量问题的建设工程或者竣工验收不合格的建设工程，应当负责返修。建设工程竣工时只要发现质量问题或质量缺陷，无论是建设单位的责任还是施工单位的责任，施工单位都有义务进行修复或返修。但是，对于非施工单位原因出现的质量问题或质量缺陷，其返修的费用和造成的损失是应由责任方承担的。

1. 承包方责任的处理

《合同法》规定，因施工单位的原因致使建设工程质量不符合约定的，发包人有权要求施工单位在合理期限内无偿修理或者返工、改建。

2. 发包方责任的处理

《建筑法》规定，建设单位不得以任何理由，要求建筑设计单位或者建筑施工企业在工程设计或者施工作业中，违反法律、行政法规和建筑质量、安全标准，降低工程质量。

发包人具有下列情形之一，造成建设工程质量缺陷，应当承担过错责任：
(1) 提供的设计有缺陷。
(2) 提供或者指定购买的建筑材料、建筑构配件、设备不符合强制性标准。
(3) 直接指定分包人分包专业工程。

3. 未经竣工验收擅自使用的处理原则

《建筑法》《合同法》《建设工程质量管理条例》均规定，建设工程竣工经验收合格后，方可交付使用；未经验收或验收不合格的，不得交付使用。建设工程未经竣工验收，发包人擅自使用后，又以使用部分质量不符合约定为由主张权利的，不予支持；但是承包人应当在建设工程的合理使用寿命内对地基基础工程和主体结构质量承担民事责任。

【案例】

(1)背景:2013年,甲建筑公司与乙开发公司签订了《施工合同》,约定由甲建筑公司承建贸易大厦工程。合同签订后,甲公司积极组织人员、材料进行施工。但是,由于乙开发公司资金不足及分包项目进度缓慢、迟迟不能完工,主体工程完工后工程停滞。2015年,甲乙双方约定共同委托审价部门对已完工的主体工程进行了审价,确认工程价款为1800万元。2016年2月,乙公司以销售需要为由,占据使用了大厦大部分房屋。2016年11月,因乙公司拒绝支付工程欠款,甲公司起诉至法院,要求乙公司支付工程欠款900万元及违约金。乙公司随后反诉,称因工程质量缺陷未修复,请求减少支付工程款300万元。

(2)问题:

1)该大厦未经验收乙公司即使用,质量责任应如何承担?

2)甲公司要求乙公司支付工程欠款及违约金时,是否还可以主张停工损失,停工损失包括哪些具体内容?

(3)分析:

1)乙公司在大厦未经验收的情况下擅自使用该工程,出现质量缺陷的应自行承担责任。因为根据《最高人民法院关于审理建设工程施工合同纠纷案件适用法律问题的解释》第13条规定:"建设工程未经验收,发包人擅自使用后,又以使用部分质量不符合约定为由主张权利的,不予支持;但是承包人应当在建设工程的合理使用寿命内对地基基础工程和主体结构质量承担民事责任。"所以,该大厦如果出现地基基础和主体结构的质量问题,甲公司仍需承担民事责任。

2)甲公司可以主张停工损失。《合同法》规定:"发包人未按照约定的时间和要求提供原材料、设备、场地、资金、技术资料的,承包人可以顺延工程日期,并有权要求赔偿停工、窝工等损失。"据此,甲公司在请求支付工程欠款及违约金时,还可以向乙公司主张停工损失。停工损失一般包括人员窝工、机械停置费用、现场看护费用、工程保险费等损失。

七、竣工验收备案制度

《建设工程质量管理条例》规定,建设单位应当自建设工程竣工验收合格之日起15日内,将建设工程竣工验收报告和规划、公安消防、环保等部门出具的认可文件或者准许使用文件报建设行政主管部门或者其他有关部门备案。建设行政主管部门或者其他有关部门发现建设单位在竣工验收过程中有违反国家有关建设工程质量管理规定行为的,责令停止使用,重新组织竣工验收。

八、质量保修制度

《建筑法》《建设工程质量管理条例》均规定,建设工程实行质量保修制度。建设工程质量保修制度,是指建设工程竣工经验收后,在规定的保修期限内,因勘察、设计、施工、材料等原因造成的质量缺陷,应当由施工承包单位负责维修、返工或更换,由责任单位负责赔偿损失的法律制度。

1. 质量保修书和最低保修期限的规定

(1)建设工程质量保修书主要内容。

《建设工程质量管理条例》规定,建设工程承包单位在向建设单位提交工程竣工验收报告时,应当向建设单位出具质量保修书。质量保修书中应当明确建设工程的保修范围、保修期限和保修责任等。

工程质量保修书包括如下主要内容:
1) 质量保修范围。
2) 质量保修期限。
3) 承诺质量保修责任。
(2) 建设工程质量的最低保修期限。

《建设工程质量管理条例》规定,在正常使用条件下,建设工程的最低保修期限为:
1) 基础设施工程、房屋建筑的地基基础工程和主体结构工程,为设计文件规定的该工程的合理使用年限。
2) 屋面防水工程、有防水要求的卫生间、房间和外墙面的防渗漏,为5年。
3) 供热与供冷系统,为2个采暖期、供冷期。
4) 电气管线、给排水管道、设备安装和装修工程,为2年。

其他项目的保修期限由发包方与承包方约定。
(3) 建设工程超过合理使用年限后需要继续使用的规定。

《建设工程质量管理条例》规定,建设工程在超过合理使用年限后需要继续使用的,产权所有人应当委托具有相应资质等级的勘察、设计单位鉴定,并根据鉴定结果采取加固、维修等措施,重新界定使用期。达到能继续使用条件的可以继续使用。否则,若有违法继续使用的,所产生的后果由产权所有人负责。

九、质量责任的损失赔偿

《建设工程质量管理条例》规定,建设工程在保修范围和保修期限内发生质量问题的,施工单位应当履行保修义务,并对造成的损失承担赔偿责任。

1. 保修义务的责任落实与损失赔偿责任的承担

建设工程保修的质量问题是指在保修范围和保修期限内的质量问题。对于保修义务的承担和维修的经济责任承担应当按下述原则处理:

(1) 施工单位未按照国家有关标准规范和设计要求施工所造成的质量缺陷,由施工单位负责返修并承担经济责任。

(2) 由于设计问题造成的质量缺陷,先由施工单位负责维修,其经济责任按有关规定通过建设单位向设计单位索赔。

(3) 因建筑材料、构配件和设备质量不合格引起的质量缺陷,先由施工单位负责维修,其经济责任属于施工单位采购的或经其验收同意的,由施工单位承担经济责任;属于建设单位采购的,由建设单位承担经济责任。

(4) 因建设单位(含监理单位)错误管理而造成的质量缺陷,先由施工单位负责维修,其经济责任由建设单位承担;如属监理单位责任,则由建设单位向监理单位索赔。

(5) 因使用单位使用不当造成的损坏问题,先由施工单位负责维修,其经济责任由使用单位自行负责。

(6) 因地震、台风、洪水等自然灾害或其他不可抗拒原因造成的损坏问题,先由施工单位负责维修,建设参与各方再根据国家具体政策分担经济责任。

2. 建设工程质量保证金

建设工程质量保证金是指发包人与承包人在建设工程承包合同中约定，从应付的工程款中预留，用以保证承包人在缺陷责任期内对建设工程出现的缺陷进行维修的资金。

（1）缺陷责任期。缺陷是指建设工程质量不符合工程建设强制性标准、设计文件，以及承包合同的约定。缺陷责任期一般为 6 个月、12 个月或 24 个月，具体可由发承包双方在合同中约定。

缺陷责任期从工程通过竣（交）工验收之日起计。由于承包人原因导致工程无法按规定期限进行竣（交）工验收的，缺陷责任期从实际通过竣（交）工验收之日起计。由于发包人原因导致工程无法按规定期限进行竣（交）工验收的，在承包人提交竣（交）工验收报告 90 天后，工程自动进入缺陷责任期。

（2）保证金的比例。全部或者部分使用政府投资的建设项目，按工程价款结算总额 5% 左右的比例预留保证金。社会投资项目采用预留保证金方式的，预留保证金的比例可参照执行。

缺陷责任期内，由承包人原因造成的缺陷，承包人应负责维修，并承担鉴定及维修费用。如承包人不维修也不承担费用，发包人可按合同约定扣除保证金，并由承包人承担违约责任。承包人维修并承担相应费用后，不免除对工程的一般损失赔偿责任。由他人原因造成的缺陷，发包人负责组织维修，承包人不承担费用，且发包人不得从保证金中扣除费用。

（3）质量保证金的返还。缺陷责任期到期后，承包人向发包人申请返还保证金。发包人在接到承包人返还保证金申请后，应于 14 日内会同承包人按照合同约定的内容进行核实。如无异议，发包人应当在核实后 14 日内将保证金返还给承包人，逾期支付的，从逾期之日起，按照同期银行贷款利率计付利息，并承担违约责任。

本章练习题

1. 涉及保障人体健康、人身财产安全的标准应当是（　　）。
   A. 国家标准　　　B. 行业标准　　　C. 强制性标准　　　D. 推荐性标准
2. 下列工程建设标准，属于强制性标准的是（　　）。
   A. 工程建设通用的综合标准　　　B. 工程建设通用的安全标准
   C. 工程建设通用的制图方法标准　　　D. 工程建设行业专用的试验标准
   E. 工程建设行业专用的信息技术标准
3. 关于推荐性的标准的说法，下列正确的是（　　）。
   A. 不管是在什么级别的推荐性标准，都可以不执行
   B. 如果是推荐性地方标准，也必须要执行
   C. 如果是推荐性行业标准，也必须要执行
   D. 如果是推荐性国家标准，也必须要执行
4. 根据《实施工程建设强制性标准监督规定》，下列监督检查内容中，不属于强制性标准监督检查的内容是（　　）。
   A. 工程项目采用的材料、设备
   B. 工程项目技术人员的劳动合同

C. 工程项目的规划、勘察、设计、施工等环节
　　D. 工程项目的安全、质量

5. 某建设项目施工单位拟采用的新技术与现行强制性标准规定不符，应由(　　)组织专题技术论证，并报批准该项标准的建设行政主管部门或国务院有关主管部门审定。
　　A. 建设单位　　　B. 施工单位　　　C. 监理单位　　　D. 设计单位

6. 《建设工程质量管理条例》规定，(　　)对分包工程的质量承担连带责任。
　　A. 监理单位与分包单位　　　　　B. 建设单位与分包单位
　　C. 总承包单位与分包单位　　　　D. 设计单位与分包单位

7. 根据《建设工程质量管理条例》，以下施工单位质量责任和义务的正确表述是(　　)。
　　A. 施工单位不得转包和分包所承揽的工程
　　B. 施工单位不得超越其资质等级许可的范围承揽工程
　　C. 施工单位应当按国家有关规定办理工程质量监督手续
　　D. 对涉及结构安全的试块应现场取样，并送具有相应资质等级的质量检测单位进行检测

8. 某工程施工合同履行过程中，经建设单位同意，总承包单位将部分工程的施工交由分包单位完成。就分包工程的施工而言，下列说法正确的是(　　)。
　　A. 应由分包单位与总承包单位对建设单位承担连带责任
　　B. 应由总承包单位对建设单位承担责任
　　C. 应由分包单位对建设单位承担责任
　　D. 由建设单位自行承担责任

9. 根据《建筑法》，建筑工程分包企业应当接受(　　)的质量管理。
　　A. 咨询单位　　　　　　　　　　B. 总承包单位
　　C. 监理单位　　　　　　　　　　D. 建设单位

10. 总承包单位甲公司经建设单位同意，将幕墙工程分包给乙公司施工。后该分包工程出现了施工质量问题，建设单位要求乙赔偿。下列责任赔偿的说法中，能够成立的是(　　)。
　　A. 乙与建设单位无直接合同关系，建设单位应要求甲赔偿
　　B. 若甲已全部赔偿建设单位损失，则建设单位无权再向乙要求赔偿
　　C. 该质量问题是乙造成的，与甲无关
　　D. 对该质量问题，乙与甲负有同等责任，乙仅承担赔偿的50%

11. 分包工程发生质量、安全、进度等问题给建设单位造成损失的，关于承担责任的说法，下列正确的是(　　)。
　　A. 分包单位只对总承包单位负责
　　B. 建设单位只能向给其造成损失的分包单位主张权利
　　C. 总承包单位赔偿金额超过其应承担份额的，有权向有责任的分包单位追偿
　　D. 建设单位与分包单位无合同关系，无权向分包单位主张权利

12. 根据《建设工程质量管理条例》，关于施工单位质量责任和义务的说法，下列正确的有(　　)。
　　A. 对施工质量负责
　　B. 按照工程设计图纸和施工技术标准施工

C. 对建筑材料、设备等进行检验检测

D. 建立健全施工质量检验制度

E. 审查批准高大模板工程的专项施工方案

13. 关于施工单位的质量责任的说法，下列正确的有(　　)。

    A. 对该办公楼的施工质量负责

    B. 建立、健全施工质量管理制度

    C. 做好隐蔽工程的质量检查和记录

    D. 对商品混凝土的检验，在当地工程质量监督站的监督下现场取样送检

    E. 审查乙公司的质量管理体系

14. 下列选项中，对施工单位的质量责任和义务表述正确的是(　　)。

    A. 总承包单位不得将主体工程对外分包

    B. 分包单位应当按照分包合同的约定对建设单位负责

    C. 总承包单位与每一个分包单位就各自分包部分的质量承担连带责任

    D. 施工单位在施工中发现设计图纸有差错时，应当按照国家标准施工

    E. 在建设工程竣工验收合格之前施工单位应当对质量问题履行保修义务

15. 总承包单位依法将建设工程分包给其他单位施工，若分包工程出现质量问题时，应当由(　　)。

    A. 总承包单位单独向建设单位承担责任

    B. 分包单位单独向建设单位承担责任

    C. 总承包单位与分包单位向建设单位承担连带责任

    D. 总承包单位与分包单位分别向建设单位承担责任

    E. 分包单位向总承包单位承担责任

16. 某施工单位于2002年5月20日签订施工合同，承办工程为六层砖混结构，七度抗震设防，施工图纸通过审批。工程于2002年10月10日开工建设。施工中技术人员发现图纸中有一处抗震设计差错，此时施工企业应(　　)。

    A. 按原图纸继续施工

    B. 及时提出意见和建议

    C. 自行修改正确后施工，向建设单位提出增加费用

    D. 和监理工程师协商一致后，继续施工

17. 按照《建设工程质量管理条例》规定，网架施工分包单位必须按照(　　)施工，不得擅自修改工程设计，不得偷工减料。

    A. 网架设计图纸和工程施工技术标准

    B. 网架设计图纸、工程师指令和工程施工技术标准

    C. 网架设计图纸、现场设计代表要求和工程施工技术标准

    D. 网架设计图纸、业主要求和工程施工技术标准

18. 施工合同履行过程中，监理工程师向承包人发出了提高混凝土等级的通知，施工图纸中标明该部位的混凝土强度等级为C30标准。对该单位工程应以(　　)为标准进行质量验收。

    A. 施工图纸　　　B. 技术规范　　　C. 监理通知　　　D. 施工合同

19. 根据施工企业要求对原工程进行变更的,下列说法正确的有( )。
   A. 施工企业在施工中不得对原工程设计进行变更
   B. 施工企业在施工中提出更改施工组织设计的须经工程师同意,延误的工期不予顺延
   C. 工程师采用施工企业合理化建议所获得的收益,建设单位和施工企业另行约定分享
   D. 施工企业擅自变更设计发生的费用和由此导致的建设单位的损失由施工企业承担,延误的工期不予顺延
   E. 施工企业自行承担差价时,对原材料、设备换用不必经工程师同意
20. 根据《建设工程质量管理条例》,下列不属于施工企业进行施工的依据为( )。
   A. 施工合同中约定采用的推荐性标准   B. 建筑法律
   C. 施工图设计文件   D. 工程监理合同
21. 施工企业保证工程质量的最基本要求包括( )。
   A. 不得压缩合同工期   B. 按设计图纸施工
   C. 与监理单位建立友好的沟通关系   D. 严格履行企业质量管理认证体系
   E. 不擅自修改设计文件
21. 施工单位必须按照工程设计要求、施工技术标准和合同约定,对( )进行检验,未经检验或检验不合格的,不得使用。
   A. 建筑材料   B. 周转材料   C. 建筑构配件   D. 设备
   E. 商品混凝土
22. 按照《建设工程质量管理条例》要求,施工单位必须按照工程设计要求、( )和合同约定对建筑材料、建筑构配件、设备和商品混凝土进行检测,检验应当有书面记录和专人签字。
   A. 施工技术标准   B. 总监理工程师的要求
   C. 监理单位的要求   D. 建设行政主管部门的要求
23. 关于建筑材料检验的说法,下列正确的是( )
   A. 对于建设单位提供的建筑材料,施工单位不必进行检验
   B. 检验合格的建筑材料未经总监理工程师签字,不得在工程上使用
   C. 施工单位应当按合同约定对建筑材料进行检查
   D. 设计单位应当对推荐的建筑材料负责检验
24. 对涉及结构安全的试块、试件及有关材料,应当在监理人员监督下现场取样并送( )的检测单位检测。
   A. 具有相应资质等级   B. 建设单位许可
   C. 建设行业协会认可   D. 监理协会认可
25. 在建设单位要求赶工的情形下,隐蔽工程未通过监理单位验收,施工单位继续施工,由此发生质量问题所产生的费用由( )承担。
   A. 施工单位   B. 建设单位   C. 监理单位   D. 建设主管部门
26. 某工程施工过程中,监理工程师发现其检验合格的部分工程仍存在质量问题,则该部分工程质量缺陷由( )。
   A. 建设单位承担修复费用和工期损失

B. 施工单位承担费用和工期损失

C. 建设单位承担修复费用，但工期给予顺延

D. 施工单位承担修复费用，但工期给予顺延

27. 某高校将教工宿舍楼工程发包给某施工单位，合同约定由施工单位包工包料。在质量检查中发现宿舍楼部分非承重墙轻微开裂。该高校( )。
   A. 可要求解除合同式
   B. 可要求在合理期限内无偿修理或返工
   C. 可以追究设计单位的责任
   D. 可以追究材料供应商的责任

28. 建设单位拟装修其办公楼，其中涉及承重结构变动，则下列表述正确的有( )。
   A. 建设单位将装修方案报有关部门批准后，方可施工
   B. 建设单位在委托原设计单位提出设计方案后，方可施工
   C. 建设单位在委托相应资质等级的设计单位提出设计方案后，方可施工
   D. 建设单位提出装修方案后，即可要求承包单位施工
   E. 建设单位可直接将装修任务发包给劳务公司

29. 下列建设单位向施工单位作出的意思表示中，为法律、行政法规所禁止的是( )。
   A. 明示报名参加投标的各施工单位低价竞标
   B. 明示施工单位在施工中应优化工期
   C. 暗示施工单位不采用《建设工程施工合同(示范文本)》签订合同
   D. 暗示施工单位在非承重结构部位使用不合格的水泥

30. 某施工承包合同中约定由施工单位采购建筑材料。施工期间，建设单位要求施工单位购买某采石场的石料，理由是该石料物美价廉。对此，下面说法正确的是( )。
   A. 施工单位可以不接受
   B. 建设单位的要求施工单位必须接受
   C. 建设单位通过监理单位提出此要求，施工单位才必须接受
   D. 建设单位以书面形式提出要求，施工单位就必须接受

31. 关于建设单位的质量责任和义务的表述中，下列错误的是( )。
   A. 建设单位不得暗示施工单位违反工程建设强制性标准，降低建设工程质量
   B. 建设单位不得任意压缩合同工期
   C. 建设单位进行装修时不得变动建筑主体和承重结构
   D. 建设工程发包单位不得迫使承包方以低于成本价格竞标

32. 某施工单位为避免破坏施工现场区域内原有地下管线，欲查明相关情况，应由( )负责向其提供施工现场区域内地下管线资料。
   A. 城建档案管理部门
   B. 相关管线产权部门
   C. 市政管理部门
   D. 建设单位

33. 根据《建设工程质量管理条例》，建设单位最迟应当在( )之前办理工程质量监督手续。
   A. 竣工验收
   B. 签订施工合同
   C. 进场开工
   D. 领取施工许可证

34. 根据《建设工程质量管理条例》，关于建设单位质量责任和义务的说法，下列正确的是（　）。
   A. 建设工程竣工验收合格后，即免除建设单位在施工阶段的任何责任
   B. 建设单位应当委托监理单位组织设计、施工等有关单位进行竣工验收
   C. 建设单位必须向有关的勘察、设计、施工、监理等单位提供与建设工程有关的原始资料
   D. 建设单位应当履行保修义务

35. 对建设单位增加一层轻钢结构层的变更，应当（　）方可施工。
   A. 由原设计院出变更图纸，并经原审图机构审查合格后
   B. 委托当地某一甲级设计院变更图纸，送当地审图机构审查合格后
   C. 经原设计院书面同意后，委托有相应资质的设计单位出变更图，经原审图机构审查合格后
   D. 乙企业技术负责人出变更图，经总监理工程师批准后
   E. 由原设计院出变更图纸，并送当地审图机构审查合格后

36. 按照《建设工程质量管理条例》要求，设计单位应当就审核合格的施工图设计文件向（　）作出说明。
   A. 监理单位　　　B. 质量监督单位　　　C. 施工单位　　　D. 建设单位

37. 关于设计单位质量责任和义务的说法，下列正确的有（　）。
   A. 为了保证工程质量，设计单位必须在设计文件中指定建筑设备的生产厂家
   B. 为了保证设计进度，设计单位可以将部分任务转包给其他设计单位
   C. 设计单位在设计文件中选用的建筑设备，应当注明规格、型号、生产厂家
   D. 有特殊要求的设备，设计单位可以指定生产厂家
   E. 设计单位应当就审查合格的施工图向施工单位说明

38. 根据《建设工程质量管理条例》的规定，设计单位应当参与建设工程（　）分析，并提出相应的技术处理方案。
   A. 工期延误　　　B. 投资失控　　　C. 质量事故　　　D. 施工组织

39. 关于设计单位的权利的说法，正确的是（　）。
   A. 为节约投资成本，设计单位可不依据勘察成果文件进行设计
   B. 有特殊要求的专用设备，设计单位可以指定生产厂商或供应商
   C. 设计单位有权将所承揽的工程交由资质等级更高的设计单位完成
   D. 设计深度由设计单位酌定

40. 根据《建设工程质量管理条例》，关于勘察设计单位质量责任和义务的说法，下列错误的是（　）。
   A. 从事勘察、设计业务的单位应当依法取得相应等级的资质证书
   B. 勘察单位提供的地质、测量、水文等勘察成果必须真实、准确
   C. 设计单位应当根据勘察成果文件进行建设工程设计
   D. 勘察、设计单位不得分包所承揽的工程

41. 根据《建设工程质量管理条例》，关于勘察、设计单位质量责任和义务的说法，下列正确的有（　）。
   A. 勘察、设计单位应当在其资质等级许可的范围内承揽工程

B. 勘察文件应注明工程使用年限

C. 勘察、设计单位必须按照工程建设强制性标准进行勘察、设计

D. 注册建筑师、注册结构工程师等注册执业人员应当在设计文件上签字并对设计文件负责

E. 有特殊要求的建筑材料、专用设备、工艺生产线等可由设计单位指定

42. 下列各项，符合《建筑法》建设工程监理规定的是（ ）。

A. 工程监理单位代理建设单位利益执行监理任务

B. 工程监理人员发现工程施工不符合工程建设强制性标准的，有权要求施工单位整改

C. 工程监理人员发现工程设计不符合工程建设强制性标准的，有权要求设计单位整改

D. 工程监理单位可以转让工程监理业务

43. 某工程施工过程中，监理工程师以施工质量不符合施工合同约定为由要求施工单位返工，但是施工单位认为施工合同是由建设单位与施工单位签订的，监理单位不是合同当事人，不属于监理的依据。对此，正确的说法是（ ）。

A. 监理工程应根据国家标准监理，而不能以施工合同为依据监理

B. 施工合同是监理工程实施监理的依据

C. 施工合同是否作为监理依据，要根据建设单位的授权

D. 施工合同是否作为监理依据，要根据上级行政主管部门的意见确定

44. 王某取得监理工程师执业资格后，受总监理工程师委派，进驻某建设工程项目履行监理职责，其实施监理的依据包括（ ）。

A. 法律、法规及有关技术标准   B. 建设工程施工合同

C. 劳动用工合同   D. 工程设计文件

E. 招标公告

45. 依据《建设工程质量管理条例》的规定，以下工作中，应由总监理工程师签字认可的是（ ）。

A. 建设单位拨付工程款   B. 施工单位实施隐蔽工程

C. 商品混凝土用于基础工程   D. 大型非标构件进行吊装

46. 某工程为国家大型公共事业项目，关于该工程的工程监理的说法，下列正确的有（ ）。

A. 该工程必须实行监理

B. 建设单位可直接邀请具有相应资质的监理单位实行监理

C. 监理单位保证承担全部责任的，可由其他监理单位代为监理

D. 监理单位不得与设备供应单位有隶属关系

E. 监理单位应选派具有相应资格的监理工程师进驻现场

47. 某工程监理公司是施工项目的监理单位，其监理的依据包括（ ）。

A. 该项目施工单位与建设单位签订的施工承包合同

B. 《建设工程质量管理条例》

C. 《建设工程安全生产管理条例》

D. 该项目设计单位与建设单位签订的设计承包合同

E.《工程建设标准强制性条文》

48. 按照《建设工程质量管理条例》,工程竣工验收应当具备的条件有( )。
    A. 有完整的技术档案和施工管理资料
    B. 分部工程的质量必须优良
    C. 有施工单位签署的工程保修书
    D. 有勘察、设计、监理单位共同签署的质量合格文件
    E. 主要功能项目的抽查结果应符合《产品质量法》的规定

49. 某建设项目实行施工总承包,总承包单位将该建设项目依法分包,则关于工程档案的整理、移交,下列说法中正确的有( )。
    A. 总承包单位负责汇总各分包单位形成的工程档案,整理无误移交至向城建档案馆
    B. 分包单位自行整理本单位形成的工程文件,并向总承包单位移交
    C. 建设单位负责对档案文件的审查,审查合格后向城建档案馆移交
    D. 勘察设计等单位立卷归档后,向总承包单位移交
    E. 分包单位自行整理的工程文件由本单位档案管理部门保存,不向其他单位移交

50. 根据《建设工程质量管理条例》,建设工程竣工验收应当具备的条件不包括( )。
    A. 完成建设工程设计和合同约定的各项内容
    B. 有完整的技术档案和施工管理资料
    C. 建设单位和施工企业已签署工程结算文件
    D. 勘察、设计、施工、工程监理等单位已分别签署质量合格文件

第八章　建设工程施工环境保护、节约能源和文物保护法律制度

本章学习要求

掌握环境噪声污染的概念，建设项目环境噪声污染防治的基本要求，施工现场环境保护制度，施工节约能源制度，文物保护制度。

本章学习重点及难点

施工现场环境保护的主要内容，国家对新建维修建筑设施时对建筑节能的相关要求，施工过程中文物保护的有关规定，发现文物的处理方式。

第一节　施工现场环境保护制度

建筑施工企业应当遵守有关环境保护和安全生产的法律、法规的规定，采取控制和处理施工现场的各种粉尘、废气、废水、固体废物以及噪声、振动对环境的污染和危害的措施。

一、环境噪声污染的防治

1. 环境噪声与环境噪声污染

环境噪声是指在工业生产、建筑施工、交通运输和社会生活中所产生的干扰周围生活环境的声音。环境噪声污染，则是指产生的环境噪声超过国家规定的环境噪声排放标准，并干扰他人正常生活、工作和学习的现象。

2. 建设项目环境噪声污染的防治

在工程建设领域，环境噪声污染的防治主要包括两个方面：一是建设项目环境噪声污染的防治；二是施工现场环境噪声污染的防治。前者主要是解决建设项目建成后使用过程中可能产生的环境噪声污染问题；后者则是要解决建设工程施工过程中产生的施工噪声污染问题。

《环境噪声污染防治法》规定，新建、改建、扩建的建设项目，必须遵守国家有关建设项目环境保护管理的规定。

若建设项目可能产生环境噪声污染，建设单位必须提出环境影响报告书，规定环境噪声污染的防治措施，并按照国家规定的程序报环境保护行政主管部门批准。环境影响报告书中，应当有该建设项目所在地单位和居民的意见。

建设项目的环境噪声污染防治设施必须与主体工程同时设计、同时施工、同时投产使用。建设项目在投入生产或者使用之前，其环境噪声污染防治设施必须经原审批环境影响报告书的环境保护行政主管部门验收，达不到国家规定要求的，该建设项目不得投入生产或者使用。

3. 施工现场环境噪声污染的防治

施工噪声是指在建设工程施工过程中产生的干扰周围生活环境的声音。随着城市化进程的不断加快及工程建设的大规模开展，施工噪声污染问题日益突出，影响周围居民的正常生活，损害城市的环境形象。施工单位与周围居民因噪声而引发的纠纷也时有发生，群众投诉日渐增多。因此，应当依法加强施工现场噪声管理，采取有效措施防治施工噪声污染。

(1)建筑施工场界环境噪声排放标准。《环境噪声污染防治法》规定，在城市市区范围内向周围生活环境排放建筑施工噪声的，应当符合国家规定的建筑施工场界环境噪声排放标准。

《建筑施工场界环境噪声排放标准》(GB 12523—2011)规定，建筑施工场界环境噪声排放限值：昼间不超过 70 dB(A)，夜间不超过 55 dB(A)。昼间是指 6：00 至 22：00 之间的时段；夜间是指 22：00 至次日 6：00 之间的时间。

(2)使用机械设备可能产生环境噪声污染的申报。《环境噪声污染防治法》规定，在城市市区范围内，建筑施工过程中使用机械设备，可能产生环境噪声污染的，施工单位必须在工程开工 15 日以前向工程所在地县级以上地方人民政府环境保护行政主管部门申报该工程的项目名称、施工场所和期限、可能产生的环境噪声值以及所采取的环境噪声污染防治措施的情况。

国家对环境噪声污染严重的落后设备实行淘汰制度。国务院经济综合主管部门应当会同国务院有关部门公布限期禁止生产、禁止销售、禁止进口的环境噪声污染严重的设备名录。

4. 禁止夜间进行产生环境噪声污染施工作业的规定

《环境噪声污染防治法》规定，在城市市区噪声敏感建筑物集中区域内，禁止夜间进行产生环境噪声污染的施工作业，但抢修、抢险作业和因生产工艺上要求或者特殊需要必须连续作业的除外。因特殊需要必须连续作业的，必须有县级以上人民政府或者其有关主管部门的证明。以上规定的夜间作业，必须公告附近居民。

噪声敏感建筑物集中区域是指：医疗区、文教科研区和以机关或者居民住宅为主的区域。噪声敏感建筑物，是指医院、学校、机关、科研单位、住宅等需要保持安静的建筑物。

《环境噪声污染防治法》规定，县级以上人民政府环境保护行政主管部门和其他环境噪声污染防治工作的监督管理部门、机构，有权依据各自的职责对管辖范围内排放环境噪声的建设项目在投入生产或者使用之前，其环境噪声污染防治设施必须经原审批环境影响报告书的环境保护行政主管部门验收，达不到国家规定要求的，该建设项目不得投入生产或者使用。

【案例】

(1)背景：2003 年 4 月 15 日夜 23 时，某市环境保护行政主管部门接到居民投诉，称某项目工地有夜间施工噪声扰民情况。执法人员立刻赶赴施工现场，并在施工场界进行了噪声测量。经现场勘查：施工噪声源主要是商品混凝土运输车、混凝土输送泵和施工电梯等设备的施工作业噪声，施工场界噪声经测试为 72.4 dB(A)。通过调查，执法人员核实此次夜间施工作业既不属于抢修、抢险作业，也不属于因生产工艺要求必须进行的连续作业，并无有关主管部门出具的因特殊需要必须连续作业的证明。

(2)问题：

1)本案中施工单位的夜间施工作业行为是否合法？

2)对本案中施工单位的夜间施工作业行为应作何处理？

(3)分析：

1)本案中，施工单位的夜间施工作业行为是不合法，因为《环境噪声污染防治法》第30条规定："在城市市区噪声敏感建筑物集中区域内，禁止夜间进行产生环境噪声污染的建筑施工作业，但抢修、抢险作业和因生产工艺上要求或者特殊需要必连续作业的除外。因特殊需要必须连续作业的，必须有县级以上人民政府或者其有关主管部门的证明。以上规定的夜间作业，必须公告附近居民。"经执法人员核实，该施工单位夜间作业既不属于抢修、抢险作业，也不属于因生产工艺上要求必须进行的连续作业，并没有有关主管部门出具的因特殊需要必须连续作业的证明。

《环境噪声污染防治法》第28条规定："在城市市区范围内向周围生活环境排放建筑施工噪声的，应当符合国家规定的建筑施工场界环境噪声排放标准。"经执法人员检测，施工场界噪声为 72.4 dB(A)，超过了《建筑施工场界环境噪声排放标准》(GB 12523—2011)关于夜间噪声限制 55 dB(A) 的标准。

2)对该施工单位应由该市环境保护行政主管部门依法责令改正，可以并处罚款。依据《环境噪声污染防治法》第56条规定："在城市市区噪声敏感建筑物集中区域内，夜间进行禁止进行的产生环境噪声污染的建筑施工作业的，由工程所在地县级以上地方人民政府环境保护行政主管部门责令改正，可以并处罚款。"

5. 交通运输噪声污染的防治

所谓交通运输噪声，是指机动车辆、铁路机车、机动船舶、航空器等交通运输工具在运行时所产生的干扰周围生活环境的声音。

《环境噪声污染防治法》规定，在城市市区范围内行驶的机动车辆的消声器和喇叭必须符合国家规定的要求。机动车辆必须加强维修和保养，保持技术性能良好，防治环境噪声污染。警车、消防车、工程抢险车、救护车等机动车辆安装、使用警报器，必须符合国务院公安部门的规定；在执行非紧急任务时，禁止使用警报器。

6. 对产生环境噪声污染企业事业单位的规定

《环境噪声污染防治法》规定，产生环境噪声污染的企业事业单位，必须保持防治环境噪声污染的设施的正常使用；拆除或者闲置环境噪声污染防治设施的，必须事先报经所在地的县级以上地方人民政府环境保护行政主管部门批准。

产生环境噪声污染的单位，应当采取措施进行治理，并按照国家规定缴纳超标准排污费。征收的超标准排污费必须用于污染的防治，不得挪作他用。对于在噪声敏感建筑物集中区域内造成严重环境噪声污染的企业事业单位，限期治理。被限期治理的单位必须按期完成治理任务。

二、大气污染的防治

大气污染通常是指由于人类活动或自然过程引起某些物质进入大气中，呈现出足够的浓度，达到足够的时间，并因此影响了人体的舒适、危害了人体的健康或造成环境污染的现象。如果不对大气污染物的排放总量加以控制和防治，将会严重破坏生态系统和人类生存条件。

1. 建设项目大气污染的防治

《大气污染防治法》规定，新建、扩建、改建向大气排放污染物的项目，必须遵守国家有关建设项目环境保护管理的规定。建设项目的环境影响报告书，必须对建设项目可能产生的大气污染和对生态环境的影响作出评价，规定防治措施，并按照规定的程序报环境保护行政主管部门审查批准。例如，新建、扩建排放二氧化硫的火电厂和其他大中型企业，超过规定的污染物排放标准或者总量控制指标的，必须建设配套脱硫、除尘装置或者采取其他控制二氧化硫排放、除尘的措施。

建设项目投入生产或者使用之前，其大气污染防治设施必须经过环境保护行政主管部门验收，达不到国家有关建设项目环境保护管理规定的要求的建设项目，不得投入生产或者使用。

2. 施工现场大气污染的防治

在城市市区进行建设施工或者从事其他产生扬尘污染活动的单位，必须按照当地环境保护的规定，采取防治扬尘污染的措施。

在人口集中地区存放煤炭、煤渣、煤灰、砂石、灰土等物料，必须采取防燃、防尘措施，防止污染大气。严格限制向大气排放含有毒物质的废气和粉尘；确需排放的，必须经过净化处理，不超过规定的排放标准。

施工现场大气污染的防治的重点是防治扬尘。建设部《绿色施工导则》中对于扬尘控制作如下规定：

(1)运送土方、垃圾、设备及建筑材料等，不污损场外道路。运输过程中容易散落、飞扬、流漏的物料的车辆，必须采取措施封闭严密，保证车辆清洁。施工现场出口应设置洗车槽。

(2)土方作业阶段，采取洒水、覆盖等措施，达到作业区目测扬尘高度小于 1.5 m，不扩散到场区外。

(3)结构施工、安装装饰装修阶段，作业区目测扬尘高度小于 0.5 m。对易产生扬尘的堆放材料应采取覆盖措施；对粉末状材料应封闭存放；场区内可能引起扬尘的材料及建筑垃圾搬运应有降尘措施，如覆盖、洒水等；浇筑混凝土前清理灰尘和垃圾时尽量使用吸尘器，避免使用吹风器等易产生扬尘的设备；机械剔凿作业时可用局部遮挡、掩盖、水淋等防护措施；高层或多层建筑清理垃圾应搭设封闭性临时专用道或采用容器吊运。

(4)施工现场非作业区达到目测无扬尘的要求。对现场易飞扬物质采取有效措施，如洒水、地面硬化、围挡、密网覆盖、封闭等，防止扬尘产生。

(5)构筑物机械拆除前，做好扬尘控制计划。可采取清理积尘、拆除体洒水、设置隔挡等措施。

(6)构筑物爆破拆除前，做好扬尘控制计划。可采用清理积尘、淋湿地面、预湿墙体、屋面敷水袋、楼面蓄水、建筑外设高压喷雾状水系统、搭设防尘排栅和直升机投水弹等综合降尘。选择风力小的天气进行爆破作业。

(7)在场界四周隔挡高度位置测得的大气总悬浮颗粒物(TSP)月平均浓度与城市背景值的差值不大于0.08毫克/立方米。

3. 加强对大气污染物排放单位的监管

《大气污染防治法》规定，向大气排放污染物的单位，必须按照国务院环境保护行政主管部门的规定向所在地的环境保护行政主管部门申报拥有的污染物排放设施、处理设施和在正常作业条件下排放污染物的种类、数量、浓度，并提供防治大气污染方面的有关技术资料。排污单位排放大气污染物的种类、数量、浓度有重大改变的，应当及时申报。其大气污染物处理设施必须保持正常使用，拆除或者闲置大气污染物处理设施的，必须事先报经所在地的县级以上地方人民政府环境保护行政主管部门批准。向大气排放污染物时，其污染物排放浓度不得超过国家和地方规定的排放标准。在人口集中地区和其他依法需要特殊保护的区域内，禁止焚烧沥青、油毡、橡胶、塑料、皮革、垃圾以及其他产生有毒有害烟尘和恶臭气体的物质。

三、水污染的防治

水污染是指水体因某种物质的介入，而导致其化学、物理、生物或者放射性等方面特性的改变，从而影响水的有效利用，危害人体健康或者破坏生态环境，造成水质恶化的现象。水污染防治包括江河、湖泊、运河、渠道、水库等地表水体以及地下水体的污染防治。

《水污染防治法》规定，水污染防治应当坚持预防为主、防治结合、综合治理的原则，优先保护饮用水水源，严格控制工业污染、城镇生活污染，防治农业面源污染，积极推进生态治理工程建设，预防、控制和减少水环境污染和生态破坏。

1. 建设项目水污染的防治

《水污染防治法》规定，新建、改建、扩建直接或者间接向水体排放污染物的建设项目和其他水上设施，应当依法进行环境影响评价。建设单位在江河、湖泊新建、改建、扩建排污口的，应当取得水行政主管部门或者流域管理机构同意。涉及通航、渔业水域的，环境保护主管部门在审批环境影响评价文件时，应当征求交通、渔业主管部门的意见。建设项目的水污染防治设施，应当与主体工程同时设计、同时施工、同时投入使用。水污染防治设施应当经过环境保护主管部门验收，验收不合格的，该建设项目不得投入生产或者使用。禁止在饮用水水源一级保护区内新建、改建、扩建与供水设施和保护水源无关的建设项目；已建成的与供水设施和保护水源无关的建设项目，由县级以上人民政府责令拆除或者关闭。禁止在饮用水水源二级保护区内新建、改建、扩建排放污染物的建设项目；已建成的排放污染物的建设项目，由县级以上人民政府责令拆除或者关闭。禁止在饮用水水源准保护区内新建、扩建对水体污染严重的建设项目；改建建设项目，不得增加排污量。

2. 施工现场水污染的防治

《水污染防治法》规定，排放水污染物，不得超过国家或者地方规定的水污染物排放标准和重点水污染物排放总量控制指标。直接或者间接向水体排放污染物的企业事业单位和个体工商户,应当按照国务院环境保护主管部门的规定,向县级以上地方人民政府环境保护主管部门申报登记拥有的水污染物排放设施、处理设施和在正常作业条件下排放水污染物的种类、数量和浓度,并提供防治水污染方面的有关技术资料。

禁止向水体排放油类、酸液、碱液或者剧毒废液。禁止在水体清洗装贮过油类或者有毒污染物的车辆和容器。禁止向水体排放、倾倒放射性固体废物或者含有高放射性和中放射性物质的废水。向水体排放含低放射性物质的废水,应当符合国家有关放射性污染防治的规定和标准。

禁止向水体排放、倾倒工业废渣、城镇垃圾和其他废弃物。禁止将含有汞、镉、砷、铬、铅、氰化物、黄磷等的可溶性剧毒废渣向水体排放、倾倒或者直接埋入地下。存放可溶性剧毒废渣的场所,应当采取防水、防渗漏、防流失的措施。禁止在江河、湖泊、运河、渠道、水库最高水位线以下的滩地和岸坡堆放、存储固体废弃物和其他污染物。

在饮用水水源保护区内,禁止设置排污口。在风景名胜区水体、重要渔业水体和其他具有特殊经济文化价值的水体的保护区内,不得新建排污口。在保护区附近新建排污口,应当保证保护区水体不受污染。

禁止利用渗井、渗坑、裂隙和溶洞排放、倾倒含有毒污染物的废水、含病原体的污水和其他废弃物。禁止利用无防渗漏措施的沟渠、坑塘等输送或者存储含有毒污染物的废水、含病原体的污水和其他废弃物。

兴建地下工程设施或者进行地下勘探、采矿等活动,应当采取防护性措施,防止地下水污染。人工回灌补给地下水,不得恶化地下水质。

3. 发生事故或者其他突发性事件的规定

《水污染防治法》规定,企业事业单位发生事故或者其他突发性事件,造成或者可能造成水污染事故的,应当立即启动本单位的应急方案,采取应急措施,并向事故发生地的县级以上地方人民政府或者环境保护主管部门报告。

【案例】

(1)背景:2008年12月8日,某市环保局执法人员巡查时发现某路段有大面积的积水,便及时上报该局。不久,市政部门派人来疏通管道,从管道中清出大量的泥沙、水泥块,还发现井口内有一个非市政部门设置的排水口,其方向紧靠某工地一侧。经执法人员调查确认,该工地的排水管道于2007年1月份打桩时铺设,工地内设有沉淀池,施工废水通过沉淀后排放到工地外,工地的排污口是通向该路段一侧的雨水井,但未办理任何审批手续。

(2)问题:

1)本案中,施工单位向道路雨水井排放施工废水的行为是否构成水污染违法行为?

2)施工单位向道路雨水井排放施工废水的行为应受到何种处罚?

(3)分析:

1)施工单位向道路雨水井排放施工废水的行为构成了水污染违法行为,违反了《水污染防治法》第21、22、33条的相关规定。

《水污染防治法》第21条规定:"直接或者间接向水体排放污染物的企业、事业单位和个体工商户,应当按照国务院环境保护主管部门的规定,向县级以上地方人民政府环境保护主管部门申报登记拥有的水污染物排放设施、处理设施和在正常作业条件下排放水污染物的种类、数量和浓度,并提供防治水污染方面的有关技术资料。"本案中的施工单位,没有依法申报登记水污染物的情况和提供防治水污染方面的有关技术资料。

《水污染防治法》第22条规定:"禁止私设暗管或者采取其他规避监管的方式排放水污染物。"本案中的施工单位私自设置排水口排放水污染物,没有办理相应的审批手续。

《水污染防治法》第33条第1款规定:"禁止向水体排放、倾倒工业废渣、城镇垃圾和其他废弃物。"本案中的施工单位虽然设置了沉淀池,但其向雨水井中排放的施工废水含有大量的泥沙、水泥块等废弃物。

2)依据《水污染防治法》市环保局应当责令该施工单位限期改正,限期拆除私自设置的排污口,并可对该施工单位处2万元以上10万元以下的罚款;逾期不拆除的,强制拆除,所需费用由违法者承担,处10万元以上50万元以下的罚款。

四、施工现场固体废物污染防治的规定

固体废物是指在生产、生活和其他活动中产生的丧失原有利用价值或者虽未丧失利用价值但被抛弃或者放弃的固态、半固态和置于容器中的气态的物品、物质以及法律、行政法规规定纳入固体废物管理的物品、物质。

固体废物污染环境,是指固体废物在产生、收集、储存、运输、利用、处置的过程中产生的危害环境的现象。

1. 建设项目固体废物污染环境的防治

《固体废物污染环境防治法》规定,国家对固体废物污染环境的防治,实行减少固体废物的产生量和危害性、充分合理利用固体废物和无害化处置固体废物的原则,促进清洁生产和循环经济发展。建设产生固体废物的项目以及建设储存、利用、处置固体废物的项目,必须依法进行环境影响评价,并遵守国家有关建设项目环境保护管理的规定。

建设项目的环境影响评价文件确定需要配套建设的固体废物污染环境防治设施,必须与主体工程同时设计、同时施工、同时投入使用。固体废物污染环境防治设施必须经原审批环境影响评价文件的环境保护行政主管部门验收合格后,该建设项目方可投入生产或者使用。对固体废物污染环境防治设施的验收应当与对主体工程的验收同时进行。

在国务院和国务院有关主管部门及省、自治区、直辖市人民政府划定的自然保护区、风景名胜区、饮用水水源保护区、基本农田保护区和其他需要特别保护的区域内,禁止建设工业固体废物集中储存、处置的设施、场所和生活垃圾填埋场。

2. 施工现场固体废物污染环境的防治

施工现场的固体废物主要是建筑垃圾和生活垃圾。固体废物又分为一般固体废物和危险废物。所谓危险废物,是指列入国家危险废物名录或者根据国家规定的危险废物鉴别标准和鉴别方法认定的具有危险特性的固体废物。

(1)一般固体废物污染环境的防治。《固体废物污染环境防治法》规定,产生固体废物的单位和个人,应当采取措施,防止或者减少固体废物对环境的污染。收集、储存、运输、利用、处置固体废物的单位和个人,必须采取防扬散、防流失、防渗漏或者其他防止污染环境的措施;不得擅自倾倒、堆放、丢弃、遗撒固体废物。禁止任何单位或者个人向江河、湖泊、运河、渠道、水库及其最高水位线以下的滩地和岸坡等法律、法规规定禁止倾倒、堆放废弃物的地点倾倒、堆放固体废物。转移固体废物出省、自治区、直辖市行政区域储存、处置的,应当向固体废物移出地的省、自治区、直辖市人民政府环境保护行政主管部

门提出申请。移出地的省、自治区、直辖市人民政府环境保护行政主管部门应当商经接受地的省、自治区、直辖市人民政府环境保护行政主管部门同意后，方可批准转移该固体废物出省、自治区、直辖市行政区域。未经批准的，不得转移。

工程施工单位应当及时清运工程施工过程中产生的固体废物，并按照环境卫生行政主管部门的规定进行利用或处置。

(2)危险废物污染环境防治的特别规定。对危险废物的容器和包装物以及收集、储存、运输、处置危险废物的设施、场所，必须设置危险废物识别标志。以填埋方式处置危险废物不符合国务院环境保护行政主管部门规定的，应当缴纳危险废物排污费。危险废物排污费用于污染环境的防治，不得挪作他用。

禁止将危险废物提供或者委托给无经营许可证的单位从事收集、储存、利用、处置的经营活动。运输危险废物，必须采取防止污染环境的措施，并遵守国家有关危险货物运输管理的规定。禁止将危险废物与旅客在同一运输工具上载运。

收集、储存、运输、处置危险废物的场所、设施、设备和容器、包装物及其他物品转作他用时，必须经过消除污染的处理，方可使用。

产生、收集、储存、运输、利用、处置危险废物的单位，应当制定意外事故的防范措施和应急预案，并向所在地县级以上地方人民政府环境保护行政主管部门备案；环境保护行政主管部门应当进行检查。因发生事故或者其他突发性事件，造成危险废物严重污染环境的单位，必须立即采取措施消除或者减轻对环境的污染危害，及时通报可能受到污染危害的单位和居民，并向所在地县级以上地方人民政府环境保护行政主管部门和有关部门报告，接受调查处理。

(3)施工现场固体废物的减量化和回收再利用。《绿色施工导则》规定，制定建筑垃圾减量化计划，如住宅建筑，每万平方米的建筑垃圾不得超过 400 吨。加强建筑垃圾的回收再利用，力争建筑垃圾的再利用和回收率达到 30％，建筑物拆除产生的废弃物的再利用和回收率大于 40％。对于碎石类、土石方类建筑垃圾，可采用地基填埋、铺路等方式提高再利用率，力争使再利用率大于 50％。施工现场生活区设置封闭式垃圾容器，施工场地生活垃圾实行袋装化，及时清运。对建筑垃圾进行分类，并收集到现场封闭式垃圾站，集中运出。

五、违法行为应承担的法律责任

1. 施工现场噪声污染违法行为应承担的法律责任

《环境噪声污染防治法》规定，未经环境保护行政主管部门批准，擅自拆除或者闲置环境噪声污染防治设施，致使环境噪声排放超过规定标准的，由县级以上地方人民政府环境保护行政主管部门责令改正，并处罚款。

排放环境噪声的单位违反规定，拒绝环境保护行政主管部门或者其他依照本法规定行使环境噪声监督管理权的部门、机构现场检查或者在被检查时弄虚作假的，环境保护行政主管部门或者其他依照本法规定行使环境噪声监督管理权的监督管理部门、机构可以根据不同情节，给予警告或者处以罚款。

建筑施工单位违反规定，在城市市区噪声敏感建筑物集中区域内，夜间进行禁止进行的产生环境噪声污染的建筑施工作业的，由工程所在地县级以上地方人民政府环境保护行政主管部门责令改正，可以并处罚款。

机动车辆不按照规定使用声响装置的,由当地公安机关根据不同情节给予警告或者处以罚款。

受到环境噪声污染危害的单位和个人,有权要求加害人排除危害;造成损失的,依法赔偿损失。赔偿责任和赔偿金额的纠纷,可以根据当事人的请求,由环境保护行政主管部门或者其他环境噪声污染防治工作的监督管理部门、机构调解处理;调解不成的,当事人可以向人民法院起诉。当事人也可以直接向人民法院起诉。

2. 施工现场大气污染防治违法行为应承担的法律责任

《大气污染防治法》规定,违反规定,有下列行为之一的,环境保护行政主管部门或者规定的监督管理部门可以根据不同情节,责令停止违法行为,限期改正,给予警告或者处以5万元以下罚款:

(1)拒报或者谎报国务院环境保护行政主管部门规定的有关污染物排放申报事项的。

(2)拒绝环境保护行政主管部门或者其他监督管理部门现场检查或者在被检查时弄虚作假的。

(3)排污单位不正常使用大气污染物处理设施,或者未经环境保护行政主管部门批准,擅自拆除、闲置大气污染物处理设施的。

(4)未采取防燃、防尘措施,在人口集中地区存放煤炭、煤矸石、煤渣、煤灰、砂石、灰土等物料的。

向大气排放污染物超过国家和地方规定排放标准的,应当限期治理,并由所在地县级以上地方人民政府环境保护行政主管部门处1万元以上10万元以下罚款。

违反规定,有下列行为之一的,由县级以上地方人民政府环境保护行政主管部门或者其他依法行使监督管理权的部门责令停止违法行为,限期改正,可以处5万元以下罚款:

(1)未采取有效污染防治措施,向大气排放粉尘、恶臭气体或者其他含有有毒物质气体的。

(2)未经当地环境保护行政主管部门批准,向大气排放转炉气、电石气、电炉法黄磷尾气、有机烃类尾气的。

(3)未采取密闭措施或者其他防护措施,运输、装卸或者储存能够散发有毒有害气体或者粉尘物质的。

(4)城市饮食服务业的经营者未采取有效污染防治措施,致使排放的油烟对附近居民的居住环境造成污染的。

在人口集中地区和其他依法需要特殊保护的区域内,焚烧沥青、油毡、橡胶、塑料、皮革、垃圾以及其他产生有毒有害烟尘和恶臭气体的物质的,由所在地县级以上地方人民政府环境保护行政主管部门责令停止违法行为,处2万元以下罚款。

在城市市区进行建设施工或者从事其他产生扬尘污染的活动,未采取有效扬尘防治措施,致使大气环境受到污染的,限期改正,处2万元以下罚款;对逾期仍未达到当地环境保护规定要求的,可以责令其停工整顿。对建设施工造成扬尘污染的处罚,由县级以上地方人民政府建设行政主管部门决定;对其他造成扬尘污染的处罚,由县级以上地方人民政府指定的有关主管部门决定。

造成大气污染事故的企业事业单位,由所在地县级以上地方人民政府环境保护行政主管部门根据所造成的危害后果处直接经济损失50%以下罚款,但最高不超过50万元;情节较重的，对直接负责的主管人员和其他直接责任人员，由所在单位或者上级主管机关依法给予行政处分或者纪律处分；造成重大大气污染事故，导致公私财产重大损失或者人身伤亡的严重后果，构成犯罪的，依法追究刑事责任。

3. 施工现场水污染防治违法行为应承担的法律责任

《水污染防治法》规定，排放水污染物超过国家或者地方规定的水污染物排放标准，或者超过重点水污染物排放总量控制指标的，由县级以上人民政府环境保护主管部门按照权限责令限期治理，处应缴纳排污费数额2倍以上5倍以下的罚款。限期治理期间，由环境保护主管部门责令限制生产、限制排放或者停产整治。限期治理的期限最长不超过1年，逾期未完成治理任务的，报经有批准权的人民政府批准，责令关闭。

在饮用水水源保护区内设置排污口的，由县级以上地方人民政府责令限期拆除，处10万元以上50万元以下的罚款；逾期不拆除的，强制拆除，所需费用由违法者承担，处50万元以上100万元以下的罚款，并可以责令其停产整顿。

有下列行为之一的，由县级以上地方人民政府环境保护主管部门责令停止违法行为，限期采取治理措施，消除污染，处以罚款；逾期不采取治理措施的，环境保护主管部门可以指定有治理能力的单位代为治理，所需费用由违法者承担：

(1)向水体排放油类、酸液、碱液的。

(2)向水体排放剧毒废液，或者将含有汞、铬、铅、氰化物、黄磷等的可溶性剧毒废渣向水体排放、倾倒或者直接埋入地下的。

(3)在水体清洗装贮过油类、有毒污染物的车辆或者容器的。

(4)向水体排放、倾倒工业废渣、城镇垃圾或者其他废弃物，或者在江河、湖泊、运河、渠道、水库最高水位线以下的滩地、岸坡堆放、存储固体废弃物或者其他污染物的。

(5)向水体排放、倾倒放射性固体废物或者含有高放射性、中放射性物质的废水的。

(6)违反国家有关规定或者标准，向水体排放含低放射性物质的废水、热废水或者含病原体的污水的。

(7)利用渗井、渗坑、裂隙或者溶洞排放、倾倒含有毒污染物的废水、含病原体的污水或者其他废弃物的。

(8)利用无防渗漏措施的沟渠、坑塘等输送或者存储含有毒污染物的废水、含病原体的污水或者其他废弃物的。

企业事业单位有下列行为之一的，由县级以上人民政府环境保护主管部门责令改正；情节严重的，处2万元以上10万元以下的罚款：

(1)不按照规定制定水污染事故的应急方案的。

(2)水污染事故发生后，未及时启动水污染事故的应急方案，采取有关应急措施的。

4. 施工现场固体废物污染环境防治违法行为应承担的法律责任

《固体废物污染环境防治法》规定，违反有关城市生活垃圾污染环境防治的规定，有下列行为之一的，由县级以上地方人民政府环境卫生行政主管部门责令停止违法行为，限期改正，处以罚款：

(1)随意倾倒、抛撒或者堆放生活垃圾的。

(2)擅自关闭、闲置或者拆除生活垃圾处置设施、场所的。

(3)工程施工单位不及时清运施工过程中产生的固体废物，造成环境污染的。

(4)工程施工单位不按照环境卫生行政主管部门的规定对施工过程中产生的固体废物进行利用或者处置的。

(5)在运输过程中沿途丢弃、遗撒生活垃圾的。

违反有关危险废物污染环境防治的规定,有下列行为之一的,由县级以上人民政府环境保护行政主管部门责令停止违法行为,限期改正,处以罚款:

(1)不设置危险废物识别标志的。

(2)不按照国家规定申报登记危险废物,或者在申报登记时弄虚作假的。

(3)擅自关闭、闲置或者拆除危险废物集中处置设施、场所的。

(4)不按照国家规定缴纳危险废物排污费的。

(5)将危险废物提供或者委托给无经营许可证的单位从事经营活动的。

(6)不按照国家规定填写危险废物转移联单或者未经批准擅自转移危险废物的。

(7)将危险废物混入非危险废物中储存的。

(8)未经安全性处置,混合收集、储存、运输、处置具有不相容性质的危险废物的。

(9)将危险废物与旅客在同一运输工具上载运的。

(10)未经消除污染的处理将收集、储存、运输、处置危险废物的场所、设施、设备和容器、包装物及其他物品转作他用的。

(11)未采取相应防范措施,造成危险废物扬散、流失、渗漏或者造成其他环境污染的。

(12)在运输过程中沿途丢弃、遗撒危险废物的。

(13)未制定危险废物意外事故防范措施和应急预案的。

危险废物产生者不处置其产生的危险废物又不承担依法应当承担的处置费用的,由县级以上地方人民政府环境保护行政主管部门责令限期改正,处代为处置费用1倍以上3倍以下的罚款。造成固体废物严重污染环境的,由县级以上人民政府环境保护行政主管部门按照国务院规定的权限决定限期治理;逾期未完成治理任务的,由本级人民政府决定停业或者关闭。造成固体废物污染环境事故的,由县级以上人民政府环境保护行政主管部门处2万元以上20万元以下的罚款;造成重大损失的,按照直接损失的30%计算罚款,但是最高不超过100万元,对负有责任的主管人员和其他直接责任人员,依法给予行政处分;造成固体废物污染环境重大事故的,并由县级以上人民政府按照国务院规定的权限决定停业或者关闭。

收集、储存、利用、处置危险废物,造成重大环境污染事故,构成犯罪的,依法追究刑事责任。

第二节　施工节约能源制度

能源是指煤炭、石油、天然气、生物质能和电力、热力以及其他直接或者通过加工、转换而取得有用能的各种资源。节约能源是指加强用能管理,采取技术上可行、经济上合理以及环境和社会可以承受的措施,从能源生产到消费的各个环节,降低消耗、减少损失和污染物排放,制止浪费,有效、合理地利用能源。节约能源是我国的基本国策。国家实施节约与开发并举、把节约放在首位的能源发展战略。

一、施工中合理使用与节约能源的规定

在工程建设领域，节约能源主要包括建筑节能和施工节能两个方面。建筑节能是解决建设项目建成后使用过程中的节能问题；施工节能则是要解决施工过程中的节约能源问题。

二、合理使用与节约能源的一般规定

1. 节能的产业政策

《节约能源法》规定，国家实行有利于节能和环境保护的产业政策，限制发展高耗能、高污染行业，发展节能环保型产业。国家对落后的耗能过高的用能产品、设备和生产工艺实行淘汰制度。禁止使用国家明令淘汰的用能设备、生产工艺。国家鼓励企业制定严于国家标准、行业标准的企业节能标准。

2. 用能单位的法定义务

用能单位应当按照合理用能的原则，加强节能管理，制定并实施节能计划和节能技术措施，降低能源消耗。用能单位应当建立节能目标责任制。用能单位应当定期开展节能教育和岗位节能培训。用能单位应当加强能源计量管理。用能单位应当建立能源消费统计和能源利用状况分析制度，对各类能源的消费实行分类计量和统计，并确保能源消费统计数据真实、完整。任何单位不得对能源消费实行包费制。

3. 循环经济的法律要求

循环经济是指在生产、流通和消费等过程中进行的减量化、再利用、资源化活动的总称。减量化是指在生产、流通和消费等过程中减少资源消耗和废物产生。再利用是指将废物直接作为产品或者经修复、翻新、再制造后继续作为产品使用，或者将废物的全部或者部分作为其他产品的部件予以使用。资源化是指将废物直接作为原料进行利用或者对废物进行再生利用。

《循环经济促进法》规定，发展循环经济应当在技术可行、经济合理和有利于节约资源、保护环境的前提下，按照减量化优先的原则实施。在废物再利用和资源化过程中，应当保障生产安全，保证产品质量符合国家规定的标准，并防止产生再次污染。企业事业单位应当建立健全管理制度，采取措施，降低资源消耗，减少废物的产生量和排放量，提高废物的再利用和资源化水平。

国务院循环经济发展综合管理部门会同国务院环境保护等有关主管部门，定期发布鼓励、限制和淘汰的技术、工艺、设备、材料和产品名录。禁止生产、进口、销售列入淘汰名录的设备、材料和产品；禁止使用列入淘汰名录的技术、工艺、设备和材料。

三、建筑节能的规定

《节约能源法》规定，国家实行固定资产投资项目节能评估和审查制度。不符合强制性节能标准的项目，依法负责项目审批或者核准的机关不得批准或者核准建设；建设单位不得开工建设；已经建成的，不得投入生产、使用。国家鼓励在新建建筑和既有建筑节能改造中使用新型墙体材料等节能建筑材料和节能设备，安装和使用太阳能等可再生能源利用系统。建筑工程的建设、设计、施工和监理单位应当遵守建筑节能标准。

1. 采用太阳能、地热能等可再生能源

《民用建筑节能条例》规定，国家鼓励和扶持在新建建筑和既有建筑节能改造中采用太阳能、地热能等可再生能源。在具备太阳能利用条件的地区，有关地方人民政府及其部门应当采取有效措施，鼓励和扶持单位、个人安装使用太阳能热水系统、照明系统、供热系统、采暖制冷系统等太阳能利用系统。

2. 新建建筑节能的规定

国家推广使用民用建筑节能的新技术、新工艺、新材料和新设备，限制使用或者禁止使用能源消耗高的技术、工艺、材料和设备。国家限制进口或者禁止进口能源消耗高的技术、材料和设备。建设单位、设计单位、施工单位不得在建筑活动中使用列入禁止使用目录的技术、工艺、材料和设备。

(1) 施工图审查机构的节能义务。施工图设计文件审查机构应当按照民用建筑节能强制性标准对施工图设计文件进行审查；经审查不符合民用建筑节能强制性标准的，县级以上地方人民政府建设主管部门不得颁发施工许可证。

(2) 建设单位的节能义务。建设单位不得明示或者暗示设计单位、施工单位违反民用建筑节能强制性标准进行设计、施工，不得明示或者暗示施工单位使用不符合施工图设计文件要求的墙体材料、保温材料、门窗、采暖制冷系统和照明设备。

按照合同约定由建设单位采购墙体材料、保温材料、门窗、采暖制冷系统和照明设备的，建设单位应当保证其符合施工图设计文件要求。

建设单位组织竣工验收，应当对民用建筑是否符合民用建筑节能强制性标准进行查验；对不符合民用建筑节能强制性标准的，不得出具竣工验收合格报告。

(3) 设计单位、施工单位、工程监理单位的节能义务。设计单位、施工单位、工程监理单位及其注册执业人员，应当按照民用建筑节能强制性标准进行设计、施工、监理。施工单位应当对进入施工现场的墙体材料、保温材料、门窗、采暖制冷系统和照明设备进行查验；不符合施工图设计文件要求的，不得使用。工程监理单位发现施工单位不按照民用建筑节能强制性标准施工的，应当要求施工单位改正；施工单位拒不改正的，工程监理单位应当及时报告建设单位，并向有关主管部门报告。墙体、屋面的保温工程施工时，监理工程师应当按照工程监理规范的要求，采取旁站、巡视和平行检验等形式实施监理。未经监理工程师签字，墙体材料、保温材料、门窗、采暖制冷系统和照明设备不得在建筑上使用或者安装，施工单位不得进行下一道工序的施工。

3. 既有建筑节能的规定

既有建筑节能改造，是指对不符合民用建筑节能强制性标准的既有建筑的围护结构、供热系统、采暖制冷系统、照明设备和热水供应设施等实施节能改造的活动。实施既有建筑节能改造，应当符合民用建筑节能强制性标准，优先采用遮阳、改善通风等低成本改造措施。既有建筑围护结构的改造和供热系统的改造应当同步进行。

四、施工节能的规定

《循环经济促进法》规定，建筑设计、建设、施工等单位应当按照国家有关规定和标准，对其设计、建设、施工的建筑物及构筑物采用节能、节水、节地、节材的技术工艺和小型、轻型、再生产品。有条件的地区，应当充分利用太阳能、地热能、风能等可再生能源。

1. 节材与材料资源利用

《循环经济促进法》规定，国家鼓励利用无毒无害的固体废物生产建筑材料，鼓励使用散装水泥，推广使用预拌混凝土和预拌砂浆。禁止损毁耕地烧砖。在国务院或者省、自治区、直辖市人民政府规定的期限和区域内，禁止生产、销售和使用黏土砖。

2. 节水与水资源利用

《循环经济促进法》规定，国家鼓励和支持使用再生水。企业应当发展串联用水系统和循环用水系统，提高水的重复利用率。企业应当采用先进技术、工艺和设备，对生产过程中产生的废水进行再生利用。

《绿色施工导则》进一步对提高用水效率、非传统水源利用和安全用水作出规定。

(1) 提高用水效率：

1) 施工中采用先进的节水施工工艺。

2) 施工现场喷洒路面、绿化浇灌不宜使用市政自来水。现场搅拌用水、养护用水应采取有效的节水措施，严禁无措施浇水养护混凝土。

3) 施工现场供水管网应根据用水量设计布置，管径合理、管路简捷，采取有效措施减少管网和用水器具的漏损。

4) 现场机具、设备、车辆冲洗用水必须设立循环用水装置。施工现场办公区、生活区的生活用水采用节水系统和节水器具，提高节水器具配置比率。项目临时用水应使用节水型产品，安装计量装置，采取针对性的节水措施。

5) 施工现场建立可再利用水的收集处理系统，使水资源得到梯级循环利用。

6) 施工现场分别对生活用水与工程用水确定用水定额指标，并分别计量管理。

7) 大型工程的不同单项工程、不同标段、不同分包生活区，凡具备条件的应分别计量用水量。在签订不同标段分包或劳务合同时，将节水定额指标纳入合同条款，进行计量考核。

8) 对混凝土搅拌站点等用水集中的区域和工艺点进行专项计量考核。施工现场建立雨水、中水或可再利用水的搜集利用系统。

(2) 非传统水源利用：

1) 优先采用中水搅拌、中水养护，有条件的地区和工程应收集雨水养护。

2) 处于基坑降水阶段的工地，宜优先采用地下水作为混凝土搅拌用水、养护用水、冲洗用水和部分生活用水。

3) 现场机具、设备、车辆冲洗、喷洒路面、绿化浇灌等用水，优先采用非传统水源，尽量不使用市政自来水。

4) 大型施工现场，尤其是雨量充沛地区的大型施工现场建立雨水收集利用系统，充分收集自然降水用于施工和生活中的适宜部位。

5) 力争施工中非传统水源和循环水的再利用量大于30%。

(3) 安全用水：在非传统水源和现场循环再利用水的使用过程中，应制定有效的水质检测与卫生保障措施，确保避免对人体健康、工程质量以及周围环境产生不良影响。

3. 节能与能源利用

(1) 节能措施：

1) 制订合理施工能耗指标，提高施工能源利用率。

2)优先使用国家、行业推荐的节能、高效、环保的施工设备和机具,如选用变频技术的节能施工设备等。

3)施工现场分别设定生产、生活、办公和施工设备的用电控制指标,定期进行计量、核算、对比分析,并有预防与纠正措施。

4)在施工组织设计中,合理安排施工顺序、工作面,以减少作业区域的机具数量,相邻作业区充分利用共有的机具。安排施工工艺时,应优先考虑耗用电能的或其他能耗较少的施工工艺。避免设备额定功率远大于使用功率或超负荷使用设备的现象。

5)根据当地气候和自然资源条件,充分利用太阳能、地热等可再生能源。

(2)机械设备与机具:

1)建立施工机械设备管理制度,开展用电、用油计量,完善设备档案,及时做好维修保养工作,使机械设备保持低耗、高效的状态。

2)选择功率与负载相匹配的施工机械设备,避免大功率施工机械设备低负载长时间运行。机电安装可采用节电型机械设备,如逆变式电焊机和能耗低、效率高的手持电动工具等以利节电。机械设备宜使用节能型油料添加剂,在可能的情况下,考虑回收利用,节约油量。

3)合理安排工序,提高各种机械的使用率和满载率,降低各种设备的单位耗能。

(3)生产、生活及办公临时设施:

1)利用场地自然条件,合理设计生产、生活及办公临时设施的体形、朝向、间距和窗墙面积比,使其获得良好的日照、通风和采光。南方地区可根据需要在其外墙窗设遮阳设施。

2)临时设施采用节能材料,墙体、屋面使用隔热性能好的材料,减少夏天空调、冬天取暖设备的使用时间及耗能量。

3)合理配置采暖、空调、风扇数量,规定使用时间,实行分段分时使用,节约用电。

(4)施工用电及照明:

1)临时用电优先选用节能电线和节能灯具,临电线路合理设计、布置,用电设备采用自动控制装置。采用声控、光控等节能照明灯具。

2)照明设计以满足最低照度为原则,照度不应超过最低照度的20%。

4. 节约用地与施工用地保护

(1)临时用地指标:

1)根据施工规模及现场条件等因素合理确定临时设施,如临时加工厂、现场作业棚及材料堆场、办公生活设施等的占地指标。临时设施的占地面积应按用地指标所需的最低面积设计。

2)要求平面布置合理、紧凑,在满足环境、职业健康与安全及文明施工要求的前提下尽可能减少废弃地和死角,临时设施占地面积有效利用率大于90%。

(2)临时用地保护:

1)应对深基坑施工方案进行优化,减少土方开挖和回填量,最大限度地减少对土地的扰动,保护周边自然生态环境。

2)红线外临时占地应尽量使用荒地、废地,少占用农田和耕地。工程完工后,及时对红线外占地恢复原地形、地貌,使施工活动对周边环境的影响降至最低。

3)利用和保护施工用地范围内原有绿色植被。对于施工周期较长的现场,可按建筑永久绿化的要求,安排场地新建绿化。

(3)施工总平面布置:

1)施工总平面布置应做到科学、合理,充分利用原有建筑物、构筑物、道路、管线为施工服务。

2)施工现场搅拌站、仓库、加工厂、作业棚、材料堆场等布置应尽量靠近已有交通线路或即将修建的正式或临时交通线路,缩短运输距离。

3)临时办公和生活用房应采用经济、美观、占地面积小、对周边地貌环境影响较小,且适合于施工平面布置动态调整的多层轻钢活动板房、钢骨架水泥活动板房等标准化装配式结构。生活区与生产区应分开布置,并设置标准的分隔设施。

4)施工现场围墙可采用连续封闭的轻钢结构预制装配式活动围挡,减少建筑垃圾,保护土地。

5)施工现场道路按照永久道路和临时道路相结合的原则布置。施工现场内形成环形通路,减少道路占用土地。

6)临时设施布置应注意远近(本期工程与下期工程)结合,努力减少和避免大量临时建筑拆迁和场地搬迁。

五、违法行为应承担的法律责任

1. 违反建筑节能标准的违法行为应承担的法律责任

《节约能源法》规定,设计单位、施工单位、监理单位违反建筑节能标准的,由建设主管部门责令改正,处10万元以上50万元以下罚款;情节严重的,由颁发资质证书的部门降低资质等级或者吊销资质证书;造成损失的,依法承担赔偿责任。

《民用建筑节能条例》规定,施工单位未按照民用建筑节能强制性标准进行施工的,由县级以上地方人民政府建设主管部门责令改正,处民用建筑项目合同价款2%以上4%以下的罚款;情节严重的,由颁发资质证书的部门责令停业整顿,降低资质等级或者吊销资质证书;造成损失的,依法承担赔偿责任。

注册执业人员未执行民用建筑节能强制性标准的,由县级以上人民政府建设主管部门责令停止执业3个月以上1年以下;情节严重的,由颁发资格证书的部门吊销执业资格证书,5年内不予注册。

2. 使用黏土砖及其他施工节能违法行为应承担的法律责任

《循环经济促进法》规定,在国务院或者省、自治区、直辖市人民政府规定禁止生产、销售、使用黏土砖的期限或者区域内生产、销售或者使用黏土砖的,由县级以上地方人民政府指定的部门责令限期改正;有违法所得的,没收违法所得;逾期继续生产、销售的,由地方人民政府工商行政管理部门依法吊销营业执照。

《民用建筑节能条例》规定,施工单位有下列行为之一的,由县级以上地方人民政府建设主管部门责令改正,处10万元以上20万元以下的罚款;情节严重的,由颁发资质证书的部门责令停业整顿,降低资质等级或者吊销资质证书;造成损失的,依法承担赔偿责任。

(1)未对进入施工现场的墙体材料、保温材料、门窗、采暖制冷系统和照明设备进行查验的。

(2)使用不符合施工图设计文件要求的墙体材料、保温材料、门窗、采暖制冷系统和照明设备的。

(3)使用列入禁止使用目录的技术、工艺、材料和设备的。

3. 用能单位其他违法行为应承担的法律责任

《节约能源法》规定,用能单位未按照规定配备、使用能源计量器具的,由产品质量监督部门责令限期改正;逾期不改正的,处1万元以上5万元以下罚款。瞒报、伪造、篡改能源统计资料或者编造虚假能源统计数据的,依照《中华人民共和国统计法》的规定处罚。

无偿向本单位职工提供能源或者对能源消费实行包费制的,由管理节能工作的部门责令限期改正;逾期不改正的,处5万元以上20万元以下罚款。

进口列入淘汰名录的设备、材料或者产品的,由海关责令退运,可以处10万元以上100万元以下的罚款。进口者不明的,由承运人承担退运责任,或者承担有关处置费用。

第三节 施工文物保护制度

一、国家保护文物的范围

《文物保护法》规定,在中华人民共和国境内,下列文物受国家保护:①具有历史、艺术、科学价值的古文化遗址、古墓葬、古建筑、石窟寺和石刻、壁画;②与重大历史事件、革命运动或者著名人物有关的以及具有重要纪念意义、教育意义或者史料价值的近代现代重要史迹、实物、代表性建筑;③历史上各时代珍贵的艺术品、工艺美术品;④历史上各时代重要的文献资料以及具有历史、艺术、科学价值的手稿和图书资料等;⑤反映历史上各时代、各民族社会制度、社会生产、社会生活的代表性实物;⑥具有科学价值的古脊椎动物化石和古人类化石。

二、水下文物的保护范围

《水下文物保护管理条例》规定,水下文物是指遗存于下列水域的具有历史、艺术和科学价值的人类文化遗产:

(1)遗存于中国内水、领海内的一切起源于中国的、起源国不明的和起源于外国的文物。

(2)遗存于中国领海以外,依照中国法律由中国管辖的其他海域内的起源于中国的和起源国不明的文物。

(3)遗存于外国领海以外的其他管辖海域以及公海区域内的起源于中国的文物。

以上规定内容不包括1911年以后的与重大历史事件、革命运动以及著名人物无关的水下遗存。

三、文物保护单位和文物的分级

《文物保护法》规定,古文化遗址、古墓葬、古建筑、石窟寺、石刻、壁画、近代现代重要史迹和代表性建筑等不可移动文物，根据它们的历史、艺术、科学价值，可以分别确定为全国重点文物保护单位，省级文物保护单位，市、县级文物保护单位。

历史上各时代重要实物、艺术品、文献、手稿、图书资料、代表性实物等可移动文物，分为珍贵文物和一般文物；珍贵文物分为一级文物、二级文物、三级文物。

四、属于国家所有的文物范围

中华人民共和国境内地下、内水和领海中遗存的一切文物，属于国家所有。国有文物所有权受法律保护，不容侵犯。

1. 属于国家所有的不可移动文物范围

古文化遗址、古墓葬、石窟寺属于国家所有。国家指定保护的纪念建筑物、古建筑、石刻、壁画、近代现代代表性建筑等不可移动文物，除国家另有规定的以外，属于国家所有。国有不可移动文物的所有权不因其所依附的土地所有权或者使用权的改变而改变。

2. 属于国家所有的可移动文物范围

下列可移动文物，属于国家所有：
(1)中国境内出土的文物，国家另有规定的除外。
(2)国有文物收藏单位以及其他国家机关、部队和国有企业、事业组织等收藏、保管的文物。
(3)国家征集、购买的文物。
(4)公民、法人和其他组织捐赠给国家的文物。
(5)法律规定属于国家所有的其他文物。

属于国家所有的可移动文物的所有权不因其保管、收藏单位的终止或者变更而改变。

3. 属于国家所有的水下文物范围

《水下文物保护管理条例》规定，遗存于中国内水、领海内的一切起源于中国的、起源国不明的和起源于外国的文物，以及遗存于中国领海以外依照中国法律由中国管辖的其他海域内的起源于中国的和起源国不明的文物，属于国家所有，国家对其行使管辖权。遗存于外国领海以外的其他管辖海域以及公海区域内的起源于中国的文物，国家享有辨认器物物主的权利。

五、属于集体所有和私人所有的文物保护范围

《文物保护法》规定，属于集体所有和私人所有的纪念建筑物、古建筑和祖传文物以及依法取得的其他文物，其所有权受法律保护。文物的所有者必须遵守国家有关文物保护的法律、法规的规定。

六、在文物保护单位保护范围和建设控制地带施工的规定

1. 文物保护单位的保护范围

《文物保护法实施条例》规定，文物保护单位的保护范围，是指对文物保护单位本体及周围一定范围实施重点保护的区域。文物保护单位的保护范围，应当根据文物保护单位的类别、规模、内容以及周围环境的历史和现实情况合理划定，并在文物保护单位本体之外保持一定的安全距离，确保文物保护单位的真实性和完整性。

全国重点文物保护单位和省级文物保护单位自核定公布之日起1年内，由省、自治区、直辖市人民政府划定必要的保护范围，作出标志说明，建立记录档案，设置专门机构或者指定专人负责管理。

设区的市、自治州级和县级文物保护单位自核定公布之日起1年内，由核定公布该文物保护单位的人民政府划定保护范围，作出标志说明，建立记录档案，设置专门机构或者指定专人负责管理。文物保护单位的标志说明，应当包括文物保护单位的级别、名称、公布机关、公布日期、立标机关、立标日期等内容。民族自治地区的文物保护单位的标志说明，应当同时用规范汉字和当地通用的少数民族文字书写。

2. 文物保护单位的建设控制地带

《文物保护法实施条例》规定，文物保护单位的建设控制地带，是指在文物保护单位的保护范围外，为保护文物保护单位的安全、环境、历史风貌对建设项目加以限制的区域。文物保护单位的建设控制地带，应当根据文物保护单位的类别、规模、内容以及周围环境的历史和现实情况合理划定。

全国重点文物保护单位的建设控制地带，经省、自治区、直辖市人民政府批准，由省、自治区、直辖市人民政府的文物行政主管部门会同城乡规划行政主管部门划定并公布。

省级、设区的市、自治州级和县级文物保护单位的建设控制地带，经省、自治区、直辖市人民政府批准，由核定公布该文物保护单位的人民政府的文物行政主管部门会同城乡规划行政主管部门划定并公布。

3. 历史文化名城名镇名村的保护

《文物保护法》规定，保存文物特别丰富并且具有重大历史价值或者革命纪念意义的城市，由国务院核定并公布为历史文化名城。

保存文物特别丰富并且具有重大历史价值或者革命纪念意义的城镇、街道、村庄，由省、自治区、直辖市人民政府核定公布为历史文化街区、村镇，并报国务院备案。

《历史文化名城名镇名村保护条例》进一步规定，具备下列条件的城市、镇、村庄，可以申报历史文化名城、名镇、名村：

(1)保存文物特别丰富。
(2)历史建筑集中成片。
(3)保留着传统格局和历史风貌。
(4)历史上曾经为政治、经济、文化、交通中心或者军事要地，或者发生过重要历史事件，或者其传统产业、历史上建设的重大工程对本地区的发展产生过重要影响，或者能够集中反映本地区建筑的文化特色、民族特色。

4. 在文物保护单位保护范围和建设控制地带施工的规定

《文物保护法》规定，在文物保护单位的保护范围和建设控制地带内，不得建设污染文物保护单位及其环境的设施，不得进行可能影响文物保护单位安全及其环境的活动。对已有的污染文物保护单位及其环境的设施，应当限期治理。

(1)承担文物保护单位的修缮、迁移、重建工程的单位应当具有相应的资质证书。
(2)有从事文物保护工程所需的技术设备。
(3)法律、行政法规规定的其他条件。

申领文物保护工程资质证书，应当向省、自治区、直辖市人民政府文物行政主管部门或者国务院文物行政主管部门提出申请。省、自治区、直辖市人民政府文物行政主管部门或者国务院文物行政主管部门应当自收到申请之日起30个工作日内作出批准或者不批准的决定。决定批准的,发给相应等级的文物保护工程资质证书;决定不批准的,应当书面告知当事人并说明理由。

5. 在历史文化名城名镇名村保护范围内从事建设活动的相关规定

《历史文化名城名镇名村保护条例》规定,在历史文化名城、名镇、名村保护范围内禁止进行下列活动:

(1)开山、采石、开矿等破坏传统格局和历史风貌的活动。
(2)占用保护规划确定保留的园林绿地、河湖水系、道路等。
(3)修建生产、储存爆炸性、易燃性、放射性、毒害性、腐蚀性物品的工厂、仓库等。
(4)在历史建筑上刻画、涂污。

在历史文化名城、名镇、名村保护范围内进行下列活动,应当保护其传统格局、历史风貌和历史建筑;制定保护方案,经城市、县人民政府城乡规划主管部门会同同级文物主管部门批准,并依照有关法律、法规的规定办理相关手续:

(1)改变园林绿地、河湖水系等自然状态的活动。
(2)在核心保护范围内进行影视摄制、举办大型群众性活动。
(3)其他影响传统格局、历史风貌或者历史建筑的活动。

在历史文化街区、名镇、名村核心保护范围内,不得进行新建、扩建活动。但是,新建、扩建必要的基础设施和公共服务设施除外。

在历史文化街区、名镇、名村核心保护范围内,拆除历史建筑以外的建筑物、构筑物或者其他设施的,应当经市、县人民政府城乡规划主管部门会同同级文物主管部门批准。任何单位或者个人不得损坏或者擅自迁移、拆除历史建筑。

6. 在文物保护单位保护范围和建设控制地带内从事建设活动的相关规定

《文物保护法》规定,文物保护单位的保护范围内不得进行其他建设工程或者爆破、钻探、挖掘等作业。但是,因特殊情况需要在文物保护单位的保护范围内进行其他建设工程或者爆破、钻探、挖掘等作业的,必须保证文物保护单位的安全,并经核定公布该文物保护单位的人民政府批准,在批准前应当征得上一级人民政府文物行政部门同意;在全国重点文物保护单位的保护范围内进行其他建设工程或者爆破、钻探、挖掘等作业的,必须经省、自治区、直辖市人民政府批准,在批准前应当征得国务院文物行政部门同意。在文物保护单位的建设控制地带内进行建设工程,不得破坏文物保护单位的历史风貌;工程设计方案应当根据文物保护单位的级别,经相应的文物行政部门同意后,报城乡建设规划部门批准。

7. 文物修缮保护工程的设计施工管理

《文物保护法实施细则》规定,全国重点文物保护单位和国家文物局认为有必要由其审查批准的省、自治区、直辖市级文物保护单位的修缮计划和设计施工方案,由国家文物局审查批准。省、自治区、直辖市级和县、自治县、市级文物保护单位的修缮计划和设计施工方案,由省、自治区、直辖市人民政府文物行政管理部门审查批准。文物修缮保护工程应当接受审批机关的监督和指导。工程竣工时,应当报审批机关验收。文物修缮保护工程的勘察设计单位、施工单位应当执行国家有关规定,保证工程质量。

七、施工发现文物报告和保护的规定

《文物保护法》规定，地下埋藏的文物，任何单位或者个人都不得私自发掘。考古发掘的文物，任何单位或者个人不得侵占。

1. 配合建设工程进行考古发掘工作的规定

进行大型基本建设工程，建设单位应当事先报请省、自治区、直辖市人民政府文物行政部门组织从事考古发掘的单位在工程范围内有可能埋藏文物的地方进行考古调查、勘探。确因建设工期紧迫或者有自然破坏危险，对古文化遗址、古墓葬急需进行抢救发掘的，由省、自治区、直辖市人民政府文物行政部门组织发掘，并同时补办审批手续。

2. 施工中发现文物的报告和保护

《文物保护法》规定，在进行建设工程或者在农业生产中，任何单位或者个人发现文物，应当保护现场，立即报告当地文物行政部门，文物行政部门接到报告后，如无特殊情况，应当在24小时内赶赴现场，并在7日内提出处理意见。

依照以上规定发现的文物属于国家所有，任何单位或者个人不得哄抢、私分、藏匿。《文物保护法实施细则》进一步规定，在进行建设工程中发现古遗址、古墓葬必须发掘时，由省、自治区、直辖市人民政府文物行政管理部门组织力量及时发掘；特别重要的建设工程和跨省、自治区、直辖市的建设工程范围内的考古发掘工作，由国家文物局组织实施，发掘未结束前不得继续施工。在配合建设工程进行的考古发掘工作中，建设单位、施工单位应当配合考古发掘单位，保护出土文物或者遗迹的安全。

3. 水下文物的报告和保护

《水下文物保护管理条例》规定，任何单位或者个人以任何方式发现遗存于中国内水、领海内的一切起源于中国的、起源国不明的和起源于外国的文物，以及遗存于中国领海以外依照中国法律由中国管辖的其他海域内的起源于中国的和起源国不明的文物，应当及时报告国家文物局或者地方文物行政管理部门；已打捞出水的，应当及时上缴国家文物局或者地方文物行政管理部门处理。

任何单位或者个人以任何方式发现遗存于外国领海以外的其他管辖海域以及公海区域内的起源于中国的文物，应当及时报告国家文物局或者地方文物行政管理部门；已打捞出水的，应当及时提供国家文物局或者地方文物行政管理部门辨认、鉴定。

八、违法行为应承担的法律责任

1. 对施工中文物保护违法行为应承担的主要法律责任

《文物保护法》规定，有下列行为之一，构成犯罪的，依法追究刑事责任：

(1)盗掘古文化遗址、古墓葬的。

(2)故意或者过失损毁国家保护的珍贵文物的。

(3)擅自将国有馆藏文物出售或者私自送给非国有单位或者个人的；将国家禁止出境的珍贵文物私自出售或者送给外国人的；以牟利为目的的倒卖国家禁止经营的文物的；走私文物的；盗窃、哄抢、私分或者非法侵占国有文物的。

2. 在文物保护单位的保护范围和建设控制地带内进行建设工程违法行为应承担的法律责任

《文物保护法》规定，有下列行为之一，尚不构成犯罪的，由县级以上人民政府文物主

管部门责令改正,造成严重后果的,处 5 万元以上 50 万元以下的罚款;情节严重的,由原发证机关吊销资质证书:

(1)擅自在文物保护单位的保护范围内进行建设工程或者爆破、钻探、挖掘等作业的。

(2)在文物保护单位的建设控制地带内进行建设工程,其工程设计方案未经文物行政部门同意、报城乡建设规划部门批准,对文物保护单位的历史风貌造成破坏的。

(3)擅自迁移、拆除不可移动文物的。

(4)擅自修缮不可移动文物,明显改变原状的。

(5)擅自在原址重建已全部毁坏的不可移动文物,造成文物破坏的。

(6)施工单位未取得文物保护工程资质证书,擅自从事文物修缮、迁移、重建的。

刻画、涂污或者损坏文物尚不严重的,或者损毁依法设立的文物保护单位标志的,由公安机关或者文物所在单位给予警告,可以并处罚款。

在文物保护单位的保护范围内或者建设控制地带内建设污染文物保护单位及其环境的设施的,或者对已有的污染文物保护单位及其环境的设施未在规定的期限内完成治理的,由环境保护行政部门依照有关法律、法规的规定给予处罚。

3. 无资质证书擅自承担文物保护单位修缮、迁移、重建工程违法行为应承担的法律责任

《文物保护法实施条例》规定,未取得相应等级的文物保护工程资质证书,擅自承担文物保护单位的修缮、迁移、重建工程的,由文物行政主管部门责令限期改正;逾期不改正,或者造成严重后果的,处 5 万元以上 50 万元以下的罚款;构成犯罪的,依法追究刑事责任。

4. 历史文化名城名镇名村保护范围内违法行为应承担的法律责任

《历史文化名城名镇名村保护条例》规定,在历史文化名城、名镇、名村保护范围内有下列行为之一的,由城市、县人民政府城乡规划主管部门责令停止违法行为、限期恢复原状或者采取其他补救措施;有违法所得的,没收违法所得;逾期不恢复原状或者不采取其他补救措施的,城乡规划主管部门可以指定有能力的单位代为恢复原状或者采取其他补救措施,所需费用由违法者承担;造成严重后果的,对单位并处 50 万元以上 100 万元以下的罚款,对个人并处 5 万元以上 10 万元以下的罚款;造成损失的,依法承担赔偿责任:

(1)开山、采石、开矿等破坏传统格局和历史风貌的。

(2)占用保护规划确定保留的园林绿地、河湖水系、道路等的。

(3)修建生产、储存爆炸性、易燃性、放射性、毒害性、腐蚀性物品的工厂、仓库等的。

未经城乡规划主管部门会同同级文物主管部门批准,有下列行为之一的,由城市、县人民政府城乡规划主管部门责令停止违法行为、限期恢复原状或者采取其他补救措施;有违法所得的,没收违法所得;逾期不恢复原状或者不采取其他补救措施的,城乡规划主管部门可以指定有能力的单位代为恢复原状或者采取其他补救措施,所需费用由违法者承担;造成严重后果的,对单位并处 5 万元以上 10 万元以下的罚款,对个人并处 1 万元以上 5 万元以下的罚款;造成损失的,依法承担赔偿责任:

改变园林绿地、河湖水系等自然状态的;……拆除历史建筑以外的建筑物、构筑物或者其他设施的;对历史建筑进行外部修缮装饰、添加设施以及改变历史建筑的结构或者使用性质的;其他影响传统格局、历史风貌或者历史建筑的。

有关单位或者个人经批准进行上述活动,但是在活动过程中对传统格局、历史风貌或者历史建筑构成破坏性影响的，依照以上规定予以处罚。

损坏或者擅自迁移、拆除历史建筑的，由城市、县人民政府城乡规划主管部门责令停止违法行为、限期恢复原状或者采取其他补救措施；有违法所得的，没收违法所得；逾期不恢复原状或者不采取其他补救措施的，城乡规划主管部门可以指定有能力的单位代为恢复原状或者采取其他补救措施，所需费用由违法者承担；造成严重后果的，对单位并处20万元以上50万元以下的罚款，对个人并处10万元以上20万元以下的罚款；造成损失的，依法承担赔偿责任。

擅自设置、移动、涂改或者损毁历史文化街区、名镇、名村标志、牌的，由城市、县人民政府城乡规划主管部门责令限期改正；逾期不改正的，对单位处1万元以上5万元以下的罚款，对个人处1 000元以上1万元以下的罚款。

5. 水下文物保护违法行为应承担的法律责任

《水下文物保护管理条例》规定，破坏水下文物，私自勘探、发掘、打捞水下文物，或者隐匿、私分、贩运、非法出售、非法出口水下文物，依法给予行政处罚或者追究刑事责任。

【案例】

(1)背景：2013年5月20日，某市文物局接到群众举报，某项目工地施工中施工人员在基坑开挖时挖出古墓和部分文物，民工滥挖和哄抢。该县文保所接到市文物局电话后，即刻赶到现场，经查情况属实。市文物局责成县文保所速报省文物局，省文物研究所3位专业人员于2013年5月30日到现场进行勘察。这一事件引起相关部门的高度重视。为配合项目建设，同时保护好地下文物，避免施工中再次发生类似事件，相关单位迅速联合举办文物保护学习班，施工单位负责人参加了学习。各施工单位反复告诫作业人员，不论在哪里发现文化遗存，都应立即停工，保护好现场，并在第一时间通报文物部门；如不及时上报，造成文物被破坏，就会触犯刑律。

(2)问题：

1)本案中哪些行为违反了《文物保护法》的规定？

2)施工过程中发现文物时施工单位应该采取哪些措施？

3)对文物保护违法行为应如何处理？

(3)分析：

1)本案中施工人员的哄抢、滥挖行为以及不及时上报文物行政部门的行为，违反了《文物保护法》的第32条规定："在进行建设工程或者在农业生产中，任何单位或者个人发现文物，应当保护现场，立即报告当地文物行政部门。""任何单位或者个人不得哄抢、私分、藏匿。"

2)首先应当保护现场，停止施工，立即报告当地文物行政部门；其次，配合考古发掘单位，保护出土文物或者遗迹的安全，在发掘未结束前不得继续施工。

3)依据《文物保护法》对于盗窃、哄抢、私分或者非法侵占国有文物的，构成犯罪的，依法追究刑事责任；造成文物灭失、损毁的，依法承担民事责任；构成违反治安管理行为的，由公安机关依法给予治安管理处罚。

本章练习题

1. 在城市市区噪声敏感区域内,禁止夜间进行产生噪声污染的施工作业,因特殊需要必须连续作业的,必须(   )。
   A. 经附近居民所在单位的同意　　　　B. 在居民小区代表监视下施工
   C. 公告附近居民　　　　　　　　　　D. 经居民小区业主委员会同意

2. 某施工单位在居民区内承建一施工项目,关于该施工项目的说法,下列正确的是(   )。
   A. 禁止夜间施工
   B. 夜间24点前可以施工
   C. 公告附近居民后,可以在夜间施工
   D. 因特殊需要,取得主管部门证明并公告后可以施工

3. 城市市区内可能产生噪声污染的工程项目,施工单位应当在工程开工前(   )天,向环境保护行政主管部门申报。
   A. 5　　　　　　B. 7　　　　　　C. 10　　　　　　D. 5

4. 在市区施工生产环境噪声污染的下列情形中,可以在夜间进行施工作业而不需要有关主管部门证明的是(   )。
   A. 混凝土连续浇筑
   B. 特殊需要必须连续作业
   C. 自来水管道爆裂抢修
   D. 由于施工单位计划向国庆献礼而抢进度的施工
   E. 路面塌陷抢修

5. 根据《环境保护法》,建设项目中防治污染的设施与主体工程应当(   )。
   A. 同时招标　　B. 同时设计　　C. 同时竣工　　D. 同时施工
   E. 同时投产使用

6. 根据《环境噪声污染防治法》,在城市市区噪声敏感建筑物集中区域内,不能在夜间进行产生环境噪声污染的建筑施工作业的是(   )作业。
   A. 抢修　　　　　　　　　　　　　　B. 抢险
   C. 抢工期　　　　　　　　　　　　　D. 生产工艺要求必须连续

7. 下列各项,《水污染防治法》未作禁止规定的是(   )。
   A. 向水体排放和倾倒工业废渣、城市垃圾和其他废弃物
   B. 向水体排放油类、酸液、碱液或者剧毒废物
   C. 向水体排放热水
   D. 向水体排放、倾倒放射性固体废物

8. 施工单位的下列做法中,违反国家有关环境保护法律规定的有(   )。
   A. 在施工现场附近的河流中清洗油桶
   B. 将施工垃圾处理后倒入附近河流
   C. 转运施工废弃物时未对其进行遮盖

D. 居民区附近的高架桥施工时未设置声屏障

E. 工程抢修工作一直持续到 22 点

9. 位于甲省的某项目产生的建筑垃圾，欲移至乙省某地填埋，途径丙省，下列说法正确的是（ ）。

A. 向甲省环保部门申请，经乙省环保部门同意

B. 向甲省环保部门申请，经甲省环保部门同意

C. 向乙省环保部门申请，经甲省环保部门同意

D. 向乙省环保部门申请，经丙省环保部门同意

10. 某施工单位分别与设计、施工和监理等单位签订工程合同。根据我国《民用节能管理规定》，各单位在工程实施中负有应当执行建筑节能强制性标准的责任，下面有关对各单位执行建筑节能强制性标准行为的表述，正确的是（ ）。

A. 监理单位对节能工程实施监理时，不得违反有关法律、法规和标准

B. 建设单位不得以任何理由要求施工单位修改经审查合格的节能设计文件

C. 民用建筑工程在改建、扩建时，设计单位不得对原建筑进行节能改造

D. 施工单位进行施工时，不得违反审查合格的设计文件和建筑节能施工标准

E. 在竣工验收中，建设单位有违反强制性标准的，应当重新组织验收

11. 关于用能单位加强能源计量管理的说法，下列错误的是（ ）。

A. 按照规定配备和使用经依法鉴定合格的能源计量器具

B. 建立能源消费统计和能源利用状况分析制度

C. 对各类能源消耗实行分类计量和统计

D. 对能源消费应实行包费制

12. 某电信公司在市中心新建电信大厦，该工程为钢筋混凝土框架结构，地下一层，地上七层。施工阶段由监理公司负责监理。电信公司将工程发包给甲施工单位，经电信公司同意，甲将消防工程采用包工包料的方式分包给乙公司。对该项目经审查合格的节能设计文件，下列说法正确的有（ ）。

A. 电信公司可以要求甲施工单位变更节能设计，降低节能标准

B. 甲施工单位可以要求乙施工单位变更节能设计，降低节能标准

C. 电信公司不可以要求甲施工单位变更节能设计，降低节能标准

D. 建筑节能强制性标准，仅是针对甲和乙的要求

E. 建筑节能强制性标准，是针对电信公司、甲、乙的要求

13. 下列关于民用建筑节能的表述正确的是（ ）。

A. 对不符合节能强制性标准的项目，建设行政主管部门不颁发建设工程规划许可证

B. 对既有建筑实施节能改造，优先采用向阳、改善通风等低成本改造措施

C. 国家应要求在新建建筑中必须安装和使用太阳能等可再生资源利用系统

D. 企业可以指定高于国家、行业能耗标准的企业节能标准

14. 根据建筑节能制度，国家对集中供热的建筑，实行分户计量，按（ ）收费。

A. 面积　　　　B. 空间　　　　C. 用热量　　　　D. 时间

15. 下列施工中，属于既有建筑节能改造主要内容的是既有建筑（ ）。

A. 承重结构改造　B. 围护结构改造　C. 屋面防水层修复　D. 外墙裂缝修补

16. 在全国重点文物保护单位的保护范围内进行爆破、钻探、挖掘作业的，必须经（　　）批准。
    A. 县级人民政府 B. 省级人民政府
    C. 国务院 D. 省级文物行政部门

第九章　建设工程纠纷和法律解决途径

本章学习要求

掌握建设工程纠纷的主要种类及解决方式，民事诉讼制度、民事诉讼的审判程序、执行程序，仲裁制度、行政复议和行政诉讼制度、调解制度。认真分析本章案例，独立完成所附习题，将所学法律知识与实际案例相结合，具备用所学法律知识解决实际问题的能力。

本章学习重点及难点

建设工程纠纷的分类，民事诉讼制度中的相关概念、民事诉讼程序，仲裁的适用范围，仲裁庭成员的组成及审理方式，行政复议和行政诉讼制度。

第一节　建设工程纠纷

法律纠纷，是指公民、法人、其他组织之间因人身、财产或其他法律关系所发生的对抗冲突（或者争议），主要包括民事纠纷、行政纠纷、刑事纠纷。民事纠纷是平等主体间的有关人身、财产权的纠纷；行政纠纷是行政机关之间或行政机关同公民、法人和其他组织之间由于行政行为而产生的纠纷；刑事纠纷是因犯罪而产生的纠纷。在建设工程领域里常见的是民事纠纷和行政纠纷。

一、建设工程民事纠纷

建设工程民事纠纷，是在建设工程活动中平等主体之间发生的以民事权利义务法律关系为内容的争议。民事纠纷是因为违反了民事法律规范而引起的。民事纠纷可分为两大类：一类是财产关系方面的民事纠纷，如合同纠纷、损害赔偿纠纷等；另一类是人身关系的民事纠纷，如名誉权纠纷、继承权纠纷等。

民事纠纷的特点：

(1) 民事纠纷主体之间的法律地位平等。
(2) 民事纠纷的内容是对民事权利义务的争议。
(3) 民事纠纷的可处分性。这主要是针对有关财产关系的民事纠纷，而有关人身关系的民事纠纷多具有不可处分性。

在建设工程领域的民事纠纷主要是合同纠纷、侵权纠纷。合同纠纷，是指因合同的生效、解释、履行、变更、终止等行为而引起的合同当事人之间的所有争议。合同纠纷的内容,主要表现在争议主体对于导致合同法律关系产生、变更与消灭的法律事实以及法律关系的内容有着不同的观点与看法。合同纠纷的范围涵盖了一项合同从成立到终止的整个过程。侵权纠纷,是指一方当事人对另一方侵权而产生的纠纷。在建设工程领域也易发生侵权纠纷,如施工单位在施工中未采取相应防范措施造成对他方损害而产生的侵权纠纷,未经许可使用他方的专利、工法等而造成的知识产权侵权纠纷等。

发包人和承包人就有关工期、质量、造价等产生的建设工程合同争议,是建设工程领域最常见的民事纠纷。

二、民事纠纷的法律解决途径

民事纠纷的法律解决途径主要有和解、调解、仲裁、诉讼四种。

1. 和解

和解是民事纠纷的当事人在自愿互谅的基础上,就已经发生的争议进行协商、妥协与让步并达成协议,自行(无第三方参与劝说)解决争议的一种方式。

和解可以在民事纠纷的任何阶段进行,无论是否已经进入诉讼或仲裁程序,只要终审裁判未生效或者仲裁裁决未作出,当事人均可自行和解。

需要注意的是,和解达成的协议不具有强制执行力,在性质上仍属于当事人之间的约定。如果一方当事人不按照和解协议执行,另一方当事人不可以请求法院强制执行,但可要求对方就不执行该和解协议承担违约责任。

2. 调解

调解是指双方当事人以外的第三方应纠纷当事人的请求,以法律、法规和政策或合同约定以及社会公德为依据,对纠纷双方进行疏导、劝说,促使他们相互谅解,进行协商,自愿达成协议,解决纠纷的活动。

在我国,调解的主要方式是人民调解、行政调解、仲裁调解、司法调解、行业调解以及专业机构调解。

3. 仲裁

仲裁是当事人根据在纠纷发生前或纠纷发生后达成的协议,自愿将纠纷提交第三方(仲裁机构)作出裁决,纠纷各方都有义务执行该裁决的一种解决纠纷的方式。仲裁机构和法院不同。法院行使国家所赋予的审判权,向法院起诉不需要双方当事人在诉讼前达成协议,只要一方当事人向有审判管辖权的法院起诉,经法院受理后,另一方必须应诉。仲裁机构通常是民间团体的性质,其受理案件的管辖权来自双方协议,没有协议就无权受理仲裁。但是,有效的仲裁协议可以排除法院的管辖权;纠纷发生后,一方当事人提起仲裁的,另一方必须仲裁。

根据《仲裁法》的规定,该法的调整范围仅限于民商事仲裁,即"平等主体的公民、法人和其他组织之间发生的合同纠纷和其他财产权纠纷",劳动争议仲裁等不受《仲裁法》的调整,依法应当由行政机关处理的行政争议等不能仲裁。

仲裁的基本特点如下:

(1)自愿性。仲裁以当事人的自愿为前提,即是否将纠纷提交仲裁,向哪个仲裁委员会申请仲裁,仲裁庭如何组成,仲裁员的选择,以及仲裁的审理方式、开庭形式等,都是在当事人自愿的基础上,由当事人协商确定的。

(2)专业性。专家裁案，是民商事仲裁的重要特点之一。建设工程纠纷的处理不仅涉及与工程建设有关的法律法规，还常常需要运用大量的工程造价、工程质量方面的专业知识，以及熟悉建筑业自身特有的交易习惯和行业惯例。仲裁机构的仲裁员是来自各行业具有一定专业水平的专家，精通专业知识、熟悉行业规则，对公正高效处理纠纷，确保仲裁结果公正准确，发挥着关键作用。

(3)独立性。《仲裁法》规定，仲裁委员会独立于行政机关，与行政机关没有隶属关系。仲裁委员会之间也没有隶属关系。在仲裁过程中，仲裁庭独立进行仲裁，不受任何行政机关、社会团体和个人的干涉，也不受其他仲裁机构的干涉，具有独立性。

(4)保密性。仲裁以不公开审理为原则。因此，可以有效地保护当事人的商业秘密和商业信誉。

(5)快捷性。仲裁实行一裁终局制度，仲裁裁决一经作出即发生法律效力。仲裁裁决不能上诉，这使得当事人之间的纠纷能够迅速得以解决。

4. 诉讼

民事诉讼是指人民法院在当事人和其他诉讼参与人的参加下，以审理、裁判、执行等方式解决民事纠纷的活动，以及由此产生的各种诉讼关系的总和。诉讼参与人包括原告、被告、第三人、证人、鉴定人、勘验人等。

民事诉讼的基本特征是：

(1)公权性。民事诉讼是由人民法院代表国家意志、行使司法审判权，通过司法手段解决平等民事主体之间的纠纷。在法院主导下，诉讼参与人围绕民事纠纷的解决，进行着能产生法律后果的活动。

(2)程序性。民事诉讼是依照法定程序进行的诉讼活动，无论是法院还是当事人和其他诉讼参与人，都需要严格按照法律规定的程序和方式实施诉讼行为。

(3)强制性。强制性是公权力的重要属性。民事诉讼的强制性既表现在案件的受理上，又反映在裁判的执行上。调解、仲裁均建立在当事人自愿的基础上，只要有一方当事人不愿意进行调解、仲裁，则调解和仲裁将不会发生。但民事诉讼不同，只要原告的起诉符合法定条件，无论被告是否愿意，诉讼都会发生。此外，和解、调解协议的履行依靠当事人的自觉，不具有强制执行的效力，但法院的裁判则具有强制执行的效力，一方当事人不履行生效判决或裁定，另一方当事人可以申请法院强制执行。

三、建设工程行政纠纷

建设工程行政纠纷，是在建设工程活动中行政机关之间或行政机关同公民、法人和其他组织之间由于行政行为而引起的纠纷，包括行政争议和行政案件。在行政法律关系中，行政机关对公民、法人和其他组织行使行政管理职权，应当依法行政；公民、法人和其他组织也应当依法约束自己的行为，做到自觉守法。在各种行政纠纷中，既有因行政机关超越职权、滥用职权、行政不作为、违反法定程序、事实认定错误、适用法律错误等所引起的纠纷，也有公民、法人或其他组织逃避监督管理、非法抗拒监督管理或误解法律规定等而产生的纠纷。行政行为具有以下特征：

(1)行政行为是执行法律的行为。

(2)行政行为具有一定的裁量性。这是由立法技术本身的局限性和行政管理的广泛性、变动性、应变性所决定的。

(3)行政主体在实施行政行为时具有单方意志性,不必与行政相对方协商或征得其同意,便可依法自主做出。

(4)行政行为是以国家强制力保障实施的,带有强制性。

(5)行政行为以无偿为原则,以有偿为例外。

在建设工程领域,行政机关易引发行政纠纷的具体行政行为主要有如下几种:

(1)行政许可,即行政机关根据公民、法人或者其他组织的申请,经依法审查,准予其从事特定活动的行政管理行为,如施工许可、专业人员执业资格注册、企业资质等级核准、安全生产许可等。行政许可易引发的行政纠纷通常是行政机关的行政不作为、违反法定程序等。

(2)行政处罚,即行政机关或其他行政主体依照法定职权、程序对于违法但尚未构成犯罪的相对人给予行政制裁的具体行政行为。常见的行政处罚为警告、罚款、没收违法所得、取消投标资格、责令停止施工、责令停业整顿、降低资质等级、吊销资质证书等。行政处罚易导致的行政纠纷,通常是行政处罚超越职权、滥用职权、违反法定程序、事实认定错误、适用法律错误等。

(3)行政奖励,即行政机关依照条件和程序,对为国家、社会和建设事业作出重大贡献的单位和个人,给予物质或精神鼓励的具体行政行为,如表彰建设系统先进集体、劳动模范和先进工作者等。行政奖励易引发的行政纠纷,通常是违反程序、滥用职权、行政不作为等。

(4)行政裁决,行政机关或法定授权的组织,依照法律授权,对平等主体之间发生的与行政管理活动密切相关的、特定的民事纠纷(争议)进行审查,并作出裁决的具体行政行为,如对特定的侵权纠纷、损害赔偿纠纷、权属纠纷等的裁决。行政裁决易引发的行政纠纷,通常是行政裁决违反法定程序、事实认定错误、适用法律错误等。

四、行政纠纷的法律解决途径

行政纠纷的法律解决途径主要有两种,即行政复议和行政诉讼。

1. 行政复议

行政复议是公民、法人或其他组织(作为行政相对人)认为行政机关的具体行政行为侵犯其合法权益,依法请求法定的行政复议机关审查该具体行政行为的合法性、适当性,该复议机关依照法定程序对该具体行政行为进行审查,并作出行政复议决定的法律制度。这是公民、法人或其他组织通过行政救济途径解决行政争议的一种方法。

行政复议的基本特点如下:

(1)提出行政复议的,必须是认为行政机关行使职权的行为侵犯其合法权益的公民、法人和其他组织。

(2)当事人提出行政复议,必须是在行政机关已经作出行政决定之后,如果行政机关尚未作出决定,则不存在复议问题。复议的任务是解决行政争议,而不是解决民事或其他争议。

(3)当事人对行政机关的行政决定不服,只能按照法律规定向有行政复议权的行政机关申请复议。

(4)行政复议以书面审查为主,以不调解为原则。行政复议的结论作出后,即具有法律效力。只要法律未规定复议决定为终局裁决的,当事人对复议决定不服的,仍可以按《行政诉讼法》的规定，向人民法院提请诉讼。

2. 行政诉讼

行政诉讼是公民、法人或其他组织依法请求法院对行政机关具体行政行为的合法性进行审查并依法裁判的法律制度。

行政诉讼的主要特征如下：

(1)行政诉讼是法院解决行政机关实施具体行政行为时与公民、法人或其他组织发生的争议。

(2)行政诉讼为公民、法人或其他组织提供法律救济的同时，具有监督行政机关依法行政的功能。

(3)行政诉讼的被告与原告是恒定的，即被告只能是行政机关，原告则是作为行政行为相对人的公民、法人或其他组织，而不可能互易诉讼身份。

除法律、法规规定必须先申请行政复议的以外，行政纠纷当事人可以自主选择申请行政复议还是提起行政诉讼。行政纠纷当事人对行政复议决定不服的，除法律规定行政复议决定为最终裁决的以外，可以依照《行政诉讼法》的规定向人民法院提起行政诉讼。

第二节　民事诉讼制度

一、民事诉讼的法院管辖

民事诉讼中的管辖是指各级法院之间和同级法院之间受理第一审民事案件的分工和权限。

1. 级别管辖

级别管辖是指按照一定的标准，划分上下级法院之间受理第一审民事案件的分工和权限。我国法院有四级，分别是：基层人民法院、中级人民法院、高级人民法院和最高人民法院，每一级均受理一审民事案件。《民事诉讼法》主要根据案件的性质、复杂程度和案件影响来确定级别管辖。

中级人民法院管辖的第一审民商事案件由高级人民法院自行确定，并经最高人民法院批准。

2. 地域管辖

地域管辖是指按照各法院的辖区和民事案件的隶属关系，划分同级法院受理第一审民事案件的分工和权限。地域管辖实际上是以法院与当事人、诉讼标的以及法律事实之间的隶属关系和关联关系来确定的，主要包括如下几种情况：

(1)一般地域管辖。一般地域管辖是以当事人与法院的隶属关系来确定诉讼管辖，通常实行"原告就被告"原则，即以被告住所地作为确定管辖的标准。《民事诉讼法》第21条规定：

1)对公民提起的民事诉讼，由被告住所地人民法院管辖；被告住所地与经常居住地不一致的，由经常居住地人民法院管辖。其中，公民的住所地是指该公民的户籍所在地。经常居住地是指公民离开住所至起诉时已连续居住满1年的地方，但公民住院就医的地方除外。

2)对法人或者其他组织提起的民事诉讼,由被告住所地人民法院管辖。被告住所地是指法人或者其他组织的主要办事机构所在地或者主要营业地。

(2)特殊地域管辖。特殊地域管辖是指以被告住所地、诉讼标的所在地、法律事实所在地为标准确定的管辖。《民事诉讼法》规定了9种特殊地域管辖的诉讼,其中与工程建设领域关系最为密切的是因合同纠纷提起的诉讼。

《民事诉讼法》规定:"因合同纠纷提起的诉讼,由被告住所地或者合同履行地人民法院管辖。"合同履行地是指合同约定的履行义务的地点,主要是指合同标的交付地点。合同履行地应当在合同中明确约定,没有约定或约定不明的,当事人既不能协商确定,又不能按照合同有关条款和交易习惯确定的,可按照《合同法》第62条的有关规定确定。对于购销合同纠纷,《最高人民法院关于在确定经济纠纷案件管辖中如何确定购销合同履行地的规定》中规定:"对当事人在合同中明确约定履行地点的,以约定的履行地点为合同履行地。当事人在合同中未明确约定履行地点的,以约定的交货地点为合同履行地。合同中约定的货物到达地、到站地、验收地、安装调试地等,均不应视为合同履行地。"对于建设工程施工合同纠纷,《最高人民法院关于审理建设工程施工合同纠纷案件适用法律问题的解释》中规定:"建设工程施工合同纠纷以施工行为地为合同履行地。"发生合同纠纷的,《民事诉讼法》还规定了协议管辖制度。所谓协议管辖,是指合同当事人在纠纷发生前后,在法律允许的范围内,以书面形式约定案件的管辖法院。协议管辖仅适用于合同纠纷。《民事诉讼法》规定,合同的当事人可以在书面合同中协议选择被告住所地、合同履行地、合同签订地、原告住所地、标的物所在地人民法院管辖,但不得违反本法对级别管辖和专属管辖的规定。

(3)专属管辖。专属管辖是指法律规定某些特殊类型的案件专门由特定的法院管辖。专属管辖是排他性管辖,排除了诉讼当事人协议选择管辖法院的权利。专属管辖与一般地域管辖和特殊地域的关系是:凡法律规定为专属管辖的诉讼,均适用专属管辖。

《民事诉讼法》中规定了3种适用专属管辖的案件,其中因不动产纠纷提起的诉讼,由不动产所在地人民法院管辖,如房屋买卖纠纷、土地使用权转让纠纷等。应当注意的是,根据《最高人民法院关于审理建设工程施工合同纠纷案件适用法律问题的解释》的规定,建设工程施工合同纠纷不适用专属管辖,而应当按照《民事诉讼法》第23条的规定,适用合同纠纷的地域管辖原则,即由被告住所地或合同履行地人民法院管辖。发包人和承包人也可根据《民事诉讼法》的规定,在发包人住所地、承包人住所地、合同签订地、施工行为地(工程所在地)的范围内,通过协议确定管辖法院。

(4)移送管辖和指定管辖。

1)移送管辖。人民法院发现受理的案件不属于本院管辖的,应当移送有管辖权的人民法院,受移送的人民法院应当受理。受移送的人民法院认为受移送的案件依照规定不属于本院管辖的,应当报请上级人民法院指定管辖,不得再自行移送。

2)指定管辖。有管辖权的人民法院由于特殊原因,不能行使管辖权的,由上级人民法院指定管辖。人民法院之间因管辖权发生争议,由争议双方协商解决;协商解决不了的,报请其共同上级人民法院指定管辖。

(5)管辖权异议。管辖权异议是指当事人向受诉法院提出的该法院对案件无管辖权的主张。《民事诉讼法》规定,人民法院受理案件后,当事人对管辖权有异议的,应当在提交答辩状期间提出。人民法院对当事人提出的异议,应当审查。异议成立的,裁定将案件移交有管辖权的人民法院；异议不成立的，裁定驳回。根据《最高人民法院关于审理民事级别管辖异议案件若干问题的规定》，受诉人民法院应当在受理异议之日起15日内作出裁定；对人民法院就级别管辖异议作出的裁定，当事人不服提起上诉的，第二审人民法院应当依法审理并作出裁定。

二、民事诉讼当事人和代理人的规定

1. 当事人

民事诉讼中的当事人，是指因民事权利和义务发生争议，以自己的名义进行诉讼，请求人民法院进行裁判的公民、法人或其他组织。狭义的民事诉讼当事人包括原告和被告。广义的民事诉讼当事人包括原告、被告、共同诉讼人和第三人。

(1)原告和被告。原告，是指维护自己的权益或自己所管理的他人权益，以自己名义起诉，从而引起民事诉讼程序的当事人。被告，是指原告诉称侵犯原告民事权益而由法院通知其应诉的当事人。《民事诉讼法》规定，公民、法人和其他组织可以作为民事诉讼的当事人。法人由其法定代表人进行诉讼。其他组织由其主要负责人进行诉讼。公民、法人和其他组织虽然都可以成为民事诉讼中的原告或被告，但在实践中情况还是比较复杂的，需要进一步结合《最高人民法院关于适用〈中华人民共和国民事诉讼法〉若干问题的意见》及相关规定进行正确认定。

(2)共同诉讼人。共同诉讼人，是指当事人一方或双方为2人以上(含2人)，诉讼标的是共同的，或者诉讼标的是同一种类、人民法院认为可以合并审理并经当事人同意，一同在人民法院进行诉讼的人。

(3)第三人。第三人，是指对他人争议的诉讼标的有独立的请求权，或者虽无独立的请求权，但案件的处理结果与其有法律上的利害关系，而参加到原告、被告已经开始的诉讼中进行诉讼的人。

2. 诉讼代理人

诉讼代理人，是指根据法律规定或当事人的委托，代理当事人进行民事诉讼活动的人。代理分为法定代理、委托代理和指定代理，诉讼代理人通常也可分为法定诉讼代理人、委托诉讼代理人和指定诉讼代理人。在建设工程领域，最常见的是委托诉讼代理人。《民事诉讼法》规定：当事人、法定代理人可以委托一至二人作为诉讼代理人。律师、当事人的近亲属、有关的社会团体或者所在单位推荐的人、经人民法院许可的其他公民，都可以被委托为诉讼代理人。

委托他人代为诉讼的，须向人民法院提交由委托人签名或盖章的授权委托书，授权委托书必须记明委托事项和权限。《民事诉讼法》规定："诉讼代理人代为承认、放弃、变更诉讼请求，进行和解、提起反诉或者上诉，必须有委托人的特别授权。"针对实践中经常出现的授权委托书仅写"全权代理"而无具体授权的情形，最高人民法院还特别规定，在这种情况下不能认定为诉讼代理人已获得特别授权，即诉讼代理人无权代为承认、放弃、变更诉讼请求，进行和解、提起反诉或者上诉。

【案例】

(1)背景：甲公司开发某商业地产项目，乙建筑公司(以下简称乙公司)经过邀请招标程序中标并签订了施工总承包合同。施工中，乙公司将水电安装工程分包给丙水电设备建筑安装公司(以下简称丙公司)。丙公司又将部分水电安装的施工劳务作业违法分包给包工头蔡某。施工中,因甲公司拖欠乙公司工程款,继而乙公司拖欠丙公司工程款,丙公司拖欠蔡某的劳务费。当蔡某知道这个情况后,在起诉丙公司的同时,将甲公司也起诉到法院,要求支付被拖欠的劳务费,甲公司认为自己与蔡某没有合同关系,遂提出诉讼主体异议;丙公司认为蔡某没有劳务施工资质,不具备签约能力,合同无效,也不能成为原告。

(2)问题:蔡某可否在起诉丙公司的同时,也起诉甲公司即发包方?

(3)分析:根据《最高人民法院关于审理建设工程施工合同纠纷案件适用法律问题的解释》第26条规定:"实际施工人以转包人、违法分包人为被告起诉的,人民法院应当依法受理。实际施工人以发包人为被告主张权利的,人民法院可以追加转包人或者违法分包人为本案当事人。发包人只在欠付工程价款范围内对实际施工人承担责任。"据此,本案中蔡某作为实际施工人,不仅可以起诉违法分包的丙公司,也可以起诉作为发包人的甲公司。但甲公司只在欠付工程价款范围内对实际施工人蔡某承担责任。

三、民事诉讼证据的种类、保全和应用

证据是指在诉讼中能够证明案件真实情况的各种资料。当事人要证明自己提出的主张需要向法院提供相应的证据资料。

掌握证据的种类才能正确收集证据;掌握证据的保全才能不使对自己有利的证据灭失;掌握证据的应用才能真正发挥证据的作用。

1. 证据的种类

《民事诉讼法》规定,民事证据有书证、物证、视听资料、证人证言、当事人的陈述、鉴定结论、勘验笔录七种。

(1)书证和物证。书证,是指以所载文字、符号、图案等方式所表达的思想内容来证明案件事实的书面材料或者其他物品。书证一般表现为各种书面形式文件或纸面文字材料(但非纸类材料也可成为书证载体),如合同文件、各种信函、会议纪要、电报、传真、电子邮件、图纸、图表等。

物证则是指能够证明案件事实的物品及其痕迹,凡是以其存在的外形、重量、规格、损坏程度等物体的内部或者外部特征来证明待证事实的一部分或者全部的物品及痕迹,均属于物证范畴。

(2)视听资料。视听资料是指利用录音、录像等技术手段反映的声音、图像以及电子计算机储存的数据证明案件事实的证据。在实践中,常见的视听资料包括录像带、录音带、胶卷、电话录音、雷达扫描资料以及储存于软盘、硬盘或光盘中的电脑数据等。《最高人民法院关于民事诉讼证据的若干规定》中规定,存有疑点的视听资料,不能单独作为认定案件事实的依据。此外,对于未经对方当事人同意私自录制其谈话取得的资料,根据《最高人民法院关于民事诉讼证据的若干规定》,只要不是以侵害他人合法权益(如侵害隐私)或者违反法律禁止性规定的方法(如窃听)取得的,仍可以作为认定案件事实的依据。

(3)证人证言和当事人陈述。

1)证人证言。证人是指了解案件情况并向法院、仲裁机构或当事人提供证词的人。证人就案件情况所做的陈述即为证人证言。

《民事诉讼法》规定,凡是知道案件情况的单位和个人,都有义务出庭作证。有关单位的负责人应当支持证人作证。证人确有困难不能出庭的,经人民法院许可,可以提交书面

证言。不能正确表达意志的人，不能作证。《最高人民法院关于民事诉讼证据的若干规定》还规定，与一方当事人或者其代理人有利害关系的证人出具的证言，以及无正当理由未出庭作证的证人证言，不能单独作为认定案件事实的依据。

2)当事人陈述。当事人陈述，是指当事人在诉讼或仲裁中，就本案的事实向法院或仲裁机构所做的陈述。《民事诉讼法》规定，人民法院对当事人的陈述，应当结合本案的其他证据，审查确定能否作为认定事实的根据。《最高人民法院关于民事诉讼证据的若干规定》还规定，当事人对自己的主张，只有本人陈述而不能提出其他相关证据的，其主张不予支持。但对方当事人认可的除外。

(4)鉴定结论和勘验笔录。

1)鉴定结论。在对建设工程领域诸如工程质量、造价等方面的纠纷进行处理的过程中，针对有关的专业问题，由法院或仲裁机构委托具有相应资格的专业鉴定机构进行鉴定，并出具相应鉴定结论，是法院或仲裁机构据以查明案件事实、进行裁判的重要手段之一。因此，鉴定结论作为我国民事证据的一种，在建设工程纠纷的处理过程中，具有特殊的重要性。当事人申请鉴定，应当注意在举证期限内提出。

2)勘验笔录。勘验笔录，是指人民法院为了查明案件的事实，指派勘验人员对与案件争议有关的现场、物品或物体进行查验、拍照、测量，并将查验的情况与结果制成的笔录。《民事诉讼法》规定，勘验物证或者现场，勘验人必须出示人民法院的证件，并邀请当地基层组织或者当事人所在单位派人参加。当事人或者当事人的成年家属应当到场，拒不到场的，不影响勘验的进行。勘验笔录应由勘验人、当事人和被邀参加人签名或者盖章。

2. 证据的保全

解决纠纷的过程就是证明的过程。在诉讼或仲裁中，哪些事实需要证据证明，哪些无需证明；这些事实由谁证明；靠什么证明；怎么证明；证明到什么程度，这五个问题构成了证据应用的全部内容，即证明对象、举证责任、证据收集、证明过程、证明标准。证据保全是重要的证据固定措施。

(1)证据保全的概念和作用。所谓证据保全，是指在证据可能灭失或以后难以取得的情况下，法院根据申请人的申请或依职权，对证据加以固定和保护的制度。

民事诉讼或仲裁均是以证据为基础展开的。依据有关证据，当事人和法院、仲裁机构才能够了解或查明案件真相，确定争议的原因，从而正确地处理纠纷。但是，从纠纷的产生直至案件开庭审理必然有一个时间间隔。在这段时间内，有些证据由于自然原因或人为原因，可能会灭失或难以取得。为了防止这种情况可能给当事人的举证以及法院、仲裁机构的审理带来困难。《民事诉讼法》规定，在证据可能灭失或者以后难以取得的情况下，诉讼参加人可以向人民院申请保全证据，人民法院也可以主动采取保全措施。

(2)证据保全的申请。《最高人民法院关于民事诉讼证据的若干规定》中规定，当事人依据《民事诉讼法》的规定向人民法院申请保全证据的，不得远于举证期限届满前7日。当事人申请保全证据的，人民法院可以要求其提供相应的担保。

《仲裁法》也规定，在证据可能灭失或者以后难以取得的情况下，当事人可以申请证据保全。当事人申请证据保全的，仲裁委员会应当将当事人的申请提交证据所在地的基层人民法院。

(3)证据保全的实施。《最高人民法院关于民事诉讼证据的若干规定》中规定，人民法院进行证据保全，可以根据具体情况，采用查封、扣押、拍照、录音、录像、复制、鉴定、勘验、制作笔录等方法。人民法院进行证据保全，可以要求当事人或者诉讼代理人到场。

3. 证据的应用

（1）举证时限。所谓举证时限，是指法律规定或法院、仲裁机构指定的当事人能够有效举证的期限。举证时限是一种限制当事人诉讼行为的制度，其主要目的在于促使当事人积极举证，提高诉讼效率，防止当事人违背诚实信用原则，在证据上搞"突然袭击"或拖延诉讼。

《最高人民法院关于民事诉讼证据的若干规定》中规定，人民法院在送达案件受理通知书和应诉通知书的同时向当事人送达举证通知书，举证通知书应载明人民法院根据案件情况指定的举证期限以及逾期提供证据的法律后果。

（2）证据交换。我国民事诉讼中的证据交换，是指在诉讼答辩期届满后开庭审理前，在法院的主持下，当事人之间相互明示其持有证据的过程。证据交换制度的设立，有利于当事人之间明确争议焦点，集中辩论；有利于法院尽快了解案件争议焦点，集中审理；有利于当事人尽快了解对方的事实依据，促进当事人进行和解和调解。证据交换应当在审判人员的主持下进行。在证据交换的过程中，审判人员对当事人无异议的事实、证据应当记录在卷；对有异议的证据，按照需要证明的事实分类记录在卷，并记载异议的理由。通过证据交换，确定双方当事人争议的主要问题。

（3）质证。质证是指当事人在法庭的主持下，围绕证据的真实性、合法性、关联性，针对证据证明力有无以及证明力大小，进行质疑、说明与辩驳的过程。《最高人民法院关于民事诉讼证据的若干规定》中规定，证据应当在法庭上出示，由当事人质证。未经质证的证据，不能作为认定案件事实的依据。

（4）认证。认证即证据的审核认定，是指法院对经过质证或当事人在证据交换中认可的各种证据材料作出审查判断，确认其能否作为认定案件事实的根据。认证是正确认定案件事实的前提和基础，其具体内容是对证据有无证明力和证明力大小进行审查确认。

四、民事诉讼时效

1. 诉讼时效的概念

诉讼时效，是指权利人在法定的时效期间内，未向法院提起诉讼请求保护其权利时，依据法律规定消灭其胜诉权的制度。

超过诉讼时效期间，在法律上发生的效力是权利人的胜诉权消灭。超过诉讼时效期间权利人起诉，如果符合《民事诉讼法》规定的起诉条件，法院仍然应当受理。如果法院经受理后查明无中止、中断、延长事由的，判决驳回诉讼请求。但是，依照《最高人民法院关于审理民事案件适用诉讼时效制度若干问题的规定》，当事人未提出诉讼时效抗辩，法院不应对诉讼时效问题进行释明及主动适用诉讼时效的规定进行裁判。当事人违反法律规定，约定延长或者缩短诉讼时效期间、预先放弃诉讼时效利益的，法院不予认可。应当注意的是，根据《民法通则》的规定，超过诉讼时效期间，当事人自愿履行的，不受诉讼时效限制。《最高人民法院关于贯彻执行〈中华人民共和国民法通则〉若干问题的意见（试行）》中规定，超过诉讼时效期间，义务人履行义务后又以超过诉讼时效为由反悔的，不予支持。

2. 不适用于诉讼时效的情形

当事人可以对债权请求权提出诉讼时效抗辩，但对下列债权请求权提出诉讼时效抗辩的，法院不予支持：

(1)支付存款本金及利息请求权。

(2)兑付国债、金融债券以及向不特定对象发行的企业债券本息请求权。

(3)基于投资关系产生的缴付出资请求权。

(4)其他依法不适用诉讼时效规定的债权请求权。

3. 诉讼时效期间的种类

根据我国《民法通则》及有关法律的规定，诉讼时效期间通常可划分为 4 类：

(1)普通诉讼时效，即向人民法院请求保护民事权利的期间。普通诉讼时效期间通常为 2 年。

(2)短期诉讼时效。下列诉讼时效期间为 1 年：身体受到伤害要求赔偿的；延付或拒付租金的；出售质量不合格的商品未声明的；寄存财物被丢失或损毁的。

(3)特殊诉讼时效。特殊诉讼时效不是由民法规定的，而是由特别法规定的诉讼时效。例如，《合同法》规定，因国际货物买卖合同和技术进出口合同争议的时效期间为 4 年；《海商法》规定，就海上货物运输向承运人要求赔偿的请求权，时效期间为 1 年。

(4)权利的最长保护期限。诉讼时效期间从知道或应当知道权利被侵害时起计算。但是，从权利被侵害之日起超过 20 年的，法院不予保护。

4. 诉讼时效期间的起算

《民法通则》规定，诉讼时效期间从知道或者应当知道权利被侵害时起计算。《最高人民法院关于贯彻执行〈中华人民共和国民法通则〉若干问题的意见(试行)》和《最高人民法院关于审理民事案件适用诉讼时效制度若干问题的规定》中规定，在下列情况下，诉讼时效期间的计算方法是：

(1)人身损害赔偿的诉讼时效期间，伤害明显的，从受伤害之日起算；伤害当时未曾发现，后经检查确诊并能证明是由侵害引起的，从伤势确诊之日起算。

(2)当事人约定同一债务分期履行的，诉讼时效期间从最后一期履行期限届满之日起计算。

(3)未约定履行期限的合同，依照《合同法》第 61 条、第 62 条的规定，可以确定履行期限的，诉讼时效期间从履行期限届满之日起计算；不能确定履行期限的，诉讼时效期间从债权人要求债务人履行义务的宽限期届满之日起计算，但债务人在债权人第一次向其主张权利之时明确表示不履行义务的，诉讼时效期间从债务人明确表示不履行义务之日起计算。

(4)享有撤销权的当事人一方请求撤销合同的，应适用《合同法》第 55 条的规定。对方当事人对撤销合同请求权提出诉讼时效抗辩的，法院不予支持。合同被撤销，返还财产、赔偿损失请求权的，诉讼时效期间从合同被撤销之日起计算。

(5)返还不当得利请求权的诉讼时效期间，从当事人一方知道或者应当知道不当得利事实及对方当事人之日起计算。

(6)管理人因无因管理行为产生的给付必要管理费用、赔偿损失请求权的诉讼时效期间，从无因管理行为结束并且管理人知道或者应当知道本人之日起计算。本人因不当无因管理行为产生的赔偿损失请求权的诉讼时效期间，从其知道或者应当知道管理人及损害事实之日起计算。

五、诉讼时效中止和中断

1. 诉讼时效中止

《民法通则》规定，在诉讼时效期间的最后 6 个月内，因不可抗力或者其他障碍不能行使请求权的，诉讼时效中止。从中止时效的原因消除之日起，诉讼时效期间继续计算。根据上述规定，诉讼时效中止，应当同时满足两个条件：

(1)权利人由于不可抗力或者其他障碍，不能行使请求权。

(2)导致权利人不能行使请求权的事由发生在诉讼时效期间的最后 6 个月内。诉讼时效中止，诉讼时效期间暂时停止计算。在导致诉讼时效中止的原因消除后，也就是权利人开始可以行使请求权时起，诉讼时效期间继续计算。

2. 诉讼时效中断

《民法通则》规定，诉讼时效因提起诉讼、当事人一方提出要求或者同意履行义务而中断。从中断时起，诉讼时效期间重新计算。

第三节　民事诉讼的审判程序

审判程序是人民法院审理案件适用的程序，可以分为一审程序、二审程序和审判监督程序。

一、一审程序

一审程序包括普通程序和简易程序。普通程序是《民事诉讼法》规定的民事诉讼当事人进行第一审民事诉讼和人民法院审理第一审民事案件所通常适用的诉讼程序。适用普通程序审理的案件，根据《民事诉讼法》的规定，应当在立案之日起 6 个月内审结。有特殊情况需要延长的，由本院院长批准，可以延长 6 个月；还需要延长的，报请上级法院批准。

1. 起诉和受理

(1)起诉。《民事诉讼法》规定，起诉必须符合下列条件：

1)原告是与本案有直接利害关系的公民、法人和其他组织。

2)有明确的被告。

3)有具体的诉讼请求、事实和理由。

4)属于人民法院受理民事诉讼的范围和受诉人民法院管辖。起诉方式，应当以书面起诉为原则，口头起诉为例外。在工程实践中，基本都是采用书面起诉方式。《民事诉讼法》规定，起诉应当向人民法院提交起诉状，并按照被告人数提出副本。

起诉状应当包含下列内容：

1)当事人的姓名、性别、年龄、民族、职业、工作单位和住所，法人或者其他组织的名称、住所和法定代表人或者主要负责人的姓名、职务。

2)诉讼请求和所根据的事实和理由。

3)证据和证据来源，证人姓名和住所。

(2)受理。《民事诉讼法》规定，法院收到起诉状，经审查，认为符合起诉条件的，应当在 7 日内立案并通知当事人；认为不符合起诉条件的，应当在 7 日内裁定不予受理。原告对裁定不服的，可以提起上诉。

2. 开庭审理

(1)法庭调查。法庭调查，是在法庭上出示与案件有关的全部证据，对案件事实进行全面调查并有当事人进行质证的程序。

法庭调查按照下列程序进行：

1)当事人陈述。

2)告知证人的权利义务，证人作证，宣读未到庭的证人证言。

3)出示书证、物证和视听资料。

4)宣读鉴定结论。

5)宣读勘验笔录。

(2)法庭辩论。法庭辩论，是当事人及其诉讼代理人在法庭上行使辩论权，针对有争议的事实和法律问题进行辩论的程序。法庭辩论的目的，是通过当事人及其诉讼代理人的辩论，对有争议的问题逐一进行审查和核实，借此查明案件的真实情况和正确适用法律。

(3)法庭笔录。书记员应当将法庭审理的全部活动记入笔录，由审判人员和书记员签名。法庭笔录应当当庭宣读，也可以告知当事人和其他诉讼参与人当庭或者在 5 日内阅读。当事人和其他诉讼参与人认为对自己的陈述记录有遗漏或者差错的，有权申请补正。如果不予补正，应当将申请记录在案。法庭笔录由当事人和其他诉讼参与人签名或者盖章。

(4)宣判。法庭辩论终结，应当依法作出判决。根据《民事诉讼法》的规定，判决前能够调解的，还可以进行调解。调解书经双方当事人签收后，即具有法律效力。调解不成的，如调解未达成协议或者调解书送达前一方反悔的，法院应当及时判决。原告经传票传唤，无正当理由拒不到庭的，或者未经法庭许可中途退庭的，可以按撤诉处理；被告反诉的，可以缺席判决。被告经传票传唤，无正当理由拒不到庭的，或者未经法庭许可中途退庭的，可以缺席判决。法院一律公开宣告判决，同时必须告知当事人上诉权利、上诉期限和上诉的法院。最高人民法院的判决、裁定，以及超过上诉期没有上诉的判决、裁定，是发生法律效力判决、裁定。

二、二审程序

二审程序(又称上诉程序或终审程序)，是指由于民事诉讼当事人不服地方各级人民法院尚未生效的第一审判决或裁定，在法定上诉期间内，向上一级人民法院提起上诉而引起的诉讼程序。由于我国实行两审终审制，上诉案件经二审法院审理后作出的判决、裁定为终审的判决、裁定，诉讼程序即告终结。

1. 上诉期间

当事人不服地方人民法院第一审判决的，有权在判决书送达之日起 15 日内向上一级人民法院提起上诉；不服地方人民法院第一审裁定的，有权在裁定书送达之日起 10 日内向上一级人民法院提起上诉。

2. 上诉状

当事人提起上诉，应当递交上诉状。上诉状应当通过原审法院提出，并按照对方当事人的人数提出副本。

3. 二审法院对上诉案件的处理

二审人民法院经过审理上诉案件，按照下列情形分别处理：

(1)原判决认定事实清楚，适用法律正确的，判决驳回上诉，维持原判决。

(2)原判决适用法律错误的，依法改判。

(3)原判决认定事实错误，或者原判决认定事实不清，证据不足，裁定撤销原判决，发回原审人民法院重审，或者查清事实后改判。

(4)原判决违反法定程序，可能影响案件正确判决的，裁定撤销原判决，发回原审人民法院重审。

二审法院作出的具有给付内容的判决，具有强制执行力。如果有履行义务的当事人拒不履行，对方当事人有权向法院申请强制执行。

对于发回原审法院重审的案件，原审法院仍将按照一审程序进行审理。因此，当事人对重审案件的判决、裁定，仍然可以上诉。

三、审判监督程序

1. 审判监督程序的概念

审判监督程序，是指由有审判监督权的法定机关和人员提起，或由当事人申请，由人民法院对发生法律效力的判决、裁定、调解书再次审理的程序。

(1)审判监督程序的提起。

1)人民法院提起再审的程序。人民法院提起再审，必须是已经发生法律效力的判决裁定确有错误。

2)当事人申请再审的程序。当事人申请不一定引起审判监督程序，只有在同时符合下列条件的前提下，由人民法院依法决定，才可以启动再审程序。

当事人申请再审的条件：当事人对已经发生法律效力的判决、裁定，认为有错误的，可以向上一级人民法院申请再审，但不停止判决、裁定的执行。

当事人的申请符合下列情形之一的，人民法院应当再审：①有新的证据，足以推翻原判决、裁定的；②原判决、裁定认定的基本事实缺乏证据证明的；③原判决、裁定认定事实的主要证据是伪造的；④原判决、裁定认定事实的主要证据未经质证的；⑤对审理案件需要的证据，当事人因客观原因不能自行收集，书面申请人民法院调查收集，人民法院未调查收集的；⑥原判决、裁定适用法律确有错误的；⑦违反法律规定，管辖错误的；⑧审判组织的组成不合法或者依法应当回避的审判人员没有回避的；⑨无诉讼行为能力人未经法定代理人代为诉讼或者应当参加诉讼的当事人，因不能归责于本人或者其诉讼代理人的事由，未参加诉讼的；⑩违反法律规定，剥夺当事人辩论权利的；⑪未经传票传唤，缺席判决的；⑫原判决、裁定遗漏或者超出诉讼请求的；⑬据以作出原判决、裁定的法律文书被撤销或者变更的。

对违反法定程序可能影响案件正确判决、裁定的情形，或者审判人员在审理该案件时有贪污受贿、徇私舞弊、枉法裁判行为的，人民法院应当再审。

(2)当事人可以申请再审的时间。当事人申请再审，应当在判决、裁定发生法律效力后两年内提出；两年后据以作出原判决、裁定的法律文书被撤销或者变更，以及发现审判人员在审理该案件时有贪污受贿，徇私舞弊，枉法裁判行为的，自知道或者应当知道之日起3个月内提出。《最高人民法院关于适用〈中华人民共和国民事诉讼法〉审判监督程序若干问题的解释》中规定，申请再审期间不适用中止、中断和延长的规定。

2. 人民检察院的抗诉

抗诉是指人民检察院对人民法院发生法律效力的判决、裁定，发现有提起抗诉的法定情形，提请人民法院对案件重新审理。最高人民检察院对各级人民法院已经发生法律效力的判决、裁定，上级人民检察院对下级人民法院已经发生法律效力的判决、裁定，发现有符合当事人可以申请再审情形之一的，应当按照审判监督程序提起抗诉。地方各级人民检察院对同级人民法院已经发生法律效力的判决、裁定，发现有符合当事人可以申请再审情形之一的，应当提请上级人民检察院向同级人民法院提出抗诉。

四、民事诉讼的执行程序

审判程序与执行程序是并列的独立程序。审判程序是产生裁判书的过程，执行程序是实现裁判书内容的过程。

1. 执行程序的概念

执行程序是指人民法院的执行机构依照法定的程序，对发生法律效力并具有给付内容的法律文书，以国家强制力为后盾，依法采取强制措施，迫使具有给付义务的当事人履行其给付义务的行为。

2. 执行根据

执行根据是当事人申请执行，人民法院移交执行以及人民法院采取强制措施的依据。执行根据是执行程序发生的基础，没有执行根据，当事人不能向人民法院申请执行，人民法院也不得采取强制措施。

执行根据主要有：

(1)人民法院制作的发生法律效力的民事判决书、裁定书以及生效的调解书等。

(2)人民法院作出的具有财产给付内容的发生法律效力的刑事判决书、裁定书。

(3)仲裁机构制作的依法由人民法院执行的生效仲裁裁决书、仲裁调解书。

(4)公证机关依法作出的赋予强制执行效力的公证债权文书。

(5)人民法院作出的先予执行的裁定、执行回转的裁定以及承认并协助执行外国判决、裁定或裁决的裁定。

(6)我国行政机关作出的法律明确规定由人民法院执行的行政决定。

3. 执行案件的管辖

发生法律效力的民事判决、裁定，以及刑事判决、裁定中的财产部分，由第一审人民法院或者与第一审人民法院同级的被执行的财产所在地人民法院执行。《最高人民法院关于适用〈中华人民共和国民事诉讼法〉执行程序若干问题的解释》中规定，申请执行人向被执行的财产所在地人民法院申请执行的，应当提供该人民法院辖区有可供执行财产的证明材料。人民法院受理执行申请后，当事人对管辖权有异议的，应当自收到执行通知书之日起10日内提出。

4. 执行程序

(1)申请。人民法院作出的判决、裁定等法律文书，当事人必须履行。如果无故不履行,另一方当事人可向有管辖权的人民法院申请强制执行。申请强制执行应提交申请强制执行书,并附作为执行根据的法律文书。申请强制执行,还须遵守申请执行期限。申请执行的期间为两年。申请执行时效的中止、中断,适用法律有关诉讼时效中止、中断的规定。这里的期间,从法律文书规定履行期间的最后1日起计算;法律文书规定分期履行的,从规定的每次履行期间的最后1日起计算;法律文书未规定履行期间的,从法律文书生效之日起计算。

(2)执行。对于具有执行内容的生效裁判文书,由审判该案的审判人员将案件直接交付执行人员,随即开始执行程序。提交执行的案件有三类:具有给付或者履行内容的生效民事判决、裁定(包括先予执行的抚恤金、医疗费用等);具有财产执行内容的刑事判决书、裁定书;审判人员认为涉及国家、集体或公民重大利益的案件。

(3)向上一级人民法院申请执行。人民法院自收到申请执行书之日起超过6个月未执行的,申请执行人可以向上一级人民法院申请执行,上一级人民法院经审查,可以责令原人民法院在一定期限内执行,也可以决定由本院执行或者指令其他人民法院执行。

有下列情形之一的,上一级人民法院可以根据申请执行人的申请,责令执行法院限期执行或者变更执行法院:①债权人申请执行时被执行人有可供执行的财产,执行法院自收到申请执行书之日起超过6个月对该财产未执行完结的;②执行过程中发现被执行人可供执行的财产,执行法院自发现财产之日起超过6个月对该财产未执行完结的;③对法律文书确定的行为义务的执行,执行法院自收到申请执行书之日起超过6个月未依法采取相应执行措施的;④其他有条件执行超过6个月未执行的。

5. 执行中的其他问题

(1)委托执行。《民事诉讼法》规定,被执行人或被执行的财产在外地的,可以委托当地人民法院代为执行。受委托人民法院收到委托函件后,必须在15日内开始执行不得拒绝。

(2)执行异议。

1)当事人、利害关系人提出的异议。当事人、利害关系人认为执行行为违反法律规定的,可以向负责执行的人民法院提出书面异议。当事人、利害关系人提出书面异议的,人民法院应当自收到书面异议之日起15日内审查,理由成立的,裁定撤销或者改正;理由不成立的,裁定驳回。当事人、利害关系人对裁定不服的,可以自裁定送达之日起10日内向上一级人民法院申请复议。

2)案外人提出的异议。执行过程中,案外人对执行标的提出书面异议的,人民法院应当自收到书面异议之日起15日内审查,理由成立的,裁定中止对该标的的执行;理由不成立的,裁定驳回。案外人、当事人对裁定不服,认为原判决、裁定错误的,依照审判监督程序办理;与原判决、裁定无关的,可以自裁定送达之日起15日内向人民法院提起诉讼。案外人提起诉讼,对执行标的主张实体权利,并请求对执行标的停止执行的,应当以申请执行人为被告;被执行人反对案外人对执行标的所主张的实体权利的,应当以申请执行人和被执行人为共同被告。该诉讼由执行法院管辖,诉讼期间不停止执行。

(3)执行和解。在执行中,双方当事人自行和解达成协议的,执行员应当将协议内容记入笔录,由双方当事人签名或者盖章。一方当事人不履行和解协议的,人民法院可以根据对方当事人的申请,恢复对原生效法律文书的执行。

6. 执行措施

执行措施主要有：

(1)查封、冻结、划拨被执行人的存款。

(2)扣留、提取被执行人的收入。

(3)查封、扣押、拍卖、变卖被执行人的财产。

(4)对被执行人及其住所或财产隐匿地进行搜查。

(5)强制被执行人和有关单位、公民交付法律文书指定的财物或票证。

(6)强制被执行人迁出房屋或退出土地。

(7)强制被执行人履行法律文书指定的行为。

(8)办理财产权证照转移手续。

(9)强制被执行人支付迟延履行期间的债务利息或迟延履行金。

(10)依申请执行人申请，通知对被执行人负有到期债务的第三人向申请执行人履行债务。

7. 执行中止和终结

(1)执行中止。执行中止是指在执行过程中，因发生特殊情况，需要暂时停止执行程序。有下列情况之一的，人民法院应裁定中止执行：

1)申请人表示可以延期执行的。

2)案外人对执行标的提出确有理由异议的。

3)作为一方当事人的公民死亡，需要等待继承人继承权利或承担义务的。

4)作为一方当事人的法人或其他组织终止，尚未确定权利义务承受人的。

5)人民法院认为应当中止执行的其他情形，如被执行人确无财产可供执行等。中止的情形消失后，恢复执行。

(2)执行终结。在执行过程中，由于出现某些特殊情况，执行工作无法继续进行或没有必要继续进行的，结束执行程序。有下列情况之一的，人民法院应当裁定终结执行：①申请人撤销申请的；②据以执行的法律文书被撤销的；③作为被执行人的公民死亡，无遗产可供执行，又无义务承担人的；④追索赔养费、扶养费、抚育费案件的权利人死亡的；⑤作为被执行人的公民因生活困难无力偿还借款，无收入来源，又丧失劳动能力的；⑥人民法院认为应当终结执行的其他情形。

【案例】

(1)背景：某建筑公司诉某开发公司施工合同纠纷一案，法院终审判决开发公司应在2008年11月12日前一次性支付所欠工程款300万元，建筑公司胜诉。但开发公司没有在规定的履行期限内支付欠款。2010年9月，建筑公司的领导要求公司有关人员向法院申请强制执行时，有关人员汇报说：公司现在才申请强制执行，已超过规定的6个月申请强制执行期限，法院不会再受理了，只能与开发公司协商解决。

(2)问题：建筑公司有关人员的说法是否正确？该公司还能否对开发公司的欠款向法院申请强制执行？

(3)分析：建筑公司依然可以向法院申请强制执行。根据新修订的《民事诉讼法》第239条规定，申请执行的期间为两年。两年执行期间，从法律文书规定履行期间的最后1日起计算；该建筑公司申请强制执行的两年期间应于2010年11月12日截止，即建筑公司应当在此前向法院提出强制执行申请。

第四节 仲裁制度

仲裁是解决民商事纠纷的重要方式之一。仲裁有下列三项基本制度：

(1)协议仲裁制度，仲裁协议是当事人仲裁自愿的体现，当事人申请仲裁，仲裁委员会受理仲裁、仲裁庭对仲裁案件的审理和裁决，都必须以当事人依法订立的仲裁协议为前提。《仲裁法》规定，没有仲裁协议，一方申请仲裁的，仲裁委员会不予受理。

(2)或裁或审制度，仲裁和诉讼是两种不同的争议解决方式，当事人只能选用其中的一种。《仲裁法》规定："当事人达成仲裁协议，一方向人民法院起诉的，人民法院不予受理，但仲裁协议无效的除外。"因此，有效的仲裁协议可以排除法院对案件的司法管辖权，只有在没有仲裁协议或者仲裁协议无效的情况下，法院才可以对当事人的纠纷予以受理。

(3)一裁终局制度，仲裁实行一裁终局的制度。裁决作出后，当事人就同一纠纷再申请仲裁或者向人民法院起诉的，仲裁委员会或者人民法院不予受理。

一、仲裁协议的规定

1. 仲裁协议的形式

仲裁协议是指当事人自愿将已经发生或者可能发生的争议通过仲裁解决的书面协议。《仲裁法》规定："仲裁协议包括合同中订立的仲裁条款和其他以书面形式在纠纷发生前或者纠纷发生后达成的请求仲裁的协议。"据此，仲裁协议应当采用书面形式，口头方式达成的仲裁意思表示无效。仲裁协议既可以表现为合同中的仲裁条款，也可以表现为独立于合同而存在的仲裁协议书。在实践中，合同中的仲裁条款是最常见的仲裁协议形式。

2. 仲裁协议的内容

仲裁协议应当具有下列内容：①请求仲裁的意思表示；②仲裁事项；③选定的仲裁委员会。这三项内容必须同时具备，仲裁协议才能有效。

【案例】

(1)背景：甲公司和乙公司于2015年8月4日签订的《设备购销合同》有关仲裁条款为："在本合同或与本合同相关的任何以及所有无法友好解决的争议应通过仲裁解决。仲裁应根据中国国际经济贸易仲裁委员会调解和仲裁规则进行。仲裁应在北京进行。仲裁结果应为终局性的，对双方均有约束力。"在合同履行期间，双方就有关事项发生争议。甲公司（下称申请人）向中国国际经济贸易仲裁委员会（下称仲裁委员会）申请仲裁。仲裁委员会受理本案后，向双方当事人发出仲裁通知。张家港某公司（下称被申请人）收到仲裁通知后，向仲裁委员会提出管辖异议称：申请人和被申请人签订的本案合同中虽然涉及了仲裁约定，但对具体仲裁机构的约定不明确。本案合同中只是约定了争议可以通过仲裁解决及仲裁适用的规则，并且明确了"仲裁应在北京进行"，却没有明确具体的仲裁机构。根据相关法律的规定，如果要仲裁的话，必须双方明确约定并选择特定的仲裁机构，但本案合同双方却未能予以明确。因此，该纠纷应当移送被告所在地或合同履行地法院管辖。申请人认为被申请人的抗辩理由不能成立。因为，根据合同中的仲裁条款，申请人和被申请人均明确表达了其通过仲裁的方式解决双方争议的意愿。本案合同项下的争议应当提交中国国际经济贸易仲裁委员会仲裁解决，被申请人所谓的双方就仲裁机构约定不明确的主张缺乏合同和法律依据。

(2)问题：本案中的中国国际经济贸易仲裁委员会对此案是否具有管辖权？

(3)分析：《仲裁法》第16条规定，当事人在仲裁协议中应当具有选定的仲裁委员会。在该合同中，虽没有写明具体的仲裁机构，但是根据该合同第9章第2款的约定，"仲裁应根据中国国际经济贸易仲裁委员会调解和仲裁规则进行"，双方约定了仲裁适用的仲裁规则。根据《仲裁法》司法解释第4条的规定："仲裁协议仅约定纠纷适用的仲裁规则的，视为未约定仲裁机构，但当事人达成补充协议或者按照约定的仲裁规则能够确定仲裁机构的除外。"中国国际经济贸易仲裁委员会2005年5月1日施行的《仲裁规则》第4条第3款规定："凡当事人约定按照本规则进行仲裁但未约定仲裁机构的，均视为同意将争议提交仲裁委员会仲裁。"综上所述，本案中能够根据该合同约定的仲裁规则确定仲裁机构。因此，中国国际经济贸易仲裁委员会对本案具有管辖权。

3. 仲裁协议的效力

(1)对当事人的法律效力。仲裁协议一经有效成立，即对当事人产生法律约束力。发生纠纷后，当事人只能向仲裁协议中所约定的仲裁机构申请仲裁，而不能就该纠纷向法院提起诉讼。

(2)对法院的约束力。有效的仲裁协议排除法院的司法管辖权。《仲裁法》规定，当事人达成仲裁协议，一方向人民法院起诉未声明有仲裁协议，人民法院受理后，另一方在首次开庭前提交仲裁协议的，人民法院应当驳回起诉，但仲裁协议无效的除外。

(3)对仲裁机构的法律效力。仲裁协议是仲裁委员会受理仲裁案件的基础，是仲裁庭审理和裁决案件的依据。没有有效的仲裁协议，仲裁委员会就不能获得仲裁案件的管辖权。同时，仲裁委员会只能对当事人在仲裁协议中约定的争议事项进行仲裁，对超出仲裁协议约定范围的其他争议无权仲裁。

(4)仲裁协议的独立性。仲裁协议独立存在，合同的变更、解除、终止或者无效，不影响仲裁协议的效力。

二、仲裁的申请和受理

1. 申请仲裁的条件

当事人申请仲裁，应当符合下列条件：
(1)有仲裁协议。
(2)有具体的仲裁请求和事实、理由。
(3)属于仲裁委员会的受理范围。

2. 申请仲裁的方式

当事人申请仲裁，应当向仲裁委员会递交仲裁协议、仲裁申请书及副本。其中，仲裁申请书应当载明下列事项：

(1)当事人的姓名、性别、住龄、职业、工作单位和住所，法人或者其他组织的名称、住所和法定代表人或者主要负责人的姓名、职务。

(2)仲裁请求和所依据的事实、理由。

(3)证据和证据来源、证人姓名和住所。

3. 审查与受理

仲裁委员会收到仲裁申请书之日起 5 日内，认为符合受理条件的应当受理，并通知当事人；认为不符合受理条件的，应当书面通知当事人不予受理，并说明理由。

仲裁委员会受理仲裁申请后，应当在仲裁规则规定的期前南将仲裁规则和仲裁员名册送达申请人，并将仲裁申请书副本和仲裁规则、仲裁员名册送达被申请人。被申请人收到仲裁申请书副本后，应当在仲裁规则规定的期限内向仲裁委员会提交答辩书。仲裁委员会收到答辩书后，应当在仲裁规则规定的期限内将答辩书副本送达申请人。被申请人未提交答辩书的，不影响仲裁程序的进行。被申请人有权提出反请求。

4. 财产保全和证据保全

为保证仲裁程序顺利进行、仲裁案件公正审理以及仲裁裁决有效执行，当事人有权申请财产保全和证据保全。当事人要求采取财产保全或证据保全措施的，应向仲裁委员会提出书面申请，由仲裁委员会将当事人的申请转交被申请人住所地或其财产所在地或证据所在地有管辖权的人民法院作出裁定。

三、仲裁的开庭和裁决

1. 仲裁庭的组成

仲裁庭的组成形式包括合议仲裁庭和独任仲裁庭两种，即仲裁庭可以由 3 名仲裁员或者 1 名仲裁员组成。

(1)合议仲裁庭。当事人约定由 3 名仲裁员组成仲裁庭的，应当各自选定或者各自委托仲裁委员会主任指定 1 名仲裁员，第 3 名仲裁员由当事人共同选定或者共同委托仲裁委员会主任指定。第 3 名仲裁员是首席仲裁员。

(2)独任仲裁庭。当事人约定 1 名仲裁员成立仲裁庭的，应当由当事人共同选定或者共同委托仲裁委员会主任指定仲裁员。但是，当事人没有在仲裁规定的期限内约定仲裁庭的组成方式或者选定仲裁员的，由仲裁委员会主任指定。

仲裁员有下列情形之一的，必须回避，当事人也有权提出回避申请：

(1)是本案当事人或者当事人、代理人的近亲属。

(2)与本案有利害关系。

(3)与本案当事人、代理人有其他关系，可能影响公正仲裁的。

(4)私自会见当事人、代理人，或者接受当事人、代理人的请客送礼的。

当事人提出回避申请，应当说明理由，在首次开庭前提出。回避事由在首次开庭后知道的，可以在最后一次开庭结束前提出。

2. 开庭和审理

仲裁应当开庭进行，当事人可以协议不开庭。当事人应当对自己的主张提供证据。仲裁庭认为有必要收集的证据，可以自行收集。证据应当在开庭时出示，当事人可以质证。当事人在仲裁过程中有权进行辩论。仲裁庭可以作出缺席裁决。申请人无正当理由开庭时不到庭的，或在开庭审理时未经仲裁庭许可中途退庭的，视为撤回仲裁申请；如果被申请人提出了反请求，不影响仲裁庭就反请求进行审理，并作出裁决。被申请人无正当理由开庭时不到庭的，或在开庭审理时未经仲裁庭许可中途退庭的，仲裁庭可以进行缺席审理，并作出裁决；如果被申请人提出了反请求，视为撤回反请求。为了保护当事人的商业秘密和商业信誉,仲裁不公开进行。当事人协议公开的,可以公开进行,但涉及国家秘密的除外。

3. 仲裁中的和解与调解

当事人申请仲裁后,可以自行和解。达成和解协议的,可以请求仲裁庭根据和解协议作出裁决书,也可以撤回仲裁申请。当事人达成和解协议,撤回仲裁申请后反悔的,仍可以根据仲裁协议申请仲裁。

仲裁庭在作出裁决前,可以先行调解。当事人自愿调解的,仲裁庭应当调解。调解不成的,应当及时作出裁决。调解达成协议的,仲裁庭应当制作调解书或者根据协议的结果制作裁决书。调解书与裁决书具有同等法律效力。调解书经双方当事人签收后,即发生法律效力。在调解书签收前当事人反悔的,仲裁庭应当及时作出裁决。

4. 仲裁裁决

仲裁裁决应当按照多数仲裁员的意见作出,少数仲裁员的不同意见可以记入笔录。仲裁庭不能形成多数意见时,裁决应当按照首席仲裁员的意见作出。裁决书自作出之日起发生法律效力。

裁决书的效力如下:

(1)裁决书一裁终局,当事人不得就已经裁决的事项再申请仲裁,也不得就此提起诉讼。

(2)仲裁裁决具有强制执行力,一方当事人不履行的,对方当事人可以到法院申请强制执行。

(3)仲裁裁决在所有《承认和执行外国仲裁裁决公约》缔约国(或地区)可以得到承认和执行。

5. 申请撤销裁决

仲裁的本质属性为契约性;同时,在立法规范和司法实践中又具有司法性。依据《民事诉讼法》和《仲裁法》的规定,人民法院对仲裁进行司法监督。

(1)申请撤销仲裁裁决的法定事由。当事人提出证据证明裁决有下列情形之一的,可以向仲裁委员会所在地的中级人民法院申请撤销裁决:①没有仲裁协议的;②裁决的事项不属于仲裁协议的范围或者仲裁委员会无权仲裁的;③仲裁庭的组成或者仲裁的程序违反法定程序的;④仲裁所依据的证据是伪造的;⑤对方当事人隐瞒了足以影响公正裁决的证据的;⑥仲裁员在仲裁该案时有索贿受贿,徇私舞弊,枉法裁决行为的。当事人申请撤销裁决的,应当自收到裁决书之日起6个月内向仲裁机构所在地的中级人民法院提出。

(2)仲裁裁决被撤销的法律后果。仲裁裁决被人民法院依法撤销后,当事人之间的纠纷并未解决。根据《仲裁法》的规定,当事人就该纠纷可以根据双方重新达成的仲裁协议申请仲裁,也可以向人民法院起诉。

四、仲裁裁决的执行

1. 仲裁裁决的强制执行力

《仲裁法》规定,仲裁裁决作出后,当事人应当履行裁决。一方当事人不履行的,另一方当事人可以依照民事诉讼法的有关规定,向人民法院申请执行。仲裁裁决的强制执行应当向有管辖权的法院提出申请。被执行人在中国境内的,国内仲裁裁决由被执行人住所地或被执行人财产所在地的人民法院执行；涉外仲裁裁决，由被执行人住所地或被执行人财产所在地的中级人民法院执行。申请仲裁裁决强制执行必须在法律规定的期限内提出。根据《民事诉讼法》(2012)第239条的规定，申请执行的期间为两年。申请执行时效的中止、中断，适用法律有关诉讼时效中止、中断的规定。申请仲裁裁决强制执行的期限，自仲裁裁决书规定履行期限或仲裁机构的仲裁规则规定履行期间的最后1日起计算。仲裁裁决书规定分期履行的，依规定的每次履行期间的最后1日起计算。

2. 仲裁裁决的不予执行

根据《仲裁法》《民事诉讼法》的规定，被申请人提出证据证明裁决有下列情形之一的，经人民法院组成合议庭审查核实，裁定不予执行：

(1)当事人在合同中没有仲裁条款或者事后没有达成书面仲裁协议的。

(2)裁决的事项不属于仲裁协议的范围或者仲裁机构无权仲裁的。

(3)仲裁庭的组成或者仲裁的程序违反法定程序的。

(4)认定事实的主要证据不足的。

(5)适用法律确有错误的。

(6)仲裁员在仲裁该案时有索贿受贿、徇私舞弊、枉法裁决行为的。

仲裁裁决被法院依法裁定不予执行的，当事人就该纠纷可以重新达成仲裁协议，并依据该仲裁协议申请仲裁，也可以向法院提起诉讼。

第五节　调解与和解制度

调解方式主要有人民调解、行政调解、仲裁调解、法院调解和专业机构调解等。

一、调解的规定

1. 人民调解

(1)人民调解的原则和人员机构。人民调解的基本原则是：①当事人自愿原则；②当事人平等原则；③合法原则；④尊重当事人权利原则。

人民调解的组织形式是人民调解委员会。《人民调解法》规定，人民调解委员会是村民委员会和居民委员会下设的调解民间纠纷的群众性自治组织，在人民政府和基层人民法院指导下进行工作。人民调解委员会由3~9人组成，设主任1人，必要时可以设副主任若干人。人民调解员由人民调解委员会委员和人民调解委员会聘任的人员担任。人民调解员应当具备的基本条件是：①公道正派；②热心人民调解工作；③具有一定文化水平；④有一定的法律知识和政策水平；⑤成年公民。

(2)人民调解的程序和调解协议。人民调解应当遵循的程序主要是：①当事人申请调解；②人民调解委员会主动调解；③指定调解员或由当事人选定调解员进行调解；④达成协议；⑤调解结束。

经人民调解委员会调解达成调解协议的，可以制作调解协议书。当事人认为无需制作调解协议的，可以采取口头协议的方式，人民调解员应当记录协议内容。经人民调解委员会调解达成的调解协议具有法律约束力，当事人应当按照约定履行。当事人就调解协议的履行或者调解协议的内容发生争议的,一方当事人可以向法院提起诉讼。

2. 行政调解

行政调解分为两种:①基层人民政府,即乡、镇人民政府对一般民间纠纷的调解;②国家行政机关依照法律规定对某些特定民事纠纷或经济纠纷或劳动纠纷等进行的调解。行政调解属于诉讼外调解。行政调解达成的协议也不具有强制约束力。

3. 仲裁调解

仲裁庭在作出裁决前,可以先行调解。当事人自愿调解的,仲裁庭应当调解。调解不成的,应当及时作出裁决。调解达成协议的,仲裁庭应当制作调解书或者根据协议的结果制作裁决书。调解书与裁决书具有同等法律效力。调解书经双方当事人签收后,即发生法律效力。在调解书签收前当事人反悔的,仲裁庭应当及时作出裁决。

4. 法院调解

(1)调解方法《民事诉讼法》规定,人民法院进行调解,可以由审判员一人主持,也可以由合议庭主持,并尽可能就地进行。人民法院进行调解,可以用简便方式通知当事人、证人到庭。

人民法院进行调解,可以邀请有关单位和个人协助。被邀请的单位和个人,应当协助人民法院进行调解。

(2)调解协议。调解达成协议,必须双方自愿,不得强迫。调解协议的内容不得违反法律规定。调解达成协议,人民法院应当制作调解书。调解书应当写明诉讼请求、案件的事实和调解结果。调解书由审判员、书记员署名,加盖人民法院印章,送达双方当事人。调解书经双方当事人签收后,即具有法律效力。

但是,下列案件调解达成协议,人民法院可以不制作调解书:①调解和好的离婚案件;②调解维持收养关系的案件;③能够即时履行的案件;④其他不需要制作调解书的案件。

调解未达成协议或者调解书送达前一方反悔的,人民法院应当及时判决。

5. 专业机构调解

专业机构调解是当事人在发生争议前或争议后,协议约定由指定的具有独立调解规则的机构按照其调解规则进行调解。所谓调解规则,是指调解机构、调解员以及调解当事人之间在调解过程中所应遵守的程序性规范。

二、和解的规定

和解与调解的区别在于:和解是当事人之间自愿协商,达成协议,没有第三人参加;而调解是在第三人主持下进行疏导、劝说,使之相互谅解,自愿达成协议。

1. 和解的类型

(1)诉讼前的和解。
(2)诉讼中的和解。
(3)执行中的和解。
(4)仲裁中的和解。

2. 和解的效力

和解达成的协议不具有强制约束力,如果一方当事人不按照和解协议执行,另一方当事人不可以请求人民法院强制执行,但可以向法院提起诉讼,也可以根据约定申请仲裁。

法院或仲裁庭通过对和解协议的审查，对于意思真实而又不违反法律强制性或禁止性规定的和解协议予以支持，也可以支持遵守协议方要求违反协议方就不执行该和解协议承担违约责任的请求。但是，对于一方非自愿作出的或违反法律强制性或禁止性规定的和解协议不予支持。

第六节　行政复议和行政诉讼制度

行政复议、行政诉讼处理和解决的都是行政争议，但二者又有着明显区别。行政复议，是指行政机关根据上级行政机关对下级行政机关的监督权，在当事人的申请和参加下，按照行政复议程序对具体行政行为进行合法性和适当性审查，并作出决定以解决行政侵权争议的活动。行政诉讼，是指人民法院应当事人的请求，通过审查具体行政行为合法性的方式，解决特定范围内行政争议的活动。行政诉讼和民事诉讼、刑事诉讼构成我国的基本诉讼制度。

此外，行政复议以具体行政行为为审查对象，但可应当事人的申请，依法附带审查该具体行政行为所依据的行政机关相关规定（即抽象行政行为）的合法性，而行政诉讼只对具体行政行为进行审查；行政复议不仅审查具体行政行为的合法性，也审查具体行政行为的适当性，行政诉讼只审查具体行政行为的合法性；具体行政行为经行政复议后，对行政复议不服的，绝大多数情况下还可依法再提起行政诉讼，但不允许经行政诉讼裁判生效后就同一行政纠纷再提行政复议。

一、行政复议范围

行政复议的目的是防止和纠正违法的或者不当的具体行政行为，保护公民、法人和其他组织的合法权益，保障和监督行政机关依法行使职权。因此，只要是公民、法人或者其他组织认为行政机关的具体行政行为侵犯其合法权益，就有权向行政机关提出行政复议申请。

建设工程实践，以下七种尤为重要：

(1)对行政机关作出的警告、罚款、没收违法所得、没收非法财物、责令停产停业、暂扣或者吊销许可证、暂扣或者吊销执照、行政拘留等行政处罚决定不服的。

(2)对行政机关作出的限制人身自由或者查封、扣押、冻结财产等行政强制措施决定不服的。

(3)对行政机关作出的有关许可证、执照、资质证、资格证等证书变更、中止、撤销的决定不服的。

(4)认为行政机关侵犯合法的经营自主权的。

(5)认为行政机关违法集资、征收财物、摊派费用或者违法要求履行其他义务的。

(6)认为符合法定条件，申请行政机关颁发许可证、执照、资质证、资格证等证书，或者申请行政机关审批、登记有关事项，行政机关没有依法办理的。

(7)认为行政机关的其他具体行政行为侵犯其合法权益的。

此外，公民、法人或者其他组织认为行政机关的具体行政行为所依据的下列规定不合法，在对具体行政行为申请行政复议时，可以一并向行政复议机关提出对该规定的审查申请：①国务院部门的规定；②县级以上地方各级人民政府及其工作部门的规定；③乡、镇人民政府的规定。但以上规定不含国务院部、委员会规章和地方人民政府规章。规章的审查依照法律、行政法规办理。

下列事项应按规定的纠纷处理方式解决，不能提起行政复议：①不服行政机关作出的行政处分或者其他人事处理决定的，应当依照有关法律、行政法规的规定提起申诉；②不服行政机关对民事纠纷作出的调解或者其他处理，应当依法申请仲裁或者向法院提起诉讼。

二、行政诉讼受案范围

行政诉讼受案范围是指哪些行政争议可以进入行政诉讼加以解决。该受案范围确定了行政机关行政行为受司法监督的限度，以及公民、法人或其他组织获得司法救济的范围。

《行政诉讼法》规定，法院受理公民、法人和其他组织对下列具体行政行为不服提起的诉讼：①对拘留、罚款、吊销许可证和执照、责令停产停业、没收财物等行政处罚不服的；②对限制人身自由（如强制隔离、强制约束）或者对财产的查封、扣押、冻结等行政强制措施不服的；③认为行政机关侵犯法律规定的经营自主权的；④认为符合法定条件申请行政机关颁发许可证和执照，行政机关拒绝颁发或者不予答复的；⑤申请行政机关履行保护人身权、财产权的法定职责，行政机关拒绝履行或者不予答复的；⑥认为行政机关没有依法发给抚恤金的（如伤残抚恤金、遗属抚恤金、福利金、救济金等）；⑦认为行政机关违法要求履行义务的（如财产义务、行为义务，典型表现为乱收费、乱摊派）；⑧认为行政机关侵犯其他人身权、财产权的；⑨法律、法规规定可以提起行政诉讼的其他行政案件。

但是，法院不受理公民、法人或者其他组织对下列事项提起的诉讼：①国防、外交等国家行为；②行政法规、规章或者行政机关制定、发布的具有普遍约束力的决定、命令；③行政机关对行政机关工作人员的奖惩、任免等决定；④法律规定由行政机关最终裁决的具体行政行为。

三、行政复议申请

公民、法人或者其他组织认为具体行政行为侵犯其合法权益的，可以自知道该具体行政行为之日起60日内提出行政复议申请；但法律规定的申请期限超过60日的除外。因不可抗力或者其他正当理由耽误法定申请期限的，申请期限自障碍消除之日起继续计算。

依法申请行政复议的公民、法人或者其他组织是申请人。作出具体行政行为的行政机关是被申请人。申请人可以委托代理人代为参加行政复议。申请人申请行政复议，可以书面申请，也可以口头申请。

四、行政复议受理

行政复议机关收到行政复议申请后，应当在5日内进行审查，依法决定是否受理，并书面告知申请人；对符合行政复议申请条件，但不属于本机关受理范围的，应当告知申请人向有关行政复议机关提出。

在行政复议期间，行政机关不停止执行该具体行政行为，但有下列情形之一的，可以停止执行：
(1)被申请人认为需要停止执行的。
(2)行政复议机关认为需要停止执行的。
(3)申请人申请停止执行，行政复议机关认为其要求合理，决定停止执行的。
(4)法律规定停止执行的。

五、行政复议决定

行政复议原则上采取书面审查的办法，但申请人提出要求或者行政复议机关负责法制工作的机构认为有必要时，可以向有关组织和人员调查情况，听取申请人、被申请人和第三人的意见。行政复议决定作出前，申请人要求撤回行政复议申请的，经说明理由，可以撤回；撤回行政复议申请的，行政复议终止。

行政复议机关应当在受理行政复议申请之日起60日内作出行政复议决定，其主要类型有：

(1)对于具体行政行为认定事实清楚，证据确凿，适用依据正确，程序合法，内容适当的，决定维持。

(2)对于被申请人不履行法定职责的，决定其在一定期限内履行。

(3)对于具体行政行为有下列情形之一的，决定撤销、变更或者确认该具体行政行为违法：①主要事实不清、证据不足的；②适用依据错误的；③违反法定程序的；④超越或者滥用职权的；⑤具体行政行为明显不当的。

对于决定撤销或者确认该具体行政行为违法的，可以责令被申请人在一定期限内重新作出具体行政行为。申请人在申请行政复议时可以一并提出行政赔偿请求，行政复议机关对符合国家赔偿法有关规定应当给予赔偿的，在决定撤销、变更具体行政行为或者确认具体行政行为违法时，应同时决定被申请人依法给予赔偿。

六、行政诉讼的法院管辖、起诉和受理

1. 行政诉讼管辖

行政诉讼管辖指不同级别和地域的人民法院之间在受理第一审行政案件的权限分工。

(1)级别管辖。行政诉讼案件一般都由基层人民法院管辖，有下列情形之一的，应当由中级人民法院管辖第一审行政案件：

1)确认发明专利权的案件、海关处理的案件。

2)对国务院各部门或者省、自治区、直辖市人民政府所做的具体行政行为提起诉讼的案件。

3)本辖区内重大、复杂的案件。

高级人民法院和最高人民法院只管辖本辖区范围内重大、复杂行政诉讼案件。

(2)一般地域管辖。行政案件由最初作出具体行政行为的行政机关所在地人民法院管辖。经复议的案件，复议机关改变原具体行政行为的，也可以由复议机关所在地人民法院管辖。对限制人身自由的行政强制措施不服提起的诉讼，由被告所在地或者原告所在地人民法院管辖。因不动产提起的行政诉讼，由不动产所在地人民法院管辖。两个以上人民法院都有管辖权的案件，原告可以选择其中一个人民法院提起诉讼。原告向两个以上有管辖

权的人民法院提起诉讼的,由最先收到起诉状的人民法院管辖。

2. 起诉

提起诉讼应当符合下列条件:

(1)原告是认为具体行政行为侵犯其合法权益的公民、法人或者其他组织。

(2)有明确的被告。

(3)有具体的诉讼请求和事实根据。

(4)属于人民法院受案范围和受诉人民法院管辖。

行政争议未经行政复议,由当事人直接向法院提起行政诉讼的,除法律另有规定的外,应当在知道作出具体行政行为之日起3个月内起诉。经过行政复议但对行政复议决定不服而依法提起行政诉讼的,应当在收到行政复议决定书之日起15日内起诉;若行政复议机关逾期不作复议决定的,除法律另有规定的外,应当在行政复议期满之日起15日内起诉。

3. 受理

人民法院接到起诉状,经审查,应当在7日内立案或者作出裁定不予受理。原告对裁定不服的,可以提起上诉。

七、行政诉讼的审理、判决和执行

1. 审理

《行政诉讼法》规定,行政诉讼期间,除该法规定的情形外,不停止具体行政行为的执行。法院审理行政案件,不适用调解。除涉及国家秘密、个人隐私和法律另有规定之外,人民法院公开审理行政案件。

人民法院审理行政案件,以法律和行政法规、地方性法规为依据。地方性法规适用于本行政区域内发生的行政案件;审理民族自治地方的行政案件,并以该民族自治地方的自治条例和单行条例为依据。人民法院审理行政案件,参照国务院部、委根据法律和国务院的行政法规、决定、命令制定、发布的规章以及省、自治区、直辖市和省、自治区的人民政府所在地的市和经国务院批准的较大的市的人民政府根据法律和国务院的行政法规制定、发布的规章。经人民法院两次合法传唤,原告无正当理由拒不到庭的,视为申请撤诉;被告无正当理由拒不到庭的,可以缺席判决。

2. 判决

法院对行政诉讼的一审判决有如下几种:

(1)认为具体行政行为证据确凿,适用法律、法规正确,符合法定程序的,判决维持。

(2)认为具体行政行为有下列情形之一,判决撤销或者部分撤销,并可以判决被告重新作出具体行政行为:①主要证据不足的;②适用法律、法规错误的;③违反法定程序的;④超越职权的;⑤滥用职权的。

(3)认为被告不履行或拖延履行法定职责,判决其在一定限期内履行。

(4)认定行政处罚显失公正(即同类型的行政处罚畸轻畸重,明显的不公正)的,可以判决变更。

(5)认为原告的诉讼请求依法不能成立,直接判决否定原告的诉讼请求。

(6)通过对被诉具体行政行为的审查,确认被诉具体行政行为合法或违法的判决。

我国实行二审终审制。当事人不服人民法院第一审判决的,有权在判决书送达之日起15日内向上一级人民法院提起上诉;不服人民法院第一审裁定的,有权在裁定书送达之日起10日内向上一级人民法院提起上诉。逾期不提起上诉的,人民法院的第一审判决或者裁定发生法律效力。

第二审人民法院在二审程序中对上诉案件进行审理,并依法作出驳回上诉、维持原判,或者撤销原判、依法改判,或者裁定撤销原判,发回原审人民法院重审。

当事人对已经发生法律效力的判决、裁定,认为确有错误的,可以向原审人民法院或者上一级人民法院提出申诉,但判决、裁定不停止执行。

3. 执行

当事人必须履行人民法院发生法律效力的判决、裁定。公民、法人或者其他组织拒绝履行判决、裁定的,行政机关可以向第一审人民法院申请强制执行,或者依法强制执行。公民、法人或者其他组织对具体行政行为在法定期间不提起诉讼又不履行的,行政机关可以申请人民法院强制执行,或者依法强制执行。

本章练习题

1. 关于仲裁与民事诉讼的说法,下列正确的有(　　)。
   A. 所有民事纠纷既可以用仲裁的方式解决,也可以用诉讼的方式解决
   B. 请求仲裁机构解决纠纷,应以双方当事人之间有仲裁协议为条件,而进行民事诉讼则不要求双方当事人之间有民事诉讼协议
   C. 仲裁案件通常情况下不公开审理,而法院审理民事案件一般应公开审理
   D. 仲裁机构属国家事业单位,人民法院属国家司法机构
   E. 仲裁机构裁决案件实行一裁终局制度,法院审理案件实行两审终审制度
2. 建设行政管理部门对建设工程合同争议进行调解,施工单位不服。施工单位可以采取的行为是(　　)。
   A. 申请行政复议或提起行政诉讼　　　B. 申请仲裁或提起民事诉讼
   C. 申请行政复议后提起行政诉讼　　　D. 申请仲裁后提起民事诉讼
3. 关于仲裁与诉讼特点的表述,下列正确的有(　　)。
   A. 仲裁的程序相对灵活,诉讼的程序较严格
   B. 仲裁以不公开审理为原则,诉讼则以不公开审理为例外
   C. 仲裁实行一裁终局,诉讼实行两审终审制
   D. 仲裁机构由双方协商确定,管辖人民法院则不能由双方约定
   E. 仲裁和诉讼是两种独立的争议解决方式
4. 以下各项纠纷中,属于《仲裁法》调整范围的是(　　)。
   A. 某建筑公司与某设备安装公司之间的借款合同纠纷
   B. 村民王某与村委会的耕地承包合同纠纷
   C. 某施工单位和某商品混凝土厂家的供货合同纠纷
   D. 建设单位和施工单位之间的施工合同纠纷
   E. 钢筋工赵某和所供职施工单位之间的劳动纠纷

5. 下列纠纷中,适用《仲裁法》仲裁的是( )。
   A. 继承纠纷   C. 总分包之间的合同纠纷
   B. 对罚款不服发生的纠纷   D. 劳动合同

6. 当事人双方在合同中约定解决争议的方法只能为调解。当纠纷发生后,若一方坚决不同意调解,此时争议的解决方式为( )。
   A. 和解   B. 调解   C. 诉讼   D. 仲裁

7. 关于民事纠纷解决方式的说法,下列正确的有( )。
   A. 调解只能在民事诉讼阶段进行
   B. 和解可以在民事纠纷的任何阶段进行
   C. 仲裁机构受理案件的管辖权来自当事人双方的协议
   D. 仲裁实行一裁终局制
   E. 民事诉讼实行两审终审制

8. 关于行政行为特征的说法,下列错误的是( )。
   A. 行政行为的主体是法定的   B. 实施行政行为具有单方意志性
   C. 行政行为多属于无常行为   D. 行政行为具有不可裁量性

9. 一裁定终局体现了仲裁的( )特点。
   A. 专业性   B. 自愿性   C. 独立性   D. 快捷性

10. 仲裁的保密性特点体现在以( )为原则。
    A. 不开庭审理   B. 不允许代理人参加
    C. 不公开审理   D. 不允许证人参加

11. 工程建设过程中发生下列事项时,属于仲裁机构受理范围的是( )。
    A. 建设单位压缩合同约定工期
    B. 施工单位因偷工减料被责令停业整顿
    C. 承包单位转让工程监理业务被吊销营业执照
    D. 建设行政管理部门对工作人员的处罚

12. 根据《仲裁法》,可以进行仲裁的是( )。
    A. 行政不作为纠纷   B. 工程质量纠纷
    C. 涉外婚姻纠纷   D. 施工企业工资纠纷

13. 民事诉讼的基本特点包括( )。
    A. 公权性   B. 自愿性   C. 保密性   D. 强制性
    E. 程序性

14. 建设工程施工合同应以( )为合同履行地。
    A. 原告住所地   B. 合同签订地   C. 施工行为地   D. 被告住所地

15. 甲地注册的建设单位与在乙地注册的施工单位在丙地签订了建设工程施工合同,合同规定:若发生争议,向丙地法院起诉。则该合同争议解决的原则为( )。
    A. 原告所在地   B. 被告所在地   C. 合同签订地   D. 合同施行地

16. 因下列纠纷提起的诉讼中,适用专属管辖的有( )。
    A. 不动产纠纷   B. 预制构(配)件运输纠纷
    C. 港口作业纠纷   D. 继承遗产纠纷
    E. 工程质量纠纷

17. 某施工单位在一起工程质量诉讼中,委托其法务部负责人李某为诉讼代理人,其向人民法院出具的授权委托中注明李某为全权代理,未列举具体权限,则李某有权( )。
   A. 进行辩论   B. 进行和解
   C. 提起反诉   D. 提起上诉

18. 人民法院可以根据具体情况对不同的证据采用不同的保全方法,下列行为不是证据保全方法的是( )。
   A. 没收   B. 扣押   C. 查封   D. 勘验

19. 某建设单位支付工程最终结算款的时间应为 2003 年 4 月 1 日。由于建设单位逾期未予支付,故施工单位于 2003 年 8 月 1 日致函建设单位要求付款,但未得到任何答复。则施工单位请求人民法院保护其权利的诉讼时效期间届满的时间为( )。
   A. 2003 年 4 月 1 日   B. 2003 年 8 月 1 日
   C. 2005 年 4 月 1 日   D. 2005 年 8 月 1 日

20. 甲施工企业承建乙公司综合楼一幢。根据施工合同,乙应于 2004 年 4 月 10 日前支付剩余工程款 50 万元,乙届时未予支付。甲在索要余款过程中,依次经过以下环节,综合考虑环节,其中可使诉讼时效中断的情形有( )。
   A. 2004 年 9 月,甲致函乙要求其给付工程款
   B. 2005 年 1 月,乙公司负责人在酒席上向甲施工企业负责人表示宽限一年,2005 年年底一定付款
   C. 2005 年 12 月,乙公司新任负责人称该债务系前任领导所欠,自己概不负责
   D. 2006 年 5 月,乙公司承认该债务存在,但其已超过诉讼时效而拒绝支付
   E. 2006 年 5 月,甲向人民法院起诉

21. 某建设工程合同约定,建设单位应于工程验收合格交付后两个月内支付工程款。2005 年 9 月 1 日,该工程经验收合格交付使用,但建设单位迟迟不予支付工程款。若施工单位通过诉讼解决此纠纷,则下列情形中,会导致诉讼时效中止的是( )。
   A. 2006 年 8 月,施工单位所在地突发洪灾,一个月后恢复生产
   B. 2007 年 6 月,施工单位所在地发生强烈地震,一个月后恢复生产
   C. 2007 年 7 月,施工单位注定代表人生病住院,一个月后痊愈出院
   D. 2007 年 9 月,施工单位向人民法院提起诉讼,但随后撤诉

22. 人民法院对二审案件的审理,在下列表述中,正确的有( )。
   A. 一审判决认定事实基本清楚,引用法律并无不当,发回重判
   B. 一审判决认定事实清楚,适用法律正确的,判决驳回上诉,维持原判
   C. 一审判决认定事实不清,证据不足,发回一审法院重审
   D. 一审判决适用法律错误的,依法改判
   E. 当事人对第二审案件的判决,不可以上诉

23. 建设单位因监理单位未按监理合同履行义务而受到损失,欲提起诉讼,则必须满足的条件有( )
   A. 有具体的诉讼请求   B. 有事实和理由
   C. 有充分的证据   D. 没有超过诉讼时效期间
   E. 属于受诉讼法院管辖

24. 某施工单位诉建设单位施工合同纠纷案,由某人民法院开庭审理。建设单位经传票传唤,无正当理由拒不到庭,则人民法院可以( )。
    A. 撤销案件   B. 中止审理
    C. 终结审理   D. 缺席审判

25. 甲乙双方因工程施工合同发生纠纷,甲公司向法院提起了民事诉讼。审理过程中,在法院的主持下,双方达成了调解协议,法院制作了调解书并送达了双方当事人。双方签收后,乙公司又反悔,则下列说法正确的是( )。
    A. 甲公司可以向人民法院申请强制执行
    B. 人民法院应当根据调解书进行判决
    C. 人民法院应当认定调解书无效并及时判决
    D. 人民法院应当认定调解书无效并重新进行调解

26. 甲诉乙建设工程施工合同纠纷一案,人民法院立案审理。在庭审中,甲方未经法庭许可中途退庭,则人民法院对该起诉讼案件( )。
    A. 移送二审法院裁决   B. 按撤诉处理
    C. 按缺席判决   D. 进入再审程序

27. 人民法院2月1日作出第一审民事裁决,判决书2月5日送达原告,2月10日送达被告,当事人双方均未提出上诉,该判决书生效之日是2月( )日。
    A. 1   B. 26   C. 5   D. 10

28. 某施工单位拒不履行法院生效判决,现查明该单位在银行账户存有一笔款项,则法院可采取的强制执行措施是( )。
    A. 冻结   B. 查封
    C. 拍卖   D. 提存

29. 当事人、利害关系人认为人民法院的执行程序违反法律规定的,可以向( )人民法院提出书面异议。
    A. 原审   B. 负责执行的
    C. 原告所在地   D. 被告所在地

30. 根据《民事诉讼法》,人民法院自收到强制执行申请书之日起超过( )未执行的,申请人可以向上一级人民法院申请强制执行。
    A. 3个月   B. 6个月   C. 1年   D. 2年

31. 甲与乙签订施工合同,合同约定"本合同发生争议由仲裁委员会裁决",后双方对仲裁委员会的选择未达成一致意见,则该仲裁协议( )。
    A. 无效   B. 有效   C. 效力待定   D. 可撤销

32. 仲裁协议中必不可少的内容有( )。
    A. 仲裁事项   B. 仲裁委员会名称
    C. 服从仲裁的意思表示   D. 请求仲裁的意思表示
    E. 自觉履行仲裁裁决的意思表示

33. 甲与乙因施工合同纠纷诉至人民法院。在法庭调查时,乙出示了双方订立的有效仲裁协议,此时人民法院应当( )。
    A. 驳回起诉   B. 继续审理
    C. 终止诉讼   D. 将案件移交合同约定的仲裁机构

34. 某建设工程总承包商与分包商在分包合同中约定了有效的仲裁条款。合同履行期间总承包商以分包商不具备资质为由向人民法院起诉，要求确认该分包合同无效。根据我国相关法律规定，人民法院（   ）。
   A. 应当受理，确认合同有效后驳回起诉
   B. 不予受理
   C. 应当受理，确认合同有效后移送仲裁委员会
   D. 应当先审查合同效力，确认合同无效后受理

综合训练题一

一、单项选择题(每题1分。每题的备选项中,只有1个最符合题意)

1. 对某施工现场检查时,发现存在下列问题,其中(   )没有违反《建设工程安全生产管理条例》的规定。
   A. 施工单位没有采取措施防止施工对环境的污染
   B. 对所承建的建设工程进行定期和专项安全检查,并做好安全检查记录
   C. 施工单位没有配备专职安全生产管理人员
   D. 施工单位对作业人员每两年进行一次安全生产教育培训

2. 建设单位未取得施工许可证或者开工报告未经批准,擅自施工的,责令停止施工,限期改正,处工程合同价款(   )的罚款。
   A. 0.5%以上1%以下   B. 1%以上2%以下
   C. 2%以上4%以下   D. 3%以上6%以下

3. 根据我国《建设工程质量管理条例》的规定,下列行为合法的是(   )。
   A. 甲监理公司为其上级主管部门建造的办公楼承担工程监理业务
   B. 乙监理公司为同一集团下属的某建设工程公司承包施工的工程承担工程监理业务
   C. 丙监理公司为同一集团下属的某建材公司供应建筑材料的工程承担工程监理业务
   D. 丁监理公司为同一集团下属的某设备租赁公司出租建筑设备的工程承担工程监理业务

4. 公众聚集场所在投入使用、营业前,建设单位或者使用单位应当向场所所在地的(   )级以上人民政府公安机关消防机构申请消防安全检查。
   A. 省   B. 市   C. 县   D. 乡

5. 建设单位应当自建设工程竣工验收合格之日起(   )日内,将建设工程竣工验收报告和规划、公安消防、环保等部门出具的认可文件或者准许使用文件报建设行政主管部门或者其他有关部门备案。
   A. 7   B. 10   C. 15   D. 30

6. 某施工企业于2002年承建单位办公楼,2003年4月竣工验收合格并交付使用。2008年5月,施工企业致函该单位,说明屋面防水保修期满及以后使用维护的注意事项。此事体现了合同法的(   )原则。
   A. 公平   B. 自愿   C. 诚实信用   D. 维护公共利益

7. 既属于公民的基本权利,又属于公民应遵循的基本义务的是(   )。
   A. 人身自由   B. 接受文化教育
   C. 依法纳税   D. 监督权和获得赔偿权

8. 甲公司欠乙公司10万元人民币,丙公司欠甲公司10万元人民币,均已届清偿期。由于甲公司一直不行使对丙公司的10万元人民币债权,致使其自身无力向乙公司清偿10万元人民币债。则根据《合同法》的规定,以下说法正确的是(   )。

A. 乙公司可以代位行使甲公司对丙公司的债权

B. 乙公司可以代位行使乙公司对甲公司的债权

C. 甲公司可以代位行使甲公司对丙公司的债权

D. 乙公司可以以甲公司的名义行使对丙公司的债权

9. 甲工程公司承包施工的项目，在项目竣工交付后的第4年由于屋面防水工程施工质量缺陷，导致工程的直接损失10万元人民币，维修恢复费用16万元人民币。根据《建设工程质量管理条例》的规定，甲工程公司应当(   )。

A. 不承担任何费用

B. 承担直接损失费用10万元人民币

C. 承担维修恢复费用16万元人民币

D. 承担直接损失费用10万元人民币及维修恢复费用16万元人民币

10. 甲、乙两公司签订一份建筑材料采购合同，合同履行期间，因两公司合并致使该合同终止。该合同终止的方式是(   )。

A. 免除　　　　B. 抵消　　　　C. 混同　　　　D. 提存

11. 房地产公司甲的下列做法中，符合安全生产法律规定的是(   )。

A. 要求施工企业购买其指定的不合格消防器材

B. 申请施工许可证时无须提供保证工程安全施工措施的资料

C. 甲向施工企业提供的地下工程资料不准确

D. 甲在拆除工程施工15日前将有关资料报送有关部门备案

12. 某投标人在编制投标文件的时候出现了不同的意见，则下列观点中正确的是(   )。

A. 甲观点：由于投标文件中没有要求提交投标保证金，投标人就可以不予提交

B. 乙观点：即使招标文件中没有要求提交投标保证金，投标人也要提交

C. 丙观点：投标保证金数额与投标报价相同

D. 丁观点：投标保证金的数额与工程预付款相同

13. 总承包单位与乙分包单位依法签订了"幕墙工程分包协议"，在建设单位组织竣工验收时发现幕墙工程质量不合格。下列表述正确的是(   )。

A. 乙分包单位就全部工程对建设单位承担法律责任

B. 甲施工总包单位就分包工程对建设单位承担全部法律责任

C. 甲施工总包单位和乙分包单位就分包工程对建设单位承担连带责任

D. 甲施工总包单位和乙分包单位根据分包协议的约定对建设单位承担连带责任

14. 职工李某因参与打架斗殴被判处有期徒刑1年，缓期3年执行，用人单位决定解除与李某的劳动合同。考虑到李某在单位工作多年，决定向其多支付1个月的额外工资，随后书面通知了李某。这种劳动合同解除的方式称为(   )。

A. 随时解除　　　B. 预告解除　　　C. 经济性裁员　　　D. 刑事性裁员

15. 甲所在的乙建筑公司濒临破产，在2009年6月2日法定整顿期间，甲成为被裁减人员。如乙建筑公司在(   )前录用人员，应当优先录用甲等被裁减人员。

A. 2009年7月2日　　　　　　　　B. 2009年9月2日

C. 2009年12月2日　　　　　　　D. 2010年6月2日

16. 违约责任与缔约过失责任的根本区别是(   )。

A. 受害方的信赖利益遭受损失
B. 责任发生在订立合同的过程中
C. 当事人违反了诚实信用原则所要求的义务
D. 假借订立合同,恶意进行磋商

17. 承包商与业主签订的施工合同中约定由承包商先修建工程,然后按照工程量结算进度款。如果业主没有按照合同的约定及时结算,则承包商可以(   )。
   A. 行使同时履行抗辩权   B. 行使先履行抗辩权
   C. 行使不按抗辩权   D. 追究业主的违约责任

18. 根据《建设工程质量管理条例》,对于涉及(   )的装修工程,建设单位应在施工前委托原设计单位或具有相应资质等级的设计单位提出设计方案。
   A. 改善工程内部观感   B. 建筑主体和承重结构变动
   C. 增加工程造价总额   D. 改变建筑工程局部使用功能

19. 公民、法人或者其他组织直接向人民法院提起公诉的,应当在知道做出具体行政行为之日起(   )个月内提出,法律另有规定的除外。
   A. 1   B. 2   C. 3   D. 6

20. 下列法律责任中,属于民事责任承担方式的是(   )。
   A. 警告   B. 罚款   C. 支付违约金   D. 没收财产

21. 甲建筑公司与乙建筑材料公司同时签订了两个合同,合同中都没有规定履行的先后顺序,则在甲建筑公司没有履行第一个合同中的义务前,乙建筑材料公司可以(   )。
   A. 行使同时履行抗辩权,不履行在第一个合同中的义务
   B. 行使同时履行抗辩权,不履行在第二个合同中的义务
   C. 行使同时履行抗辩权,两个合同中的义务都可以不履行
   D. 行使同时履行抗辩权,履行在第二个合同中的义务

22. 安全生产监督管理部门和负有安全生产监督管理职责的有关部门逐级上报事故情况,每级上报的时间不得超过(   )小时。
   A. 1   B. 2   C. 3   D. 4

23. 甲是政府安全生产检查人员,其在行使现场处理权时不可以(   )。
   A. 对安全生产违法作业当场纠正   B. 对现场检查出的隐患责令停止使用
   C. 如果发现危险情况可以责令紧急避险 D. 将不合格的安全设施查封扣押

【连题】场景:甲建设单位在某城市中心区建设商品房项目,由取得安全生产许可证的乙施工单位总承包,由丁监理公司监理。乙经过甲同意将基础工程分包给丙施工单位,丙在夜间挖掘作业中操作失误,挖断居民用水管造成大面积积水,需抢修。后续又发生两起安全事故:(1)乙施工单位的施工人员违反规定使用明火导致失火,造成一名工人受伤;(2)焊接现场作业员王某违章作业造成漏电失火,王某撤离现场。

根据场景,回答24~33题:

24. 乙施工单位的(   )依法对本单位的安全生产全面负责。
   A. 企业法人代表   B. 主要负责人   C. 项目负责人   D. 安全生产员

25. 发生事故当时焊接作业员王某及时撤离了现场,是王某行使《安全生产法》赋予从业人员的(   )。

A. 知情权　　　B. 拒绝权　　　　C. 紧急避险权　　　D. 请求赔偿权

26. 该施工现场发生的两起安全事故，应由（　　）负责上报当地安全生产监管部门。
   A. 甲建设单位　　B. 乙施工单位　　C. 丙施工单位　　D. 丁监理公司

27. 该施工现场的安全生产责任应由（　　）负总责。
   A. 甲建设单位　　B. 乙施工单位　　C. 丙施工单位　　D. 丁监理公司

28. 根据《建设工程安全生产管理条例》的规定，两单位从事危险作业人员的意外伤害保险费应当（　　）支付。
   A. 由甲建设单位　B. 由乙施工单位　C. 由丙施工单位　D. 按合同约定

29. 以下对丁监理公司的安全责任说法中，不正确的是（　　）。
   A. 按工程建设强制性标准实施监理
   B. 依据法律、法规实施监理
   C. 审查专项施工方案
   D. 发现安全事故隐患立即向劳动安全管理部门报告

30. 在该焊接作业现场的下列说法中，不符合《消防法》规定的是（　　）。
   A. 氧气瓶应单独存放并做好安全标志
   B. 经项目负责人批准，可以携带火种进入焊接场所
   C. 焊接作业人员必须持证上岗
   D. 焊接作业人员应采取相应的消防安全措施

31. 根据《建筑施工企业安全生产许可证管理规定》的规定，（　　）不属于施工企业取得安全生产许可证必须具备的条件。
   A. 建立、健全安全生产责任制
   B. 保证本单位安全生产条件所需资金的有效使用
   C. 设置安全生产管理机制
   D. 依法参加工伤保险

32. 根据环境保护相关法律法规，对于项目夜间抢修的说法正确的是（　　）。
   A. 可以直接抢修
   B. 有县级以上人民政府或者有关主管部门证明可以抢修
   C. 向所在地居民委员会或街道申请后可以抢修
   D. 不可以夜间抢修

33. 因宿舍失火，要临时安置施工人员，则下列有关说法中正确的是（　　）。
   A. 可以直接安排到仓库中，并远离危险品
   B. 不可以安排到仓库中
   C. 可以暂时安排到仓库中，并报公安消防机构批准
   D. 经公安消防机构批准，可以长期居住在仓库中

34. 民事诉讼的证据不包括（　　）。
   A. 书证　　　B. 物证　　　　C. 视听资料　　　D. 科学实验

35. 我国建筑业企业资质分为（　　）三个序列。
   A. 工程总承包、施工总承包和专业承包　　B. 工程总承包、专业分包和劳务分包
   C. 施工总承包、专业分包和劳务分包　　D. 施工总承包、专业承包和劳务分包

36. 投标保证金最高不得超过（　　）万元人民币。

A. 20   B. 40   C. 60   D. 80

37. 受要约人超过承诺期限发出承诺的，除要约人及时通知受要约人该承诺有效的以外，应视为( )。

    A. 承诺撤回   B. 承诺延误   C. 新承诺   D. 新要约

38. 李某今年51岁，自1995年起就一直在某企业做临时工，担任厂区门卫。现企业首次与所有员工签订劳动合同。李某提出自己愿意长久在本单位工作，也应与单位签订合同，但被拒绝并责令其结算工资走人。根据《劳动合同法》的规定，企业( )。

    A. 应当与其签订固定期限劳动合同

    B. 应当与其签订无固定期限的劳动合同

    C. 应当与其签订以完成一定工作任务为期限的劳动合同

    D. 可以不与之签订劳动合同，因其是临时工

39. 书面评标报告做出后，中标人应由( )确定。

    A. 评标委员会   B. 招标人

    C. 招标代理机构   D. 招标投标管理机构

40. 根据《工程建设项目施工招标投标办法》的规定，在招标文件要求提交投标文件的截止时间前，投标人( )。

    A. 可以补充修改或者撤回已经提交的投标文件，并书面通知招标人

    B. 不得补充、修改、替代或者撤回已经提交的投标文件

    C. 须经过招标人的同意才可以补充、修改、替代已经提交的投标文件

    D. 撤回已经提交的投标文件的，其投标保证金将被没收

【连题】场景：甲施工单位向乙银行申请贷款200万元。甲提交了丙汽车制造厂和丁市公安局各自为其出具的还款付息保证书。甲因经营不善，造成严重亏损，不能按期还本付息。甲与乙经过协商，达成延期两年还款协议，并通知了保证人。

根据场景，回答41～46题：

41. 甲与乙签订的有效合同属于( )。

    A. 单务合同   B. 实践合同   C. 双务有偿合同   D. 无名合同

42. 依据《担保法》的规定，在该场景中能作保证人的是( )。

    A. 甲   B. 乙   C. 丙   D. 丁

43. 该保证合同的主体是( )。

    A. 甲与乙   B. 甲与丙   C. 乙与丁   D. 乙与丙

44. 下列不属于保证合同的内容是( )。

    A. 保证方式   B. 保证期间

    C. 保证担保范围   D. 被保证人的其他债权

45. 若两年后甲仍不能还款，则该还款义务由( )承担。

    A. 甲   B. 乙   C. 丙   D. 丁

46. 按照担保法的规定，属于保证担保方式的是( )。

    A. 定金保证   B. 一般保证   C. 抵押保证   D. 留置保证

47. 某施工单位违反施工程序，导致一栋7层正在建设的楼房倒塌，致使5名工人死亡，直接经济损失4 000余万元人民币，根据《生产安全事故报告和调查处理条例》

的规定,该事件属于( )事故。

　　A. 特别重大　　　B. 重大　　　　　C. 较大　　　　　　D. 一般

48. 甲公司谎称自己有工程发包,邀请乙、丙、丁3家建筑公司来投标,这3家建筑公司经过认真准备都参加了投标,在所谓的"评标"之后,大家才知道真相,以下说法不正确的是( )。

　　A. 甲公司要赔偿这3家公司基于信赖有工程要发包而发生的损失
　　B. 甲公司应当承担缔约过失责任
　　C. 如果这3家公司没有实际损失,则甲公司不承担缔约过失责任
　　D. 如果这3家公司没有实际损失,则甲公司不承担违约责任

49. 通过招标投标订立的建设工程施工合同,合同价应为( )。

　　A. 评标价　　　　B. 投标报价　　　C. 招标控制价　　　D. 标底价

50. 甲某与某建筑施工企业签订了劳动合同,其劳动合同期限为6个月,则甲的试用期应在( )的期间范围内确定。

　　A. 15日　　　　　B. 1个月　　　　C. 2个月　　　　　D. 3个月

51. A、B、C三家施工单位签订共同投标协议组成联合体,以一个投标人的身份投标,该联合体接到中标通知书后经认真测算发现该项目投标报价过低,遂决定放弃该项目。结果导致招标人重新招标、工程竣工日期后延。则下列关于联合体承担赔偿责任的说法中,正确的有( )。

　　A. 由于尚未签订合同,招标人应当退还投标保证金
　　B. 投标保证金超过实际损失的,超过部分应当退还
　　C. 损失超过投标保证金部分,不再承担赔偿责任
　　D. 损失超过投标保证金部分,联合体各方仍应承担连带赔偿责任

52. 根据《安全生产许可证条例》的规定,安全生产许可证的有效期为( )年。

　　A. 1　　　　　　　B. 2　　　　　　　C. 3　　　　　　　　D. 4

53. 下列属于行政处罚的是( )。

　　A. 没收财产　　　B. 罚金　　　　　C. 撤职　　　　　　D. 责令停产停业

54. 甲机械设备租赁公司与乙建筑工程公司签订一份机械设备租赁合同,将丙公司所有且暂时存放在甲公司仓库的3辆起重机租赁给乙公司使用。导致租赁合同有效的情况是( )。

　　A. 甲公司及时通知丙公司租赁合同内容
　　B. 丙公司追认租赁合同效力
　　C. 乙公司与丙公司签订买卖合同购得被租赁的3辆起重机
　　D. 乙公司行使催告权

【连题】场景建设单位拟兴建一栋20层办公楼,投资总额为5 600万元,由建设单位自行组织公开招标。建设单位对甲、乙、丙、丁、戊五家施工企业进行了资格预审,其中丁未达到资格预审最低条件。建设单位于投标截止日后的第二天公开开标。评标阶段丙向建设单位行贿谋取中标。评标委员会向建设单位推荐了甲、乙施工企业为中标候选人,建设单位均未采纳,选中丙为中标人。建设单位向丙发出中标通知书,并要求降低报价才与其签订合同。

根据场景,回答55～58题:

55. 根据《招标投标法》和《工程建设项目招标范围和规模标准规定》,下列说法中错误的是( )。
   A. 若该项目部分使用国有资金投资,则必须招标
   B. 若投资额在 3 000 万元人民币以上的体育场施工项目必须招标
   C. 施工单位合同估算价为 300 万元人民币的经济适用住房施工项目可以不招标
   D. 利用扶贫资金实行以工代赈需要使用农民工的施工项目,由审批部门批准,可以不进行施工招标

56. 招标人应当在资格预审文件中载明的内容不包括( )。
   A. 资格条件   B. 最低标准要求   C. 审查方法   D. 审查目的

57. 根据《招标投标法》的规定,下列说法中正确的是( )。
   A. 甲、乙、戊施工企业具有投标资格   B. 丁施工企业可以参加投标
   C. 丙的行贿行为不影响中标   D. 戊应当成为中标人

58. 根据《招标投标法》的规定,下列关于建设单位的说法中正确的是( )。
   A. 建设单位有权要求丙降低报价
   B. 建设单位应在招标文件确定的提交投标文件截止时间的同一时间开标
   C. 建设单位可以在招标人中选择任何一个投标人中标
   D. 评标委员会成员中的 2/3 可以由建设单位代表担任

59. 建设项目的环境影响评价文件自批准之日起超过( )年,方决定该项目开工建设的,其环境影响评价文件应当报原审批部门重新审核。
   A. 2   B. 3   C. 4   D. 5

60. 甲施工企业承建的办公楼项目已经交付使用,发包人仍拖欠部分工程款未予支付。甲在未与任何人协商的情况下,擅自将办公楼部分空余写字间卖给丙公司,则该买卖合同( )。
   A. 可撤销   B. 有效   C. 可变更   D. 无效

二、多项选择题(每题 2 分。每题的备选项中,有 2 个或 2 个以上符合题意,至少有 1 个错项。错选、本题不得分;少选,所选的每个选项得 0.5 分)

61. 建设工程竣工验收应当具备的条件包括( )。
   A. 完成建设工程设计和合同约定的各项内容
   B. 有工程使用的主要建筑材料、建筑构(配)件和设备的进场试验报告
   C. 有勘察、设计、施工、工程监理等单位分别签署的质量合格文件
   D. 有施工单位签署的工程保证书
   E. 有不完整的技术档案和施工管理资料

62. 根据《劳动法》的有关规定,对女职工的特殊保护规定主要包括( )。
   A. 禁止安排女职工从事矿山井下、国家规定的第三级体力劳动强度的劳动和其他禁忌从事的劳动
   B. 不得安排女职工在经期从事高处、低温、冷水作业和国家规定的第三级体力劳动强度的劳动
   C. 不得安排女职工在怀孕期间从事国家规定的第三级体力劳动强度的劳动和孕期禁忌从事的劳动
   D. 女职工生育享受不少于 105 天的产假

E. 不得安排女职工在哺乳未满一周岁的婴儿期间从事国家规定的第三级体力劳动强度的劳动和哺乳期禁忌从事的其他劳动,不得安排其延长工作时间和夜班劳动

63. 根据《劳动合同法》,用人单位在招用劳动者时可对劳动者采取的行为有( )。
   A. 扣押居民身份证
   B. 扣押职业资格证
   C. 要求提供担保
   D. 签订专业技术培训服务违约条款
   E. 签订竞业限制保证书

64. 不受合同法调整的主要关系类型是( )。
   A. 收养合同   B. 公务委托合同   C. 劳动合同   D. 政府间协议
   E. 建筑材料购买合同

65. 合同法的基本原则包括( )。
   A. 公正原则
   B. 诚实信用原则
   C. 不得损害社会公共利益原则
   D. 自愿原则
   E. 平等原则

66. 在我国法律体系中,《诉讼法》主要包括( )。
   A. 民事诉讼法   B. 行政诉讼法   C. 宪法   D. 国际法
   E. 刑事诉讼法

67. 我国《宪法》规定的公民的基本权利包括( )。
   A. 文化教育权   B. 监督权   C. 依法纳税   D. 维护国家安全
   E. 社会经济权

68. 根据《实施工程建设强制性标准监督规定》的规定,实施工程建设强制性标准的监督机构包括( )。
   A. 施工图设计审查单位应当对工程建设勘察、设计阶段执行强制性标准的情况实施监督
   B. 建筑安全监督管理机构应当对工程建设施工阶段执行施工安全强制性标准的情况实施监督
   C. 工程建设标准批准部门应当将强制性标准监督检查结果在一定范围内公告
   D. 建设项目规划审查机关应当对工程建设规划阶段执行强制性标准的情况实施监督
   E. 工程建设标准批准部门应当对工程项目执行强制性标准情况进行监督检查

69. 某市地税局计划在市区某地兴建一座办公大楼。在招标构成中,甲建筑工程公司通过伪造资质证明文件的手段中标,并与该地税局签订工程承包合同。之后不久,此事被当地市政府建设行政主管部门查处并强令停工。对于本案表述正确的有( )。
   A. 地税局与甲公司签订的承包合同无效
   B. 甲公司应承担违约责任
   C. 甲公司应承担缔约过失责任
   D. 甲公司的行为违反了我国《招标投标法》的规定
   E. 地税局与甲公司签订的承包合同有效

70. 根据《仲裁法》和《民事诉讼法》的规定,对国内仲裁而言,人民法院不予执行仲裁裁

决的情形包括( )。
A. 约定的仲裁协议无效 B. 仲裁事项超越法律规定的仲裁范围
C. 适用法律确有错误 D. 原仲裁机构被撤销
E. 申请人死亡

71. 根据我国《担保法》的规定，担保方式有( )。
A. 保证 B. 抵押 C. 质押 D. 留置
E. 证明

72. 调解的形式分为( )。
A. 民间调解 B. 行政调解 C. 法院调解 D. 诉讼调解
E. 仲裁调解

73. 根据《担保法》的规定，( )不可以作保证人。
A. 学校 B. 以公益为目的的事业单位
C. 国家机关 D. 医院
E. 有法人书面授权的企业法人的分支机构

74. 执行根据是执行程序发生的基础，没有执行根据，当事人不能向人民法院申请执行，人民法院也不得采取强制措施，执行根据主要有( )。
A. 执行以生效法律文书为根据
B. 人民法院作出的具有财产给付内容的发生法律效力的刑事判决书、裁定书
C. 执行根据必须具备给付内容
D. 执行必须以负有义务的一方当事人无故拒不履行义务为前提
E. 我国行政机关作出的法律明确规定由人民法院执行的行政决定

75. 根据合同的成立是否必须采取一定形式为标准，可以将合同划分为( )。
A. 格式合同 B. 要式合同 C. 非格式合同 D. 不要式合同
E. 诺成合同

76. 根据《建设工程质量管理条例》的规定，保修范围及其在正常使用条件下各自对应的最低保修期限为( )。
A. 屋面防水工程、有防水要求的卫生间，为4年
B. 供热与供冷系统，为2个采暖期、供冷期
C. 房间和外墙面的防渗漏，为5年
D. 电气管线、给水排水管道、设备安装和装修工程，为2年
E. 基础设施工程、房屋建筑的地基基础工程和主体结构工程，为设计文件规定的该工程的合理使用年限

77. 下列选项中，属于有偿合同的是( )。
A. 买卖合同 B. 承揽合同 C. 赠予合同 D. 运输合同
E. 借用合同

78. 我国生产安全事故可分为( )。
A. 重大事故 B. 较大事故
C. 重大责任事故 D. 重大劳动安全事故
E. 特别重大事故

79. 根据《建设工程施工许可管理办法》的规定，下列工程项目无需申请施工许可证的是（　　）。
   A. 北京故宫修缮工程 B. 长江汛期抢险工程
   C. 工地上的工人宿舍 D. 某私人投资工程
   E. 部队导弹发射塔

80. 根据《担保法》的规定，保证方式分为（　　）。
   A. 一般保证   B. 特殊保证   C. 连带责任保证   D. 书面保证
   E. 反担保保证

综合训练题二

一、单项选择题（每题1分。每题的备选项中，只有1个最符合题意）

1. 引起债权债务关系发生的最主要、最普遍的根据是（　　）。
   A. 合同　　　　　B. 扶养　　　　　C. 不当得利　　　　　D. 无因管理

2. 施工企业认为（　　）侵犯其合法权益，可以申请行政复议。
   A. 建设单位的违约行为　　　　　B. 总监理工程师的停工决定
   C. 上级企业的处理决定　　　　　D. 行政机关的罚款

3. 根据我国《合同法》的规定，依法成立的合同，自（　　）时生效。
   A. 交付执行　　　　　B. 登记　　　　　C. 成立　　　　　D. 双方签署

4. 甲市政工程公司计划向乙银行贷款 600 万元人民币用于购置机械设备，乙银行要求甲市政工程公司提供担保，（　　）可以为这笔贷款提供保证担保。
   A. 市政府建设行政主管部门　　　　　B. 乙银行
   C. 丙建筑工程公司　　　　　D. 丁大学

5. 下列选项中，当事人应承担侵权责任的是（　　）。
   A. 工地的塔吊倒塌造成临近的民房被砸塌
   B. 某施工单位未按照合同约定工期竣工
   C. 因台风导致工程损害
   D. 某工程存在质量问题

6. 甲与乙银行签订一份贷款合同，乙银行要求甲提供保证人。依照我国《担保法》的规定，下列主体可以作为保证人的是（　　）。
   A. 某项目经理　　　B. 某项目工程部　　　C. 某公立小学　　　D. 某国家机关

7. 某建设项目工期为 2 年，工程合同价为 500 万元人民币。根据《建筑工程施工许可管理办法》的规定，申请施工许可证时到位资金不得少于（　　）万元人民币。
   A. 500　　　　　B. 250　　　　　C. 150　　　　　D. 100

8. 下列选项中，可以作为证人的是（　　）。
   A. 鉴定人员　　　B. 原告的近亲属　　　C. 诉讼代理人　　　D. 陪审员

9. 劳动者在试用期内提前（　　）日通知用人单位，可以解除劳动合同。
   A. 1　　　　　B. 3　　　　　C. 15　　　　　D. 30

10. 甲未满 17 周岁即应聘于乙施工单位，乙施工单位不得安排其从事的工作是（　　）。
    A. 高处工作　　　　　B. 矿山井下作业
    C. 夜班劳动　　　　　D. 低温、冷水作业

11. 施工项目招标投标过程中，某投标单位在投标截止日期前提交了投标文件和投标保证金。该投标单位中标后拒绝与业主签订施工合同，业主没收了其投标保证金，该行为说明（　　）。
    A. 要约不能撤回　　　　　B. 要约具有法律效力

C. 承诺不能撤销　　　　　　　　　D. 要约邀请具有法律效力
12. 企业安全生产许可证办理延期手续的时间为有效期满前（　）个月。
　　A. 1　　　　　B. 2　　　　　C. 3　　　　　D. 6

【连题】场景：吴某是甲公司法定代表人，吴某依据《建设工程勘察设计管理条例》将厂房设计任务委托给符合相应资质的乙设计院，设计院指派注册建筑师张某负责该项目。丙施工企业承建，注册建造师李某任该项目负责人，2006年2月1日厂房通过了竣工验收。甲公司未依约结清设计费，设计院指令张某全权负责催讨。2008年1月1日在一次酒会上，吴某当众对设计院办公室主任王某说："欠你们院的设计费春节前一定还上。"事后王某向单位做了汇报，设计院决定改由王某全权处理该项事宜。在税务检查中税务机关发现甲公司有逃税事实，遂冻结了甲公司的账户，故拖欠的设计费仍未清偿。2008年4月1日，王某催讨，吴某以超过诉讼时效为由拒付，设计院遂提起诉讼。

根据场景，回答13～20题：
13. 《建设工程勘察设计管理条例》属于（　）。
　　A. 法律　　　B. 行政法规　　　C. 地方性法规　　　D. 行政规章
14. 该工程设计合同法律关系中，法律关系主体是（　）。
　　A. 吴某与张某　　　　　　　　B. 吴某与设计院
　　C. 甲公司与张某　　　　　　　D. 甲公司与乙设计院
15. 建造师李某申请延续注册，下列情况中不影响延续注册的是（　）。
　　A. 工伤被鉴定为限制民事行为能力人
　　B. 其始终从事技术工作，故无须且未参加继续教育
　　C. 执业活动受到刑事处罚，自处罚执行完毕之日起至申请注册之日不满3年
　　D. 其负责的工程项目因工程款纠纷导致诉讼
16. 甲公司的其他股东对吴某的还钱表示不予认同，下列观点正确的是（　）。
　　A. 吴某未得到其他股东授权，其还钱表态无效
　　B. 吴某酒后失言，不是真实意思表示，行为无效
　　C. 吴某的行为后果，其他股东不负责任
　　D. 吴某还钱可以，但需先行退还其他股东出资
17. 从设计任务委托法律关系的角度看，乙设计院将张某变更为王某全权负责催讨欠款属于（　）。
　　A. 主体变更　　B. 客体变更　　C. 内容变更　　D. 未变更
18. 张某代表设计院向甲公司催讨欠款属于（　）。
　　A. 委托代理　　B. 法定代理　　C. 指定代理　　D. 表见代理
19. 下列关于诉讼时效的表述，正确的是（　）。
　　A. 距工程竣工已满2年，诉讼时效届满，乙设计院丧失胜诉权
　　B. 王某不是乙设计院的全权代表，吴某向王某表示还钱无效
　　C. 因设计院事后安排王某负责处理催讨欠款事宜，故吴某向王某的表态，使诉讼时效中断
　　D. 因2008年1月1日处于诉讼时段的最后6个月当中，故诉讼时效中止
20. 甲公司的下列行为中，正确的是（　）。
　　A. 为其他关系单位代开增值税发票

B. 为单位职工代扣代缴个人所得税
C. 设立两套账簿分别用于内部管理和外部检查
D. 将税务登记证借给关系单位

21. 某建设工程施工过程中发生较大事故,根据《生产安全事故调查处理条例》的规定,该级事故应由( )负责调查。
    A. 国务院   B. 省级人民政府
    C. 设区的市级人民政府   D. 县级人民政府

22. 以合同的成立是否必须交付标的物为标准,合同分为( )。
    A. 主合同与从合同   B. 要式合同与不要式合同
    C. 诺成合同与实践合同   D. 格式合同与非格式合同

23. 建设单位应当自建设竣工验收合格之日起( )日内,将竣工验收报告和规划、公安消防、环保等部门出具的认可文件或者准许使用文件报建设行政主管部门或其他有关部门备案。
    A. 10   B. 15   C. 30   D. 60

24. 在可撤销合同中,具有撤销权的当事人没有行使撤销权而导致撤销权消灭的时间是自知道或应当知道撤销事由之日起( )内。
    A. 1个月   B. 3个月   C. 6个月   D. 1年

25. 某招标项目,在一次招标准备会议中,产生了四种观点,其中( )是正确的。
    A. 甲观点:如果我们自己招标,就要去备案
    B. 乙观点:如果我们自己招标,就要编制标底
    C. 丙观点:即使我们具备招标条件,我们也可以委托招标
    D. 丁观点:为了节约时间和资金投入,我们可以采取议标的形式

26. 引起债权债务关系发生的最主要、最普遍的根据是( )。
    A. 侵权行为   B. 合同   C. 不当得利   D. 无因管理

27. 在城市市区范围内,施工过程中使用机械设备,可能产生环境噪声污染的,施工单位必须在工程开工( )日前向工程所在地县级以上人民政府环境保护行政主管部门申报。
    A. 10   B. 15   C. 20   D. 30

28. 建设工程发生质量事故,有关单位应当在( )小时内向当地建设行政主管部门和其他有关部门报告。
    A. 1   B. 12   C. 24   D. 48

29. 人民法院适用普通程序审理的案件,应在立案之日起( )个月内审结。
    A. 1   B. 2   C. 3   D. 6

30. 要约是希望和他人订立合同的意思表示,包括( )。
    A. 寄送的价目表   B. 投标书   C. 拍卖公告   D. 招股说明书

31. 政府安全检查人员甲在进行安全检查时,命令乙赶紧逃离有重大安全隐患的现场,并扣押可能对安全形成隐患的丙,同时对施工单位进行了行政处罚。则下列说法中,不正确的是( )。
    A. 命令乙赶紧逃离有重大安全隐患的现场是甲行使了责令紧急避险权
    B. 扣押了丙是甲行使了查封、扣押行政强制措施权

C. 对施工单位处罚是甲行使了行政处罚权

D. 甲在检查时必须出示有效的监督执法证件

32. 甲施工单位于 2009 年 5 月 20 日签订施工合同，承建工程为五层砖混结构，七级抗震设防，施工图通过审批。工程于 2009 年 10 月 8 日开工建设，施工中技术人员发现图纸中有一处抗震设计差错，此时甲施工企业应当（　　）。

   A. 按原图纸继续施工

   B. 及时提出意见和建议

   C. 与监理工程师协商一致后，继续施工

   D. 自行修改正确后施工，向建设单位提出增加费用

33. 在评标委员会组建过程中，下列做法符合法律规定的是（　　）。

   A. 评标委员会成员的名单仅在评标结束前保密

   B. 评标委员会 7 个成员中，招标人的代表为 3 名

   C. 项目评标专家从招标代理机构的专家库内的相关专家名单中随机抽取

   D. 评标委员会成员由 3 人组成

34. 某工程已具备竣工条件，2009 年 3 月 2 日施工单位向建设单位提交竣工验收报告，2009 年 3 月 7 日经验收不合格，施工单位返修后于 2009 年 3 月 20 日再次验收合格，2009 年 3 月 31 日，建设单位将有关资料报送建设行政主管部门备案，则该工程质量保修期自（　　）开始。

   A. 2009 年 3 月 2 日　　　　　　　　B. 2009 年 3 月 7 日

   C. 2009 年 3 月 20 日　　　　　　　 D. 2009 年 3 月 31 日

35. 海上货物运输向承运人要求赔偿的请求权，时效期间为（　　）年。

   A. 1　　　　　B. 2　　　　　C. 3　　　　　D. 4

36. 某施工单位的材料采购员乙，一直负责本单位与甲公司的钢材采购业务。后乙被单位开除，但甲公司并不知情。乙用盖有原单位公章的空白合同书与甲公司签订钢材采购合同，则该合同为（　　）合同。

   A. 效力待定　　　B. 无效　　　C. 可撤销　　　D. 有效

37. 根据相关司法解释的规定，建设工程未经竣工验收，发包人擅自使用后，又以使用后的（　　）工程质量不符合约定为由主张权利的，法院应不予以支持。

   A. 主体结构　　　B. 电气　　　C. 装饰　　　D. 暖通

38. 某招标项目的招标文件中规定了开始收受标书的时间为 2009 年 3 月 9 日，投标文件截止之日为 2009 年 4 月 9 日，投标有效期截止日为 2009 年 5 月 20 日，则其开标时间为（　　）。

   A. 2009 年 3 月 9 日　　　　　　　　B. 2009 年 4 月 9 日

   C. 2009 年 5 月 20 日　　　　　　　 D. 2009 年 6 月 20 日

39. 按条款是否预先拟定，可以将合同分为（　　）。

   A. 要式合同与不要式合同　　　　　B. 格式合同与非格式合同

   C. 主合同与从合同　　　　　　　　D. 有名合同与无名合同

40. 某建筑公司实施了以下行为，其中符合我国环境污染防治法律规范的是（　　）。

   A. 将建筑垃圾倾倒在季节性干枯的河道里

   B. 对已受污染的潜水和承压水混合开采

C. 冬季工地上工人燃烧沥青、油毡取暖
D. 直接从事收集、处置危险废物的人员必须接受专业培训

41. 根据《合同法》的规定,建设工程施工合同不属于( )。
    A. 双务合同　　B. 有偿合同　　C. 实践合同　　D. 要式合同

42. 二级注册建造师注册证书有效期为( )年。
    A. 1　　　　　B. 2　　　　　C. 3　　　　　D. 4

43. 合同的权利义务终止,不影响合同中( )条款的效力。
    A. 履行时间　　B. 履行地点　　C. 争议解决　　D. 质量检验

44. 某市中级人民法院在对一起建筑施工合同纠纷的二审判决中,认定涉案施工企业不具备相应的资质等级,在判决作出后,该院院长发现该事实的认定存在重大错误。那么,他应当( )。
    A. 要求法院改判
    B. 直接作出再审的决定
    C. 提交审判委员会讨论决定是否再审
    D. 提请上级人民法院决定

45. 根据《招标投标法》的规定,投标联合体( )。
    A. 可以以牵头人的名义提交投标保证金
    B. 必须由相同专业的不同单位组成
    C. 各方应在中标后签订共同投标协议
    D. 是各方合并后组建的投标实体

46. 某建筑公司向供货商采购某种国家定价的特种材料,合同签订时价格为4 000元/t,约定6月1日运至某工地。后供货商迟迟不予交货,8月下旬,国家调整价格为3 400元/t,供货商急忙交货。双方为结算价格产生争议。下列说法正确的是( )。
    A. 应按合同约定的价格4 000元/t结算
    B. 应按国家确定的最新价格3 400元/t结算
    C. 应当按新旧价格的平均值结算
    D. 双方协商确定,协商不成的应当解除合同

47. 合议制度是指由( )人以上单数人员组成合议庭,对民事案件进行集体审理和评议裁判的制度。
    A. 3　　　　　B. 5　　　　　C. 7　　　　　D. 9

48. 属于高级人民法院管辖的案件是( )。
    A. 重大涉外案件
    B. 在全国有重大影响的案件
    C. 在本辖区有重大影响的第一审民事案件
    D. 认为应当由本院审理的案件

49. 劳务派遣单位与被派遣的劳动者签订的劳动合同的法定最低期限为( )。
    A. 6个月　　　B. 1年　　　　C. 2年　　　　D. 5年

50. 重大建设项目档案验收应在竣工验收( )个月前完成。
    A. 1　　　　　B. 2　　　　　C. 3　　　　　D. 4

51. 根据法律、行政法规的规定,不需要经有关主管部门对其安全生产知识和管理能力考核合格就可以任职的岗位是( )。
    A. 施工企业的总经理
    B. 施工项目的负责人
    C. 施工企业的技术负责人
    D. 施工企业的董事

52. 建设单位应将建设工程项目的消防设计图纸和有关资料报送（　　）审核。未经审核或经审核不合格的，不得发放施工许可证，建设单位不得开工。
    A. 建设行政主管部门 B. 公安消防机构
    C. 安全生产监管部门 D. 规划行政主管部门

53. 根据《合同法》，要约生效的时间是（　　）。
    A. 要约人发出要约时 B. 要约到达受要约人时
    C. 受要约人发出承诺时 D. 受要约人承诺到达时

54. 甲、乙、丙三人组成仲裁庭，甲为首席仲裁员。甲认为应支持申请人的主张，乙、丙认为不应支持申请人的主张，则关于仲裁裁决的说法，正确的是（　　）。
    A. 应按乙、丙的意见作出仲裁裁决
    B. 乙、丙应服从并按甲的意见作出仲裁裁决
    C. 应将甲、乙、丙各自的意见全部列出提交仲裁委员会作出决定
    D. 应按甲的意见作出仲裁裁决，同时必须在笔录中如实记载乙、丙的意见

55. 某公司以一栋价值450万元人民币的办公楼作抵押分别向甲银行和乙银行贷款200万元人民币，与甲银行签订的抵押合同在2009年4月12日签订，20日办理登记手续；与乙银行签订的抵押合同在2009年4月15日签订，并在当日办理登记手续。后来该公司无力还债，甲银行和乙银行行使抵押权将抵押物拍卖，得款360万元人民币，则（　　）。
    A. 向甲银行和乙银行各分配180万元人民币
    B. 向甲银行分配200万元人民币，向乙银行分配160万元人民币
    C. 向甲银行分配160万元人民币，向乙银行分配200万元人民币
    D. 向甲银行分配100万元人民币，向乙银行分配100万元人民币

56. 某工程设计文件需要作重大修改，则（　　）。
    A. 设计单位应和建设单位协商一致修改后即可使用
    B. 设计单位可直接进行修改
    C. 应由建设单位报原审批机关批准
    D. 须开专家论证会后，设计单位方可修改

57. 招标人应当确定投标人编制投标文件所需要的合理时间；但是，依法必须进行招标的项目，自招标文件开始发出之日起至投标人提交投标文件截止之日止，最短不得少于（　　）日。
    A. 7   B. 15   C. 20   D. 30

58. 自劳动争议调解组织收到调解申请之日起（　　）日内未达成调解协议的，当事人可以依法申请仲裁。
    A. 3   B. 5   C. 7   D. 15

59. 甲公司是某项目的总承包单位，乙公司是该项目的建设单位指定的分包单位。在施工过程中，乙公司拒不服从甲公司的安全生产管理，最终造成安全生产事故，则（　　）。
    A. 甲公司负主要责任 B. 乙公司负主要责任
    C. 乙公司负全部责任 D. 监理公司负主要责任

60. 某招标人于2009年4月1日向中标人发出了通知书，双方于2009年4月15日签

订了施工合同。根据相关法律规定，招标人应当在（　　）前退还其他投标人的投标保证金。

A. 2009 年 4 月 5 日　　　　　　　　B. 2009 年 4 月 20 日
C. 2009 年 4 月 25 日　　　　　　　D. 2009 年 5 月 1 日

二、多项选择题(每题 2 分。每题的备选项中，有 2 个或 2 个以上符合题意，至少有 1 个错项。错选，本题不得分；少选，所选的每个选项得 0.5 分)

61. 民事诉讼法的基本制度包括（　　）。
    A. 合议制度　　B. 独任制度　　C. 回避制度　　D. 公开审判制度
    E. 两审终审制度

62. 某建设单位 2006 年 9 月 1 日领取了施工许可证。由于特殊原因不能按期开工，故向发证机关申请延期。根据《建筑法》的规定，下列关于延期的说法中不正确的是（　　）。
    A. 领取的施工许可证不能延期
    B. 可以延期，但只能延期 1 次
    C. 延期以 2 次为限，每次不超过 2 个月
    D. 超过延期时限的，施工许可证自行废止
    E. 自领取施工许可证之日起 2 个月内开工

63. 某施工企业与工人订立安全生产责任书，内容为：施工企业要求工人认真工作，发生生产安全事故，后果由工人自负。对于此条款的处理结果，正确的有（　　）。
    A. 发生生产安全事故后均由工人自负　　B. 该条款作无效处理
    C. 施工企业应受行政处罚　　　　　　　D. 应撤销施工企业的资质
    E. 施工企业主要负责人应受行政罚款

64. 勘察单位的安全责任包括（　　）。
    A. 确保勘察文件的质量，以保证后续工作安全的责任
    B. 科学设计的责任
    C. 提出建议的责任
    D. 承担后果的责任
    E. 科学勘察，以保证周边建筑物安全的责任

65. 项目监理机构在实施工程监理时，其主要的监理依据有（　　）。
    A. ISO 质量管理体系　　　　　　B. 工程建设国家强制性标准
    C. 工程设计文件　　　　　　　　D. 施工企业管理制度
    E. 建设工程施工合同

66. 《标准化法》按照标准的级别不同，把标准分为（　　）。
    A. 国家标准　　B. 国际标准　　C. 行业标准　　D. 地方标准
    E. 企业标准

67. 根据《工程建设国家标准管理办法》的规定，工程建设国家标准属于强制性标准的包括（　　）。
    A. 工程建设勘察、规划、设计、施工（包括安装）及验收等通用的综合标准和重要的通用的质量标准
    B. 工程建设行业专用的有关安全、卫生和环境保护的标准
    C. 工程建设重要的通用的试验、检验和评定方法等标准

D. 工程建设重要的行业专用的信息技术标准
E. 国家需要控制的其他工程建设通用的标准

68. 按照《招标投标法》及相关规定,在建筑工程投标过程中,下列应当作为废标处理的情形是( )。
    A. 联合体共同投标,投标文件中没有附共同投标协议
    B. 交纳投标保证金超过规定数额
    C. 投标人是响应招标、参加投标竞争的个人
    D. 投标人在开标后修改补充投标文件
    E. 投标人未对招标文件的实质内容和条件作出响应

69. 以合同相互间的主从关系为标准,合同分为( )。
    A. 有偿合同   B. 无偿合同   C. 主合同   D. 要式合同
    E. 从合同

70. 合同权利义务终止时,不影响( )之效力。
    A. 结算条款   B. 清理条款   C. 仲裁条款   D. 担保条款
    E. 变更条款

71. 民事法律关系的要素构成包括( )。
    A. 法律关系主观方面   B. 法律关系客观方面
    C. 法律关系主体   D. 法律关系客体
    E. 法律关系内容

72. 债权债务的概括转移的条件包括( )。
    A. 原合同必须有效   B. 原合同为双务合同
    C. 原合同为单务合同   D. 符合法定的程序
    E. 转让人与承受人达成合同转让协议

73. 根据《行政复议法》的规定,属于不予受理的行政案件有( )。
    A. 国防、外交等国家行为
    B. 对限制人身自由或者对财产的查封、扣押、冻结财产等行政强制措施不服的
    C. 行政法规、规章或者行政机关制定、发布的具有普遍约束力的决定、命令
    D. 认为行政机关没有依法发给抚恤金的
    E. 认为行政机关侵犯其他人身权、财产权的

74. 定金的性质包括( )。
    A. 证约性质   B. 预先给付的性质   C. 抵押性质   D. 担保性质
    E. 保证性质

75. 根据《安全生产许可证条例》和《建筑施工企业安全生产许可证管理规定》的规定,建筑施工企业应当遵守( )的强制性规定。
    A. 未取得安全生产许可证的,不得从事建筑施工活动
    B. 企业不得转让、冒用安全生产许可证
    C. 企业不得使用伪造的安全生产许可证
    D. 企业取得安全生产许可证后,不得降低安全生产条件,并应当加强日常安全生产管理,接受安全生产许可证颁发管理机关的监督检查
    E. 安全生产许可证期满必须办理延期手续

76. 债权人提起代位权诉讼,应当符合的条件包括( )。
   A. 债务人怠于行使其到期债权,对债权人造成损害
   B. 债务人的债权已到期
   C. 债务人的债权不是专属于债务人自身的债权
   D. 债务人处分财产的行为侵害债权人的债权
   E. 债权人对债务人的债权合法

77. 建设工程竣工验收应当具备( )等条件。
   A. 完整的技术档案资料和施工管理资料
   B. 工程所用的主要建筑材料、建筑构(配)件和设备等进场试验报告
   C. 勘察、设计、施工、监理等单位分别签署的质量合格文件
   D. 已付清所有款项
   E. 有施工单位签署的工程保修书

78. 知识产权具有的特征包括( )。
   A. 具有人身权和财产权的双重性质   B. 专有性
   C. 地域性   D. 时间性
   E. 法定性

79. 建设单位就专业分包工程存在的施工质量缺陷提起民事诉讼,根据《民事诉讼法》及相关司法解释,建设单位可以将( )列为共同被告。
   A. 招标代理机构   B. 总承包企业
   C. 分包企业   D. 实际施工人
   E. 建设行政主管部门

80. 属于先予执行的适用条件有( )。
   A. 申请人有实现权利的迫切需要,不先予执行将严重影响申请人的正常生活或生产经营
   B. 被申请人有履行能力
   C. 因情况紧急需要先予执行的
   D. 申请人向人民法院提出了申请,人民法院不得依职权适用
   E. 当事人之间权利义务关系不太明确

参 考 文 献

[1] 陈晓明. 工程建设法规[M]. 2版. 北京：高等教育出版社，2013.
[2] 叶胜川. 工程建设法规[M]. 4版. 武汉：武汉理工大学出版社，2014.
[3] 全国一级建造师执业资格考试用书编写委员会. 建设工程法规及相关知识[M]. 北京：中国建筑工业出版社，2016.
[4] 廖征军. 工程建设法规[M]. 2版. 北京：北京理工大学出版社，2015.